KB265622

中國近世 經世思想 研究

中國近世 經世思想 研究
丘濬의 經世書를 중심으로

윤 정 분 지음

혜안

간행사

이제까지 중국 근세 사상사 연구는 인식론을 기준으로 程朱學과 陽明學으로 대별하고, 특히 明中期 주관적 인식론으로 전환한 양명학의 등장을 근대적 사상의 맹아로 주목하고 있다. 이에 따라 명중기 이후 봉건사회의 제반 사회 경제적 동요 현상을 중국 근세 사상사에서는 주로 양명학의 발전과 연관시켜 규명하는 것이 대부분이다. 이는 일본 학계가 미친 깊은 영향과도 무관하지 않으리라 생각된다. 이 같은 연구경향 때문에 특히 명대 정주학에 대해서는 "이학사에서 발전은커녕 답보 상태"라는 부정적인 평가가 일반적이었다. 그러나 중국 근세를 풍미했던 정주학이 과련 그렇게 간단히 소멸되었다고 평가할 수 있는지, 그리고 명말 경세치용학의 연원이 어디에 있는지에 대한 의문이 늘 지워지지 않았다. 이 같은 의문을 풀기 위해 관심을 갖게 된 것이 이 시기의 경세사상사였고, 여기에서 특히 주목한 것이 王陽明과 동시대 인물인 丘濬이 지은 『大學衍義補』였다.

중국 근세의 대표적인 경세서라 할 丘濬의 『大學衍義補』에 대한 연구로 박사학위를 취득한 지도 올해로 꼭 10년이 되었다. 그동안 근 5년간 학내사태의 소용돌이 속에서 보직을 맡으며 고뇌하고 경황없는 시간을 보낸 데다 게으름까지 한몫을 하여 연구성과를 책으로 엮어내는 일을 계속 미루어 왔다. 이제 그동안 발표했던 몇 편의 논문을 묶어 발간함으로써 자신을 다시 한번 다잡는 계기로 삼고자 한다.

막상 책을 펴내기로 작정하였으나 부끄러움과 두려움이 앞선다. 그

럼에도 불구하고 만용에 가까운 용기를 내어 굳이 책을 펴내게 된 데
는 무엇보다 그동안 관심을 가졌던 문제를 일단락지을 필요가 있고,
더 나아가 여러 선학들에게 많은 질정과 가르침을 받으려는 마음이 앞
섰기 때문이다.

부족한 능력에도 불구하고 늘 지도와 관심을 아끼지 않으셨던 국내
외의 은사님들, 필자가 재직하고 있는 대학에서 어려운 상황 속에서도
따뜻한 관심과 믿음으로 나에게 든든한 힘이 되어주신 여러 동료 교수
님들과 친구들, 그리고 부모님의 영전에 삼가 이 책을 바친다. 끝으로
부족한 원고를 책으로 만드는 데 흔쾌히 허락해주신 혜안의 오일주 사
장님, 편집과 내용을 꼼꼼하게 챙겨주신 김현숙님과 편집자 여러분께
감사드린다.

2002년 6월 18일 필자 씀

목 차

서 론

제1절 연구목적

송·명 이학은 중국 사상사에서 그 이론체계의 방대함과 정교함에서 어느 시대의 사상보다 더 중요한 위치를 차지하고 있고, 또한 중국 근세사의 특징을 구분짓는 사상사적 지표로 지적되어 왔다. 송·명 이학은 특히 전제군주체제의 완성과 신분질서의 확립에 필요한 국가의 지배이념으로 활용되었을 뿐만 아니라, 당시 정치 사회 경제 등 제반 사회상황을 반영해 주는 지표라는 점에서도 매우 의미있는 연구과제라 하겠다.

이제까지 송·명 이학 연구는 주로 인식론의 측면에서 그 발전과정을 '理學'과 '心學'으로 대별하고, 이들 개념의 특징과 사상사적 계보를 정리하는 데에 집중하였다. 이 중에서 특히 이학(정주학)1)에 대해서는 객관적인 인식론에 근거하고 있기 때문에 지나치게 관념적이고 현학적이라는 부정적인 평가가 주류를 이루었다. 그러나 중국의 근세사상사를 단순히 인식론의 차원에서 이학과 심학으로 대별하여 학파를 정리하는 것이 과연 타당한 것인지, 또한 이학자의 학파적 분류만을 기준으로 삼아 사상사의 흐름을 정리할 수 있겠는가라는 의문이 먼저 일

---

1) 여기에서 理學은 송·명 유학을 통칭할 뿐만 아니라 心學의 대칭적인 개념으로 사용한다. 다만 송·명 유학 중에서 남송 이래의 주자학을 계승한 정통 유학은 정주학으로 칭하기로 한다.

게 된다. 왜냐하면 이는 사상체계를 지나치게 한 개인의 인맥, 학맥과 연관시키거나 시대정신과는 무관한 것으로 파악함으로써 이론적 체계에 국한하여 파악하는 경향이 있기 때문이다. 이로써 당시 실제 정치와 밀접하게 관련된 정치사상을 단순히 실천과 무관한 이론 범주로만 취급하는 오류를 범하는 경우가 많았다. 따라서 무엇보다 당시 문화·정치·경제 등 제반 사회문제를 해결하고자 노력한 구체적이고도 실천적인 대안인 경세학의 이론체계와 그 계보를 밝히는 작업은 당시 시대정신과 더불어 '이학'이라는 근세사상의 구체적인 변천 과정을 이해하고 그 계보를 밝히는 데 매우 중요한 과제라고 하겠다. 더구나 당시 사회의 제반 문제를 해결하고 국가와 사회에 대한 실질적인 운영방안에 관심을 갖는 실천적 이론으로서 경세사상은 이제까지 중국 근세 사상사를 단순히 관념적인 이론으로만 이해해 온 종전의 연구태도에 많은 시사를 줄 수 있을 것이다. 따라서 경세사상에 대한 시대적 특성과 변천과정을 추적하는 일은 송·명 이학을 단순히 인식론에 입각한 이론체계로만 이해하는 것이 아니라, 당시 사회문제를 총체적으로 해결하고자 한 현실적인 실천방안으로 파악하기 위한 일환이라 할 수 있다. 이러한 노력을 통해 경세사상을 이학의 한 계보로 이해하는 학파적 이해로부터 탈피하여, 현실문제를 해결하고자 하는 실천방안으로서 독자적인 체계를 새롭게 정립해 볼 수 있을 것이다.

한편 최근의 연구동향에서는 주로 신유학의 이론체계의 특징과 내용을 새로이 천착하고 이를 통해 전통문화로부터 현대화를 모색해 보려는 흐름이 보이고 있다. 이러한 시도는 이학의 이론적 체계를 중국의 근대화와 연관시켜 그 가능성을 처음으로 제기한[2] 이래, 최근 이학에 대한 긍정적인 연구 검토가 활발히 전개되고 있는 사실[3]에서도 잘

---

2) 가장 대표적인 저서는 島田虔次, 『中國に於ける近代思惟の挫折』(東京 : 筑摩書房, 1970)이다.
3) 최근 중국에서도 특히 문화대혁명 이후 유가사상에 대한 긍정적인 평가가 시

반영되고 있다. 더구나 송·명 이학의 경우는 당시 제반 현실문제를 해결하기 위한 구체적인 방안을 모색하는 '경세학'으로 널리 활용되기도 하였다. 따라서 특히 이 시기 경세사상에 대한 연구는 당시 사대부들의 치세관과 사회관을 이해하고 중국 근세사회의 구체상을 이해하는 데 매우 중요한 과제가 된다. 더구나 경세사상사에 대한 정리작업은 중국 근세사상사를 단순히 관념적 이론체계로만 이해하는 것이 아니라 실천을 전제로 한 논리체계로 이해함으로써, 주로 인식론에 따라 근세사상사를 파악해 온 이제까지의 견해를 재검토해 볼 좋은 계기가 될 것이다.

중국 근세사상사에 대한 기존의 연구에서는 양명학이 주관적 인식론으로 전환하였다는 점에 주목하여, 이를 근대적인 사유의 기원이라고 높이 평가하였다.[4] 그리고 또한 명말 청초 경세치용학과의 연계성을 강조함으로써 경세치용학의 기원을 양명학 우파와 현실참여를 중시하는 동림당에서 찾고 있는 실정이다.[5] 그런데 여기서 문제가 되는 것은 송·명 이학사를 시대구분할 때 양명학이 등장한 이후에 나타난 정주학에 대한 사상사적 정리가 매우 미흡하다는 점이다. 즉 명초 이학이 원대의 이학을 답습하였다는 것은 주지의 사실이지만, 이와 함께

도되고 있다. 湯一介, 『中國傳統文化中的儒道釋』(北京 : 中國和平出版社, 1988)이 대표적 저서다.

4) 이에 대해서는 島田虔次, 『朱子學と陽明學』(東京 : 岩波書店, 1976) ; 岩間一雄, 『中國政治思想史硏究』(東京 : 未來社, 1968) ; 岡田武彦, 『王陽明と明末の儒學』(東京 : 明德出版社, 1970) ; 荒木見悟, 『明代思想硏究』(東京 : 創文社, 1972) ; 安田二郎, 『中國近世思想硏究』(東京 : 筑摩書房, 1976) ; 麓保孝, 『宋元明淸近世儒學變遷史論』(東京 : 圖書刊行會, 1976) 등 참조.

5) 曺永祿, 「明末 淸初의 東林·復社運動」, 『明末 淸初社會의 照明』(한울, 1990), pp. 31~84 ; 謝國楨, 『明末淸初的學風』(北京 : 人民出版社, 1982) ; 溝口雄三, 「いわゆる東林派人士の思想 - 前近代期における中國思想の展開」, 『東洋文化硏究所紀要』, 57, 1978 ; 小野和子, 「東林派とその政治思想」, 『東方學報』 28, 1980 ; 小野和子, 「明末·淸初における知識人の政治行動」, 『世界の歷史(11)』(東京 : 筑摩書房, 1962) 등 참조.

남송 시대의 사상계를 풍미한 功利학파는 이후 시대에 어떠한 영향을 주었는지, 또한 양명학이 등장하기 전 陳獻章을 중심으로 이미 그 맹아를 보였던 심학의 발전에 대응하여 실용학문인 '경세학'은 어떠한 이론체계를 가지고 그 위기를 극복하며 맥을 이어갔는지, 또한 명말 청초의 경세치용학은 실제로 이들과 어떤 연관성을 갖고 있으며, 그 사상적 근원은 어디에서 찾을 수 있는가 등의 문제가 아직까지 뚜렷하게 규명되지 못한 상태다.

따라서 본서에서는 양명학이 출현하기 시작하는 成化(1465~1487)·弘治(1488~1505) 연간의 사상계보에 대해 개관하고, 특히 정주학의 한계를 극복하고자 노력한 당시 경세사상의 내용과 특징을 살펴보고자 한다.

이를 위해서는 먼저 명초 이래의 사상사적 조명이 선행되어야 하겠지만, 여기에서는 丘濬의 『大學衍義補』(이하 『연의보』로 약칭)로 국한시켜 분석하기로 한다. 왜냐하면 『연의보』는 현존하는 경세서 가운데 그 내용이 가장 방대하고 상세할 뿐 아니라, 당시 이미 경세에 필요한 지침서로 널리 사용되었다는 점에서도 대표적 저서이기 때문이다. 또한 송·명 이학의 변천 과정과 함께 등장한 경세사상의 특징을 이해하고 이 시기의 사상사적 공백을 보완해 줄 수 있다고 생각되기 때문이다. 더구나 『연의보』는 중국뿐 아니라 일본은 물론이고, 특히 조선에서는 경연 교재와 탕평정치의 주요 지침으로 사용되는 등 커다란 영향을 끼쳤다는 점에서도 주목된다. 따라서 본서의 목적은 『연의보』에 대한 분석을 통해 이 시기의 사상계보를 밝히고, 더 나아가 남송 공리학파와 명말 청초 경세치용학과의 연계성을 모색하는 데 그 의의를 둔다. 이는 중국 정치·학술사상사에서 가장 중요한 위치를 차지하고 있는 신유학의 발전 과정과 중국 근세사회에서 주도적 역할을 담당한 사대부상을 이해하는 데 하나의 시금석이 되리라 생각한다.

제2절 연구방법과 범위

　최근까지 이루어진 『연의보』에 대한 연구동향은 『연의보』 체재에 대한 개별적인 연구,6) 경제사상사의 입장에서 특히 재정·회계에 대한 정책을 매우 긍정적으로 평가하는 견해,7) 학술·사상사적인 입장에서 남송 永嘉학파와 명말 청초의 경세치용학파를 연계해 주는 역할을 강조하는 입장,8) 경학사의 입장에서 주자학을 명 중기에 부흥시켰다고 평가하는 견해,9) 丘濬 개인에 초점을 맞추어 그의 생애와 문학가로서의 활동에 주목한 연구,10) 남송 眞德秀의 『대학연의』(이하 『연의』로 약칭함)와의 비교 연구11) 등으로 요약할 수 있다.

---

6) 대표적인 논문으로는 間野潛龍,「大學衍義補の正朝廷について」,『中山八郎敎授頌壽記念明淸史論叢』(東京 : 燎原書店,　1977),　pp. 89~109 ; 西田太一郎,「儒敎的財政思想の一類型 : 大學衍義補制國用を讀む」,『東亞人文學報』3-4, 1944, pp. 95~137 등이 있다.

7) 石世奇,「論丘濬的國民經濟管理思想」,『北京大學學報』 1985-1, pp. 59~64 ; 胡寄窓,「明淸封建帝國經濟思想」,『中國經濟思想史(下卷)』(上海 : 人民出版社, 1981), pp. 305~325 ; 趙靖,「邱濬 : 中國十五世紀經濟思想的卓越代表人物」,『北京大學學報』1981-2, pp. 47~53 ; 黃國强,「略論丘濬的經濟思想」,『華南師範大學學報』3(1983), pp. 84~90.

8) 대표적인 논문으로는 間野潛龍,「明代儒學と陽明學」,『明代文化史硏究』(京都 : 同朋舍, 1979), pp. 135~161 ; 蘇雲峯,「丘濬 : 一位遙從海外數中原的布衣卿相」,『丘海季刊』5-6(1982. 9), pp. 9~20 ; 王萬福,「丘瓊山之著述與思想」,『廣東文獻』3-1(1973. 3), pp. 11~24 등이 있다.

9) 詹尊泮,「丘文莊的學術根源及其中心思想」,『丘海季刊』5-6(1982. 9), pp. 21~26.

10) 그의 생애에 관한 연구로는 吳緝華,「明代丘濬的生卒年」,『大陸雜誌』35-2(1967), pp. 10~12 ; 吳緝華,「明史丘濬傳補正」,『大陸雜誌』35-9(1967), pp. 7~14 ; 王萬福,「丘文莊公年譜」,『廣東文獻』6-4(1976. 12), pp. 40~44 ; 李焯然,「關於丘濬生卒年的一點補充」,『丘海季刊』5-6(1982. 9), pp. 40~41 등이 있다. 문학가로서의 평가는 林光灝,「明代大儒邱瓊山幼年趣事」,『藝文志』6 (1966), pp. 10~13 ; 林光灝,「丘瓊山詩話」,『廣東文獻』7-2(1977. 6), pp. 66~69 등이 있다.

11) 朱鴻林,「理論型的經世之學」,『食貨月刊』 1985-3,　pp. 108~119 ; Chu Hung-Lan, *Ch'iu Chün(1421~1495) and The Ta-Hsüeh Yen-I Pu :*

이상의 제 연구에서는 신유학의 정통 입장에만 지나치게 집착하거나 진덕수의 『연의』와의 차이점을 과도하게 강조함으로써, 구준의 저서에 대한 종합적인 분석은 하지 않은 채 공리적인 측면이나 경세치용적인 측면만을 단편적으로 부각시키려 한 한계를 갖고 있다고 할 수 있다. 또한 『연의보』 체재에만 국한시켜 설명함으로써 이론 내용에 대한 체계적이고도 종합적인 분석을 결여하고 있다는 문제점도 있다. 이상과 같은 결함을 극복하고 이를 종합적으로 검토하고자 하는 노력이 최근에 구준의 역사관·국가관과 함께 『연의보』를 종합적으로 분석한 연구성과12)로 결실을 맺은 것은 매우 고무적인 일이라 하겠다.

본 연구에서는 이제까지의 연구성과를 토대로 이 시기의 대표적인 경세서인 『연의보』의 내용을 분석하는 한편, 『연의보』와 표리관계를 이루고 있는 구준의 대표적인 史學書인 『世史正綱』에 대해서도 고찰하고자 한다. 뿐만 아니라 『연의보』가 조선에서는 어떻게 활용되고 변용되고 있는지에 대해, 특히 正祖의 『御定大學類義』와 비교 분석함으로써 그 구체상을 규명해 보고자 한다.

이 책의 내용을 장별로 제시하면 다음과 같다.

제1장에서는 『연의보』의 저술 배경을 당시의 사상 흐름을 통해 살펴보는 동시에, 아울러 『연의보』의 體裁上의 특징을 검토한다. 이를 통해 『연의보』가 당시 治者에게 필요한 경세의 지침서였다는 점과 『연의보』의 사상사적 위치를 규명해 보고자 한다.

주지하는 바와 같이 『연의보』가 저술되었던 명중기의 정주학은 지나치게 현학적이고 고답적이었을 뿐 아니라, 과거 준비를 위한 '擧子之學'으로 전락함에 따라 정주학에 대한 비판과 반성이 일어나고 있었

Statecraft Thought in Fifteenth-Century China (A Thesis for Ph.D Degree, Princeton University, 1983).

12) Chu Hung-Lan, Ibid. ; Lee Chek-Yin, *Ch'iu Chün(1421~1495) and His Views On Government and History* (A Thesis for Ph. D Degree, The Austrailian National University), 1984.

다. 더구나 이 시기에 홍기하게 된 心學은 정주학에 대한 위기감을 더욱 고조시켰다. 이에 따라 정주학을 시대적 요구에 부응할 수 있는 실용적 학문으로 재정립하려는 노력은『대학』의 8조목 중에서, 특히 치국평천하에 필요한 현실적인 방안과 이론을 제시하려는 경세서로 서 집대성되기에 이르렀다. 이 시기의 대표적 경세서인 구준의『연의보』는 군주의 修身·齊家에만 치중하여 저술한 도덕적 경세서인『연의』와는 달리, 국가경영에 필요한 제반 제도와 구체적인 방안을 제시함으로써 실용적 경세관을 보여주고 있다는 점에서 주목된다. 더구나『연의보』의 내용은 구준 자신이 구상하고 있는 家→ 國→ 世로 이어지는 사회조직론과 국가경영의 대강을 저서의 體裁에도 반영하고 있다는 점에서 이에 대한 분석이 필요하리라 생각된다.

　제2장에서는『연의보』의 내용을 구준이 구상하는 국가조직론에 따라 朝廷·人事·財政·位階·秩序·愼刑·備禦 등으로 나누어 분석한다. 이를 통해 구준 자신이 구상했던 이상사회·정치조직 등 경세관의 구체상과 특징을 이해하는 한편, 그의 경세사상이 갖는 의의를 규명해 보고자 한다.

　『연의보』는 모두 12개 편으로 구성되어 있는데, 여기에서는 국가 최고기구인 朝廷과 행정부서인 6部(吏部·戶部·禮部·工部·刑部·兵部)의 순서에 따라 이에 필요한 경세 방안을 제시하고 있다. 즉 국가의 최고기구로서 조정과 관련되는 경세 방안에 대해서는 「正朝廷」편, 吏部와 관련된 사항에 대해서는 「正百官」편, 그리고 戶部와 관련된 제반 사항에 대해서는 「固邦本」「制國用」편에서 다루고 있다. 또한 禮部와 관련된 사항에 대해서는 「明禮樂」「秩祭祀」「崇敎化」편, 工部에 관련되는 사항에 대해서는 「備規制」편에서 설명하고 있다. 그리고 刑部에 관련되는 사항에 대해서는 「愼刑憲」편, 兵部에 해당하는 사항에 대해서는 「嚴武備」「馭夷狄」편에서 다루고 있다. 마지막으로 「成功化」편에서는 治平의 성과를 총괄하고 있다.

여기서 특히 주목되는 것은 6部에 대한 설명에서 工部와 兵部의 순서가 바뀌어 있다는 점이다. 이는 구준이 구상하고 있는 천하(국가)조직론인 正朝廷→ 正百官→ 正萬民→ 正四方에 따른 것이라 하겠다. 즉 구준이 구상하고 있는 正萬民의 세 가지 방안인 '理財·正辭·義' 중에서 '正辭'에 해당하는 예부와 공부를 먼저 설명한 데 비해, 正四方에 관련되는 兵部에 대해서는 마지막으로 다루었던 것이다. 이상의 12편의 내용은 경세에 필요한 각 부서의 내용을 담고 있기 때문에,『연의보』에서 담고 있는 경세사상의 특징과 의의를 이해하기 위해서는 이에 대한 검토와 분석이 필수적이라 하겠다.

제3장에서는『연의보』의 내용에서 일관되고 있는 이론체계를 추출하여 이를 개념 범주에 따라 인성론·의리론·내성외왕론·예론·군주론·민론 등으로 나누어 검토한다. 이론체계에 대한 분석은 개념상의 혼란을 방지하고 경세사상의 사적 변천 과정과 그 특징을 추출하는 데 매우 필요한 작업이다. 따라서 여기에서는『연의보』의 이론체계가 갖는 특징을 철학적 범주인 인성론과 가치론, 그리고 수양론으로 구분하여 검토하고자 한다. 아울러 현실적인 경세관을 반영하고 있는 治術로서 君主論과 民論에 대해서도 검토해 보고자 한다. 이를 통해 경세사상의 특징을 단순히 사상이념이나 이론의 틀 안에만 한정하여 이해하는 것이 아니라, 실천을 전제로 하는 실천형 이론으로 파악함으로써 당시 경세사상의 특징과 그 변천 과정을 이해하는 전제로 삼고자 한다. 그런데 기존의 연구에서는 주로『연의보』의 내용 분석을 통해 구준의 경세사상에서 나타난 공리적이고 경세적인 측면만 단편적으로 강조하면서, 실상은 이보다 선행되어야 할 개념정의와 이론체계에 대한 분석에 소홀했던 것도 사실이다. 그러므로 구준의 경세사상을 이해하기 위해서는『연의보』의 내용 분석을 통해 추출되는 개념정의와 그 이론체계의 특징을 검토하는 일이 무엇보다 필요한 작업이라고 생각한다.

　제4장에서는 『연의보』가 조선에 어떻게 전래되어 수용되고 있는지 그 구체상을 규명하기 위해, 먼저 조선왕조실록을 중심으로 經筵에서 『연의보』가 강론되는 과정을 살펴보고자 한다. 아울러 특히 正祖의 『御定大學類義』 중의 연의보 내용과 비교 검토함으로써 조선에서 『연의보』가 어떻게 수용 변용되고 있는지를 正祖期의 蕩平政治와 관련하여 고찰하고자 한다.

　왜냐하면 정조가 손수 『연의보』를 읽고 그 내용을 취사선택하여 간행한 『御定大學類義』는 『연의보』의 내용을 상당 부분 생략하고 있어서 내용상 차이가 있을 뿐 아니라, 시기적으로도 300여 년이라는 격차를 보이고 있기 때문이다. 따라서 『연의보』와 『대학유의』의 내용을 비교하여 그 차이점과 특징을 분석하는 것은 조선에서 『연의보』가 어떻게 변용되고 있는지, 또한 正祖의 탕평정치 및 개혁안과 어떠한 연관성이 있는지를 구체적으로 추정할 수 있는 주요한 작업이라 생각한다.

　제5장에서는 經世라는 측면에서 『연의보』와 표리관계를 이루고 있는 구준의 史學書인 『世史正綱』의 體例와 筆法, 天下秩序觀과 國紀論 등 내용적 특징을 통해 이의 史學史的 위상은 물론이고, 경세사상의 의미를 규명해 보고자 한다. 왜냐하면 『세사정강』은 사학서인 동시에 역사적 사실을 통해 經世하고자 하는 포부를 담고 있다는 점에서 경세서이기도 하기 때문이다. 더구나 전통 儒學에서는 經·史學이 불가분의 관계로 통합되어 있듯이, 『세사정강』에서 강조하고 있는 천하질서관이나 國紀論이 내용 면에서도 『연의보』와 首尾雙關하게 整合되고 있다는 점에서도 주목된다고 하겠다.

제1장 『大學衍義補』의 著述背景과 體裁

제1절 明中期 이전의 사상 흐름과 程朱學의 위기

『연의보』는 南宋 이래 程朱學의 발전 추이와 매우 관련이 깊은데, 직접적인 저술 동기는 특히 남송 眞德秀(西山, A.D 1170~1235)의 『연의』에 있음은 주지의 사실이다. 남송 이래 정주학은 朱熹(1130~1200)에 의해 집대성된 이래 특히 淳熙年間(1174~1189)에 이르러 이론적인 체계의 완성과 함께 朱熹·張栻(1133~1180)·陸九淵(1139~1192) 등 정주학자들의 강학활동을 통해 당시 사대부들에게 널리 보급되었다. 그러나 정주학은 학술적으로는 당시 陳亮(1143~1194) 등 事功學派들에 의해 지나치게 고답적이라는 비판을 받았을 뿐 아니라, 정치적으로도 鄭丙·陳賈·林栗 등을 대표로 하는 당시 관료들에게 배척을 받았다. 뒤이어 慶元年間(1195~1200)에는 趙汝愚와 韓侂冑 일파가 득세함에 따라 정주학은 마침내 '僞學'으로 간주되고, 朱子를 비롯한 정주학자 역시 逆黨으로 규정되기에 이르렀다. 한차주는 자신의 지위를 공고히 유지하기 위해 중원회복이라는 기치를 내세워 민심을 수습하고자 開禧年間(1205~1207)에 對金전쟁을 일으키지만 실패하여 史彌遠(1164~1233) 일파에게 피살됨으로써 그의 득세는 일단락되었다. 새로 등장한 사미원은 재상에 오르자마자 학술적으로 한차주 일파와 정치적으로 밀접하게 연관된 사공학파를 배척함으로써 마침내 정주학은 다시 부흥의 계기를 마련하였다. 이에 따라 특히 眞德秀·魏了翁

등의 노력으로 남송 정주학은 잠시 부흥기를 맞았다.[1] 이에 대해『宋史』에는

> 侂胄가 僞學이라는 이름으로 善類를 금지시킨 이래 최근의 모든 大儒의 서적은 금지되어 단절되었다. (眞)德秀가 뒤늦게나마 홀로 분연히 일어나 이 학문을 책임지고 강습하면서 널리 보급시켰다. 黨禁이 이미 해제되고 正學이 마침내 천하와 후세에 밝혀지게 된 것은 그의 힘이 컸다고 하겠다.[2]

라고 지적한 바와 같이, 남송시기 정주학을 부흥시킨 공로는 아무래도 진덕수라고 할 수 있다. 이처럼 남송의 정주학은 관학으로 인정받지도 못했기 때문에 그다지 널리 보급되지 못했다고 하겠다.

송대 정주학이 실질적으로 유행하고 성행하게 된 것은 원대에 와서야 비로소 가능하였다. 즉 元 皇慶 3년(1313) 11월 仁宗의 詔書를 통해 과거제도가 정해지고[3] 시험과목에서 朱子의『四書集注』가 試題로 정식 채택되었다. 이로 인해 주자의 集注本이 상당한 권위를 얻게 됨으로써 정주학의 지도적 지위가 점차 확립되어 갔다. 더구나 仁宗 延祐 2년(1315)에는 皇慶 2년(1313)의 科擧條例에 의거하여 과거를 시행함으로써 정주학은 마침내 '官學'으로 자리잡게 되었는데, 이는 주자가 타계(寧宗 2년, 1200)한 지 약 100년이 지난 뒤의 일이었다. 결국 정주학은 과거 실시와 함께 관학으로 확립됨으로써 비로소 '擧子之學(Learning

---

1) 侯外廬,「眞德秀・魏了翁在理學上的地位」,『宋明理學史(上卷)』(北京 : 人民出版社, 1984), pp. 607~608.

2)『宋史』(臺北 : 鼎文書局影印本) 卷437,「儒林傳」7, p. 12964.

3) 당시 규정에 따르면, 蒙古・色目人의 경우 제1장에서 四書에 대한 朱子의『章句』와『集注』에 대해 經問하였고, 漢人・南人의 경우에도 제1장에서 明經과 經疑로 출제하였다. 따라서 사대부들은 과거에 대비하여 朱子의『四書集注』를 반드시 배워야 했고, 이로써 朱子學은 과거를 위한 '擧子之學'으로 자리하게 되었다. 이에 대해서는 侯外廬,「明初的理學」, 앞의 책 下卷, p. 42 ; Lee Chek-Yin, op. cit., pp. 103~104 참조.

for civil examinations)'으로 자리잡게 되었다. 이 때문에 당시 사상 학문의 조류는 정주학 위주로 변하게 되었다. 이처럼 정주학이 원대에 와서야 비로소 관학으로 자리잡게 된 가장 큰 이유는 몽고족이 정주학을 통해 문화적 동질성을 확보함으로써 당시 수많은 한인 사대부층을 회유 포용할 수 있었을 뿐 아니라, 중국지배의 정치적 정당성도 획득할 수 있었기 때문이다.4)

원대에 이르러 관학으로 지정된 정주학은 명대에도 그대로 지속되었다. 洪武 초에 시행된 과거에서는 劉基(1311~1375)의 건의에 따라 『四子書』, 『易』, 『詩』, 『春秋』, 『禮記』 등 5경에서 試題를 출제하였다. 또한 永樂 13년(1415)에는 『四書大全』 36卷, 『五經大全』 154卷과 『性理大全』 70卷이 편찬 반포됨으로써 정주학은 관학으로서 더욱 견고하게 자리하게 되었다. 특히 胡廣(1370~1418) 등에 의해 편찬된 『五經大全』, 『性理大全』5)은 명초에 정주학을 관학으로 삼았다는 중요한 근거일 뿐 아니라, 송·명 이학사에서도 획기적인 사건이라 아니할 수 없다. 왜냐하면 이를 통해 남송 말년에 慶元 黨禁이 해제되고 이제는 더 이상 '僞學'이 아닌 관학으로서 당시 군주의 재가를 받았음을 의미

---

4) Chan Hok Lam & de Bary Wm. Theodore, *Yüan Thought: Chinese Thought and Relegion Under the Mongols*(New York : Colombia University Press, 1982), pp. 197~232 ; Lee Chek-Yin, op. cit., p. 101 등 참조.

5) 明初에 정주학을 관학으로 삼는 데 중요한 역할을 담당한 것은 홍무 21년에 올린 解縉의 萬言書라고 할 수 있다. 이에 대해서는 『明史』 卷147, 「列傳」 35, 「解縉傳」, pp. 4115~4116 참조. 한편 五經大全과 性理大全의 편찬은 永樂 12년(1414) 11월에 纂修를 시작하여 1년도 채 지나지 않은 13년 9월에 완성되었다. 이 三部 大全의 편찬은 원래 『五經·四書大全』과 『性理大全』의 二部였는데 이 책을 완성하여 胡廣·楊榮·金幼孜 등이 進覽하자 永樂帝가 序文을 직접 하사하면서 분리시킨 것이다. 이에 대해서는 『明太宗實錄』(臺北 : 中央研究院歷史語言研究所影印本) 卷158, p. 1803, 永樂 12年 11月 甲寅條 ; 같은 책 卷168, pp. 1872~1874, 永樂 13年 9月 己酉條 참조. 그리고 3 大全의 편찬 목적이나 동기에 대해서는 侯外廬, 앞의 책(下卷), pp. 10~14 참조.

하기 때문이다. 이렇게 정주학이 관학으로 자리하게 됨에 따라 명대 정주학은 송 이후의 이학을 발전시키는 한편, 당시 사상계에서도 정통의 지위를 확고히 하게 되었다.

명대의 사상계 흐름6)은 대체로 명 초기·중기·후기로 나눌 수 있다. 먼저 명 초기는 홍무 연간(1368~1398) 이후 曹端(月川, 1376~1434)의 문인인 薛瑄(敬軒, 1392~1464)을 중심으로 하는 '河東學'7)과 설선과 같은 시기 남방을 중심으로 홍기한 吳與弼(康齋, 1391~1469)과 胡居仁(敬齋, 1434~1484)의 '崇仁學'8)이 주류를 이룬 시기라고 할 수 있다. 설선은 '復性爲宗'을 주장하여 인륜을 특히 강조하는 동시에, 그 실천에 주목함으로써 淸代 사람들은 그를 칭하여 정주학을 계승한 '明初理學之宗', '開明代道學之基'라 하였다. 한편 오여필은 설선에 비해 주로 심신의 자기단련을 강조하여 '得聖人之心精'을 주장함으로써 이후 心學을 중심으로 하는 양명학의 發端이 되었다고 할 수 있다. 이러한 양자의 차이에도 불구하고 명초 북방의 하동학과 남방의 숭인학은 모두 학문의 궁극적 목적을 주로 개인의 '復性'이나 '躬行'에 두었다는 데 그 특징이 있었다. 따라서 이들 모두는 독자적으로 학문을 이론적으로 연구하여 체계화하거나 저술하기보다 단순히 '爲己之學'에 머무르는 한계를 갖고 있었다.9) 결국 명초의 정주학자들은 그들 나름대

---

6) Lee Chek-Yin, op. cit., pp. 101~130 ; 候外廬, 앞의 책(下卷), pp. 788~792 참조.

7) 黃宗羲, 『明儒學案』(臺北 : 世界書局影印本) 卷7~8, 「河東學案」, pp. 43~64과 『明史』卷282, 「列傳」170, 「儒林傳」1, pp. 7223~7259 참조.

8) 『明儒學案』(臺北 : 世界書局影印本) 卷1~4, 「崇仁學案」, pp. 1~28 ; 『明史』(臺北 : 鼎文書局影印本) 卷282, 「列傳」170, 「儒林傳」1, pp. 7223~7259 참조.

9) 河東學과 崇仁學에 대해서는 일반적으로 정주학의 고답적인 추종자에 불과하다는 평가(주 10 참조)가 많다. 그런데 Wing-Tsit Chan, "The Ch'eng-Chu School of Early Ming", de Bary Wm, Theodore ed., *Self and Society in Ming Thought*(New York & London : Colombia University Press, 1970), pp. 32~36에서는 이들이 이미 인성회복과 심학의 경향을 보여주고 있다는 사실을 강조함으로써 정주학에서 이탈하여 명대 이학의 새로운 장을 열었다고 평

로 자신의 학문체계를 이론적으로 발전시키거나 구체화하기보다는 기존의 정주학체계를 충실히 추종하고 계승한 데 불과하다고 하겠다.[10] 명초의 이러한 사상경향은 원대 이래 정주학이 과거출제의 주요 대상이 됨에 따라 대부분의 사대부들이 이를 학문연구의 대상으로 여기기보다는 과거를 대비하는 이른바 '擧子之學'으로 삼았기 때문인 것으로 보인다.

명 중기인 成化(1465~1487)·弘治(1488~1505) 연간은 吳與弼의 門人인 陳獻章(白沙, 1428~1500)이 새롭게 心學을 발전시킨 이래 이를 계승 발전시킨 王守仁 등의 이른바 '姚江學'이 천하를 풍미한 시기다. 이 시기의 가장 큰 특징은 무엇보다 관학인 정주학이 주도적인 지위를 위협받고 비판받게 되는 동시에, 이에 대한 반작용으로서 심학이 흥기하여 널리 보급되기 시작한 점이다. 상술한 바와 같이 명초의 정주학은 그 주된 목적이 과거준비에 있었기 때문에 개인의 출세와 이익을 위한 방편으로서 전락하는 경향이 짙었다. 따라서 사상 학문으로서의 정주학은 그 한계가 드러나지 않을 수 없었다. 이에 따라 正德年間(1506~1521)에는 남송 이래의 朱陸學 논쟁이 재기된 것을 계기로 실제로 심학이 더욱 유행하게 되었다. 이 시기에 심학이 특히 흥기하게 된 계기는 양명학의 선구로서 오여필의 문인인 진헌장과 그의 제자 湛甘泉의 학문활동이었다.[11] 또한 명 후기는 嘉靖(1522~1566)·隆慶

가하고 있다.

10) Lee Chek-Yin, op. cit., pp. 106, 117 참조. 이러한 견해는 대부분 『明史』와 『明儒學案』에 따른 것이라고 할 수 있다.

11) 『明儒學案』 卷5, 「白沙學案」 1, p. 28에서는 "有名之學 至白沙始入精微 …… 至陽明而後大"라 하고, 卷10, 「姚江學案」 1, p. 74에서는 "有明學術 白沙開其端 至姚江而始大明"이라고 지적하면서 白沙와 양명학의 관계를 설명하고 있다. 그의 사상에 대해서는 『明史』 卷283, 「列傳」 171, 「儒林傳」 2, pp. 7261~7262 참조. 그리고 Wing-Tsit Chan, op. cit., pp. 29~59 ; Jen Yu-Wen, "Ch'en Hsien-Chang's Philosophy of The Nature", Ibid., pp. 53~92 ; Paul Jiang, *The Search for Mind : Ch'en Pai-Sha, Philosopher*(Singapore : Singapore University Press), 1980 ; 簡又文, 『白沙子硏究』(香港 : 簡氏猛進

연간(1567~1572) 이후 정주학이 부흥한 시기라고 할 수 있다.

이 중에서 구준이 활동한 명초·중기는 주자의 집주본을 과거의 시제로 채택한 원대의 皇慶條例에 따라 정주학이 여전히 관학으로서 주도적 지위를 차지하고 있었다. 그러나 그 이면에는 고답적인 '擧子之學'에 대한 반기로서 심학도 또한 점차 흥기하고 있었으며, 특히 『연의보』가 저술된 시기에는 정주학에 대한 반성과 함께 시대적 요구에 부응하는 논리의 정립을 모색하는 흐름이 나타나게 되었다.12) 먼저, 정주학을 계승하면서도 이를 논리적으로 수정 보충하여 부흥시키고자 하는 노력의 일환으로서 송대 이래의 정주학을 현실에 맞게 재해석하려는 움직임이 있었는데, 구준과 호거인이 그 대표적인 인물이라 할 수 있다. 또 하나의 경향은 남송 육구연의 심학을 계승하여 이를 새롭게 재해석하고자 한 사상경향으로서 진헌장이 대표적이다. 마지막으로 이상의 두 사상경향을 접목시킴으로써 새로운 사상체계를 세우고자 한 흐름으로서, 程敏政이 여기에 속한다.

결국 구준이 생존한 弘治(1488~1505)·正德(1506~1521) 연간의 理學은 주로 '性命之學(Learning of nature and life)'과 '擧子之學'으로 대별될 수 있지만, 한편으로는 진헌장과 정민정 등이 독자적인 사상을 구축하고 심학에 경도되는 사대부들이 점차 배출되고 있었다.13) 더구나 당시 '性命之學'은 송·명 이학을 그대로 답습함으로써 현실정치나 사회문제와는 동떨어지고 지나치게 고답적이라는 한계를 드러냈다. 또한 '擧子之學' 역시 과거 대비라는 현실적인 문제로만 국한됨으로써 사대부의 개인적인 영리나 목적에만 부합되었다. 이와 같이 양자의 한계점은 구준이 생존한 당시에도 이미 노정되었고, 이에 따라 정주학에

書屋, 1970) ; 荒木見悟, 「陳白沙と太虛法師」, 『明代思想研究 - 明代における儒敎と佛敎の交流』(東京 : 創文社, 1972), pp. 23~50 ; 荒木見悟, 「湛甘泉と王陽明」, 위의 책, pp. 51~80 등 참조.

12) Lee Chek-Yin, op. cit., p. 120.

13) 荒木見悟, 「丘瓊山の思想」, 『中國思想史の諸相』(福岡 : 中國書店, 1989), p.191.

대한 한계 극복과 새로운 해석은 필연적인 현상이었다고 하겠다. 게다가 명초 이래 심학으로 경도된 사상 학문계의 현상이 이미 숭인학에서 그 징조를 보였고, 이 시기에 이르러서는 마침내 진헌장을 대표로 하는 심학이 풍미하게 됨으로써 정주학을 크게 위협하였다.14) 이처럼 명 중기에 닥친 정주학의 위기는 자연히 정주학에 대한 재해석이나 부흥 노력을 불가피하게 만들었다. 이 같은 정주학의 위기에 직면하여 구준은 『朱子學的』15)과 『연의보』를 저술하여 당시 쇠퇴해 가는 정주학의 재부흥을 꾀하는 한편, 지나치게 고답적이고 현학적인 내용을 지양하고 治國平天下에 필요한 현실적인 이론과 방안을 제시함으로써 정주학을 보강하고자 하였다. 따라서 구준은 정주학의 내용을 體用論에 따라 해석하는 한편, 개인의 수양론으로서 '體'와 이를 사회정치에 시행하고 실현시키는 '用'을 강조함으로써 소위 '全體大用'의 학문을 강조하였다.16) 그는 특히 치국평천하에 대한 구체적인 用의 내용과 방법을 제시하였으며 이를 통해 정주학을 널리 보급시키고자 하였다. 뿐만 아니라 당시 쇠퇴해 가는 정주학을 부흥시켜 사상계의 체계를 세우는 작업으로서 道統의 확립에 노력하기도 하였다.17) 또한 고전에 대한 연구

---

14) 陳獻章은 39세로 북경 국자감에 입학하였는데, 당시의 國子監 祭酒인 刑讓 (1427~1471)이 그를 극찬하였다고 한다. 뿐만 아니라 당시 북경에서 활약하고 있었던 羅倫(1437~1478)·章懋(1436~1521)·莊果(1437~1499) 등 유명 학자들이 모두 그의 문하가 되었으며 심지어 예부시랑을 지낸 賀欽(1437~1510)도 그의 제자가 되었다고 한다. 이러한 사실로 미루어 보건대, 陳의 학문은 그 당시에 상당히 유명했던 것으로 추측된다.

15) 『朱子學的』 2卷은 天順 7년(1463)에 저술하였다. 이 밖에 『世史正綱』 32卷은 成化 17년(1481), 『家禮儀節』 8卷은 成化 21년(1485)에 저술하였다.

16) 丘濬, 『大學衍義補』(京都 : 中文出版社影印本) 上卷, 卷76, 「崇敎化」 '本經術以爲敎' 中, p. 813b(16葉)에서 "儒者 全體大用之學也"라고 강조하고 있다.

17) 丘濬, 『朱子學的』(臺北 : 藝文印書館影印本, 正誼堂全書) 卷下, 「道統」에서 道統의 계통을 伏犧 → 神農 → 黃帝 → 堯 → 舜 → 禹 → 湯 → 文王 → 周公 → 孔子 → 顔子·曾子 → 子思 → 孟子 → 周子 → 二程 → 張子 → 朱子로 설정하고 있다.

를 聖人의 도를 탐구하고 체득하는 기초인 동시에 필수적인 수단으로 생각하여 '道問學(Maintaining constant inquiry and study)'을 중시함으로써 진헌장과 같이 수양에만 몰두하는 심학 경향의 '尊德性(Honouring the virtuous nature)'을 비판하기도 했다. 바로 이런 점에서 구준은 주자의 일등 공신[18]이라고 평가될 정도로 명 중기 정주학 부흥에 힘썼다 하겠다.

구준이 『연의보』를 저술하게 된 직접적인 동기는 자신이 밝힌 대로 남송 진덕수(西山, 1178~1235)의 『연의』[19]에서 찾을 수 있다. 주지하는 바와 같이 『연의』는 남송의 巨儒 진덕수가 『대학』의 핵심적인 주제인 3강령 8조목을 고전과 역사서 등에 근거하여 부연 해석하여 치국의 振作과 황제의 교훈을 위해 제왕학으로 집필한 것이다. 더구나 4서 5경의 경전 가운데에서도 특히 4서를 중시하는 것이 북송 이래 학문 사상계의 경향이었다. 이 4서 가운데서도 특히 『대학』은 司馬光(1091~1086)이 『禮經』에서 이를 表章하여 『大學廣義』로 분리하고, 二程이 그 중요성을 강조하여 재편한 이후 『論語』와 『孟子』보다 중시되기에 이르렀다.[20] 결국 『대학』은 주자의 『四書集注』에 의해 마침내 『대학』, 『논어』, 『맹자』, 『중용』 순으로 배열하게 되었고, 이 중에서 특히 『대학』은 학문과 수양에 필요한 입문서인 동시에 교육과 정치에도 매우

---

18) 汪鼎는 구준의 『朱子學的』을 주자학 부흥에 결정적인 역할을 담당한 저술로 평가하고, 이 때문에 구준을 주자학의 일등 공신이라고 평가하고 있다. Lee Chek-Yin, op. cit., p. 147 재인용.

19) 『大學衍義』 43卷은 紹定 2년(1229)에 편찬되기 시작하여 端平 元年(1234)에 理宗에게 증정되었다. 이를 계기로 理宗은 端平 5년(1238)에 일시적이나마 정주학을 관학으로 선포함으로써 이후 정주학 보급에 많은 영향을 미쳤다. 이에 대해서는 Chu Hung-Lan, *Ch'iu Chün and The Ta-Hsüeh Yen-I Pu* (Princeton University, A Thesis for Doctor Degree, 1983), pp. 110~166 참조.

20) 大學篇의 表章過程에 대해서는 戶田豊三郎, 「宋代大學篇における大學篇表章の始末」, 『東方學』 21(1961. 3), pp. 46~56 ; 麓保孝, 「大學を中心としたる宋代儒學」, 『宋元明清近世儒學變遷史論』(東京 : 圖書刊行會, 1976), pp. 21~37 ; 佐野公治, 『四書史の研究』(東京 : 創文社, 1988) 등 참조.

중요한 요체로서 '修己治人之方'으로 평가받기에 이르렀다.[21] 이에 따라 4서 5경 중에서 특히 4서는 송대 이후 萬世의 '開太平之具'로서 인정되어 학자들은 반드시 4서를 먼저 읽은 후에 5경을 읽을 것을 주장하는 분위기였다. 뿐만 아니라 4서의 공부는 『대학』에서부터 시작할 것을 강조하여 程子는 『대학』을 '入德之門'으로, 주자는 '敎人之法'으로, 진덕수는 '聖學之淵源'과 '治之根底' 및 '君天下之律令格例'라고 규정하였다. 이에 따라 구준 역시 儒者의 書를 이해하기 위해서는 『대학』을 먼저 공부하는 것이 가장 절실하다고 지적하면서 이는 '入德之門'과 '聖人之道', 그리고 '帝王之治'가 비롯되는 것이라고 특별히 강조하고, 이를 통해 '齊家·治國·平天下均'[22]하는 수단으로 삼을 것을 주장하기도 하였다.

이처럼 종전의 5경을 중심으로 하는 사상계 경향에서 벗어나 『대학』을 필두로 한 4서는 당시 사대부의 '道問學'과 '尊德性', 그리고 치도에 필요한 필수적인 교본으로 자리잡게 되었다. 따라서 송대 이학자들은 『대학』에 대한 주석을 가하여 그 체계화를 시도하였는데, 그 중에서도 주자의 『4서집주』가 가장 영향을 미쳤다. 여기서 주자는 『대학』의 내용을 8조목(格物·致知·正心·誠意·修身·齊家·治國·平天下)으로 정리하는 한편, 이를 다시 개인의 수양덕목(격물~제가)과 사회덕목(치국~평천하)으로 구분하여 단계적으로 설명하였다. 이러한 주자의 재해석은 이후 많은 이학자들에게 지대한 영향을 미쳤을 뿐 아니라, 이를 기반으로 한 사대부들의 치국관과 제왕학에도 큰 영향을 미쳤다.

이상과 같은 시대적 배경 하에서 저술된 진덕수의 『연의』는 원대 이후 군주와 사대부들에게 필요한 경세서로서 널리 읽혔을 뿐 아니라, 경연에도 사용된 교본으로 인정받기에 이르렀다.[23] 더구나 진덕수가

---

21) 『大學衍義補』下卷, 卷77, 「崇敎化」 '本經術以學校' 下, p. 817a(1葉).
22) 위와 같음, p. 822a(11葉)~b(12葉).

『연의』를 저술한 시기는 상술한 바와 같이 정주학이 '僞學'으로 금지되었던 慶元 연간을 거치면서 對金정책을 둘러싸고 主戰派와 主和派 사이에 권력쟁탈전이 심화되면서 남송의 국세가 날로 쇠퇴하고 있던 때였다. 이러한 상황에서 진덕수는 理宗에게 치국의 도를 설파함으로써 기울어져 가는 국세 진작은 물론, 외척과 楊后의 섭정 등으로 피폐해진 국정을 쇄신하기 위하여 제왕학으로서『연의』를 저술 증정했던 것이다. 여기에서 그는『대학』의 8조목 가운데 특히 格物・致知・正心・誠意・修身의 덕목을 體로, 齊家・治國・平天下를 用으로 파악하였다.24) 또한 그는 이를 本末論에 따라 政治와 國家組織에도 적용하여 군주를 本으로, 治平의 구체적인 방법을 末로 해석하였다. 동시에 그는 '本'우선론을 강조하여 국가의 本인 군주가 도덕수양의 완성을 통해 '內聖'을 달성하면 치평의 완성단계인 '外王'은 자연히 달성될 수 있다고 생각하였다. 따라서『대학』8조목에 대한 그의 논리는 결국 개인과 사회, 국가 등 삼자의 관계에서 군주 개인의 수양을 가장 중요한 요체로 파악함으로써 치평의 모든 문제는 결국 本(군주)에 따라 자연히 해결될 수 있다는 것이었다.

여기서 우리가 주목해야 할 것은 진덕수가 주장하고 있는 '末'의 조목에는 오로지 제가 조목만 언급하고 치평 조목에 대해서는 언급하지 않았다는 점이다. 이로써 미루어 볼 때 진덕수의 논리는 '本'우선론의

---

23)『대학연의』가 경연의 교본으로 사용되고 당시 사대부들의 필독서였던 사실은 원대뿐만 아니라 명대에 와서도 마찬가지였다. 따라서 명 인종(1424~1425) 시에는 당시 조정이 이를 재판하여 왕자와 관리들에게 배포하기도 하였다. 또한『연의』가 경연의 교본으로 사용된 것은 구준이 관직에 재직하고 있었던 憲宗(1465~1487)과 孝宗(1488~1505) 때까지도 계속되었다. 이에 대해서는 鄧球,『皇明泳化類編』(臺北 : 國風出版社影印本) 卷22, p. 126 ;『明憲宗實錄』卷7, pp. 173~174, 天順 8年 秋7月 庚辰條 ; Lee Chek-Yin, op. cit., p. 182. de Bary Theodore, *Neo-Confucian and The Learning of the Mind-and-Heart*(New York : Columbia Uiversity Press, 1981) 참조.

24) 眞德秀, 「上大學衍義表幷箚子」,『瓊台類稿』, pp. 7a~8a.

입장인 동시에 국가나 천하를 군주 개인의 '家天下'로 파악하고 있다. 그렇다면 『연의』에서는 치국에 대한 수단이나 방법은 경시하고, 단순히 내재적 원리나 철학적 원칙론을 고수하였음을 알 수 있다.25) 바로 이러한 점에서 진덕수의 논리는 '家天下' 사상을 반영하고 있다는 것, 군주중심의 국가상을 보임으로써 실제적인 치국론이나 그 방법론에 대한 대안은 제시하지 못하는 한계를 지닐 수밖에 없었다.

　『연의』가 지닌 이러한 한계점으로 인해, 이에 대한 극복 논리가 어떤 형태로든 제시되지 않을 수 없었다. 구준은 이를 위해 치평의 주요 담당자로서 사대부들을 중시하는 한편, 더 나아가 치평의 구체적인 방안을 제시하기 위해 體用論에 입각하여 『연의』를 보강하는 『연의보』를 저술하였다. 이를 통해 구준은 진덕수가 빠뜨린 치평의 요체를 보강하여 본말이 겸비되고 내외가 합일되게 함으로써 이른바 '全體大用'의 논리체계를 완성시키고자 하였던 것이다. 따라서 구준은 『연의보』의 저술 동기에 대해

　　臣이 영민하지 못하고 우둔하기 때문에 眞氏가 설명한 것을 감히 모방하여 제가편 아래 또다시 治平의 요점을 보충하였습니다. …… 이로써 本末이 겸비하고 內外가 합하게 하여 이른바 全體大用을 갖추고자 힘썼습니다. 眞씨의 앞의 책(연의)은 수신과 제가에 근본을 두어 이로써 천하에 두루 미치게 하고자 하였습니다. 한편 신은 이 책을 편찬하여 또다시 치평의 효과를 이루게 함으로써 이른바 격물·치지·성의·정심·수신·제가의 효과를 거두고자 하였습니다.26)

라 하여 『연의』가 『연의보』 저술의 직접적인 동기가 되었음을 분명하게 밝히고 있다.

---

25) 朱鴻, 「理論型的經世之學 - 眞德秀大學衍義的用意及其著作背景」, 『食貨月刊』 1985-3, pp. 108~109에서 진덕수의 경세학을 '理論型'이라고 규정하고 있다.
26) 『大學衍義補』, 「序文」, p. 14b.

제2절 『大學衍義』와 『大學衍義補』

『연의보』를 저술하는 데 있어서 직접적인 동기가 된 것은 이미 지적한 바와 같이 진덕수의 『연의』였다. 따라서 『연의보』의 특징을 이해하기 위해서는 무엇보다 먼저 『연의』의 내용 분석과 함께 양자에 대한 비교 분석이 선행되어야 한다. 그러나 여기에서는 단지 『연의보』에서 밝힌 저술 목적과 동기를 통해 『연의』와의 차이점을 밝혀보고자 한다. 물론 양자의 내용에 대한 구체적인 분석을 선행하지 않고 그 차이점을 논한다는 것은 논리상 모순된다고 할 수도 있겠지만, 다행히 구준이 『연의보』에서 밝히고 있는 저술 동기에는 주로 『연의』와의 차이점을 중심으로 설명하고 있기 때문에 양자의 차이점을 추출하는 데 크게 무리가 없으리라 생각한다. 무엇보다 『연의보』가 『연의』를 모방하여 體裁 면에서는 비록 유사하다고 하지만, 두 책에서 다루고 있는 내용과 그 관점이 상이하기27) 때문이다. 따라서 구준은 『대학』의 8조목 가운데 진덕수가 언급한 격물~제가 조목에 대해서는 더 이상 구체적인 언급은 하지 않고 있지만, '體'에 해당되는 이 부분을 補卷에서 총체적으로 다루고 있기 때문에 치평 관련 내용과 함께 『연의보』 이해에 도움이 되리라 생각하여 함께 다루고자 한다.

이제 『연의보』 서문과 卷首 「審幾微」 편의 내용을 『연의』와 비교해 보면, 다음 몇 가지 특징을 추출해 볼 수 있다. 첫째, 『연의보』에서는 체용론에 입각하여 『대학』의 8조목을 설명하는 동시에, 이를 현실적인 치국책에 적용하고 있다는 점이다. 이에 대해 구준은

儒者의 學은 體와 用을 사용하고 있습니다. 體는 한 가지 理(致)에

---

27) 朱鴻은 앞의 논문 p. 109에서 "구준의 저서는 이학자라는 관점에서 정신적으로는 진덕수의 『연의』와 일맥상통하는 점이 있을 뿐 아니라 또한 두 저서의 형식적인 구성에서 약간의 유사점이 있다는 사실을 제외하면 그 내용과 강조점에서는 결코 동일하지 않다"라고 지적하고 있다.

근본을 두고 있지만 用은 萬事에 흩어져 있습니다. 따라서 그 精緻함을 心으로 분석하여 흐트러지지 않게 한 후에 이를 합치면 남김 없이 무한함에 이르게 됩니다. 이로써 대학의 가르침에서는 이미 그 강령의 거대함을 거론하고 다시 그 상세한 조목도 열거하고 있습니다. 그런데 조목에는 다시 條理와 節目이 있어서 그 순서를 뒤섞어서는 안 되며, 그 功能 또한 빠뜨려서는 안 됩니다. 만약에 한 가지 功能이라도 빠뜨리게 되면 곧 한 가지 事가 줄어들고, 한 가지 節目이라도 빠지게 되면 그 用의 거대함은 부족하게 됨으로 말미암아 體가 體로 되기에는 역시 완전하지 못하게 됩니다. 그러므로 用이 거대하게 되는 까닭은 여러 작은 事들이 합하지 않고는 어찌 이를 이룰 수 있겠습니까?[28]

라 하여 체용의 관계를 명쾌하게 설명하고 있다. 즉 그는 儒者의 學을 체용론에 입각하여 사물을 사물답게 하는 존재근거(所以然)인 '理'와 현실적으로 만물에 체현되는 '事'로써 대비시키는 한편, 체와 용의 완전한 합일인 '全體大用'을 매우 강조하였다. 구준은 체용의 관계를 그물에서 綱과 目의 관계로 비유하여 "그물의 눈(目)이 하나라도 풀어지게 되면 綱은 펴지지 않는 것과 같다"[29]고 설명하였다.

이처럼 구준은 체용론을 『대학』의 8조목에 적용하여 격물~제가를 '體'로 파악하고, 치국·평천하를 用으로 이해하였다. 따라서 구준은 치평을 用으로 파악하고 통합함으로써 이를 통해 '大用'에 이르게 하는 동시에, 더 나아가서는 '全體'에 도달할 수 있다고 생각하였던 것이다. 이처럼 『연의보』에서 주장하는 체용론의 특징은 體用겸비에 있고, 이는 진덕수의 '體'우선론이나 '體'중심론과는 대별되는 차이점이라 하지 않을 수 없다. 이와 같이 체용겸비론의 입장을 뚜렷하게 반영하고 있는 『연의보』에 대해 「御製重刊大學衍義補」에서는,

宋儒 眞德秀는 『대학연의』를 만들어 경전과 여러 諸子書와 역사서

---

28) 『大學衍義補』「序文」, p. 14a(3葉)~b(4葉).
29) 위와 같음, p. 14a(4葉).

의 말들을 뽑아 모아서 (大學을) 충실하게 만들었다. 그런데 여기서 보충한 것은 단지 격물·치지·성의·정심·수신·제가뿐이고 치국·평천하는 빠져 있다. 그런데 (明)孝宗 敬皇帝시에 이르러 대학사 구준이 마침내 (대학연의에서) 미비된 것을 계속 보충하여 『대학연의보』를 만들고 치국·평천하·新民의 요점을 제시함으로써 明德의 功能을 거두게 되었고, 또한 고금의 嘉言과 善行에 대해 전해져오는 것을 모아 놓음으로써 경전의 뜻을 밝히게 되었다. 이 때문에 비로소 體用이 두루 갖추게 되고 또한 眞氏의 책이 완결됨으로써 공자·증자의 날개 역할을 담당하게 되었으니, 그의 공로가 결코 대학보다 적지 않다.30)

라고 극찬하였다. 또한 『四庫全書』에서도

治平의 도는 그 理가 비록 수신·제가에 갖추어져 있다고 하더라도 그 (구체적인) 事는 이들이 각기 처한 實在에 있는 것이다. 이는 마치 흙이 벼를 성장케 하고 벼는 곡식을 생산하게 하며, 또한 그 곡식은 쌀을 만들게 하고 쌀은 밥을 만들게 하는 것과 같이 본래 서로의 원인이 되는 것이다. 그러나 흙도 경작하지 않으면 벼가 성장하지 못하고 벼도 수확하지 않으면 곡식을 거둘 수 없는 것이다. 또한 곡식도 찧지 않으면 쌀을 만들지 못하고 쌀도 끓이지 않으면 밥을 짓지 못하게 되는 법이다. 그러므로 그 本으로만 소급하여 올라가서 곧바로 흙으로 밥을 만든다고 할 수는 없는 것이다. 眞氏의 原書(대학연의)에는 바로 이 점을 빠뜨리고 있다.31)

라 하여 흙에서 밥이 되는 실질적인 과정을 비유로 들어 用을 중시한 『연의보』를 높이 평가하였다.

결론적으로 구준에게 있어서 치평의 문제는 體에 대비되는 用의 문제이지만, 또 한편으로는 이를 실현하기 위한 구체적 방안이라고 파악할 수 있다. 이렇게 볼 때 진덕수가 '體'우선론에 입각하여 원리 중심의

---

30) 위와 같음, 「御製重刊大學衍義補」, pp. 1b(2葉)~2b(4葉).
31) 『四庫全書』 卷18, p. 55.

학문(The matter of knowing)을 다루었다고 한다면, 구준은 체용겸비론에 의거하여 '理'의 현실적인 조화인 政과 이의 구체적인 행위(The matter of doing)를 다루었다 할 수 있다.32)

둘째, 知行論을 통해 治國의 도와 그 구체적인 방안을 설명하고 있다는 점이다. 그는 성현과 제왕의 도는 모두 知와 行으로 구별되며, 그 선후에 따라 '先知後行'해야 한다고 강조하였다. 따라서 구준은 성현의 도와 제왕의 치도에 대해,

　　自古로 성현의 학문의 도와 제왕의 치도는 먼저 알고 난 후에 행하는 것이다. 이때 아는 것은 반드시 그 뜻을 밝히는 것이고, 이를 행하는 것은 반드시 그 요점을 제시하는 것이다. 따라서 도의 요점을 행하고자 하면 반드시 먼저 그 의미를 알아야 한다. 그런데 만약에 그 뜻의 소재를 모르면 어떻게 그 요점을 파악하여 이를 행하겠는가? 그러므로 신이 이 책을 편찬하는 까닭은 이(道)를 배워 격물·치지의 방법이 될 수 있는 것을 시작으로 하여 결국에는 이(道)를 행하여 치국·평천하의 요점으로 삼기 위해서다.33)

라 하여 '先知後行'의 입장을 보여주었다. 여기서 우리는 구준이 '道問學'을 '尊德性'보다 더 중시하는 정주학의 입장을 그대로 계승하고 있음을 알 수 있다. 이처럼 '道問學'을 중시하는 구준의 사상경향은 결국 당시 道의 담당자, 즉 師儒로서 제왕과 사대부의 역할을 무엇보다 중시하는 결과를 초래하였다. 여기에서 당연히 道의 원리인 理를 체득하는 것이 무엇보다 시급한 과제가 되었다. 이때 천하의 理는

　　무릇 천하의 理에는 두 가지가 있는데, 즉 善과 惡뿐이다. 선은 천리의 본이고 악은 인욕의 사악함이다. 소위 경외함을 존중한다는 것은 천리가 있기 때문이고 욕망을 경계한다는 것은 인욕을 방지함을 뜻하

---

32) Chu Hung-Lan, op. cit., p. 166.
33) 『大學衍義補』「序文」, pp. 15b(6葉)~16a(7葉).

는 것이다.34)

라 하여 '선'과 '악', '천리'와 '인욕'으로 대치시켜 理를 형이상학적 원리로 확대 발전시킴으로써 선=천리, 악=인욕으로 등식화하였다. 따라서 구준의 논리에 따르면 '道問學', 즉 학문을 통해 천리를 체득한 사대부나 군주는 인욕을 벗어난 도덕적 수양자인 동시에 현실적으로 존재하고 있는 인욕을 방지하는 책임자나 교화자인 셈이다.

한편, '先知後行'의 입장을 체용론과 관련시켜 볼 때, 체의 前提로서 강조하고 있다는 의미로도 해석할 수 있겠다. 이처럼 그가 체를 중시하는 태도는 송·명 이학자들의 공통점으로서 진덕수와도 일맥상통하는 점이다. 다시 말해서 구준이 치도의 '理'를 군주 개인의 수신·제가에 두고 이를 무엇보다 치평의 대전제로 삼았다는 사실은 진덕수와 매우 유사하다. 따라서 구준 자신도 양자의 공통점에 대해『연의보』서문에서 "신의 저서는 전서(대학연의)에 비해 비록 그 표현은 같지 않지만, 뜻에 있어서는 서로 관통한다"35)라고 하였던 것이다.

그러나 양자 간의 공통점에도 불구하고 구준은 천리의 내용을 진덕수와는 달리 선과 악이라는 대치개념으로 파악함으로써, 선을 체득한 사람만이 인욕(=악)을 제어하고 방지할 수 있는 주체로 설정하였다. 바로 이 점에서 구준의 논리는 당시 사대부 사회에 부응하는 사상이론을 제시하여 치자로서의 사대부의 역할을 매우 강조하였음을 알 수 있다. 여기에서는 군주와 사대부가 인욕을 방지하고자 민을 교화시키는 작업이 바로 치평의 구체적인 방법이며, 또한 도의 '행'인 것이다.

그의 知行論에서 우리는 구준이 당시 사대부의 사회적 역할을 특별히 강조하고 있을 뿐 아니라, 이들의 天理 실천이야말로 곧 치평의 도이자 구체적인 '행'으로 간주하고 있음을 알 수 있다. 결국 구준은 진덕

---

34) 위의 책 卷首,「誠意正心之要」'審幾微', p. 49a(1葉).
35) 위의 책「序文」, p. 16b(8葉).

수처럼 '체'만을 중시하여 군주 개인의 수신 제가가 곧 치평으로 확대될 수 있다는 이론적 원칙론에서 벗어나, 知를 통해 체득한 體는 行으로 귀결되었을 때에만 그 효과가 있음을 강조하였다. 따라서 그는

> 宋儒 진덕수의 『대학연의』는 격물·치지에 대한 요점으로서, 치의 체를 분석했다고 일컬어지고 있습니다. …… 그런데 앞(대학연의)에서 분석한 것은 치평의 體로서 그 理를 논한 것이고, 여기(대학연의보)에서 논하는 것은 치평의 政으로서 그 事를 언급하는 것입니다. 하나는 知를 중시하고 다른 하나는 行을 중시하고 있습니다. 그러므로 먼저 것(대학연의)을 반드시 알고 난 후에야만 뒤의 것(대학연의보)을 행할 수 있을 뿐 아니라, 또한 뒤의 것을 行하는 것이 앞의 知를 실행하는 것이기 때문입니다. 그러므로 理와 事, 知와 行은 사실상 서로 의존적인 것입니다.[36]

라고 하여 理와 事, 知와 行의 상호겸비를 주장하였다. 이처럼 구준은 지행문제에서 주자의 '道問學' 중시의 입장을 계승하고 있으면서도, 지행문제를 가치관의 기준인 '輕重'의 개념으로 구별한 것이 아니라 단지 '先後'의 개념으로만 파악하였던 것이다. 이런 점에서 그의 지행론은 선후의 개념으로 다루면서도 그 가치에서는 양자를 대등하게 중요시하는 지행겸비를 주장하였다는 데 그 특징이 있다고 하겠다.[37] 즉 진덕수의 경우는 체용의 개념을 본말의 개념으로 대체하여 '末'은 '本'에 포함된다고 생각함으로써, 본이 실현되면 말은 자연히 실현된다는 본우위론으로 파악하였다. 이에 비해 구준의 경우는 체용의 개념을 理事의 개념으로 파악함으로써 體(=理)뿐 아니라 用(=事)도 동일하게 중시하였다. 즉 체용과 理事의 관계를 선후 개념으로 파악하면서도 用과

---

36) 위의 책 卷1, 「治國平天下之要」 '總論朝廷之政', p. 67a(1葉).
37) 朱鴻은 앞의 논문, p. 115에서 구준의 이론적 특징에 대해 "체용·理事·지행 개념을 대립적으로 파악하지 않고 통일성으로 파악하였다는 데 있다"고 하였다.

事를 단순히 體와 理에 포함되는 비독립적인 존재로 간주하는 것이 아
니라 상호 유기적인 독립개체로서 파악하였던 것이다. 바로 이 점에서
양자의 체용론, 지행관이 뚜렷한 차이점을 보인다고 하겠다.

제3절 『大學衍義補』의 構成과 體裁

『연의보』는 구준이 成化 13년(1477)에 저술하기 시작하여 10년에 걸
친 노력 끝에 마침내 成化 23년(1487)에 孝宗에게 증정하였다.[38] 효종
은 이를 어람하고 "그 고증이 매우 자세하고 논술이 해박하여 정치에
도움이 된다"[39]고 극찬하면서 그 이듬해인 1488년에 御製序文을 첨가
하여 관찬토록 명하였다. 이로써 구준의 『연의보』는 당시 군주와 관료
들에게 필독서로서 널리 보급되었고, 치국에 필요한 구체적 방안을 제
시하였다는 점에서도 크게 주목받게 되었다.[40] 『연의보』는 그 이후에
도 각 지역에서 간행되어 널리 보급되었고 중국 이외의 지역인 조선과
일본에까지 전해져 경연의 교재로 사용되기도 하였다.[41]

『연의보』 내용은 모두 160卷, 119事로 구성되어 있고, 「正朝廷」「正
百官」「固邦本」「制國用」「明禮樂」「秩祭祀」「崇敎化」「備規制」「愼
刑憲」「嚴武備」「馭夷狄」「成功化」 등 12편과 서두에는 '誠意正心之
要'의 4개 '事'를 첨가하고 있다. 이 『연의보』의 체재는 당시 조정의 조

---

38) 『明孝宗實錄』 卷7, 成化 23年 11月 丙辰條, pp. 134~135 ; Chu Hung-Lan,
    op. cit., p. 2 ; Lee Chek-Yin, op. cit., p. 183 참조.
39) 『大學衍義補』 「御製重刊大學衍義補」, p. 26.
40) Chu Hung-Lan, op. cit., p. 5.
41) 『연의보』의 현존 판본에 대해서는 Chu Hung-Lan, Ibid., pp. 16~29 ; 요약본
    에 대해서는 pp. 30~40 ; 中外 지역에 대한 보급 상황에 대해서는 p. 19 참조.
    특히 조선에 대해서는 졸고, 「대학연의보의 조선 전래와 그 수용」(상·하),
    『中國史研究』 14, 17집(2001. 8, 2002. 2), 일본에 대해서는 『內閣文庫漢籍分
    類目錄』, p. 169 등 참조.

직에 따라 다음과 같이 구성되어 있다.

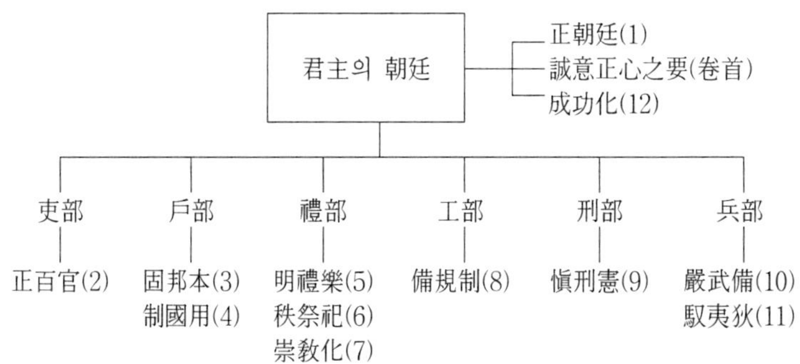

* 괄호의 번호는 『연의보』의 12개 편을 순서대로 표시한 것이다.

즉 『연의보』 12편은 정부의 최고기구인 조정(「正朝廷」)과 6部에 해당하는 吏部(「正百官」), 戶部(「固邦本」「制國用」), 禮部(「明禮樂」「秩祭祀」「崇敎化」), 工部(「備規制」), 刑部(「愼刑憲」), 兵部(「嚴武備」「馭夷狄」) 순으로 배열되었다. 그리고 마지막으로 「成功化」를 열두 번째로 싣고 있는데, 이는 卷首에 첨가하고 있는 '誠意正心之要'와 더불어 治平의 本(=體)인 군주의 도덕수양과 치국의 구체적인 '理'를 종합적으로 설명한 부분이다.

위의 표에서 보이는 『연의보』의 구성을 통해 우리는 다음 몇 가지 특징을 발견할 수 있다. 먼저, 6부 중에서 공부와 병부의 차례가 바뀌어져 있을 뿐 아니라,[42] 공부가 형부·병부보다 먼저 배열되고 있다는 점이다. 이는 구준이 편의상 6부의 순서를 바꾸었다고 생각할 수도 있겠으나, 『연의보』의 이론체계나 국가조직론으로 미루어 볼 때 의도적인 배열이라 하지 않을 수 없다. 왜냐하면 다음 장에서 구체적으로 분석하겠지만, 구준은 무엇보다 질서를 매우 중요시하기 때문이다. 그는

---

42) Chu Hung-Lan, op. cit., p. 63에서는 6부의 순서가 도치된 사실을 언급하고 있지만, 구체적인 분석이나 그 원인에 대해서는 설명하지 않았다.

만사에 흩어져 있는 '用'이 '大用'으로 온전히 성립되기 위해서는 각자
의 이치에 따라 '不可亂'해야 함을 특별히 강조하였다.[43] 만사의 자연
질서를 무엇보다 강조한 구준이 형부와 공부의 순서를 바꾼 것을 우연
이라고 생각하기에는 아무래도 무리라고 생각된다.

둘째, 내용의 분량으로 볼 때 예부·공부·호부 순으로 비중을 차지
하고 있다는 점이다. 즉『연의보』160권의 내용은 이부 8권, 호부 23권,
예부 49권, 공부 15권, 형부 14권, 병부 43권, 군주에 관련된 부분 8권,
「誠意正心之要」의 부분으로 구성되어 있음을 알 수 있다. 특히 분량이
가장 많은 예부와 병부에 해당되는 내용을 합치면 전체 분량의 절반
이상을 초과하고 있다는 점은 매우 주목해 볼 만하다.

셋째, 여기에서 인용되고 있는 내용은 여러 先儒나 사상가들의 주석
과 저서뿐 아니라, 그 대상 또한 유가에만 국한하지 않고 심지어는 兵
家, 남송의 永嘉·永康학파[44)에 이르기까지 매우 광범위하고 다양하
다는 점이다. 또한 그는 구체적인 정책의 실례를 제시하기도 하고, 더
나아가 자신의 견해를 직접 개진함으로써[45] 치평의 구체적인 방안과
실용적인 측면을 강조하기도 하였다. 특히 그는 상당히 방대한 典據[46]
에 입각하여 당시 경세에 필요한 지침을 구체적인 실례와 이에 대한
고증을 통해 밝히고자 노력하였다. 이러한 점에서 구준의『연의보』는
단순히 이론에만 그치지 않고 구체적인 실천과 방법론(what could

---

43)『大學衍義補』「序文」, p. 14a(3葉).

44) 구준은 남송 사공학파에 대해 매우 비판적인 태도를 보이면서도 구체적인 치
　　국책에 대해서는 葉適·陳亮·陳傅良 등 永嘉·永康학파의 견해를 인용하
　　여 참고로 하였다. 그 좋은 예로서『大學衍義補』卷14, p. 221b(18葉) ; 같은
　　책 卷119,「嚴武備」'郡國之守', p. 1242b(12葉) 등 참조.

45) '臣按'으로 시작하는 부분에서 그는 자신이 인용한 내용에 대해 고증을 통해
　　평가하거나, 또는 자신이 직접 구체적인 방안(예를 들면 配丁田制·海圖
　　法·단거리 漕運法 등)을 제시하기도 하였다.

46) 黎淳(1423~1492)에 의하면 640권 정도로 추정된다고 한다. 이에 대해서는
　　Chu Hung-Lan, op. cit., p. 68 참조.

done and how to do it)을 다루었다는 데 그 의의가 있다고 하겠다.[47)]

넷째, 치평의 '體'에 해당하는 「正朝廷」편을 중심으로 조정 만사를 관장하는 6부를 통해 각자의 '用'을 밝히고, 이들을 다시 통합함으로써 결론적으로 치평의 효과인 「成功化」편으로 끝맺고 있다는 점이다. 이로써 구준은 논지전개상 '體用' 겸비를 주장하는 한편, 특히 '事(用)'의 완전한 통합체인 '大用'에 대해서도 구체적인 설명을 가함으로써 그 효과인 「成功化」에 도달하게 됨을 입증하고자 하였다. 다시 말해서 治道의 效能인 '大用'을 통해 '全體'는 달성되며 이것이 바로 이른바 '全體大用'이라고 밝히고 있는 것이다. 이로써 볼 때, 구준은 자신이 핵심적으로 설명하고자 하는 '全體大用'의 『대학』 내용을 『연의보』 체재 구성에서도 그대로 반영하였던 것이다.

또한 『연의보』 體裁는 구준이 구상하고 있던 이상사회상과 국가조직론과도 밀접하게 연관되어 있다. 『연의보』에서 추구하고 있는 이상사회는 비단 한 국가에만 국한되는 것이 아니라 天下에까지 두루 미치는 것이었다. 그러므로 구준이 이해하는 이상사회는 家 → 國 → 世[48)]로 구성된 유기적 통일체였다. 이때 家·國·世의 담당자는 군주 한 사람에게 집중되었고, 이는 치도와 치술과 관련하여 국가조직론에도 반영될 수밖에 없었다. 더구나 도덕인륜의 문제는 인간을 중심으로 하는 문제이고 보면 이를 사회성과 결부시켜 반영하는 대상은 곧 정치임을 강조하는 것이 신유학의 가장 큰 특징이었다.[49)] 특히 구준의 경우

---

47) Chu Hung-Lan, Ibid., pp. 89~97에서 『연의보』의 서술 면에서 보이는 세 가지 특징을 다음과 같이 지적하고 있다. 즉 첫째 부분은 주로 고전의 내용을 인용하고, 둘째 부분에서는 고전에 대한 선유나 여러 사상가들의 견해를 수록하였으며, 셋째 부분에서는 당시의 공신들이나 자신의 의견을 개진하고 있는 점이다. 이러한 서술방법을 통해 구준 자신은 당시 환관의 禍를 피할 수 있었을 뿐 아니라, 특히 첫째·둘째 부분은 치평에 필요한 교훈서로 사용될 수 있었다고 한다.

48) 『大學衍義補』 卷78, 「崇教化」 '道德以風俗', p. 823b(2葉) ; 같은 책 卷101, 「愼刑憲」 '總論制刑之義' 下, p. 1055b(17葉)~b(18葉).

는 국가·사회에 대한 구체적인 치평책에 주목하여 이를『연의보』에서 그대로 반영하고 있고, 이로써 현실적인 경세의 지침서로 제시되었다는 점은 주지의 사실이다.50)

『연의보』에서 보이는 국가조직론의 특징은, 먼저 군주를 국가와 사회조직의 정점으로 규정하고 있다는 점이다. 이에 대해 구준은『易經』의 말을 인용하여 천하를 '生·位·財'51)로 파악하는 한편,

군주가 처하는 자리(位)는 지극히 숭고하고 귀중하여 천하의 臣民은 이를 존중하지 않을 수 없는데, 이는 마치 매우 큰 보배와 같습니다. 그러므로 군주가 성인의 大寶와 같은 자리에 처하게 되면, 반드시 천지가 만물을 생성하게 하는 大德을 체득하여 천지가 낳은 인민을 양육함으로써 이들을 모이게 하여야 합니다. 이렇게 한 후에야 그 지고한 (군주의) 자리는 지킬 수 있습니다. 또한 사람이 태어나게 되면 반드시 이를 양육하는 바가 있어야만 모이게 할 수 있습니다. 천하의 財를 생기게 하여 이들에게 百物을 충족하게 사용하도록 하여 의식주를 제공하면 (민이) 흩어지고 거주지가 없는 걱정은 없게 됨으로써 大寶와 같은 자리는 오래 유지될 수 있습니다. 財가 있어도 이를 관리하지 않으면 역시 民을 얻을 수 없습니다. 소위 理財라 함은 …… 각기 그 用을 사용하여 모자람이 없고, 理를 얻게 되어 이들이 모이게 되는 것을 말합니다. 또한 正辭라 함은 名과 實을 구별하여 그 등급을 분명하게 하

---

49) 신유학에서 가장 큰 특징은 도덕과 정치, 지식을 유기적 통일체로 파악하고 있다는 점이다. 이러한 특징에 대해 林毓生(Lin Yü-Sheng)은 '전체주의적 (totalistic) 사유형태'라고 규정하고 있고, 黃俊傑은 도덕과 지식을 '內聖', 정치를 '外王'으로 해석하여 양자를 통합적으로 추구하는 데 있다고 설명하고 있다. 林毓生,「新儒家在中國推展民主的理論面臨的困境」,『政治秩序與多元社會』(臺北 : 聯經出版事業公司, 1989), pp. 337~349 ; 黃俊傑,「儒學傳統中的道德政治觀念的形成與發展」,『儒學傳統與文化創新』(臺北 : 東大圖書公司, 1986), pp. 1~38.

50) Lee Chek-Yin, op. cit., p. 207 ; Chu hung-Lan, op. cit., pp. 5~6 참조.

51)『大學衍義補』卷1,「正朝廷」'總論朝廷之政', p. 67a(1葉)에서 "易日 天地之大德日生 聖人之大寶日位 何以守位日仁 何以聚人日財 理財正辭禁民爲非日義".

며, 是非가 분별되고 상하가 혼돈되지 않는 것을 뜻합니다. 이렇게 되면 辭는 그 질서가 바로잡혀 正하게 됩니다. (그런데) 理財가 正辭했음에도 불구하고 民이 利에 기울어져 義를 배반하게 되면, 반드시 형벌을 가하여 이를 금지시켜야 합니다……52)

라 하여 군주의 位를 유지하는 것이 가장 중요하다고 강조하고 있다. 즉 그가 생각하고 있는 군주는 도덕과 정치의 근원인 동시에 유기적 통합체였다. 따라서 군주는 국가사회의 정점으로서, 그의 절대적 位를 지키는 방법과 수단이 곧 治平의 개념이었다. 그리고 그 구체적인 요체가 理財·正辭·義(=刑罰)에 있다고 보았던 것이다.

둘째, 국가조직의 최고 중심체를 조정으로 파악하는 한편, 이는 군주의 修德에 의한 도덕정치와 養民을 위한 정치의 樞要로 규정하였다. 따라서 구준은

宋儒 진덕수의 『大學衍義』에서 「格物致知之要」는 治의 體에 대해 살핀 것입니다. 그런데 여기(연의보)에서는 치국평천하의 요점으로서 「正朝廷」을 두어 조정의 정치를 총괄하도록 한 것은 무슨 이유겠습니까? 앞에서 살핀 것은 治平의 體로서 그 理를 말한 것이고, 여기서 논하는 것은 治平의 政으로서 그 事를 말하는 것입니다.53)

라 하였다. 즉 조정은 치평의 體를 실현하는 정치의 최고기구인 동시에, 군주가 직접 주재하는 그의 예속기구이기도 하였다. 그러므로 구준은 조정과 군주의 관계에 대해 "군주는 조정의 위에서 修德으로써 政을 善하게 행하는데, 이것은 養民에 있을 뿐"54)이라고 지적하고 있다. 이로써 볼 때 조정은 형식적으로는 국가의 최고기구지만, 실제로는 군주 개인의 治平을 실현하는 장이라고 할 수 있다. 이는 '內聖外王'의

---

52) 위와 같음, pp. 67b(2葉)~68a(3葉).
53) 위와 같음, p. 67a(1葉).
54) 위와 같음, p. 71a(9葉).

이상적 추구를 반영하는 것이라 할 수 있다.

셋째, 정치의 궁극적인 목표는 군주의 자리를 유지하는 데 있고, 그 구체적인 치술로서 理財·正辭·義의 필요성을 강조하고 있다.[55] 즉 理財는 養民을 위한 물질적 수단을 뜻하고, 正辭는 상하·존귀·귀천 등을 구분하는 근본적인 기강을 의미한다. 한편 義는 사회 기강(正辭)이 문란해졌을 때 필요한 제재조치를 의미하였다.

이상으로 볼 때, 『연의보』에서 구상하고 있는 국가조직은 군주를 정점으로 하고, 治平의 구체적인 '政'을 실현하는 데 필요한 최고기구로서 조정과 이를 집행하는 百官과 그 대상인 민으로 구성되어 있다. 따라서 그가 구상하고 있는 국가조직은 군주의 正心→正朝廷→正百官→正萬民→正四方의 일원적인 하달체계임을 알 수 있다. 이에 대해 구준은 董仲舒의 말을 인용하여

> 董子(董仲舒)가 말하는 "正心으로써 조정을 바르게 하고, 正朝廷으로써 百官을 바르게 하며 正百官으로써 萬民을 바르게 하는 한편, 正萬民으로써 四方을 바르게 한다"는 것은 바로 이를 말하는 것입니다. …… 그러므로 聖王은 먼저 正朝廷하는 것이 治平의 根本임을 명심하시기 바랍니다.[56]

라고 구체적으로 설명하고 있다.

이에 따라 『연의보』의 체재도 그 순서에 따라 구성되어 있다. 즉 군주의 '正心'에 해당하는 내용을 首卷 「誠意正心之要」에 반영하고 있고, 「正朝廷」편에서는 국가의 최고 행정기구인 조정에 대해 설명하고 있다. 또한 「正百官」편에는 치평의 구체적인 '政'을 실제로 집행하는 각 기구에 대해 설명하고 있는데, 특히 用人의 중요성을 강조하고 있다. 그리고 正萬民에 대해서는 민을 다스리는 치술로서 理財·正辭·

---

55) 주 52)와 같음.
56) 위와 같음, p. 76a(19葉).

義에 대한 구체적인 항목을 설정하여 차례로 설명하고 있다. 이를 도
표화해 보면 다음과 같다.

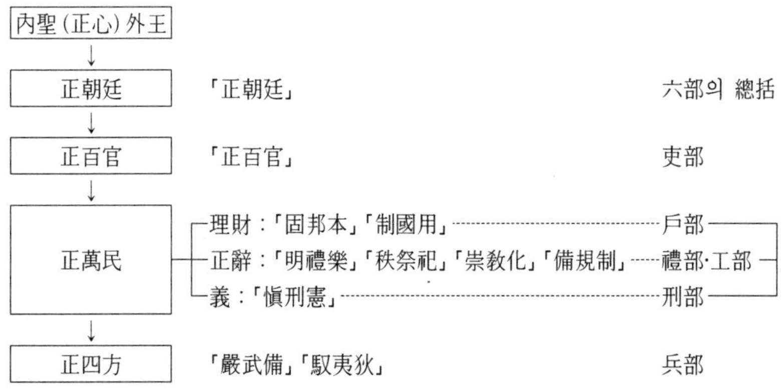

　　위의 도표에서 보는 바와 같이 『연의보』의 국가(천하)조직론에서는
다음과 같은 몇 가지 특징을 추출해 낼 수 있다. 먼저, 「正朝廷」편에서
설명하고 있는 총괄적인 구상에 따라 치국책에 대한 방법과 국가의 이
상적인 모델[57]을 국가조직론에도 그대로 반영하고 있다는 점이다. 이
를 입증해 주는 예는 앞의 제3절에서 이미 지적한 바와 같이, 6부의 순
서에서 병부와 공부의 위치를 바꾸어 공부를 예부 다음으로 배치하고
병부를 맨 끝에 배치한 사실에서 잘 나타난다. 이는 구준이 구상한 국
가조직론에 입각한 것임을 알 수 있다. 즉 병부에 해당하는 「嚴武備」
「馭夷狄」편은 국가조직론의 正四方에 해당하는 것이기 때문에 당연히
맨 마지막으로 배치하였던 것이다. 이에 대해 공부에 해당하는 「備規
制」편은 正萬民을 위한 위계의 정립, 즉 '正辭'에 해당하기 때문에 이

---

57) 蘇雲峰,「丘濬 : 一位遙從海外數中原的布衣卿相」,『丘海季刊』5-6, 1982.9,
　　p. 13에서 연의보를 "구준의 이상정치를 대표하는 저서"라고 평가하면서 플라
　　톤의 『理想國』과 康有爲의 『大同書』보다 더욱 절실한 것이라고 평가하고 있
　　다.

를 예부의 바로 다음에 배열하였다. 이로써 볼 때, 구준은 정치에 대한 자신의 이론체계와 이를 설명하는 논리전개가 매우 정교하고 치밀할 뿐 아니라 이론과 실제, 체와 용, 지와 행의 합일을 모색함으로써 경세치용학에 대한 가능성을 열었다고 하겠다. 이런 점에서 구준은 단순히 이론적인 사상가로만 그치지 않고 실질적인 정책입안자의 면모[58]도 보여주고 있다 하겠다.

둘째, 국가조직론에서도 법치보다는 인치를 우선시하고 있다는 점이다. 이는 유가의 전통적인 관념이지만, 특히 구준은 이를 단순히 체인 도덕에만 국한시키지 않고 용인 정치에까지 확대 적용하여 실용적인 이론으로 변형시켰다는 점에 그 특징이 있다 하겠다. 이처럼 人治를 중시하는 특징은 正百官을 특별히 강조하고 있는 점에서 잘 나타난다. 구준은 국가조직을 『周禮』 「六典」에 입각하여 기능과 역할에 따라 分掌할 것[59]을 주장하였다. 그러나 그 구체적인 기능에 대해서는 「正朝廷」편에서 다루지 않고, 단지 用人('取人')의 중요성만 강조하였다. 이에 따라 구준은 '正綱紀之常', '定名分之等', '公賞罰之施'의 항목을 설정하여 용인의 중요성과 선발기준에 대해 설명하는 한편, 이를 통한 군신 간의 기강 확립을 매우 강조하고 있다. 또한 '謹號令之頒', '廣陳言之路'에서는 국가법령의 엄중함과 언로개방의 필요성에 대해 역설하고 있다.

그러므로 『연의보』에서 추구하고 있는 이상적인 국가조직은 무엇보

---

58) Lee Chek-Yin, op. cit., p. 206에서는 구준을 정치사상가로보다는 정치이론가로서의 성격을 강조하였다. 또한 詹尊泮, 「文莊公的學術根源與其中心思想」, 『丘海季刊』 5-6(1982), pp. 21~22에서는 남송 공리학파와 관련시키는 견해를 비판하는 한편, 주자학을 계승하면서도 '全體大用之學'이라는 새로운 학파를 형성했다고 설명하였다. 결국 양자의 견해는 모두 다 구준의 경세치용적 측면에 주목한 것이라 할 수 있다.

59) 『大學衍義補』 卷1, 「正朝廷」 '總論朝廷之政', p. 73b(14葉) ; 間野潛龍, 「大學衍義補の正朝廷について」, 『中山八郎敎授頌壽記念明淸史論叢』(東京 : 燎原書店, 1977), p. 100 참조.

다 인재를 적재적소에 등용하여 정사를 분담시키는 동시에 언로를 개
방하여 民情을 수렴하는 한편, 군신 간의 기강을 확립하여 국가의 근
간을 바로잡는 데 있었다.60) 이처럼 구준은 治道가 취인의 문제와 직
결되어 있다고 이해하여 국가조직의 제도적 기능이나 역할에 치중하
기보다는 관리들의 내재적 도덕성을 중시함으로써 人治에 입각하고
있음을 알 수 있다.61) 결국 『연의보』는 전통 유가의 입장을 계승하여
치도의 근본을 인치에 둠으로써 치평의 실현을 실제로는 관료나 사대
부에 의존할 수밖에 없는 결과를 초래하였다. 이에 따라 '내성외왕'에
대한 이상적 추구는 자연히 군주를 견제하는 관료(사대부)의 간언기능
과 治平의 분담자로서의 기능을 강화시키는 쪽으로 나갈 수밖에 없었
다. 이는 곧 君主 개인이 감당해야 하는 내성외왕의 내재적 긴장이 사
대부들에게 이동되었음을 뜻하는 것이기도 했다.62) 이는 곧 治者로서
의 사대부의 역할이 강화되었음을 반영하는 것으로, 당시 사대부사회
를 사상사에서도 그대로 반영하는 논리라 할 수 있다.

---

60) 『大學衍義補』「正朝廷」편에 대한 연구로는 間野潛龍, 위의 논문, pp. 89~
109 ; Lee Chek-Yin, op. cit., Chapter 4, pp. 215~222 등이 있다.

61) 林毓生, 「法治要義」, 앞의 책, pp. 101~104에서 법치는 "개인의 자유를 제도
적으로 보장하는 데 있다"고 설명하고 있다. 이때 "법치는 '자발적 질서
(spontaneous order)'를 전제로 한 '다원중심의 질서(poly-centric order)'를
뜻하는 것으로, 이는 상사나 공공권위(public authority)에 의해 결정되는 것
이 아니다"라고 강조하였다. 따라서 법치는 어떤 구체적인 목적이 없을 뿐 아
니라, 군주나 특정 이익단체를 위해 봉사하지 않는 '법률지상주의'라고 규정
하였다. 따라서 유가 정치사상의 가장 큰 결함은 도덕의 자주성을 강조함으
로써 정치의 제도화를 꾀하지 못하는 데 있다고 지적하였다. 人治를 강조하
는 것 역시 이러한 맥락에서 파악하고 있다. 또한 黃仁宇, 『放寬歷史的視界』(臺
北 : 允晨文化實業公司, 1988), pp. 44~45에서도 유사한 견해를 주장하고 있는
데, 특히 관료제도화의 결여로 인해 야기되는 '몰경쟁성(non-competitive)'을
지적하였다.

62) 黃俊傑, 「儒學傳統中道德政治觀念的形成與發展」, 앞의 책, p. 19~20 ; 劉紀
曜, 「公與私」, 『中國文化新論 vol. 5』(臺北 : 聯經出版事業公司, 1981), p. 201
참조.

셋째, 국가조직에서 정치와 도덕을 분리시켜 각기 독립적인 범주로서 파악하는 것이 아니라 양자가 결합된 일원적 구조로 이해하고 있다는 점이다. 따라서 위의 그림에서 보는 바와 같이 국가조직은 기능이나 제도에 입각한 구성체가 아니라, 내재적이고 초월적인 도덕률에 따르는 유기체로 이해하였던 것이다. 이는 곧 政敎가 미분화된 사회를 반영하는 것으로서, 전통 유가에서 주장하는 '도덕정치'[63]를 그대로 답습한 것이라 하겠다. 따라서 구준이 구상하고 있는 국가조직은 도덕이나 禮樂을 기본틀로 삼아 운영되고, 이것이 곧 치평의 핵심이자 사회질서의 기강이라고 설정하였다. 그러므로 구준은 무엇보다 위계질서와 기강확립을 무엇보다 강조하였는데, '正辭'가 곧 이를 의미하였다.

이로써 볼 때, 『연의보』에서 정치를 실용적이고 실천적인 '用'과 '行'의 문제로 파악하고 있음에도 불구하고 정주학의 원칙론에 입각하여 정치론을 전개함으로써 이상과 현실, 도덕과 정치 사이에는 여전히 긴장과 갈등이 내재해 있을 수밖에 없었다. 이 때문에 구준은 지나치게 현학적인 당시의 정주학에 실용적인 측면을 보완하고자 했음에도 불구하고, 그의 體用·理事·知行論은 경세치용학으로의 직접적인 전환을 이룩할 수는 없었다.[64] 이는 곧 구준이 정주학의 정통입장을 계승

---

63) 傅偉勳,「儒家思想的時代課題及其解決線索」, 杜念中·楊君實 編,『儒家倫理與經濟發展』(臺北 : 允晨文化實業公司, 1989), p. 33에서 중국정치의 특징을 '도덕적 이상주의'라고 하였다. 또한 Benjamin Schwartz, "Some Polarities in Confucianism Thought," in Nivision David S. & Wright Arthur F. eds., *Confucianism in Action*(Stanford : Stanford University Press, 1957), p. 52에서도 "정부에 대한 지나친 이상주의적 개념"이라고 지적하고 있다.

64) de Bary Wm. Theodre ed., 山久口和 譯,「明代の新儒學と黃宗羲の自由主義思想」, 앞의 책, p. 231에서 '도덕적 영웅'에 대한 한계점을 지적하면서 권력구조의 조직화와 그 운영에 주목하여 연의보를 이의 선구적 저서라고 평가하고 있다. 또한 蘇雲峰, 앞의 논문, pp. 9~13에서는 경세치용학의 사적 연원에 주목하여 구준이 명 후기의 馮應京(1555~1606)·曹于卞(1554~1630) 등의 경세치용학에 직접 영향을 미치고, 마침내는 명말 청초의 黃宗羲(1610~1695)·顧炎武(1613~1682), 그리고 심지어는 청대의 魏源(1794~1856)·馮

했다는 데에서 기인한 것이지만, 당시의 시대적 한계를 반영하는 것이기도 하다.

제4절 丘濬 評傳

구준[65]은 瓊山府 下田村(지금의 海南島 瓊山縣 府城鄕)[66]에서 永樂 18년(1421)에 태어나 弘治 8년(1495년)[67]에 이르기까지 명 중기에 해당하는 成化(1465~1487)·弘治(1488~1505) 연간의 정치·사상계에 큰 족적을 남겼다. 특히 그는 빈한한 몰락 사대부 집안에서 태어나 편모 슬하에서[68] 자라나면서, 청년기에는 왕실이 이민족에게 볼모로 잡혀가는 토목보의 변(1449년)을 비롯하여 이후 景帝와 英宗의 奪門

桂芬(1809~1874)·鄭觀應(1842~1924) 등과도 연계시키고 있다. 그런데 양자의 견해는 모두 경세치용학에 대한 구체적인 개념과 내용에 대한 史的 분석을 선행하지 않았기 때문에 그 입증이 미약하다고 하겠다.

65) 구준에 대해서는 明代刊本의 경우 '丘濬'으로 표기하고 있지만, 淸 後期의 刊本(예를 들면 乾隆 4年 武英殿刊本)에서는 공자의 이름을 避諱하여 '邱濬'으로 표기하고 있다. 따라서 '丘濬'이라는 표기가 타당하다고 하겠다. 吳緝華, 「明史丘濬傳補正」, 『大陸雜誌』 35-9(1967), pp. 271~278 참조.

66) 구준의 선조는 본래 복건성 晉江 사람이다. 何喬遠, 「丘濬傳」, 『名山藏』, 明刊本, p. 2b ; 焦映漢, 「丘文莊公傳」, 『邱海二公合集』, 同治 10年(1871)重刊, p. 1a.

67) 구준이 출생한 시기에 대해서는 1421년으로 모든 사료가 일치하고 있지만, 그의 사망 연대에 대해서는 1495년과 1496년의 두 가지 설이 있다. 예를 들면, 『明史』, 『明史稿』, 『明政通宗』, 『明書』, 『明大政從信錄』, 『明大政纂要』, 『明紀』 등 대부분의 사료에서는 1496년설을 주장하고 있다. 그러나 최근 연구에 따르면 1495년설이 유력하다. 吳緝華, 「明代丘濬的生卒年」, 『大陸雜誌』 35-2(1967), pp. 42~44 ; 李焯然, 「關於丘濬生卒年的一點補充」, 『丘海季刊』 5-6(1982. 9), pp. 40~41 참조.

68) 그의 조부는 良醫였는데 부친은 그가 어렸을때 세상을 떠났기 때문에 그는 모친인 이씨의 엄한 교육을 받으면서 남으로부터 책을 빌려 공부하였다고 한다. 焦映漢, 위의 책, p. 1a ; 何喬遠, 위의 책, p. 2b ;『明史』 卷181, 「丘濬傳」, p. 4808 참조.

의 變(1487년)을 겪는 등 국가의 위급상황을 몸소 체험하기도 하였다. 이러한 그의 직접적인 체험은 이후 그가 廷試급제[69]를 계기로 정치에 참여했을 때 현실적인 경세문제에 관심을 갖게 한 중요한 동기가 되었으리라 짐작된다.

그의 성품은 매우 근면하고 의지력이 강했을[70] 뿐만 아니라, 시비곡직을 분명하게 하는 과단성있는 인물이었던 것으로 보인다. 그러한 성품은 때때로 의견을 달리하는 사람들과 여러 가지 논쟁을 야기하기도 하였는데, 그 대표적인 예가 동료인 王恕(1416~1508)와의 논쟁이었다. 이 논쟁[71]은 그가 내각대학사의 자격으로 재상권을 장악하면서 당시 이부상서였던 王恕와 인사권을 둘러싸고 일어난 것인데, 이는 실제로 학맥·지연·개성·사상 등과 관련되었다. 따라서 양자에 대한 종전의 사료에서 나타난 평가 역시 대체로 지연과 학맥과 관련되어 상호 상반된 견해를 보이고 있는데, 왕서의 입장을 두둔하는 견해[72]와 구준을 두둔하는 견해[73]로 양분되어 있다. 비교적 중립적인 견해를 보이고 있는 『明孝宗實錄』과 王鏊의 『守溪筆記』를 참고해 보면, 두 사람 간의

---

69) 그가 廷試에 급제한 해에 대해 焦映漢, 『邱海二公合集』(同治 10年重刊本), 「丘文莊公集」‘丘文莊公傳’, 1葉 ; 過庭訓, 『本朝分省人物考』 卷112, 「丘濬傳」(天啓 2年, 1621年刊本)에서는 正統 甲子年이라고 설명하고 있다. 그런데 『明孝宗實錄』 卷97, p.1775, 弘治 8年 2月 戊午條에서는 正統 9年이라고 하고 있다.

70) 이 같은 그의 성품에 대해 『明史』에는 "家貧無書 嘗走數百里借書 必得乃已"라고 묘사하고 있다. 『明史』 卷181, 「丘濬傳」, p.4804.

71) 논쟁의 주요 내용은 相位, 朝序, 罷官문제, 그리고 劉文泰事件을 둘러싼 것들이었다. 이에 대해서는 蘇雲峯, 「丘濬(1421~1495)」, 『丘海學術研究論文集』 第1輯(1984. 6), p.27 참조.

72) 『明史』와 『明書』가 대표적이다. 저자인 張廷玉(1672~1755)은 安徽省 桐城 사람이고 傅維鱗(? ~1677)은 直隸 사람으로서, 모두 북방출신의 학자였다.

73) 黃瑜의 『雙槐歲抄』, 何喬遠의 『丘文莊公傳』, 焦映漢의 『丘文莊公傳』, 雷禮의 『國朝列卿紀』, 過庭訓의 『本朝省分人物考』 등이 대표적이다. 여기서 何喬遠(1558~1631)은 福建 晉江, 雷禮(1505~1582)는 江西, 過庭訓(1570~1625)은 浙江 平湖人으로 대부분 남방출신의 학자다.

논쟁이 비록 인사권을 둘러싼 싸움이기는 했지만 왕서에 비해 구준 쪽이 보다 논리와 합리성을 중시하는 비교적 온화한 성품의 소유자였던 것으로 보인다.74)

한편, 그의 관계 진출은 廷試에서 진사에 급제하여 庶吉士에 제수된 것을 계기로 한림원을 기반으로 비교적 순탄하게 이루어졌고, 마침내는 예부시랑겸내각대학사의 신분으로 당시 이부시랑보다 더 큰 실권을 장악하게 되었다.75) 구준의 주요 관직 경력76)은 다음과 같다.

景泰 5年(1454) : 廷試 第二甲 급제로 진사로 합격하고 한림원 서길사에 제수. 『寰宇通志』 편찬.

景泰 7年(1456) : 翰林院 편수.

成化 3年(1476) : 시강학사.

成化 13年(1477) : 한림학사. 『宋元綱目』 편수에 참가.

成化 16年(1480) : 예부시랑, 국자감좨주.

成化 23年(1487) : 憲宗 즉위와 함께 기강관으로 임명되고 『英宗實錄』 편수. 예부상서로서 詹事府를 관장하고 『憲宗實錄』 주편.

弘治 4年(1491) : 『憲宗實錄』을 편성하고 세 차례에 걸쳐 致仕 상소.

弘治 7年(1495) : 오른쪽 눈의 실명으로 재차 치사를 상소. 少保兼武英殿대학사, 호부상서 제수.

弘治 8年(1495) : 북경에서 75세로 병사. 시호는 左柱國·太傅·文莊公.

이상과 같은 화려한 관직 경력에 못지않게 그는 활발한 저술활동을

---

74) 이에 대해서는 蘇雲峯, 앞의 논문, p. 28 참조.

75) 상서직과 내각대학사를 겸임하는 예는 영락제 이후에는 없었던 일로서, 정치제도사상 파격적인 일이라고 할 수 있다. 이는 이후 張居正 등에 의해 이루어진 내각 首輔의 효시를 이루었다. 吳緝華, 「明史丘濬傳補正」, 『丘海學術研究論文』 第1輯(1984. 6), pp. 7~8 참조.

76) 그의 年譜에 대해서는 王萬福, 「丘文莊公年譜」, 『廣東文獻』 6-4(1976. 12), pp. 40~44 참조.

전개하기도 하였다. 그의 대표적인 개인 저서와 편찬에 참여한 관찬서
의 목록을 열거해 보면 다음과 같다.

	서 명		연도(출간연도 기준)	
官 書	寰宇通志	119卷	景泰 7年	(1456)
	大明一統志	90卷	天順 2年	(1458)
	英宗實錄	331卷	成化 3年	(1467)
	宋元綱目	57卷	成化 13年	(1477)
	憲宗實錄	93卷	*弘治 元年	(1488)
	平定交南錄	1卷	成化 23年	(1487)
개인 著述	朱子學的	2卷	天順 10年	(1463)
	世史正綱	32卷	成化 17年	(1481)
	家禮儀節	8卷	成化 21年	(1485)
	大學衍義補	160卷	成化 23年	(1487)
	瓊台詩文會稿	24卷	**	
	投筆記	4卷	**	
	成語考	2卷	**	
	伍倫全備	4卷	**	
	擧鼎記	2卷	**	

* 도표상에서 *는 편찬 시작 연도, **는 이후의 사람들이 편찬한 것을 뜻한다.

이상과 같이 그의 개인 저술과 관직 경력을 통해 볼 때, 그는 한림원
에서 활동(1454~1477)한 약 21년과 국자감좨주를 역임(1477~1488)했
던 약 11년 동안 저술에 몰두하였음을 알 수 있다. 이 기간 동안 그는
왕성한 저술활동으로 황제와 동료들로부터 크게 주목을 받았을 뿐 아
니라, 저서가 완성될 때마다 관직에서 예외없이 승진되기도 하였다.77)
이처럼 그의 저서는 방대할 뿐만 아니라 내용 또한 여러 분야를 망라
하고 있었다는 점에서78) 주목할 만하다. 즉 경세사상을 담고 있는『연
의보』외에도, 가례에 관한『朱子儀禮』, 학술사인『朱子學的』, 어문학

---

77) 그는 저술활동을 계기로 서길사 → 편수 → 시강관 → 시강학사 → 한림원학
　　사 → 국자감제주 → 예부시랑 → 예부상서 → 회시총재관 → 문연각대학사
　　→ 호부상서겸무영전대학사로 승진하였다. 이를 간략하게 도표화해 보면 다
　　음과 같다.

을 설명한 『成語考』, 희곡소설 『伍倫全備』와 『投筆記』 등 매우 다양하다. 이러한 학식의 깊이와 박학함으로 미루어 보건대 당시 사상계에서 그가 차지하는 비중 또한 적지 않았을 것이다.

　이상의 저술을 통해 구준은 특히 당시 환관의 발호[79]를 비판하고, 심학과 道佛 사상 등 이단사상이 유행하는 현상을 바로잡아 정통 유학을 정립함으로써 예교질서를 회복하고자[80] 하였을 뿐 아니라, 현실적인 경세문제에 대해서도 특별한 관심을 보였다. 경세에 대한 그의 관심은 그가 弘治 3년(1491)에 孝宗에게 당시의 폐단 22개 사항을 지적

저 서	연 도	관 직
	1454	庶吉士
寰宇統志	1456	
	1457	編修, 經筵講官
大明一統志	1458	
朱子學的	1463	
	1464	侍講官
英宗實錄	1467	侍講學士
宋元通監綱目	1477	翰林院學士, 國子監祭酒
世史正綱	1481	禮部侍郎
家禮儀節	1485	
大學衍義補	1488	禮部尚書
憲宗實錄	1491	文淵閣大學士
	1494	戶部尚書兼武英殿大學士

＊ 蘇雲峯, 「丘濬: 一位遙從海外數中原的布衣卿相」, 『丘海季刊』5-6(1982. 9), p. 26 참조.

78) 그의 저술은 정치(『대학연의보』)・역사(『世史正綱』)・학술(『朱子學的』)・예학(『家禮儀節』)뿐 아니라, 심지어는 식물(『本草格式』)・희곡(『投筆記』)・문법(『成語考』)에 이르기까지 매우 광범위하다.

79) 그는 당시의 폐단을 지적하면서 특히 환관의 권력농단을 비판하고 있는데, 이에 대해서는 何喬遠이 앞의 책 p. 8b~9b에서 太監 李廣이 정치를 좌우한다며 상소한 사실을 지적하고 있다.

80) 그는 『瓊台類稿』卷13, 「世史正綱序文」의 저술동기에 대해 "愚所以作書之意 有在於是非 敢立異以犯不緯之罪也 然則其宏綱大旨果何在哉? 曰在嚴華夷之分 在立君臣之義 在原父子之心"이라고 밝히고 있다. 또한 같은 책, 「家禮儀節序文」에서는 저술동기에 대해 "誠闢邪說正人心之本也"라고 밝히고 있다.

하는 상소문81)을 올려 정치·경제 등 사회 전반에 걸친 개혁을 주장한 데서도 잘 엿볼 수 있다. 특히 효종은 당시 사회 각 분야에 대한 개혁을 단행하고자 구준과 같이 경세방안을 주장하는 대신들의 의견을 수렴하여82) 이른바 '弘治중흥'83)의 전기를 마련하기도 하였는데, 이는 경세사상의 홍기와 무관하지 않으리라 생각된다.

구준은 특히 당시 사회의 제반 폐단을 해결하기 위해 치평에 필요한 구체적인 방안과 자신의 포부를 『연의보』에 담음으로써 경세사상의 보고를 이룩하였다. 여기서 그는 자신이 구상하고 있던 이상적인 정치 모델을 담고 있을 뿐만 아니라, 이를 실현하는 구체적인 방안으로 제도·재정·경제·문화·교육·군사·법률·외교 등 사회 제반 문제를 총망라하고 있다. 따라서 그의 치평을 위한 원대한 구상은 자신의 경세관에 따라 『연의보』에서 전개하였다. 아울러 이를 실현하기 위해 특히 『周禮』를 이상으로 하는 복고주의와 도덕주의의 원칙에 따라 이전의 역사적 사실을 예로 들어 자신의 주장을 입증하는 실증적인 태도를 보여주고 있다. 또한 체용겸비론에 입각하여 理(도덕·內聖)뿐만 아니라, 원리의 현실적 적용으로서 事(정치·外王)에도 주목함으로써 종전과는 달리 실용적인 면을 중시한 데서 그 특징을 찾을 수 있다. 이러한 실용적인 경세관은 비록 여전히 정주학적 도덕주의에서 완전하게 탈피하지는 못했다 하더라도, 중국 경세사상사에서 한 획을 그었다는 점,

---

81) 何喬遠, 위의 책에서 "正身淸心以立本而應務 謹好尙不惑於異端 節財用不至於耗國 公任吏不失於偏廳 禁私謁 明義理 愼儉德 勤政務 則承豊希寵 左道亂政之徒 自不敢肆其奸 而天災弭矣"라 하였다. 그가 22개 항에 달하는 폐정을 지적한 직접적인 이유는 당시 환관의 전횡에 반대하고 정치의 일신을 역설하기 위한 것이었다고도 한다. 이에 대해서는 陳建, 『皇明通紀』 卷13, 明刊本, p. 15b~16b ; 雷禮, 『明大政纂要』(湖南 : 思賢書局本) 卷35, 光緖 21년(1899), p. 27b~28a 참조.

82) 周洪謨 등이 대표적인 인물이다. 間野潛龍, 「大學衍義補の正朝廷について」, 앞의 책, p. 98 참조.

83) 詹尊泮, 「丘文莊的學術根源及其中心思想」, 『丘海季刊』 5-6(1982. 9), p. 25.

이후 경세사상의 유행[84]과 명말 청초 경세치용학의 등장에 교량 역할
을 했다는 점에서도 그 의의가 있다고 하겠다.

---

84) 예를 들면 馮應京(1555~1606)의 『經世實用錄』, 馮琦의 『經濟類編』, 黃訓의
　　 『明名臣經濟錄』, 陳子龍의 『皇明經世文編』, 陳仁錫, 『皇明世法錄』 등에 큰
　　 영향을 미쳤다. 蘇雲峯, 앞의 논문, p. 27 ; 何浩埜, 「邱濬評傳」, 『嶺南歷代思
　　 想家評傳』(廣東 : 人民出版社, 1985), p. 94 참조.

제2장 『大學衍義補』의 내용 분석

제1절 국가 최고기구(朝廷) : 「正朝廷」편

「正朝廷」편은 모두 4卷으로서 '總論' '正綱紀之常' '公賞罰之施' '謹號令之頒' '廣陳言之路' 등의 항목으로 나누어져 있으며, 국가의 최고 기구로서 조정에 필요한 治道와 治術에 대해 총론적으로 논하고 있다.

1. '總論'

주로 관리의 선발과 이들의 관리 방법에 대해 설명하고 있는데, 그 주요 내용을 요약해 보면 다음과 같다.

먼저, 君主의 '位'를 '大寶'에 비유하여 군주의 절대적 권위를 강조하고 있다. 이때 군주권을 유지하기 위한 구체적인 치술로 正萬民에 필요한 理財·正辭·義의 세 가지 방안을 제시하는 한편, 국가조직의 대강을 이 세 가지 방안에 따라 호부, 예부·공부, 형부·병부 순으로 설명하고 있다.[1] 둘째, 군주의 역할은 내성을 바탕으로 善政을 베푸는 데 있고 그 목적이 養民에 있음을 강조함으로써[2] 儒家의 이상인 修己治人(내성외왕)의 합일과 민본사상을 반영하고 있다. 셋째, 치도의 핵심적인 방법으로서 '取人'의 중요성과 선발기준을 강조하였다. 특히 取人에 대해서는 관료들에게 治事를 분담케 함으로써 원활한 民情上達

---

[1] 『大學衍義補』卷1, 「正朝廷」 '總論朝廷之政', pp. 67b(2葉)~68a(3葉).
[2] 위와 같음, p. 71a(9葉).

을 위해서도 중시하고 있다. 따라서 언로개방에 대해,

> 무릇 조정의 정치에서 폐단이 가장 큰 것은 壅蔽보다 더한 것이 없습니다. 소위 옹폐라는 것은 賢才가 자신의 뜻을 펼칠 길이 없고, 民情이 상달될 수 없음을 뜻합니다. 賢才가 진출할 길이 없으면 국가의 政事는 함께 관리할 수 없게 되고 천하의 백성도 함께 다스릴 수 없게 되어 民情이 상달될 수 없게 됩니다. 이로써 민간의 병폐를 알 까닭이 없고 관리의 不正도 들을 수 없게 되어 천하는 날로 혼란해지게 됩니다. 그러므로 신이 생각하기에 治亂의 원인은 진실로 壅蔽에 있다는 것입니다. 또한 壅蔽의 원인은 특히 (政事를) 맡겨서는 안 되는 사람에게 맡기는 데 있습니다.3)

라고 지적하면서 取人과 관련하여 주목하고 있다. 이로써 볼 때 구준은 人治를 중시하였음을 알 수 있다.

2. '正綱紀之常' '定名分之等'

여기에서는 '總論'의 논리에 따라 기강확립·賢臣과의 分治·군주의 正心 등을 총체적으로 설명하고 있다. 특히 기강확립에 대해 구준은 주자의 말을 인용하여,

> 군주가 다스리는 데 있어서 근본은 正心의 術로써 기강을 세우는 데 있습니다. 소위 綱이라는 것은 그물에 綱과 紀가 있는 것과 마찬가지입니다. 그물은 綱이 없으면 스스로 펼 수 없으며, 또한 紀가 없으면 가지런해질 수 없습니다. 그러므로 一家에는 家의 紀綱이 있고, 一國에는 國의 紀綱이 있게 마련입니다. 따라서 鄕은 縣이 총괄하고 縣은 州가 총괄하며 州는 또한 諸路가 총괄하고 諸路는 台省이 관할하며 台省은 宰相이 관할합니다. 그리고 재상은 여러 관직을 두루 총괄하여 천자와 함께 상의하여 政令의 發令 여부를 결정하는데, 이것이 곧 천

---

3) 위의 책 卷1, 「正朝廷」 '總論朝廷之政', p. 68b(4葉) ; 같은 책, p. 70b(8葉).

하의 기강입니다. 그러므로 기강은 저절로 세워질 수 없고, 반드시 군주의 心術을 공명정대하게 함으로써 한쪽으로 편향되는 사사로움을 없애고 난 후에야 비로소 계속 세워지게 됩니다. 그런데 군주의 마음은 스스로 바르게 될 수 없습니다. 반드시 賢臣을 가까이 하고 소인을 멀리하여 義理의 歸屬을 밝히고 閉塞와 私邪의 길을 구별한 후에야 바르게 될 수 있는 것입니다.4)

라 하고, 또한

　　名分의 등급은 처지와 자연의 이치로서, 尊卑는 바꿀 수 없는 자리이고 상하에는 일정한 구별이 있게 마련입니다. 이는 모두 인력과 개인의 뜻으로 할 수 없는 것입니다.5)

라고 하여 상하·존비 등 신분질서를 강조하는 동시에, 이를 바꿀 수 없는 당위적인 이치로 간주하고 있다. 이로써 볼 때, 기강은 家윤리의 연장인 도덕론으로 구성되어 있음을 잘 알 수 있다. 따라서 구준이 생각하는 행정체계는 기능적 조직화나 전문성을 전제로 하는 것이 아니라, 도덕률에 입각하여 신분질서를 유지하는 내재적 체계였다.

3. '公賞罰之施' '謹號令之頒'

여기에서는 정사를 분장할 대신들에 대한 상벌 규정과 함께, 號令의 반포는 군주의 권위와 존엄성을 유지 강화시키는 데 필요한 수단이기 때문에 이를 신중하게 할 것을 강조하고 있다. 즉

　　군주가 작위와 상벌을 내리는 것은 모두 하늘을 받들어 행하는 것이고 결코 君主 한 사람의 마음대로 할 수 있는 것이 아닙니다. 그런데 후세의 군주들은 여기(하늘)에서 나온 것을 알지 못하고 흔히 자신의

---

4) 『大學衍義補』 卷2, 「正朝廷」 '定綱紀之常', p. 80a(7葉).
5) 위와 같음, '定名分之分', p. 81a(9葉).

喜怒와 好惡에 따라 마음대로 상벌을 가하고 있습니다. 이는 하늘이
命하고 罰하는 뜻을 잃게 하는 것입니다.[6]

또한 구준은 신하에 대한 군주의 상벌을 '天討天命' '天道'와 결부시
키면서도[7] 상벌의 시행에서는 "천하의 공론에 합당해야 하며 한 개인
의 사심에 따라서는 안 된다"[8]는 점을 강조하여 상벌 남발을 특별히
경계하였다.[9] 이처럼 구준은 상벌과 號令의 반포를 천도에 결부시킴
으로써 도덕주의의 입장을 견지하고 있음을 알 수 있다. 이는 정치제
도와 도덕을 분리하지 않고 도덕률에 의존하는 근본주의(fundamental-
ism)[10]의 한계라고 하겠다.

4. '廣陳言之路'

여기에서는 인재의 발탁과 함께 이들의 언로개방을 특별히 강조하
고 있다. 먼저, 賢才의 발탁을 위한 直諫에 주목하고 이는 禍亂을 방
지할 수 있는 첩경이라고 생각하였다.[11] 특히 구준은 秦代에 시행되었
던 '誹謗謠言' 금지령을 후세 군주들도 답습함으로써 직언이 차단되었
던 현상을 비판하였다.[12] 따라서 晉 平公의 일화를 인용하여,

---

6) 위의 책 卷3, 「正朝廷」 '公賞罰之施', p. 85a(1葉)~b(2葉).

7) 위의 책 卷3, 「正朝廷」 '謹號令之要', p. 92a(15葉).

8) 위와 같음, p. 87a(5葉) ; p. 86b(4葉).

9) 위와 같음, p. 88a(7葉).

10) de Bary Wm. Theodore, "Some Common Tendencies in Neo-Confucian-
    ism," in Nivision David S., & Wright Arthur F. eds., *Confucianism in
    Action*(Stanford : Stanford University Press, 1959), p. 34.

11) 위의 책 卷4, 「正朝廷」 '廣陳言之路', p. 99b(4葉), "禍亂之至 必有幾先 苟有
    智慮者 皆能知之于未形之先 人君容受直言 彼有見者 皆得以言之于上 使其
    知所以 豫備而早防之 則禍亂不作矣 爲人上者其尙 毋使一世之之 人畏忌而
    不敢言哉".

12) 위와 같음, p. 102a(15葉), "秦法有誹謗謠言之禁 至是文帝始除之 文帝旣除
    之矣 後世人臣上言 而乃猶坐誹謗謠言之罪 何哉 是襲亡秦之迹也".

　　옛날에 晉 平公이 叔向에게 "국가의 재난 중에서 무엇이 가장 큰 것입니까?"라고 물으니 叔向은 다음과 같이 대답하였습니다. "大臣은 祿을 받고도 모든 간언을 다하지 않고 小臣은 죄가 두려워서 감히 말하지 못함으로써 下情이 상달되지 않는 것이 재난 중에서 가장 큰 것입니다"라고 했습니다. 그러므로 국가의 재난 중에서 언로의 불통이 가장 크다고 어찌 말하지 않을 수 있겠습니까? 이 患難은 반드시 (국가의) 危亡에 이르게 합니다. 따라서 천하의 재난 중에서 군주가 (국가가) 危亡한 경지에 이르렀음을 스스로 알지 못하고, 또한 신하들이 危亡의 화를 알면서도 감히 말하지 않는 것보다 더 큰 것은 없습니다.[13]

라 하여 군신 간의 언로개방을 통해 賢才를 발탁하고 '下情上通'을 원활히 할 것을 강조하였다. 이처럼 언로개방의 목적이 '下情上通'을 통해 壅蔽를 방지하자는 데 있었지만, 그 대상은 자연히 일부 관료나 사대부에게만 한정되었다.[14] 따라서 군주에 대한 관료들의 도덕적 견제 기능을 강조했음에도 불구하고, 실제로는 '민의의 상달' 기능은 여전히 기대하기 어려웠다. 결국 언로개방의 강조는 言官的 기능을 강화시킴으로써 사대부의 사회적 사명감과 정치적 발언권을 강조하려는 당시 사대부사회를 반영해 주는 것이라 하겠다.

　　이상 「正朝廷」편의 내용 분석을 통해 다음 몇 가지 특징을 지적할 수 있다.

　　첫째, 조정은 정치를 총괄하는 기구로서 군주가 이를 주재하며, 이는 도덕에 기반을 둔 내재적(초월적) 체계라는 점이다. 따라서 국가권력의 최고기구로서 그 기능과 역할 등 구체적인 제도에 대한 설명은 없고, 이를 운영하는 사람의 도덕적 자질을 강조하고 있다. 이는 중국 전통 정치사상의 특징을 답습한 것으로서, 법치보다 인치에 중점을 두고

---

13) 위와 같음, p. 107a(25葉).
14) 曹永祿, 『中國近世政治史研究 - 明代 科道官의 言官的 機能』(지식산업사, 1987) 참조. 특히 여기에서는 명대 科道官의 言官的 기능에 대해 史的으로 검토하면서, 절대군주권의 강화와도 연관시켜 일목요연하게 정리하고 있다.

있음을 알 수 있다.

둘째, 국가 사회의 기강과 치술의 근원을 도덕률에 둠으로써 '家天下' 관념을 반영하여 상하 신분질서를 대전제로 하고 있다는 점이다.

셋째, 사대부들이 실질적인 치자로서의 역할을 담당해야 함을 강조하고, 이에 따른 分治를 강조하고 있다는 점이다. 특히 군주에 대한 도덕적 견제장치인 간언과 언로의 개방에 주목함으로써 사대부들의 사회적 사명감을 강조하고 있다.

제2절 人事(吏部) : 「正百官」편

인사 관련 총괄부서인 이부에 해당하는 「正百官」편에는 '總論' '定職官之品' '頒爵祿之制' '敬大臣之禮' '簡侍從之臣' '重台諫之任' '淸入仕之路' '公銓選之法' '嚴考課之法' '崇推薦之道' '戒濫用之失' 등 모두 8卷(卷5~12)으로 구성되어 있다.

1. '總論任官之道' '定職官之品'

여기에서는 주로 用人의 중요성과 그 선발기준에 대해 설명하고 있다. 특히 용인이 필요한 이유는 군주의 정치적 능력에 한계가 있기 때문이라고 지적하고 있다.15) 이에 따라 관리를 등용하여 이들에게 정사를 분장시킬 것을 강조하여,

군주는 한 사람뿐이지만 다스려야 할 땅은 결코 한 곳만이 아니고, 다스려야 할 민도 또한 한 사람만이 아니며 정사도 한 가지만이 아님

---

15) 군주의 정치적 능력의 한계에 대해서는 여러 곳에서 지적하고 있다. 위의 책 卷1, 「正朝廷」 '總論朝廷之政', p. 68b(4葉) ; 같은 책 卷5, 「正百官」 '定職官之品,' p. 112b(7葉)~B(8葉) ; 같은 책 卷82, 「崇敎化」 '廣敎化以變俗', p. 867b(10葉) 등 참조.

니다. 정사를 바르게 하고 민을 편안하게 함으로써 이를 두루 미치지 않는 곳이 없게 하자면 官(吏)을 두어 분치하지 않으면 안 되는 것입니다.[16]

라 하였다. 이때 政事의 分治는 分權이라는 의미가 아니라 어디까지나 군주의 보조적 수단인 治術에 불과하였다. 그러므로 구준은 군주권의 기원에 대해,

　무릇 하늘이 군주를 세워 아들로 삼고 또 군주가 官을 만들어 신하로 삼은 까닭은 결코 백성을 위하지 않는 것이 없습니다. …… 군주는 天命을 받들어 (백성을) 혼자 다스릴 수 없기 때문에 臣下에게 의존하는 것입니다. 그러므로 신하가 다스리는 것은 군주의 事이고 군주가 다스리는 것은 하늘의 事입니다. …… 이로써 볼 때 신하의 事는 군주의 事이고 군주의 事는 民의 事이며, 또 民의 事는 곧 하늘의 事입니다.[17]

라 하여 천명사상을 강조하고 있다.

여기에서는 用人의 중요성과 더불어 그 선발기준으로서 "有其賢而有德 才而有能者"[18]라 하여 도덕수양과 능력을 강조하였다. 이처럼 「正朝廷」편에서는 用人의 중요성을 지적하는 한편, 구체적인 선발기준으로서 도덕적 소양인 덕(virtue)과 기능적인 소양인 능력(ability)에도 주목했다[19]는 사실에서 현실적이고 실용적인 측면을 발견할 수 있

---

16) 위의 책 卷5, 「正百官」 '定職官之品', p. 112a(7葉)~b(葉).

17) 위와 같음, p. 112b(8葉).

18) 위와 같음, p. 109b(2葉).

19) James T. C. Liu, "Some Classifications of Bureaucrats in Chinese Historiography," Nivision David S. & Wright Arthur F. eds., op. cit., pp. 165 ~181에서 중국 역사상에서 나타나는 관료의 특징에 대해 도덕과 능력으로 대별하는 한편, 이들에 대한 도덕성의 기준은 특히 송대 이후부터 강조되었지만 실제 정치에서는 정치이론에서처럼 그렇게 심하지는 않았다고 주장하였다. 또한 C. K. Yang, "Some Characteristics of Chinese Bureaucratic Behavior," Ibid.,

다.

뿐만 아니라, 用人의 공정성에 대해서도 주목하여 군주가 사사로운 정실에 의존하는 것을 반대하여

군주가 用人하여 (나라를) 다스리고자 함에는 오직 賢能者를 기용한 것 뿐입니다. 국가의 治는 바로 여기에서 비롯되는 것입니다. 만약 현능자를 버리고 자신이 총애하는 자를 기용하거나 설사 형편없는 德을 지녔다 하더라도 이를 불문하고 모든 관직에 앉게 한다면, 모든 직위가 다 不仁·不義하고 무례무지한 사람들로 채워지게 되니 천하가 어찌 문란해지지 않겠습니까?[20]

라 하였다.

이로써 볼 때, 여기에서는 用人의 중요성과 관리의 선발기준에 대해 강조하고 있음을 알 수 있다. 즉 구준은 군주의 현실적인 外王에 주목하여 관리에 의한 정치 분장을 강조하는 한편, 이들에 대한 선발기준으로서 도덕적 소양과 능력을 모두 중요시하고 있다. 이는 능력을 중시하는 실용적인 측면을 반영하고 있다는 점에서 진일보한 태도라 할 수 있다. 그러나 用人에 필요한 제도적 장치와 권한을 모두 군주에게만 부여함으로써, 결과적으로는 도덕적(내재적·초월적) 체계에 머무르는 한계를 안고 있다고 하겠다.[21]

2. '頒爵祿之制' '敬大臣之禮' '簡侍從之臣' '重台諫之任'

여기서에는 주로 大臣에 대한 정신적·물질적 대우의 중요성과 함

---

pp. 134~164에서도 유사한 견해를 보이고 있다.

20) 『大學衍義補』 卷5, 「正百官」 '總論任官之道' p. 110a(3葉).

21) James, T. C. Liu, op. cit., p. 181에서 유가주의는 도덕적으로 훈련된 '思想體'인 데 비해, 국가는 '권력구조(power structure)'라고 지적하고 있다. 따라서 이 양자 간에는 언제나 긴장이 내재해 있기 마련이고, 이는 또한 역사적 발전에 따라 동태적(dynamic)인 융합과정을 다양하게 추구한다고 설명하였다.

게, 특히 侍從官의 간소화와 台諫官의 역할에 대해 강조하고 있다. 여기에서 주장하고 있는 주요 내용은 먼저, 관리의 청렴과 탐오방지를 위해 봉록을 통해 생활을 보장해 줄 것을 강조하였다. 구준은

> 탐욕을 없애고 청렴하게 하는 일은 祿을 후하게 하고 俸을 고르게 하는 것뿐입니다. 무릇 가정에서 의식이 부족하게 되면 비록 엄한 부친과 자상한 모친이라 할지라도 자식을 통제할 수 없는데, 하물며 군주가 어떻게 신하를 통제할 수 있겠습니까? 춥고 배고픈 것을 절실하게 몸소 경험하게 되면 비록 巢由·夷齊라 할지라도 절개를 지킬 수 없는 것인데, 하물며 범인이라면 어떻게 淸白함을 지킬 수 있겠습니까?[22]

라 하여 범인들의 물욕을 인정하는 태도를 취하여 매우 현실적이고도 실용적인 자세를 보여주고 있다. 따라서 심지어 중국 역사상 신하의 의리와 절개를 지킨 인물로 추앙받았던 소유와 백이·숙제조차도 물질적 궁핍을 경험하면 절개를 지킬 수 없을 것이라고 지적하고 있다. 이처럼 봉록에 대한 적당한 보장은 이에 대한 제도화를 시사하는 것으로서, 경세치용의 가능성을 논리적으로 포함하는 것이라 할 수 있겠다.

둘째, 大臣에 대한 예우를 특별히 강조하고, 이를 위해 군주는 이들과 빈번한 面對를 통해 상하의 옹폐현상을 방지할 것을 주장하였다. 따라서 구준은 대신과의 조회를 자주 열 것을 강조하여,

> 후세의 군주들은 게으름을 피워 밖에 있는 제후들과 1년에 한두 번도 만나지 않고, 안에 있는 公卿들과도 5일에 한 번씩이나 또는 며칠에 한 번씩 조회를 하고 있습니다. 이 중에서 부지런한 군주는 하루에 한 번씩 조회를 했다고는 하나, 이는 옛날 이야기일 뿐입니다. …… 무릇 접견이 잦아야 情이 통할 수 있고 이들의 말도 들을 수 있어서, 권력이 분할되어 단절되지 않고 상하가 壅蔽되는 근심이 없어질 뿐 아니

---

22) 『大學衍義補』 卷6, 「正百官」 '頒爵祿之制', p. 124b(4葉).

라, 또한 내외가 잘못되는 일이 없어지게 됩니다.[23]

라 하였다.

셋째, 군주는 侍從官, 특히 환관과의 빈번한 접촉을 삼갈 것을 강조하였다. 그는 후세의 군주들이 환관과 지나치게 긴밀한 관계를 유지하는 것에 대해

> 무릇 군주의 존엄함은 하늘과 같고 신하가 낮음은 땅과 같아서 그 구분이 지엄한 것입니다. 더구나 후세의 군주들은 깊은 궁궐에서 성장하였기 때문에 신하와 단절되기 더욱 쉽습니다. 조회 때 (접하는 것이) 겨우 수십 분에 불과하고 退朝 후에 늘 가깝게 접하는 사람은 주로 환관 등 宮人입니다. 이 때문에 소위 현명하다고 하는 사대부들은 가깝게 할 수가 없게 됩니다.[24]

라 하여 당시 환관의 폐해에 대해 비판적인 태도를 보이고 있다.[25] 특히 그는 군신 간의 언로개방이라는 관점에서 환관정치에 비판을 가함으로써 당시의 환관 폐해를 논리적이고도 우회적으로 지적하였다.[26]

---

23) 위와 같음, p. 125b(6葉).

24) 위와 같음, p. 128a(11葉).

25) 구준은 당시 정치에 대한 구체적인 정책과 방안을 제시했음에도 불구하고 폐해가 극심했던 환관문제에 대해서는 따로 항목을 설정하여 언급하지 않았다. 이러한 사실에 주목한 연구로는 Chu Hung-Lan, op. cit., pp. 96~97 ; 荒木見悟, 「丘瓊山の思想」, 『中國思想史の諸相』(福岡 : 中國書店, 1989), pp. 197~198 등이 있다. 양자는 모두 沈德符, 『萬曆野獲編』(臺北 : 新興書局 影印本) 卷25, p. 635, '大學衍義補'條 ; 『四庫全書總目提要』 卷93, '大學衍義補'條에서 구준이 환관에 대한 항목을 누락시킨 것은 그가 환관과 타협했기 때문이라고 설명한 데 대해 비판하고, 이는 전략적인 의도를 갖는 것이었다고 평가하였다.

26) 구준이 환관에 대해 이처럼 우회적으로 비판을 가한 것은 Chu Hung-Lan과 荒木見悟의 지적처럼 단순히 전략적인 차원에서뿐 아니라, 당시 환관의 폐해를 방지하기 위해 제도적 장치를 모색한 데에서 기인한 것이라 생각된다. 즉 홍무 13년 尙書省 폐지로 인해 야기된 정부조직상의 문제는 환관의 득세를

이처럼 구준은 군신 간의 결속을 매우 강조함으로써 양자 간에 갈등과 긴장이 내재해 있음에도 불구하고 도덕적으로는 치평을 궁극적인 목표로 삼았다는 점에서 도덕적 평등성을 확보했다고 할 수 있다.[27] 그러나 만약 도덕적 평등성이 정치의 이상인 치평으로 반영되지 않을 때는 군신 간에 내재된 긴장은 군주에 대한 비판으로 제기될 수밖에 없었다. 이러한 점에서 사대부들은 도덕정치라는 원칙을 고수함으로써 師儒 역할뿐 아니라, 군주에 대한 비판자로서의 기능을 강화시켰다고 할 수 있다.[28]

넷째, 台諫官을 포함한 侍從官 역할을 강조하는 한편, 이들의 자격에 대해서도 설명하였다. 그는 台諫官 등 군주의 侍從官 역할은 民情을 상달하고 관리에 대한 자격 여부를 탐문하는 감찰기능에 있음을 강조하였다. 이에 따라 司馬光의 말을 인용하여

사마광이 임금(英宗)에게 말하기를 "祖宗시에는 한가하여 일이 없으면 侍從近臣을 늘 소집하여 이들과 더불어 만사의 상세한 사정을 의논하도록 함으로써 두루 미치지 않는 곳이 없었습니다. 이렇게 한다면 첫째, 민정이 상달되어 막히는 것이 없어지게 됩니다. 둘째, 사람들이 자신의 소임을 맡을 재주가 있는지를 알게 됨으로써 黜陟・取捨할 수 있게 됩니다"라 하였습니다.[29]

라고 지적하고 있다. 특히 이들 侍從官 중에서 가장 중요한 직책으로

가져왔고, 이를 해결하기 위한 방안으로서 구준은 군신 간의 긴밀한 관계유지를 특별히 강조한 것으로 추측된다. Hucker Charles O., *The Censorial System of Ming China*(Stanford : Stanford University Press, 1966) ; 曺永祿, 앞의 책, pp. 92~122 참조.

27) de Bary Wm.Theodore ed., 山久口和 譯, 「新儒學の個人主義」, 앞의 책, pp. 165~166.

28) James T. C. Liu, "Some Classifications of Bureaucrats in Chinese Historiography," op. cit., p. 170.

29) 『大學衍義補』 卷7, 「正百官」 '簡侍從之臣', p. 133b(2葉).

는 대학사와 史官, 그리고 台諫(都御史・給事中)을 예로 들고 이들의
역할과 기능에 대해서도 상세하게 설명하였다.30) 특히 구준은 어사직
을 조정의 '이목'으로 평가하는 동시에, 국가기강의 확립과 폐단을 방
지하고 혁파하는 데 가장 중요한 기구임을 강조하였다.31) 이와 아울러
台諫의 糾劾에 대해서는 군주가 사실 여부를 면밀히 검토해 볼 것32)
을 주장하기도 하였다.

한편, 이들의 자격에 대해서는 사마광의 말을 인용하여

言事官을 택함에 있어서는 먼저 세 가지 사항을 반드시 고려해야 합
니다. 첫째 부귀를 좋아하지 않고, 둘째 명예와 절개를 중시하며, 셋째
治의 體를 잘 알아야 한다는 점입니다. 반드시 이러한 사람을 구해서
간관으로 앉히게 되면, 위로는 군주의 덕에 도움이 되고 아래로는 조
정의 잘못이 없게 될 것입니다.33)

라 하여 청렴, 명예와 절개, 치도 등 세 가지 자격조건을 제시함으로써
간관 자격으로서는 주로 도덕수양을 중시하고 있다.

이처럼 구준이 台諫官의 기능과 역할을 국가의 '耳目之官'으로서 특
별히 강조하고 있음에도 불구하고, 이들이 올리는 간언의 공정성과 타
당성 여부에 대한 판단은 결국 군주 한 사람에게 의존하고 있었다.34)

---

30) 위와 같음, pp. 134a(3葉)~137b(9葉)에서는 翰林院・內閣・侍講學士 등의
    역할과 연혁에 대해서, 또한 p. 137a(9葉)~141a(17葉)에서는 史官・五經博
    士・中書舍人에 대해 설명하고 있다. 그리고 위의 책 卷8,「正百官」'重台諫
    之任', pp. 143b(1葉)~148b(12葉)에서는 御史臺의 연혁과 御史 및 6科 급사
    중의 역할과 기능 등에 대해 자세하게 설명하고 있다.
31) 위와 같음, pp. 143b(2葉)~144a(3葉), "御史之職 在糾劾百司 照刷文卷 問擬
    刑名 巡按郡縣 是則朝廷耳目之任 所以振肅紀綱 而防邪革弊者也".
32) 위와 같음, p. 144a(3葉)~b(4葉).
33) 위와 같음, p. 147a(9葉).
34) 위와 같음, p. 147b(10葉), "自古小人 欲蔽人主之聰明 恐耳目之官 攻巳(己)
    過 發巳(己)私 不得久安其位者 必假此三說 以誘惑其君 其君不明 或信其說
    以至於屏棄正言 疎遠正人 以馴致於危亡之地者 多矣 聽言者 盖反思曰 彼

따라서 군주에 대한 비판적 기능으로서 台諫官의 역할도 일정한 한계를 지닐 수밖에 없었다.

3. '淸入仕之路' '公銓選之法' '嚴考課之法' '崇推薦之道'

여기서는 주로 인물 선발인 取人의 방법과 그 연혁을 중심으로 과거·전형·고과·추천제에 대해 설명하는 한편, 그 폐단과 이에 대한 시정방안을 제안하고 있다. 그 내용을 요약해 보면 먼저, '淸入仕之路'에서는 주로 종전에 시행된 과거제도에 대한 연혁과 인재의 선발기준[35]을 설명하는 한편, 과거제가 문장의 기교와 출제자의 요구에 따라 지나치게 좌우되는 현상을 비판하였다. 구준은 특히 사대부가 고전과 역사에 밝아야 할 뿐 아니라 더불어 실용적인 학문에도 힘써야 한다는 것을 강조하였다. 따라서 왕안석이 시행한 經義에 대해 다음과 같이 비판적인 평가를 내리고 있다.

經義는 이때(왕안석의 신법)부터 시작되었습니다. 이 전의 명경(과)이라는 것은 墨書帖義를 시험하는 것으로서, 단지 암송한 것을 잘 쓴 것을 뽑을 뿐이고 또한 義理를 찾는 것이 아니라 글재주만을 골라 뽑았습니다. 왕안석은 사람됨에 있어서 취할 바가 못 되고 또한 三經을 저술하여 자신의 설을 專用함으로써 천하의 사대부를 통일시키고, 이들로 하여금 자신을 따르도록 만들었습니다. 이는 정말 그럴 수 없는 것입니다. 그러나 그가 만든 경의의 방법은 오늘날까지 사용하여 取士하였는데, 백여 년간이나 개정할 수 없을 뿐 아니라 또한 폐지하자는 말도 할 수 없었습니다. …… 사대부들은 모두 실용에 힘쓰는 것을 학문의 근본으로 삼고 의리를 그 文(표현)으로 삼아 무익한 空言이 되지 않도록 해야 합니다. 그러면 훗날 국가에 쓰이게 되어 도움이 적지 않을 것입니다.[36]

之言 當歟否歟 巳(己)之過 有歟無歟".
35) 위의 책 卷9, 「正百官」 '淸入仕之路', pp. 151a(1葉)~155b(10葉).
36) 위와 같음, p. 156b(12葉).

이처럼 과거에서 실용적인 학문을 시험할 것을 강조하고 있다.

둘째, '公銓選之法'에서는 전형의 연혁과 그 기준을 설명하고 특히 監生과 吏員의 관리등용에 대해 비판을 가하고 있다. 여기서는 특히 唐代의 관리 전형법인 '身言書判'에 대해서도

당대의 전형은 身言書判으로 擇人하였는 데, 이 중에서 判만이 쓸 만합니다. 무릇 일의 사정을 구체적으로 알지 못하면서도 법률만 외워 시비를 분명히 가리고 감추어진 장점을 찾는다는 것은 어렵습니다.[37]

라고 비판을 가하고 있다. 또한 당시 監生의 적체현상에 대한 원인이 例監에 있다고 분석하고,[38] 이에 대한 대책을 다음과 같이 구체적으로 제안하였다. 즉

청하옵건대 이부에 명을 내려 필요한 감생의 수와 某年에서부터 某年까지 감생의 수, 현재 (이)부에 등록된 수, 그리고 휴직자의 수 등을 통계내도록 하여야 합니다. 또한 이부는 1년을 단위로 임용할 감생의 수와 전체 수를 개략적으로 계산하여 앞으로 몇 년이 지나야만 감생의 적체가 없어질 수 있는지에 대해서도 통계내도록 해야 합니다. 그리고 천하의 모든 布政司와 府·州·縣에 대해서도 집에서 대기하고 있는 감생의 수를 조사하여 해마다 정기적으로 책을 만들어 이부에 보고하도록 시행해야 합니다. 이렇게 한 후에 학문과 능력이 뛰어난 자를 뽑아 각 포정사와 巡按司에서 이들을 수합, 總會處에서 시험을 보게 해야 합니다.[39]

라 하였다. 이처럼 구준은 예감의 극심한 적체현상이 당시 사회문제로

---

37) 위의 책 卷10, '公銓選之法', p. 165a(5葉)~b(6葉).
38) 위와 같음, p. 171a(17葉)~b(18葉)에서 특히 45세 이상인 자에게 특혜를 주는 例監生과 물질을 통해 감생으로 입학하는 納粟예감생이 감생의 적체현상의 주요 원인이라고 지적하고 있다.
39) 위와 같음, p. 172a(19葉)~b(20葉).

대두된 것40)을 목도하고, 이에 대한 해결책을 제시하였던 것으로 생각된다. 또한 그 해결책으로서 예감의 교육정도와 경력에 따라 3등급으로 나누고 이들의 적성에 따라 재교육을 통해 감생을 정리하고 재등용할 것41)을 제안하기도 했다.

셋째, '嚴考課之法' '崇推薦之道'에서는 현직 관리에 대한 고과제 및 추천제의 연혁과 평가 기준의 엄격한 적용을 통한 신중한 取人을 강조하였다. 특히 관리의 승진과 임면권을 장악하고 있는 이부의 '銓選'권과 고과제를 공정하게 시행할 것을 강조하여,

> 이부의 직책에서 전형과 고과보다 더 큰 것은 없습니다. 전형은 일월마다 자격 여부를 조사하여 등용하느냐를 심사하는 것이고, 고과는 일월마다 직책(수행능력)을 심사하여 이들의 승진과 강등을 결정하는 것입니다. …… 현자를 구하고 관리를 심사하는 법은 이 두 가지 방법뿐입니다. …… 그러므로 불편부당하면 국가는 인재를 얻어 백성을 편안하게 만들고 이로써 治와 나라를 보위하는 근본이 서게 됩니다.42)

라 하고 있다.

한편 銓選과 고과의 기준으로는 賢德者과 才能者를 모두 중시함으로써43) 취인을 신중하게 할 것을 강조하기도 하였다. 그 이유에 대해 그는 程頤의 말을 인용하여

---

40) 예감의 적체현상은 구준이 생존했던 시기인 成化 연간에 극심하였는데, 당시 감생의 수는 약 10만 명에 달했다고 한다. 특히 景泰 4년(1453) 예부시랑인 鄒幹의 건의에 따라 변경지방에 대한 국방경비의 조달 목적으로 納粟・上馬例監制度가 실시됨에 따라 적체현상은 더욱 심해졌다. 납속・상마 예감생의 수는 실시 초에 1,000명이던 것이 成化 20년(1484) 10월~22년(1486) 5월에는 7,000명을 넘었다. Lee Chek-Yin, op. cit., pp. 233~241 참조.
41) 『大學衍義補』 卷10, 「正百官」 '公銓選之法', p. 172b(20葉).
42) 위의 책 卷11, 「正百官」 '嚴考課之法', p. 184a(15葉).
43) 위와 같음, '崇推薦之道', p. 186b(19葉).

군자가 기용되면 그 무리들도 반드시 서로 이끌고 도와줄 것입니다. 이는 마치 벼의 뿌리와 같이 하나를 뽑으면 전체가 함께 뽑히는 것과 같습니다. …… 자고로 군자가 자리를 잡게 되면 천하의 현자가 조정으로 모여 뜻을 함께 모아 천하를 태평하게 만듭니다. 그런데 소인이 자리를 잡게 되면 불초한 자들이 함께 기용되면서 득세함으로써 천하는 편안하지 않게 됩니다. …… 그러므로 치자는 반드시 용인을 신중하게 하여 직책을 맡겨야 합니다.[44]

라고 지적하였다.

넷째, 賢才를 추천하는 일에서 대신들의 책임을 강조하고 있다. 이에 따라 賢才를 추천하는 것이 보국하는 가장 큰 길인 동시에 대신들의 의무[45]라고 생각하였다. 그러나 이 추천이 잘못되었을 때 擧主에게 연좌제가 적용되는 관례에 대해서는

사람이 알기 힘들고 절개가 쉽게 변하게 되는 데는 이익보다 더한 것이 없습니다. 따라서 오늘 보증할 수 없다고 해서 후일에도 모두 보증할 수 없겠습니까? 또한 이 일에 대해서 보증할 수 없다고 해서 다른 모든 일까지도 보증할 수 없는 것이겠습니까? 사람은 본래 보장하기 어려운 것입니다. (그러므로) 다른 사람의 죄에 연루된 사람이 모두 다 실제로 그렇다고 할 수는 없는 것입니다. 따라서 擧主에 대한 연좌법은 명분상으로는 좋다고 할 수 있지만 실제로는 가볍게 행할 수 없는 것입니다.[46]

라고 비판하며 상당히 현실적이고 탄력성 있는 태도를 보여주고 있다.

4. '戒濫用之失'

---

44) 위와 같음, p. 184a(15葉)~b(16葉).
45) 위와 같음, p. 186b(20葉).
46) 위와 같음, p. 187b(20葉).

여기에서는 상하 신분질서를 우주론에 결합시켜 절대적인 것으로 파악하는 한편, 이를 직위와 직업에까지 확대 적용함으로써 당위적(초월적·내재적) 질서로 파악하고 있다. 따라서 관직과 爵祿의 남용을 특별히 경계하였다. 그는 대신을 임명함에 있어서

> 先儒들은 "옛날 군주들은 능력을 고려하고 덕을 헤아리고 난 다음에 관직을 준다"라고 했습니다. 또한 옛날의 신하들은 반드시 능력과 덕을 고려하고 헤아려 본 뒤에야 그 직위에 임했습니다. 비록 百工胥吏라 할지라도 이렇게 해서는 안 되거늘 하물며 대신은 어떻겠습니까? 군주가 (관직을) 제수하는 데 밝지 않고 신하가 자리를 택하는 데 스스로 잘 살피지 않으면, 자신을 반드시 망하게 하고 군주를 위험에 빠뜨리며 더 나아가서는 나라를 그르치고 천하를 망하게 합니다. 이는 모두 그 직위를 감당할 수 없기 때문입니다. 신하가 자리를 택하는 데 비록 잘 살피지 않는다 해도 일신과 一家만 화를 입지만, 군주가 제수하는 데 밝지 않으면 그 화가 어찌 일신과 一家에만 그치겠습니까?[47]

라 하여 무엇보다 신중할 것을 강조하고, 작위의 남발에 대해서도 한무제 시 총애하는 후궁의 오빠에게 작위를 남발한 예를 들어 비판하였다.[48]

또한 관리들의 爵祿을 治의 수단[49]으로 생각하는 한편, 관직의 남용에 대해서는 경제적인 면에 주목하여 다음과 같이 지적하였다.

> 무릇 국가의 관직에는 일정한 인원이 있고 세수에도 일정한 액수가 있게 마련입니다. 官에는 다스리는 事가 있고 事가 있으면 곧 官이 있고 官이 있으면 봉급을 주게 마련입니다. 그런데 오늘날 아무 이유없

---

47) 위의 책 卷12, 「正百官」 '戒濫用之失', pp. 191b(2葉)~192a(3葉).

48) 위와 같음, p. 194a(7葉).

49) 위와 같음, p. 198b(16葉), "爵祿 乃天命有德之具 國家所恃 以厲磨鈍 而鼓舞 天下之人 以公成天下之治者也 人君 愼之重之 恐天下之人 不知所重而輕視 之".

이 일정한 인원 외에도 수천 명의 관이 증가되었습니다. 관원 한 사람이 증가하면 한 사람의 봉급이 증가하게 됩니다. 조운미가 京師에 운반되는 것을 생각하자면 稅米 3~4石당 1石을 소비하는 셈이 됩니다. 농민이 경작하는 수고와 兵卒이 운반하는 고생을 관리들이 가혹하게 징발하여 이들이 治事하는 데 공양하는 셈입니다. …… 해마다 비축액과 수입·지출액은 한정되게 마련입니다. 그러므로 수입이 증가하지 않는 데 지출이 어떻게 몇 배로 증가할 수 있겠습니까? 세수는 어떻게 충당하며 국력이 어찌 쇠하지 않을 수 있겠습니까?[50]

이처럼 구준은 관직의 남용을 국가재정과 관련시키면서, 재정지출의 증대는 물론이고 심지어는 재정 고갈을 초래한다고 지적하였다.

이상의 분석을 통해 「正朝廷」편의 내용에서 나타나는 특징을 다음 몇 가지로 요약할 수 있다.

먼저, 군주의 정사를 분담하는 관직의 설립과 이에 필요한 用人의 중요성을 강조하였다. 이는 「正朝廷」편에서도 밝힌 바와 같이, 人治를 강조함으로써 이부에서 관장하고 있는 인사권을 治平의 핵심으로 파악하였기 때문이었다. 이때 그 기준은 여전히 도덕수양에 두면서도 과거 시험과목에서는 실용학문을 채택할 것을 주장함으로써 일정 정도 실용적 태도를 보이고 있다.

둘째, 치평의 구체적인 담당자로서 사대부, 특히 대신들의 역할을 강조하였다. 그는 군주가 내성외왕을 실현함에 있어서는 현실적으로 관리(대신)들의 分治가 필요함을 특별히 강조하여 도덕적 평등성을 확보하고자 했던 것이다. 이에 따라 군신 간에는 갈등과 긴장이 내재될 수밖에 없었고, 특히 군주에 대한 사대부들의 도덕적 견제 기능[51]이 강

---

50) 위와 같음, p. 197a(13葉)~b(14葉).
51) 劉紀曜, 「公與私－忠的倫理內涵」, 『中國文化新論 Vol.5』(臺北 : 聯經文化事業公司, 1981), pp. 197~200에서 관료들의 '忠'의 관념을 이상과 현실의 긴장(갈등)으로 파악하는 한편, 특히 군주에 대한 비판을 '公忠'이라고 설명하고 있다. de Bary Wm. Theodore, 山久口和 譯 ed., op. cit., p. 167에서도 유사한

조될 수밖에 없었다. 구준이 분치와 台諫官의 기능을 특별히 강조하고 있는 것은 바로 이를 잘 반영해 주는 것이라 할 수 있다. 더구나 그가 조정 중신으로 활약했던 成化·弘治 연간에는 특히 科道官의 비판 기능이 어느 때보다도 더 성행했던 사실[52] 역시 이와 무관하지 않을 것이다.

제3절 財政(戶部) : 「固邦本」「制國用」편

재정 관련 업무를 관장하는 호부에 해당하는 「固邦本」「制國用」편은 모두 23卷으로 구성되어 있다. 「固邦本」 7권에서는 주로 민의 생계를 보장하기 위한 구체적인 방안과 養民의 필요성을 설명한 데 비해, 「制國用」 16권에서는 국가 재정과 회계에 관련된 理財의 방법에 대해 다루고 있다.

먼저 「固邦本」편의 내용은 '總論固本之道', '蕃民之生', '制民之産', '重民之事'·'寬民之力'·'愍民之窮', '卹民之患', '除民之害', '擇民之長', '分民之牧'·'詢民之瘼' 각 1卷 등 모두 7卷(卷13~19)으로 구성되어 있다.

1. '總論固本之道' '蕃民之生'

여기에서는 먼저, 전통 유가의 민본사상[53]과 이에 입각한 養民이 군주의 의무라는 점을 원칙적인 면에서 강조하였다. 이때 양민과 愛民의 궁극적인 목적은 군주의 자리를 지키는 데 있음을 다음과 같이 밝히고 있다.

견해를 보이고 있다.

52) 曹永祿, 앞의 책, pp. 92~122 참조.

53) 『大學衍義補』卷13, 「固邦本」'總論固本之道', p. 202b(4葉), "臣按 民惟邦本 本固邦寧之言 萬世人君所當書于座隅 以銘心刻骨者也".

하늘은 민을 생기게 하고 군주를 두어 이들을 다스리게 했는데, 이는
곧 민을 위해 군주가 세워진 것을 뜻합니다. 군주는 민이 없으면 나라
를 세울 수 없으니, 혼자 어떻게 군주를 하겠습니까? 따라서 군주가 귀
한 까닭은 민을 얻었기 때문입니다. 이른바 민을 얻는다 함은 땅이나
사람을 얻는 것이 아니라 그 마음을 얻은 것을 말하는 것입니다.[54]

여기서 민본과 애민은 궁극적으로는 국가를 보위하기 위한 재정수
단으로 파악하여

옛날 사람들의 말에 "민의 수를 보면 국력의 강약 상태를 알 수 있
다"고 했습니다. 신이 생각하기에는 단지 나라의 강약만 알 수 있을 뿐
아니라, 심지어는 성쇠의 원인과 治亂, 그리고 (국가의) 안위에 대한
징조라 할지라도 모두 다 이로써 알 수 있습니다.[55]

라고 지적하였다.

둘째, 양민의 구체적인 방안으로서 먼저 형벌의 경감과 부역의 최소
화를 강조하였다. 즉,

나라가 나라로 될 수 있는 까닭은 오로지 민이 있기 때문입니다. 민
이 없으면 나라를 만들 수 없습니다. 그러므로 聖君은 興國의 복이 애
민에 있음을 알아서 반드시 형벌을 경감하고 세와 역을 적게 징발함으
로써 민에게 복을 만들어 줍니다. (만약) 민이 복을 누리게 되면 곧 나
라도 복을 누리게 되는 것입니다.[56]

라 하였다. 또한 양민의 방안으로서 인구·기후·지역 등 자연조건을
감안한 토지이용을 통해 민을 번성케 할 것을 강조하였다. 즉

---

54) 위와 같음, p. 205a(9葉) ; 위와 같음, '蕃民之生', p. 208a(15葉).
55) 위와 같음, '蕃民之生', p. 210b(20葉), p. 210a(19葉).
56) 위와 같음, '總論固本之道', p. 203b(6葉).

천지는 사람을 일정하게 생겨나게 했는데, 이는 하늘이 덮고 있는 곳
은 도달하지 않는 곳이 없지만 땅이 수용할 수 있는 것은 한계가 있기
때문입니다. 또한 氣의 수가 고르지 않고 정치가 상이하기 때문에 生
民하는 데는 성쇠가 있고 인구 수에도 다과가 있게 마련입니다. 그러
므로 민보다 위에 있는 사람은 반드시 민의 수를 알아서 정치를 시행
해야 하며, 또한 그 지역의 寬狹, 長短 등을 반드시 알아서 민을 수용
할 수 있는지를 조사해야 합니다. 그리고 토지의 寒暖과 乾濕 여부를
판별하여 민의 성향에 적합한지의 여부와 이들이 생산하는 만물의 실
상을 파악함으로써 利害가 되는지의 이유 등을 살펴야 합니다. (뿐만
아니라) 조류와 짐승들을 번성케함으로써 민의 衣食(에 필요한) 자원
으로 삼게 하고 초목을 무성케 함으로써 민의 주택과 농기구에 사용하
도록 하며, 또한 토양을 잘 구별하게 함으로써 농사를 가르쳐야 합니
다. 이렇게 하면 민이 번성하지 않을 수 없습니다.57)

라 하여 민의 번성은 기후조건·인구수·토지의 비옥도와 면적·주변
환경 등 환경에 맞는 '生財'에 있다고 설명하고 있다.

이처럼 그는 당시 심각한 토지의 불균형 현상에 대해서는 별다른 대
안을 제시하지 않고 단지 소박한 '生財'관에 입각하고 있음을 알 수 있
다. 당시 심각한 사회문제였던 토지 겸병현상에 대해 근본적인 대책을
제시하지 못하고 있는 것은 '有産者出錢 無産者出力'58)의 원칙에 따
라 빈부의 불균형 현상을 차등적으로 인정하고 있는 데서 잘 드러난
다. 그는 부자들의 사회적 역할을 높이 평가하여,

생각건대 부유하고 재물이 있는 자는 남는 재물이 있기 때문에 (국
가는) 이들을 부양합니다. 진실로 富者巨室은 小民들이 의지하는 곳인
데, 이것이야말로 국가가 부를 민에게 저축한 이유입니다. 그런데 소인
들은 이러한 사실을 잘 알지 못하여 간혹 정부를 원망하기도 합니다.
…… 부자는 비단 小民이 의지하는 곳일 뿐 아니라 국가도 또한 의지

---

57) 위와 같음, '蕃民之生', p. 206b(12葉).
58) 위와 같음, pp. 208b(16葉)~209a(17葉).

76 中國近世 經世思想 硏究

할 곳입니다.59)

라고 하였다. 즉 구준은 당시의 사회 경제적 불균형 현상에 대해 근본적인 원인에 주목하기보다는 상하 신분질서의 범주 안에서 이를 이해함으로써 이를 당연한 것으로 인정한 것이다.

2. '制民之産' '重民之事' '寬民之力' '愍民之窮' '卹民之患' '除民之害'

여기에서는 주로 민의 생계보장과 이에 대한 구체적인 정책, 그리고 빈민에 대한 恤民과 구황책에 대해 설명하고 있다. 그 주요 내용을 보면, 먼저 養民은 정치에서 가장 우선적이며 그 근본은 농업에 있다고 이해하였다. 따라서 그는 "군주의 치는 養民보다 더 우선하는 것이 없고 민이 양육될 수 있는 것은 농사와 樹藝일 뿐입니다"60)라 하여 養民의 근본이 농업에 있음을 강조하고 있다. 이때 농업생산력을 보장하기 위한 방법으로서 토지·주택·생산도구에 대한 보장을 제시하면서 그 궁극적 목적을,

민이 생산할 수 있는 근거는 田宅뿐입니다. 토지와 가옥이 있으면 생산을 있게 할 수 있는 수단이 있게 마련입니다. 소위 생산이 있게 할 수 있는 수단이란 稼穡·樹藝·목축의 세 가지입니다. 이 세 가지가 이미 갖추어지면 衣食 재료와 쓸 비용이 갖추어지게 되므로 부모를 섬기고 처자식을 양육하는 데 그 예절이 부족하지 않게 되고, 재난에 대비할 수 있게 됩니다. 이로써 관청의 (세금)징수를 납부하고 관청의 요역에 응하게 되는 것이 모두 변함없게 됩니다. 또한 예의도 여기서 생겨나고 교화도 이루어지게 되며 풍속도 아름다워지게 됩니다.61)

---

59) 위와 같음, p. 207a(13葉)~b(14葉).
60) 위의 책 卷14, 「固邦本」 '制民之産', p. 213b(2葉).
61) 위와 같음, p. 215a(5葉)~b(6葉).

라 하여 부세·요역·교화·예의·풍속 등을 유지하는 데 있다고 하였다. 이로써 볼 때 양민의 궁극적인 목적은 결국 국가의 재정확보와 기강확립에 있음을 알 수 있다.

둘째, 양민을 해야 하는 이유를 인성론과 결부시켜 '恒心'을 위해서는 물질적 보장인 '恒産'이 필요하다고 생각하였다. 특히 일반 민의 경우는 사대부와는 달리 인욕에 좌우되기 때문에 '恒心'을 유지하기 위해서는 무엇보다 '恒産'의 보장이 필요하다는 사실을 역설하고, 주자의 말을 인용하여

> 恒産은 일정하게 생활할 수 있는 일정한 생업을 말하고 恒心은 사람이 일정하게 가지는 善心을 뜻합니다. 그런데 사대부들은 이미 학문을 함으로써 예의를 알기 때문에 비록 일정한 생산이 없어도 常心이 있지만 민은 그렇지 못합니다.[62]

라 하였다. 또한 민에 대한 물질적 보장과 함께 직업의 필요성에 대해서도

> 민은 천지 사이에 태어나 몸이 있으면 반드시 옷이 있어야 하고 입이 있으면 반드시 먹을 것이 있어야 하며, 부모 처자가 있으면 반드시 양육해야 합니다. 또한 이미 몸이 있으면 반드시 맡는 일(직업)이 있어야만 하는데, 이런 연후에야 비로소 衣食에 대한 근거를 갖출 수 있게 되어 서로 생계를 유지하고 양육하여 사람이 되는 것입니다. 그런 까닭에 각 사람마다 직분을 가지게 마련이고, 만약 이를 잃게 되면 한 가지 事는 곧 그 用을 잃게 되는 것입니다. 그러므로 바로 그 사람이 아니면 이(職)를 주관할 수 없기 때문에 다른 사람들 역시 서로 도와 생계를 유지할 수 없게 됩니다. (그렇다면) 군주 역시 무엇에 의지하여 生民之主가 될 수 있습니까?[63]

---

62) 위와 같음, 217a(9葉).
63) 위와 같음, p. 214b(4葉).

라고 강조하였다. 이와 같이 구준은 민을 현실적인 존재로 파악함으로써 물질의 필요성을 인정하는 동시에 일정한 직업에 종사해야 함을 강조하였던 것이다.

셋째, 양민을 위한 구체적인 방안으로서 재산에 대한 법 제정을 주장하였다. 이에 따라 구준은

> ……법제가 있어도 절차가 없으면 민이 쓰기에 부족하고 절차는 있어도 법제가 없으면 민이 이를 억제할 수 없습니다. …… 후세의 군주는 이를 알지 못하고 정치를 하는 데 있어서, 흔히들 事功에만 급급하여 이에 대한 법제는 상세하지만 오히려 민의 재산을 제정하는 것은 생략되어 있습니다. 이는 그 근본을 모르는 것입니다.[64]

라 하여, 민에 대한 생계보장을 위해 최소한의 재산을 인정해 주는 법제정과 이의 실질적인 절차를 강조하였다. 즉 법제의 제정은 단순히 외형적인 차원이 아니라 실질적인 효과를 거둘 수 있는 엄격한 절차를 동시에 마련할 것을 강조하였던 것이다. 이에 따라 그는 시의성을 고려한 제도화를 강조하여

> 朱熹가 말하는 '因時制宜'라는 것은 사람들의 형편에 맞고 각 지방의 풍속에 맞게 함으로써 선왕들의 취지를 잃지 않는 것입니다. '因時制宜'라는 이 몇 마디의 말은 비단 정전제를 처리하는 것뿐만 아니라, 민에게 시행하는 천하 정치에서도 이를 마땅히 표준으로 삼아야 합니다.[65]

라 하여 실용적인 태도를 반영하고 있다. 더구나 그는 "정치란 옛날의 遺制에 일일이 구속될 필요가 없다"[66]라고 지적함으로써 '祖宗之法'을

---

64) 위와 같음, p. 216b(8葉).
65) 위와 같음, p. 217b(10葉).
66) 위와 같음, p. 218b(12葉).

묵수하는 정통 정주학에 반대하고 있는 점에서도 그의 경세치용적인 경향을 잘 엿볼 수 있다.

그의 경세치용적인 태도는 특히 당시 토지문제를 해결하기 위해 제안한 '配丁田法'에서도 잘 나타나 있다. 그는 역대 정전제 실시론이 결국 실패한 이유가 법 자체보다 사람들의 형편과 각 지역의 사정에 맞지 않기 때문이라고[67] 분석하고, '配丁田制'[68]를 제안하였던 것이다. 물론 그의 配丁田制는 기존의 토지소유관계를 인정하는 限田論의 정신을 계승했다는 점에서 당시 극심했던 토지 불균형 현상을 근본적으로 핵결할 수 있는 대안은 아니었다.

넷째, 농본주의에 입각하여 '四民'관을 주장하였다. 이에 대해 그는

> 군주가 다스릴 수 있는 이유는 민이 있기 때문이며, 민이 생활할 수 있는 것은 먹기 때문입니다. 또한 먹을 것을 족하게 만드는 것은 농업이며, 농사를 짓는 데는 時에 따라 합니다.[69]

라 하여 전통적인 四民觀을 반영해주고 있다. 이렇게 농업을 가장 중요하게 생각한 것은 이들을 토지에 고착시킴으로써 기강을 확립할 뿐 아니라 민이 私利에 기울어지지 않도록 하는 데 있다[70]고 이해하였다.

---

67) 위와 같음, p. 219a(13葉), "其爲法 雖各有可取 然不免拂人情 而不宜於土俗 可以暫 而不可以常也".

68) 配丁田制의 내용은 다음 몇 가지로 요약할 수 있다. 즉 ① 그 해 正月을 기점으로 매년 토지소유액을 보고토록 하며 이에 대해서는 인정한다. ② 매년 정월 이후부터는 1丁에 1경의 토지만 점유하도록 허락하는 동시에, 이에 의거하여 差役法을 제정한다. ③ 丁多田少인 자에 대해서는 丁數에 해당하는 토지를 매입할 수 있게 하며 정수와 토지액이 부합되면 더 이상 매입할 수 없게 하는 한편, 만약 이를 초과할 경우에는 관에서 몰수한다. ④ 丁少田多인 자에 대해서는 이 법 이전의 사실에 대해 더 이상 추적하지 않고, 다만 매매하도록만 한다. ⑤ 差役法은 田 1경에 1정을 원칙으로 하고, 정이 부족할 경우는 전 2경에 1정에 해당하는 雇役錢을 부과한다. 한편 정이 많을 경우에는 2정을 1경으로 계산하여 부과한다. 위와 같음, p. 219a(13葉)~b(14葉).

69) 위의 책 卷15, 「固邦本」 '重民之事', p. 225a(1葉).

다섯째, 요역을 징발할 때는 공공의 목적뿐 아니라 사리에도 맞아야 한다는 것을 강조하였다. 따라서 그는

군주가 民力을 사용함에 있어서는 사리에 합당한가를 먼저 살피고 민의 마음도 이를 원하고 있는지를 살펴야 합니다. 그러므로 (民力 징발은) 반드시 천하를 위해 사용해야 하고 一家를 위해서만 사용해서는 안 됩니다. 또한 衆人을 위해서 사용해야지 한 사람을 위해 사용해서는 안 됩니다. 이렇게 민력을 사용하면 민은 억지로 권하지 않아도 순종하게 됩니다.71)

라 하였다. 뿐만 아니라 국가의 공사는 반드시 때와 정황, 그리고 民願에 따라 실시해야 한다고 함으로써72) 요역 징발을 신중히 할 것을 특별히 강조하고 있다.

여섯째, 휼민사업을 강조하면서 특히 '鰥寡孤獨'에 대한 배려를 중시하였다. 이에 따라 특히 군주는 만민의 부모로서73) 큰 어려움에 처해 있는 鰥寡孤獨에 대해 仁政을 베풀 것을 다음과 같이 강조하였다. 즉,

민은 모두 하늘이 태어나게 한 것입니다. 그러나 이 四民(鰥寡孤獨)은 힘이 모자라 자신의 몸을 돌볼 수 없고 말하는 능력이 부족하여 자신의 사정을 전달할 수 없습니다. 이에 따라 (이들은) 하늘로 부터 태어났다 하더라도 天生을 다 누리지 못하기 때문에 하늘이 불쌍히 여기는 사람들입니다. 따라서 군주가 이들 네 부류의 窮人들에게 혜택을 베푸는데, 이는 곧 하늘이 미치지 못하는 것을 보조해 주는 것이라 하

---

70) 위와 같음, p. 230b(12葉), "聖王在上 而民不凍飢者 非能耕而食之 織而衣之也 爲開其資財之道也? 民貧則姦邪生 貧生於不足 不足生於不農 不農則不地著 不地著則離鄕輕家 民如鳥獸".

71) 위와 같음, '寬民之力', p. 231b(14葉).

72) 위와 같음, p. 235a(21葉), "人君遇有興作 必當順天之時 量事之勢 適民之願".

73) 위와 같음, '愍民之窮', p. 236a(23葉), "人君以一人 而爲億兆人之父母".

겠습니다.[74]

라 하였다. 이로써 볼 때 구준은 특히 불행을 당한 '鰥寡孤獨' 등 四民
에 대한 구휼을 강조하였음을 알 수 있다. 구휼에 대한 그의 관심은 단
순히 정책을 강구하는 것에만 머물지 않고, 제도의 연혁과 내용에 대
해서도 언급하는 동시에 이에 대한 구체적인 방안을 제시한 데에서도
잘 알 수 있다.[75]

일곱째, 민의 생산력 보장과 재정 비축을 통해 재난에 대비하는 救
荒策을 강조하였다. 특히 그는 구황책의 근본이 국가의 재정확보에 있
다고 이해하여

　　……군주가 다스리는 것은 一世의 민으로 하여금 늘 모일 수 있는
　기쁨을 주고, 흩어지는 근심이 없도록 하는 것입니다. 그런데 이는 과
　연 무엇으로 할 수 있겠습니까? 財뿐입니다. 재를 소모해 버리는 것은
　인력에서 기인되지만, 특히 천재보다 더 심한 것은 없습니다. 따라서
　군주는 풍년이 들고 사고가 없을 때 천재가 있을 것을 늘 생각하고, 민
　이 (물자가) 없을 것을 고려해야 합니다. 미리 비축함으로써 일단 흉년
　이 들었을 때를 대비하는 것은 다른 것이 아니라 민이 흩어지면 다시
　모을 수 없음을 걱정하는 것입니다. 이 때문에 『周禮』의 12荒政에서는
　散利를 최우선으로 삼았던 것입니다.[76]

라 하였다. 즉 구준은 민을 통해 재정을 확보하고 이를 비축함으로
써[77] 천재시 이를 방출하여[78] 민의 유리현상을 방지하고자 하였던 것

---

74) 위와 같음, p. 237b(26葉).
75) 송대의 安濟坊·養濟院과 명 태조시의 孤老院(이후에 養濟院으로 개칭함)
　　등에 대해 그 연혁과 내용을 설명하고 있다. 한편 이에 대한 구체적인 방안으
　　로서, 각 지방관청은 四民에 대한 실정을 자세히 조사하여 通政司에 보고하
　　고, 통정사는 이를 또다시 호부에 보고케 하여 휼민정책의 기초로 삼아야 한
　　다고 주장하고 있다. 위와 같음, pp. 238b(28葉)~239a(29葉).
76) 위의 책 卷16, 「固邦本」 '卹民之患', p. 242b(4葉).

이다. 결국 구준이 생각하고 있는 구황책은 모든 토지와 노동력을 최
대한 활용하여 이른바 '地無遺利'하고 '民無餘力'[79]하게 함으로써 국
가 재정을 확보하고 이를 비축하여 재난에 대비하는 것이었다. 따라서
사회구제책에 근본목적이 있다기보다는 재정원을 확보하는 일이 우선
과제였다고 하겠다.

여덟째, 治水의 중요성을 강조하고 그 방안을 제시하였다. 그는 먼
저 치수의 중요성에 대해

> 先儒의 말에 "군주는 양민을 직으로 삼는다"라고 했습니다. (그러므
> 로) 무릇 민에게 해로운 것은 반드시 제거해야 합니다. 대저 민이 의지
> 하여 양육되는 것은 땅입니다. 그러나 땅은 물을 공급받고 난 후에야
> 비로소 만물이 생겨날 수 있습니다. 물이 너무 많으면 휩쓸게 됨으로
> 써 그 해가 크게 됩니다. 따라서 민이 옮기지 않으면 의식을 유지할 수
> 없고, 또한 거주할 수도 없게 됩니다. 그런데 민이 의식주를 잃게 되면
> 어떻게 살아갈 수 있겠습니까? 이 때문에 천지 가운데 民을 이롭게 하
> 는 것은 물보다 더 큰 것은 없습니다.[80]

라 하였다. 특히 그는 치수 문제를 단순히 수재 방지에만 국한하지 않
고 이를 적극 활용하는 방안을 강구하기도 하였다. 즉 그는 치수책으
로 유명했던 漢代 賈讓의 '三策'과 元代 賈魯의 疏·濬·塞의 '三法'[81]
에 대해 소개하고, 이를 보완하여

---

77) 위와 같음, p. 244b(8葉), "國之所以爲國者 以有民也 民之所以爲民者 以有
　　食也 耕雖出於民 而則聚於國 方無事之時 豊稔之歲 民自食其食 固無賴於
　　國也 不幸有水旱災 凶荒之歲 民之日食不繼 所以繼之者國也 國又無蓄焉
　　民將何賴哉? 民之飢餓至於死且散 則國空虛矣 其何以爲國哉".
78) 위와 같음, p. 256a(31葉), "備荒之政 不過二端 曰斂曰散而已"라 하여 재정
　　의 방출(散)과 회수(斂)를 통해 救荒에 대비할 것을 설명하고 있다.
79) 위와 같음, p. 246b(12葉).
80) 위의 책 卷17, '除害之民', p. 257b(2葉).
81) 위와 같음, p. 259b(6葉).

후세에서 治河를 말하는 것 중에서 賈讓의 三策보다 더 갖춘 것이 없습니다. 그러므로 역대에서 사용한 방법은 그의 下策에만 머물러 있고 上·中(策)의 두 가지 방법은 거의 사용하지 않았습니다. 이에 따라 흔히 물의 성질에 어긋나고 水勢를 거역하였습니다. 그러므로 이익을 위해서 물을 흐르게 하고 강제로 막기도 하며 또한 물이 멈추는 것을 강제로 통하게 하였습니다. 이는 매우 적은 노력은 아까워하면서도 그 손해가 크다는 것을 잊어 버렸기 때문입니다. …… 신이 생각하기에 오늘날의 河勢는 그 이전과 다릅니다. 그리고 이전에는 단지 治河(黃河에 대한 治水)했지만 오늘날에는 治淮(運河에 대한 治水)도 겸하고 있습니다. 이전에는 오직 그 해를 제거하려고 했지만 오늘날에는 이를 활용하는 것도 겸하고 있습니다.[82]

라 하여 물의 성질·水勢 등을 고려하여 그 해를 방지하는 것뿐만 아니라, 이를 적극 활용하는 방안을 제안하고 있다.

3. '擇民之長' '分民之牧' '詢民之瘼'

여기에서는 주로 향촌사회의 통치를 위해 지방관의 파견과 牧民官의 필요성을 강조하는 한편, 중앙관리를 파견하여 지방의 실정과 탐관오리들을 색출함으로써 下情上達을 원활하게 할 것을 주장하였다. 먼저 지방제도의 연혁은 물론이고 지방관의 필요성과 그 이유에 대해 설명하였다. 특히 지방관이 필요한 이유를

대저 인간은 태어날 때부터 욕심이 없을 수 없고, 욕심이 있으면 다툼이 없을 수 없습니다. 다툼은 아주 작은 것에서 일어나지 않을 수 없기 때문에, 그 싹을 막아서 없애고 이를 가까이서 금지시키면 (오히려) 힘이 되어 없어지지지 않게 됩니다. 또한 귀로 듣는 것은 눈으로 직접 보는 진상만 못하고, 마음으로 헤아리는 것은 몸소 느끼는 것만 못하며, 문서로 전달하는 것은 입으로 직접 전달하는 것처럼 쉽지 않습니

---

82) 위와 같음, p. 263a(13葉)~b(14葉).

다. 이 때문에 옛날 사람들은 治의 體를 알기 위해서 반드시 민을 가까이 하는 職任을 중시하였습니다.83)

라 하여 민의 다툼을 방지하고 이들의 실정을 직접적으로 파악하는 데 있다고 하였다. 즉 지방관의 역할은 군주가 직접 알 수 없는 民情을 전달함으로써 정사를 돕는 것이라고 생각하였다. 따라서 지방에 使臣을 파견 순행하는 것에 대해

三代 盛時에는 작위를 주어 영토를 분할하고 천하를 나누어 통치하였습니다. 또한 특별히 사신을 파견하여 사방을 두루 순행하게 함으로써 민의 숨은 사정을 탐문하고 민의 어려움을 살피게 하였습니다. 이로써 아래에 있는 민이 숨기는 사정이 없게 하여 왕정에 모자람이 없도록 하고자 하는 것입니다.84)

라 하여 民情을 上達하여 군주의 정치를 원활히 하는 데 있다고 하였다. 뿐만 아니라 빈민의 구제, 탐관오리에 대한 사찰, 민의 무고함과 재해의 조사, 인재 탐문 등의 역할85)에 대해서도 언급함으로써 이들의 중요성을 강조하고 있다. 또한 지방관의 역할과 기능에 대해서는

천하가 이처럼 큰 것은 여러 道가 모여서 된 것이고, 道는 또한 縣이 모인 것이며 縣은 鄕이 모여서 된 것입니다. 천하가 큰 것을 비유하면 사람의 신체와 같습니다. 즉 신체 중에는 밖으로 사지와 여러 신체 부분이 있고, 안으로는 오장 육부가 있습니다. 이들은 숨쉬는 것이 서로 통하고 혈맥이 두루 흐르게 되어 있어서, 일시라도 쉬는 것이 없고 한 곳이라도 막히는 데가 없습니다. 만약에 일시라도 쉬거나 한 곳이라도 막히게 되면 곧 병이 나고 종기가 생기게 됩니다. 그러므로 병으로 인

---

83) 위의 책 卷18, 「固邦本」 '擇民之長', p. 268a(3葉).
84) 위와 같음, '詢民之瘼', p. 284b(12葉).
85) 위와 같음, pp. 287a(17葉)~290a(23葉).

해 죽게 되는 것은 반드시 오장 육부에서만 기인하는 것이 아닙니다.
지체의 어느 한 부분, 그리고 (심지어) 손톱 사이에 좁쌀만한 종기가
생겼다 하더라도 역시 치명적일 수 있는 것입니다.[86]

라 하여 사람의 몸과 사지·오장 육부의 관계에 비유하였다. 이처럼
지방관의 중요성을 특별히 강조하는 것은 다음과 같은 重民觀에서도
잘 나타나 있다.

　　…… 옛날부터 성왕은 하늘이 민을 위해 자신을 세워 군주로 삼은
것을 알기 때문에, 重民보다 더 급선무로 삼은 것이 없었습니다. 민을
중시하면 반드시 治民官을 중하게 여기고 이 중에서 民을 가까이 하
는 자를 특히 중하게 여겼는데, 지방 수령이 바로 이에 해당합니다. 그
러므로 古人들의 말에 "郡守令을 경시하는 것은 민을 경시하는 것이
고, 민을 경시하는 것은 또한 천하 국가를 경시하는 것입니다"라고 하
였습니다. …… 신이 생각하기에는 內官(中央官)은 事를 담당하는 자
고, 外官(地方官)은 민을 담당하는 자입니다. 事를 담당하는 자는 군주
를 도와서 민을 다스리는 것이니, 어찌 민을 담당하는 자와 같을 수 있
겠습니까? 그러므로 군주를 대신하여 친히 민에게 施政하는 자가 더
욱 절실하게 필요한 것은 군주가 민을 하늘로 생각하기 때문입니다.[87]

이로써 볼 때, 구준은 그의 체용론에 따라 국가조직을 각자의 기능
과 역할에 따라 분할하고 이를 유기적으로 통합한 통일체로 파악하였
음을 알 수 있다. 이러한 관점에서 중앙관은 정책을 담당하는 데 비해,
지방관은 정책을 민에게 직접 시행한다는 사실에 주목하여 지방관의
중요성을 특히 강조하였다.
　둘째, 지방 수령의 주요 직책은 민의 교화에 있다고 이해하는 한편,
이들에게 실용성도 지도할 것을 강조하였다. 이에 대해 그는

---

86) 위와 같음, p. 276b(20葉).
87) 위와 같음, p. 273b(14葉)~274a(15葉).

> (董)仲舒가 "郡守·縣令은 民의 師帥다"라고 한 말에서 師는 민을
> 교화하는 것이고, 帥는 민을 통솔한다는 뜻입니다. 즉 민을 教化하여
> 이들로 하여금 예의를 알게 하고, 민을 통솔하여 이들로 하여금 事功
> 을 따르게 하는 것입니다. 곧 다스리는 것과 교화하는 것을 겸해야 하
> 는 것이 수령의 직책입니다.[88]

라 하였다. 이때 정사의 실질적인 효과는 주로 하급관리나 지방관에게
달려 있기 때문에 이들에 대한 信賞必罰의 기준도 실용적인 성과에
따라 전형할 것을 주장하기도[89] 하였다.

셋째, 지방 수령을 설치하는 목적은 군주가 정치를 행함에 있어서
혼자서는 한계가 있기 때문에 內·外官을 통해 군주의 외왕을 실현하
고, 궁극적으로는 군주의 지위를 유지하는 데 있다고 주장하였다. 따라
서 지방관의 설치 목적에 대해,

> …… 군주가 그 大寶의 자리를 잘 유지하고자 한다면 위로는 하늘의
> 명을 받들어 祖宗之業을 튼튼하게 하고, 또한 자신의 영광스러운 지위
> 를 안전하게 함으로써 자손대대로 이를 이어가야 하는 것입니다. 그러
> 므로 어찌 安民하는 것을 급선무로 삼지 않을 수 있겠습니까? 그리고
> 또한 安民하고자 한다면, 어떻게 민을 다스리는 관리를 택하지 않을
> 수 있겠습니까?[90]

라 하여 정치를 원활하게 보조함으로써 군주의 자리를 안정하게 만드
는 데 있다고 주장하였다.

넷째, 郡縣制의 기준[91]과 이에 의한 分治를 강조하였다. 그는 특히
군현제에 의한 분치를 강조하면서

---

88) 위와 같음, p. 269a(5葉).
89) 위와 같음, p. 269b(6葉), "夫上有責實之政 則下有實用之效".
90) 위와 같음, p. 277a(21葉).
91) 위와 같음, p. 272a(11葉)~b(12葉)에서 군현제의 기준은 토지 생산량·인
　　구·세량의 다과에 따라 결정한다고 설명하고 있다.

대저 군주를 천하에 세워 四海의 민을 정하니, 만방은 이처럼 크고
사해는 이처럼 원대하며 사람은 이처럼 많습니다. 군주 한 사람이 모
든 것을 알고 두루 미치고자 한다면 결코 이를 자세하게 나누는 것이
아니라 통합하였습니다. 이는 마치 사지를 나누어 각 마디를 잇고 綱
을 당겨 領을 이어서 신체가 어깨를 움직이게 하고, 어깨는 또한 손가
락을 움직이게 하는 것과 같습니다. 그러므로 (군주가) 어떻게 모든 사
물의 이치와 모든 곳을 일일이 알 수 있겠습니까? 이에 따라 고금을
통해 치자는 주현으로 나누어 이들을 통괄함으로써 상하가 서로 이어
지고 피차가 서로 관련되게 하여 오랫동안 안정된 정치의 기반으로 삼
았던 것입니다.[92]

라고 하였다. 특히 그는 봉건제와 군현제에 대해 양자는 제도적으로는
상이하지만 분치라는 측면에서는 그 뜻이 동일하다고 주장함으로써[93]
지방제도를 권력의 분권이라는 차원에서 이해하는 것이 아니라, 직분
론에 입각하여 그 취지에만 주목하였다고 할 수 있다. 이로 인해 지방
의 분치는 각 지형과 풍속의 특징에 따라 시행하되 권력은 군주에게
통합되어야 한다는 점을 강조하였던 것이다. 그러므로 方伯의 역할은
단순히 군주의 政敎 방침을 지방으로 전달하고 각 지방의 실정을 중앙
에 상달하는 데 있다[94]고 강조하였다. 즉

한편 「制國用」편의 내용은 '總論理財之道'(上·下), '貢賦之常', '經
制之義'(上·下), '市糴之令', '銅楮之幣'(上·下), '山澤之利'(上·下),
'征榷之課', '傅算之籍', '鬻算之失', '漕輓之宜'(上·下), '屯營之田' 등
각 1卷씩 모두 16卷(卷20~35)으로 구성되어 있다.

---

92) 위의 책 卷19, 「固邦本」 '分民之牧', p. 281a(5葉)~b(6葉).
93) 위와 같음, p. 282a(7葉), "先王之世 封建之制行 故其中 又設爲方伯連帥 以
　　監臨而總督之 後世立爲郡縣 于其間 又分屬於各道 制雖不盡同 而亦其遺意
　　歟".
94) 위와 같음, p. 284a(11葉).

1. '總論理財之道'(上 · 下)

여기에서는 理財의 목적과 구체적 방안을 조세제도 · 예산제도 · 재정 등으로 대별하여 총괄하고 있다. 먼저, 재화를 聚人에 있다고 이해하여 그 근원을 토지와 노동력에서 찾았다. 이에 따라 財의 구체적인 내용은 곡물과 기타 재화에 있기 때문에 국가는 부국을 위해 理財해야 한다는 점을 다음과 같이 강조하였다.

> 易經에 말하기를 "어떻게 聚人하느냐 하는 것이 財다"라고 하였습니다. 財는 토지에서부터 나와서 사람에게 쓰입니다. 그러므로 사람은 재에 의존하기 때문에 재가 없이는 단 하루라도 살아갈 수가 없습니다. 이른바 재라는 것은 곡물과 재화 두 가지뿐입니다. 곡물은 민에게 먹을 것을 제공하고 재화는 민에게 쓸 것을 제공합니다. 먹을 것과 쓸 것이 갖추어지면 민은 養生의 수단이 갖추어지게 되어 (마침내) 함께 모여 살고 의탁할 곳이 마련되어 서로 안정이 됩니다. 홍범 8政에서 食과 貨를 가장 먼저 거론한 것은 바로 이 때문입니다 ……그런 까닭에 부국을 잘 꾀하는 자는 반드시 먼저 민의 재를 관리하고, 나라를 위해 理財하는 것은 그 다음으로 합니다.[95]

라 하였다. 이는 곧 재화의 관리권이 모두 국가에 있다는 관념을 반영하는 것이라 하겠다.

둘째, 理財에서 가장 중요한 방법으로서 賦稅를 주장하는 한편, 세액의 차이는 토지의 비척도와 산물이라는 자연적 차이에서 비롯된다고 생각하였다. 따라서 그는

> 땅은 재가 저절로 생기는 곳입니다 …… 그러나 땅은 결코 한 가지 등급만 있는 것이 아니라 소위 山林 · 川澤 · 丘陵 · 墳衍 · 原濕 등 다섯 가지 등급으로 각기 다릅니다. 그 질에 따라 비옥한 곳과 척박한 곳이 있으며, 형상에서도 높은 곳과 낮은 곳이 있게 마련입니다. 그리고

---

95) 위의 책 卷20, 「制國用」 '總論理財之道'上, p. 291a(1葉)~b(2葉).

또한 색깔에 따라서도 황백색과 청적색이 있으며 이들 땅에서 생산되
는 곡물도 각기 다르게 마련입니다. …… 따라서 땅에서 나는 재에 따
라 賦의 징수도 조심스럽게 정해야 합니다.[96]

라 하여 세액을 단순히 자연적 조건에 따라 책정할 것을 건의하고 있
음을 알 수 있다. 즉 그는 당시 토지소유와 세액징수에서 나타나고 있
는 문제점에 대해 근본적인 해결책을 강구하기보다는 토지겸병 등으
로 인한 불균형 현상을 그대로 인정하는 차원에서 이를 원론적으로 파
악하고 있다 하겠다.

셋째, 국가 재정을 이른바 '量出制入'의 원칙에 따라 예산을 미리 편
성할 것을 주장하였다. 즉,

무릇 국가에서 가장 급한 것은 財用입니다. 재는 땅에서 나서 하늘
에 이르고 이를 쓰는 것은 사람입니다. 천지에는 해마다 사람이 생겨
나고 사람들은 해마다 쓰는 것이 있습니다. 따라서 한 해의 비용은 모
자라면 안 되기 때문에 해마다 나는 곡물이 혹시 공급되지 않더라도
이는 결코 해마다 그럴 수는 없는 것입니다. 그러므로 미리 그 비용을
계산하여 사전에 대비해야 합니다.[97]

고 하여 예산의 사전 편성을 강조하는 한편, 이에 대한 구체적인 방안
을 다음과 같이 지적하였다.

해마다 호부에서는 먼저 내외의 각 부서와 변방 각처에 공문을 내려
미리 예산에 대한 계정을 하도록 해야 합니다. 즉 다음 해에 써야 할
예산액에 대해, 모처에서 지출해야 할 錢穀의 액수와 어떤 일에 사용
해야 할 전곡의 액수를 계산해야 합니다. 또한 필요한 용도 이외에도,
예비로 얼마를 비축해야 할지와 현재 각 창고에 남아 있는 양, 운반되

---

96) 위와 같음, pp. 291b(2葉)~292a(3葉).
97) 위와 같음, p. 292b(4葉).

어 와야 함에도 아직까지 도착되지 않은 물량 등을 장부에 기록하여
일일이 보고하도록 해야 합니다. 또한 각 포정사와 직예, 그리고 부에
이를 나누어 시행하도록 합니다. 그리고 매년 동 10월에 추수를 한 후
에 한 해의 夏秋 양세를 총계 내고, 이 중에서 재해로 인한 손실이 있
었는지의 유무와 탈세액·대여액 등을 알리도록 합니다. 이에 따라 호
부는 12월 하순에 내외 각 지방의 신구 저축액을 다 계산하여 집정대
신들과 함께 다음 해에 써야 할 비용이 얼마고 남은 것이 얼마며, 또한
이를 다 계산하고도 남은 잔액은 몇 년 간의 비축분에 해당하는지 등
에 대한 총계를 내도록 해야 합니다.[98]

즉 戶部와 각 布政司에서 구체적인 예산액과 비축액, 조운량, 세수
등을 통계 내고 이를 종합하여 예산을 책정하자는 것이다. 그러나 구
준은 量出制入의 원칙에 따른 예산편성을 강조하면서도 전년도의 실
질적인 세수입을 기준으로 삼고 있기 때문에 오늘날의 예산개념과는
상당한 차이가 있다.[99] 이는 국가의 재정수입을 토지세 위주의 단세원
칙에 입각해 있기 때문이라고 할 수 있다.[100] 따라서 구준이 생각하는
理財의 주요 방안이란 전통적인 '勤儉怠奢'[101]로서, 일정한 세수 범위
내에서 지출을 최대한으로 절약함으로써[102] 가능한 한 흑자재정을 통
해 만약의 사태에 대비하여 항상 비축을 해두어야 한다[103]고 주장하였

---

98) 위와 같음, p. 293a(5葉).
99) 胡寄窓, 「丘濬的經濟思想」, 『中國經濟思想史(下卷)』(北京 : 人民出版社, 1982),
　　p. 361.
100) 西田太一郎, 「儒敎的財政思想の一類型」, 『東亞人文學報』 3-4(1943), p. 135.
101) 『大學衍義補』 卷20, 「制國用」 '總論理財之道' 上, pp. 296a(11葉).
102) 위의 책 卷21, 「制國用」 '總論理財之道' 下, p. 299a(13葉), "國家不患財用之
　　不足 惟患政事之不立 所謂立政事者 豈求財于常賦之外哉? 生之有道 取之
　　有度 用之有節而已".
103) 위와 같음, p. 301a(5葉)~b(6葉), "……如此則所以爲國計者 非但不爲不終月
　　之計而所謂一時之計者 方且經之營之 寸積銖累, 朝斯夕斯 由小而致大 積
　　少而成多 日計不足月計有餘 歲復一歲 積三年而有一年之儲 由九年而致三
　　年 由三十年而致十年 由是而致夫百千萬年 以爲子孫無窮之計".

다. 이는 곧 재정원을 현물세로 파악하여 그 절대량은 한정되어 있다고 생각한 데에서 기인한 것이라 할 수 있다. 따라서 예산편성 등의 실용적인 태도와 구체적인 방안 제시에도 불구하고 그의 재정관은 여전히 봉건적 성격을 크게 벗어나지 못했다고 하겠다.

넷째, 평천하의 구체적인 방법을 재정과 조세 등과 연관시킴으로써 각자의 신분에 알맞게 재를 분배하는 것을 '平'이라고 해석하였다. 이에 대해 그는

『大學』에서 말하는 치국평천하의 뜻을 단순히 理財를 언급하는 것이라고 해석한다면, 성현이 어찌 사람들에게 興利를 가르치겠습니까? 여기서 平한다는 말은 각자가 원하는 몫을 얻을 수 있는 것을 말하는 것입니다. 이는 곧 무엇입니까? 즉 천하가 이처럼 큰 것은 한 사람(군주)이 모은 것에서 비롯됩니다. 그러므로 사람들은 각자의 몫을 얻을 수 있고 또한 각자가 원하는 바를 이루게 되면 천하가 平해집니다. 따라서 천자는 천하를 가지고 있기 때문에 천하에 필요한 용도가 있고, 필부는 한 가정을 가지고 있기 때문에 이에 필요한 용도가 있게 마련입니다.104)

라 하였다.

2. '貢賦之常'

첫째, 부세의 기본원칙은 '薄取而厚民'에 있다고 강조하여 전통적인 입장을 답습하고 있다. 이에 대해

국가의 재는 모두 민에게서 비롯되며 군주가 사용하는 것도 모두 민이 제공하는 것입니다. 그러므로 군주가 절용하여 적게 (세금을) 취하면 (민은) 여분이 있게 됩니다. 민의 부는 곧 군주의 부인데, 사치하게

---

104) 위의 책 卷20, 「制國用」'總論理財之道' 上, p. 297a(13葉).

쓰면 최대한으로 (세금을) 취하여도 부족하게 되며 민은 가난하게 됩니다.105)

라 하여 부세는 '薄取'할 것을 강조하였다. 즉

둘째, 세금을 '薄取'하는 가장 중요한 이유는 민심을 안정시킴으로써 혼란을 방지하고 국가의 안정을 기하는 데 있다고 밝히고 있다. 따라서 구준은 국가가 혼란해지는 원인 중 가장 큰 것은 조세 厚斂에 있다고 설명하면서,

혼란에 이르는 길은 많이 있는데, 이 중에서 특히 부세의 厚斂보다 더 큰 것은 없습니다. 삼대 이래로는 모두 토지에 따라 세금을 징수하였으나 秦에 와서는 토지에 대한 징세를 버리고 사람에게 징세하기 시작하였습니다. 또한 모두 다 10분의 1을 거두었으나 秦에서는 10분의 5를 거두기 시작하였습니다. 이 같은 정치를 행하여 민이 빈곤해지게 되니 어떻게 생계를 이을 수 있겠습니까? 이처럼 가난해져 생계를 이을 수 없게 되면 죽음도 아끼지 않게 되는데, 이로써 민으로 하여금 흩어져 반란을 일으키게 하는 것입니다.106)

라고 하였다. 그러므로 민심을 얻기 위해서는 세금의 '薄取'가 무엇보다 중요하다면서, 秦의 멸망과 漢의 홍성 원인을 다음과 같이 조세 厚斂과 결부시켜 설명하였다.

진·한대에 이들이 홍하고 망한 까닭은 비단 한 가지뿐은 아니지만, 가장 큰 핵심은 민심을 얻었느냐 잃었느냐에 있을 뿐입니다. 秦은 절반의 세금을 거두었지만, 한에서는 15분의 1을 거두고 이후에도 최대한 제해 주었습니다. 무릇 財는 민의 마음이니 민의 재를 거두면 거둘수록 민의 마음을 잃게 됩니다. 만약 민심을 얻고자 한다면 비록 그 재

---

105) 위의 책 卷22, 「制國用」 '貢賦之常', p. 307a(5葉).
106) 위와 같음, p. 307b(6葉).

를 거두지 않는다 하더라도 그 얻는 바가 재보다 만 배에 달하는 것입니다.107)

셋째, 역대 貢賦의 연혁108)을 설명하는 한편, 특히 양세법을 비롯한 당시 세법의 폐단을 제도상의 결함이 아니라 운영상의 잘못에서 비롯되었다고 지적하였다.109) 특히 그는 당시 부세징수 과정에서 나타나는 폐단 중에서 가장 큰 것을 세금을 남에게 전가하는 '攤稅'110)라고 지적하면서 이에 대한 자신의 구체적인 해결책을 제시하였다. 즉

……(이에 대해) 李渤 같은 사람은 逃戶의 재산이 세금을 부과하기에 부족하면 면제시키면 된다고 했습니다. 그러나 민은 비록 도주해서 가버렸지만 재산은 남아 있기 때문에 마땅히 이를 평상시의 세법대로 처리해야 합니다. 즉 매년 10월 이후에는 각 포정사에 조서를 내려 관원 한 명에게 관할하는 지역의 각 주현에 직접 가서, 그 (지역의) 관리와 서리로 하여금 해당 현과 里의 주민수와 도주하여 (세가) 면제된 세량과 이주하여 새로 거두어들인 세량을 조사하도록 합니다. 그리고 민은 도주했지만 그 재산이 남아 있는지를 분명하게 조사하여 거두어들인 것은 다시 보충하고, 면제된 것은 그 재산을 조사하여 세법에 따라 처리해야 합니다. (조사 결과) 과연 재산도 없고 사람도 도주하여 흔적이 없을 경우는 이를 상부에 보고하여 사실을 대조하고 면제해 줍니다.111)

---

107) 위와 같음, p. 309a(9葉).

108) 위와 같음, pp. 305b(2葉)~30bB(4葉) ; 위와 같음, pp. 309b(10葉)~310b(12葉) 참조.

109) 위와 같음, p. 311a(13葉), "臣竊 以謂土地萬世而不變 丁口有時而盛衰 定稅以丁稽考爲難 定稅以畝 檢覈爲易 兩稅以資産爲宗 未必全非也 但立法之初 謂兩稅之外 不許分毫科率 然兵興費廣 不能不于稅外 別有徵求耳 此時之弊 非法之弊也".

110) 위와 같음, p. 311b(14葉)에서 '攤稅之害尤毒'이라고 지적하고 있다.

111) 위와 같음, p. 312a(15葉)~b(16葉).

라 하여 각 포정사가 도주민의 사실 여부를 철저하게 조사하여 재산이 있을 경우에는 원래 세법에 따라 조세를 징수할 것을 건의하고 있다.

넷째, 조세의 화폐납을 반대하고 현물납을 주장함으로써 봉건적 지대관념에서 벗어나지 못했다. 즉 그는

> 무릇 곡식은 땅에서 생겨나기 때문에 결코 하루에 이루어지는 것이 아니지만, 돈은 사람의 힘에 의해 만들어지기 때문에 열흘이나 한 달만에도 만들 수 있습니다. 그러므로 옛날부터 治體를 아는 자는 늘 곡식을 중히 여기고 돈은 가볍게 여겼습니다. 대체로 돈은 없어도 되지만 곡식은 없어서는 안 되는 것입니다. 따라서 후세에 와서 錢物로써 조세를 대납케 한 것은 경중의 타당성과 완급의 순서를 어긴 것이라 하겠습니다.112)

라 하여 재화를 재생산될 수 있는 것으로 이해하는 것이 아니라 일정한 양으로 한정된다고 파악함으로써 생산과 소비관계를 단순히 경중·완급의 개념으로만 이해하였다. 이로써 볼 때 구준은 역시 봉건적 화폐관을 탈피하지 못하고 있음을 알 수 있다.

3. '經制之義' 上·下

여기서는 주로 이재의 원칙과 제도화를 위해 회계제도를 철저하게 시행할 것을 강조하고 있다. 그 주요 내용은 먼저, 치평의 주요 방법은 용인과 이재에 있음을 강조하는 한편, 특히 이재의 현실성에 주목하여

> 『대학』에는 용인과 이재를 평천하의 핵심으로 삼고 있습니다. 따라서 前代에는 보필하는 신하를 일컬어 재상이라고 하고, 회계를 담당하는 신하를 計相이라 하여 모두 相이라고 했습니다. 한 사람은 용인을 담당하고 한 사람은 이재를 담당하게 하여 군주를 보좌하게 함으로써

---

112) 위와 같음, p. 309b(10葉).

치국평천하하고자 하는 데 있습니다.113)

라 하였다. 이로써 볼 때 구준은 이재를 治民・敎民하는 것과 더불어 치도의 핵심114)으로 파악하고 있음을 알 수 있다.

둘째, 이재를 합리적으로 시행하고 실효성을 거두기 위해서는 이에 대한 제도화와 함께 담당 관청의 설치를 강조하였다. 그는

국가의 재화는 민으로부터 나와서 관에 보관되는데, 이는 한 사람이 할 수 있는 것이 아니며 또한 하루에 다 쌓을 수 있는 것도 아닙니다. 그러므로 민에게 부세를 징수할 때는 반드시 일정한 제도가 있어야 하며, 이를 관에서 사용할 때도 또한 일정한 격식이 있어야 합니다.115)

라 하여 이재를 위해서는 반드시 일정한 제도와 절차를 갖출 것을 지적하였다. 또한 회계를 담당하는 관청 설치에 대해서도

무릇 국가는 (규모가) 크고 또한 그 경비도 많습니다. 따라서 이에 대한 收支는 반드시 장부를 만들어 기록하고 관을 설치하여 대조하도록 해야 합니다. 이로써 관청의 부정을 방지할 수 있습니다.116)

라고 강조하였다.

특히 그는 국가의 收支・세수・상세수입・비축량・경비 등의 항목을 설정하여 회계장부를 구체적으로 작성할 것117)을 건의하는 한편,

---

113) 위의 책 卷24, 「制國用」 '經制之義' 下, p. 331a(5葉).
114) 군주의 치도에서 세 가지 요점을 '治之, 敎之, 養之'라고 밝히고 있다. 이재는 곧 '養之'에 해당하는 것이라고 할 수 있다. 위와 같음, p. 329a(1葉).
115) 위의 책 卷23, 「制國用」 '經制之義' 上, p. 321b(6葉).
116) 위와 같음, pp. 323b(10葉)~324a(11葉).
117) 宋 元祐 연간(904~907)의 會計錄을 예로 들어 "一曰收支 二曰民賦 三曰課入 四曰儲運 五曰經費"라고 하여 회계의 구체적인 항목을 설명하고 있다. 위의 책 卷24, 「制國用」 '經制之義' 下, p. 334b(12葉).

量出制入의 원칙을 주장하기도 하였다. 따라서 예산편성에 대해

> 오늘날 각 朝代에서는 1년을 단위로 계산하는데, 그 중에서 수입과 지출이 가장 많은 것을 기준으로 삼게 합니다. 즉 이때의 문무관과 내관의 수와 이들의 봉급액이 얼마인지, 그리고 京·外軍과 邊軍의 수와 이들의 식량 총액이 얼마인지, 또한 그 해의 경상비용과 잡비 등의 액수를 총계내도록 합니다. (이와 아울러) 조운량 가운데 兩京에 얼마나 운반하고 또 얼마를 주현에 남겨 두었는지, 그리고 변방에는 얼마를 비축해 두었는지에 대해서도 회계하도록 합니다. 동시에 1년간의 수입액을 지출액과 비교하여 남는 것인지 혹은 부족한 것인지, 또는 (수지가) 맞아떨어지는지에 대해서도 회계하도록 하는데, 이는 唐代의 예산과 宋代의 會計錄에 따른 것입니다.[118]

라 하여 매우 구체적인 방안을 건의하고 있다. 이 밖에도 구준은 그 해의 풍흉년·인구의 다과에 따라 필요한 식량을 호구와 월별로 계산할 것과 예비비·관청의 경상비·군비·변방비용·상평창과 義社의 경비 등에 대한 구체적인 예산도 편성할 것[119]을 건의하기도 하였다.

셋째, 理財의 기준을 도덕적 타당성과 공정성 여부에 두었다. 이에 따라

> 經(國)治(世)의 핵심에는 세 가지가 있습니다. 즉 生財에는 도가 있고 取財에는 義가 있으며 用財에는 禮가 있습니다. …… 이로써 볼 때 『周禮』의 經制之法에서는 義가 아니면 取하지 않고, 이미 取한 것은 모두 천리의 올바름에 합당하여 예가 아니면 쓰지 않았음을 알 수 있습니다. 또한 재를 사용할 때에도 한 사람의 사사로움을 위해서가 아니라 義를 위해 利를 취하고 예로써 욕심을 제어했습니다.[120]

---

118) 위와 같음, p. 335a(13葉).
119) 위의 책 卷23, 「制國用」 '經制之義' 上, pp. 324b(12葉)~325a(13葉).
120) 위와 같음, pp. 326a(15葉)~b(16葉).

라 하여 의와 예를 강조하였다. 그러나 이는 관념적인 기준으로 현실적으로는 양자 간에 긴장과 갈등이 내재될 수밖에 없었다. 즉 그가 이상적으로 생각하고 있는 재정형태는 상술한 바와 같이 '薄取'를 통한 흑자에 있었다. 따라서 재정원을 주로 토지세에 의존하고 있는 당시 상황을 감안해 볼 때, 의와 예의 기준은 특히 현실적인 과세정책과는 상충될 수밖에 없었다. 구준은 이러한 흑자재정 유지와 薄取라는 양자 간의 긴장을 해소하기 위해 또다시 '中正'이라는 초월적인 개념을 取稅 기준으로 제시하면서도, '與其過也 寧不及'이라 하여 흑자 유지를 '薄取'보다 더 우선시하였던 것이다.121) 이로써 볼 때 그는 회계와 예산편성에 대해 일부 제도화와 구체적인 방안을 제안함으로써 실용적인 면을 반영하고 있지만 재정과 과세책에 대해서는 봉건적 성격을 여전히 탈피하지 못했다고 하겠다.

넷째, 법제의 절제와 항상성을 유지함으로써 불필요한 경비지출을 억제할 것을 강조하였다. 이에 대해 그는 宋 歐陽修의 말을 인용하여

옛날부터 나라를 잘 다스리고 그 민을 사랑으로 양육하는 자는 반드시 經常・簡易之法을 정했습니다. 무릇 경상이라 함은 늘 유지하여 변하는 번거로움이 없는 것이고, 간이라 함은 쉽게 시행할 수 있어서 번잡스러운 혼란이 없음을 뜻합니다. 이렇게 법을 만들면 민은 이를 눈과 귀로 (쉽게) 익힘으로써 관리가 부정을 저지를 수 없게 됩니다.122)

라고 지적하는 한편, 재정지출의 절약을 위해 당시 경비지출이 가장 방대한 親藩王・종실・세습무신・冗官 등에 대한 정비를 제안하기도 하였다.123)

---

121) 위와 같음, p. 327a(17葉)~b(18葉), "上之取於下 固不可大過 亦不可不及 觀孟子此言 則知人君過取於民 固非中正之道 而寡取之 亦不得爲中正也 雖然 與其過也 寧不及".
122) 위의 책 卷24, 「制國用」 '經制之義' 下, p. 332a(7葉)~b(8葉).
123) 위와 같음, p. 337a(17葉).

4. '市糴之令'

여기에서는 주로 시장 교역의 자율성과 해외무역에 대한 견해를 피력하고 있는데, 실용적이고도 실사구시적인 저자의 태도가 극명하게 드러나고 있다.[124] 그 주요 내용은 먼저, 食貨는 민이 생활하는 근본이라는 점에서 이의 상호교환을 위한 시장의 필요성을 다음과 같이 강조하였다.

식화는 生民의 근본입니다. 민이 식화를 누림에 있어서는 이 사람은 있는데 다른 사람은 없는 경우가 있습니다. 이는 이들이 거주하는 곳이 각기 다르고 또한 먹고 쓰는 것을 모두 다 가질 수 없기 때문입니다. 그러므로 어떤 날을 정하여 한 곳에 사람들을 모이게 하여 물건을 모이게 해야만 합니다. 이처럼 한 장소에 사람들이 모이고 물건을 모이게 하는 곳을 일러 바로 市라고 합니다. 이로써 사람들은 각자 가지고 있는 물건을 시장에 가지고 가서 서로 교역함으로써 각자 있는 것과 없는 것을 원하는 대로 구해서 가게 됩니다. 이렇게 되면 사람들은 일용이 부족하지 않게 되고, 또한 민의 일용이 일단 족하게 되면 國用도 남음이 있게 됩니다.[125]

이로써 구준은 시장의 기능을 일용품의 상호교역에 있다고 보고 있음을 알 수 있다.

둘째, 상품가격이 같지 않은 원인이 대상인에 있다고 생각하여 국가에 의한 물가 통제를 강조하였다. 이때 물가 조정은 국가의 전매나 상행위를 통해서가 아니라, 재화의 수급량을 통해서 할 것을 강조하였다. 따라서 그는 평준법의 취지를 계승하여[126] 管子가 주장한 '斂散輕重'의 방법을 제안하였다. 즉 그는 泉府官 설치의 취지와 관련하여

---

124) 胡寄窓, 앞의 책, p. 353.
125) 『大學衍義補』卷25, 「制國用」'市糴之令', p. 339a(1葉).
126) 위와 같음, p. 341b(6葉).

오늘날 민이 (경제적으로) 불균등해지게 된 것은 오래되었습니다. 이는 開闔·斂散·輕重의 권한이 군주 한 사람으로부터 비롯되지 않고 부자와 大賈에게 나누어져 있기 때문입니다. …… 처음부터 이익을 도모하고 취하기 위해 (泉府官을) 설치한 것이 아닙니다. 그런데 왕안석은 이 관을 설치한 취지를 생각지 않고, 鄭註國이 이윤을 도모해야 한다는 말에 따라 청묘법을 시행하여 천하를 그르치게 하였습니다.[127]

라 하여 국가가 직접 상행위에 개입하는 것을 비판하고 평준법의 취지에 따라 수급량을 조절함으로써 물가를 조정할 것을 주장하였다.

셋째, 민간의 상행위를 인정하는 동시에, 특히 대상인의 상업활동도 보장해 줄 것을 주장하였다. 그는

하늘이 태어나게 한 衆民에는 가난한 사람도 있고 부자도 있습니다. 따라서 천하의 왕이 된 사람은 오로지 民力을 아끼고 세수를 줄이며 물가를 고르게 함으로써, 부자는 그 부를 안정되게 유지하고 빈자는 가난해지지 않도록 하여 각자 분수를 지켜 얻는 바에 만족하도록 해야 합니다. 그런데 부자의 것을 빼앗아 가난한 자에게 나누어 준다면, 천하에 어찌 이런 도리가 있겠습니까? 부자가 소유한 것을 빼앗아 빈자에게 나누어 주는 것도 불가한 것이거늘, 하물며 군주된 몸으로서 어떻게 이런 것을 할 수 있겠습니까? 즉 군주가 상인과 이익을 다툰다는 것은 더욱 심한 것입니다.[128]

라 하여 대상인의 사회적 역할을 강조하고 이들의 상업활동의 자율성에 주목하고 있음을 알 수 있다.

넷째, 제한적이기는 하지만 해외무역의 필요성을 인정하는 한편, 관세의 징수를 통해 재정을 충당할 것을 제안하였다. 해외무역의 필요성

---

127) 위와 같음, p. 340a(3葉)~b(4葉). 그는 특히 왕안석의 청묘법에 대해 '徵錢·取息·抑配' 등 세 가지 측면에서 모두 어긋나는 법이라고 비판하였다. 위와 같음, pp. 349b(22葉)~350a(23葉).
128) 위와 같음, p. 344a(11葉)~b(12葉).

에 대해서는,

> 중국은 물자가 사용하기에 충분하기 때문에 外夷에 의존할 필요가 없습니다. 그런데 外夷가 필요로 하는 것은 중국의 물자가 없어서는 안 됩니다. 그러므로 몰래 밀거래하는 폐단을 근절시키고자 하여도 근절시킬 수 없습니다.[129]

라고 하여 外夷들의 물자 부족으로 인해 해외무역을 인정하지 않을 수 없음을 지적하고 있다. 심지어 그는 명초 이래로 엄격하게 시행되고 있었던 해금정책[130]을 개방할 것을 건의하는가 하면, 해외무역에 필요한 구체적인 절차[131]에 대해서도 상세하게 제안하였던 것이다. 이는 당시 이미 보편화된 대외무역을 수용하는 것이기도 하지만 이를 공개적으로 제안했다는 사실은 더욱 주목할 만한 일이라 하겠다.[132]

5. '銅楮之幣'上·下

첫째, 화폐의 주조권을 국가가 관장할 것을 주장하였다. 이에 따라 그는 私錢 주조에 대한 금지령이 완화되는 현상에 대해

> 무릇 하늘은 생물을 생기게 함으로써 사람을 양육하기 때문에 차·염과 같은 것은 금지하는 조치를 완화시켜도 됩니다. 그러나 錢幣는 이권이 달려 있기 때문에 금지하는 조치를 없애 버리면 민이 그 이익

---

129) 위의 책 卷25, 「制國用」 '市糴之令', p. 345a(13葉).

130) 이에 대해서는 陳文石, 「明洪武嘉靖間的海禁政策」(臺北 : 國立臺灣大學 歷史學研究所 碩士學位論文, 1966) 참조.

131) 『大學衍義補』 卷25, p. 345b(14葉)에서 해외무역 종사자는 출항 전에 市舶司에 화물적재량과 종류·경유국명·귀국일시 등을 먼저 등록하고 아울러 귀국 후에 이를 검사받고 관세를 지불하도록 하는 절차에 대해 설명하고 있다.

132) 구준이 특히 대외무역에 대해 진보적이고 현실적인 태도를 보인 것은 그가 당시 해외무역이 활발했던 瓊州에서 출생한 사실과도 관련이 있다고 하겠다. 胡寄窓, 앞의 책, p. 355 참조.

을 독차지하게 됩니다. 이때 이익은 바로 다툼의 원인입니다.[133]

라 하여 반대하는 입장을 밝히고 있다. 즉 구준은 민의 생계에 직접적
으로 필요한 것은 농업생산물인 자연경제뿐이고, 기타 노동의 산물인
상품에 대해서는 이익을 다투는 화근으로 이해하였다. 따라서 그는

> 화폐의 이익은 천한 것을 귀하게 만들고 가난한 것을 부하게 만들
> 수 있습니다. 그러므로 어리석은 백성이 어찌 貧賤을 싫어하고 부귀를
> 탐하지 않겠습니까? 더구나 아무것도 할 수 없는 것을 할 수 있도록
> 하는 것이 돈입니다. 따라서 화폐를 조정하는 권한을 위에서 갖고 아
> 래에서는 이를 조정할 수 없게 하면 각자의 분수를 달갑게 지킬 것입
> 니다. 그런데 만약 그 권한을 아래 사람에게 주어 이를 조정할 수 있게
> 한다면 천한 것을 싫어하고 귀하게 되고자 할 뿐 아니라, 가난한 것을
> 싫어하고 부자가 되고자 함으로써 모두 다 이(화폐)를 좇을 것입니다.
> 이에 따라 서로 빼앗는 실마리가 될 뿐 아니라 실제로 禍亂의 근원이
> 될 것입니다.[134]

라 하였다. 즉 화폐의 현실적 필요성은 인정하면서도 상품가치로서 이
익을 재생산하는 것은 신분질서를 파괴하는 원인이라고 파악하고 있
음을 알 수 있다.

둘째, 화폐의 기능을 재화의 유통과 교환·가치척도, 그리고 물가조
정 등에 있다고 생각하였다. 그는

> 무릇 천하의 재화는 모두 화폐에 의해 유통됩니다. 즉 무거운 것은
> 들 수 없기 때문에 화폐가 아니면 멀리 운반할 수 없습니다. 또한 적체
> 된 재화도 잘 유통할 수 없는데 화폐가 아니면 골고루 유통케 할 수 없
> 습니다. 그리고 큰 물건이어서 나눌 수 없는 것도 화폐가 아니면 작게

---

133) 『大學衍義補』 卷26, 「制國用」 '銅楮之幣' 上, p. 353b(6葉).
134) 위와 같음.

사용할 수 없습니다. 이는 상품은 무겁지만 화폐는 가볍고 물건은 적체되기도 하지만, 화폐는 유통되지 않는 곳이 없기 때문입니다.[135]

라 하여 화폐의 기능을 가치척도와 교환가치로만 파악하고 있다. 또한 그는 화폐의 명목가치와 실질가치를 분리하면서도 실질가치를 명목가치보다 최소한 동일하거나 높게 책정할 것을 주장하였다. 그는 이를 통해 화폐의 私鑄를 방지하고자 하였다. 즉

　1錢의 화폐를 만드는 데 1錢이 든다면, 본전이 많이 들고 수공도 많이 들기 때문에 이들에게 비록 억지로 주조하게 한다고 하더라도 역시 하지 않을 것입니다. 하물며 금지하는 법을 어기면서까지 주조하겠습니까?[136]

라고 하였다. 이로써 볼 때 구준은 화폐의 기능을 단순히 가치척도와 교환가치로만 이해하여 화폐의 실질가치에 치중함으로써 태환화폐의 개념에만 머물러 있는 한계를 드러내고 있다고 하겠다.

셋째, 최초로 白銀을 본위로 하는 銀·錢·鈔의 3본위제를 주장하였다. 따라서 그는

　신이 청하옵건대 고대의 三幣之法을 검토하여 銀을 上幣, 鈔를 中幣, 錢을 下幣로 삼았으면 합니다. 이때 中下幣는 公私에서 통용되는 수단으로 삼고, 이를 통일되게 上幣로써 기준하여 평가하도록 합니다.[137]

라 하고, 그 구체적인 태환률에 대해서도 언급하였다.[138] 이처럼 구준

---

135) 위와 같음, p. 352b(4葉).
136) 위와 같음, p. 355b(10葉).
137) 위와 같음, p. 355b(10葉).
138) 銀 1分을 錢 10文, 鈔 1貫을 錢 10文 4角으로 정하였다. 그리고 鈔 1貫 중에

은 은본위제를 중국 역사상 최초로 제안[139]하였을 뿐 아니라, 錢·鈔를 公私에서 사용하는 화폐로 정하고 銀으로써 이들의 가치를 평가하도록 할 것을 주장하여 은·전·초 3본위제를 건의하였다. 또한 은을 기준으로 한 전과 초의 태환가를 구체적으로 밝힘과 동시에, 명목가치와 실질가치에 대한 개념을 인식하였다는 점에서 매우 혁신적인 제안이라고 하겠다.

넷째, 통화량에 대한 조정방법을 소위 '子母相權說'과 '輕重說'에 따라 설명하였다. 즉 그는

> 후세에 와서 화폐와 상품을 논할 때 子母相權說은 바로 여기서 비롯된 것입니다 重은 母이고 輕은 子입니다. 따라서 重은 貴한 것을 행하고 輕은 賤한 것을 실행하여, 귀천이 서로 맞추어 병행하게 해야 합니다. 그런데 민이 걱정하는 것은 (화폐가치의) 경중에 있기 때문에 위에서 이를 조정하는 권한을 갖고 서로 균형을 맞추도록 해야 합니다. 즉 지나치게 경한 폐해가 있으면 중하게 하고, 너무 중한 폐해가 있으면 경하게는 하지만 중한 것을 없애서는 안 됩니다. (왜냐하면) 子는 없앨 수 있지만 母는 없앨 수 없기 때문입니다.[140]

라 하여, 화폐의 실질가치인 輕重에 따라 子母로 나누고 통화량에 따라 명목가치를 조정할 것을 건의하고 있음을 알 수 있다. 그러면서도 특히 화폐의 실질가치가 높은 고액권에 대해서는 폐지해서는 안 된다고 주장하였다. 이로써 볼 때 그는 화폐를 단순히 태환 여부로만 파악함으로써 현물경제의 관념에서 크게 벗어나지 않고 있음을 엿볼 수 있

서 절반 미만으로 떨어져 나간 것은 5文, 절반이 떨어진 것은 3文, 절반보다 더 떨어져 나가고 貫字가 희미하게나마 한 글자만 보이면 1文으로 계산할 것도 제안하였다. 위와 같음, p. 363b(14葉).

139) 銀幣의 주조에 대해서는 구준보다 약 100년 전에 王禕가 건의한 적이 있지만, 銀本位制를 제안한 것은 그가 처음이다. 胡寄窓, 앞의 책, pp. 350~351 참조.

140) 『大學衍義補』 卷26, 「制國用」 '銅楮之幣' 下, p. 353a(5葉).

다.

6. '山澤之利' 上·下

여기에서는 주로 山澤에서 생산되는 염·철 등 전매제도와 茶·馬市에 대해 설명하고 있다. 그 주요 내용으로는 먼저 염철에 대한 전매제도를 반대하였다. 그는 『주례』에서 언급하고 있는 '山澤官'은 政令의 시행 여부를 관장하는 것이지 상세를 징수하는 것이 아니라고 지적하면서, 管仲이 齊 桓公을 도와 시행했던 禁鹽조치에 대해

이(管仲의 禁鹽조치)는 만세토록 禁鹽하여 利國게 하는 시작입니다. 하늘은 百物을 생기게 하여 민을 양육하게 하고, 군주는 이들을 위해 政令을 시행하여 골고루 나누어 가짐으로써 서로 침탈하는 화가 없도록 하고 있습니다. 이렇게 함으로써 사람들이 모두 풍요롭고 빈곤하지 않게 하는 동시에, 남의 것을 빼앗아 갖는 일이 없도록 하는 것입니다. 그런데 管夷吾(仲)가 법을 만든 것은 사람들의 이익을 차단하여 이들의 활로를 막는 것으로서, 사실상 빼앗는 것입니다. 이를 겉으로 보면 베푸는 것 같지만 속으로는 빼앗는 계책입니다. 이것은 패자들이 갖는 공리의 습성으로서, 이익은 보면서도 의를 보지 못하며 인욕만 있는 것을 알고 천리가 있는 것을 알지 못하는 것입니다. 따라서 이는 선왕들에게 죄인입니다.[141]

라 하여 국가의 전매행위는 민간의 생계를 방해하고, 결과적으로 민의 이익을 가로채는 것이라고 반대하였던 것이다. 또한 그는 한대의 염철 논쟁에 대해서도

官에서 민과 더불어 장사할 수 없는 것은 비단 염 하나뿐이 아닙니다. 대저 입법은 민을 편하게 하는 것이 근본입니다. 따라서 만약 민이 스스로 편리하게 (鹽商을) 한다면 무엇 때문에 관에서 반드시 해야 하

---

141) 위의 책 卷28, 「制國用」 '山澤之利' 上, p. 366a(3葉).

겠습니까? 그러므로 韓愈가 "이익을 구하여도 이를 취할 수 없고 오히려 원망만 많아진다"라고 한 말을 國計를 주관하는 자는 마땅히 감계로 삼아야 합니다.142)

라고 하여 국가의 전매제도에 분명히 반대하고 있음을 알 수 있다. 따라서 그는 山澤에서 생산되는 재화에 대해서는 각 지역과 시기, 적법절차에 따라 '官民用足 而國用不虧'143)한 범위에서 징수할 것을 강조하였던 것이다.

둘째, 국내의 茶稅 징수는 반대했지만 외국과의 茶馬市 개설에 대해서는 찬성하였다. 즉 그는 唐 德宗 貞元 9년(793)에 처음으로 차세를 국내에서 징수한 사실에 대해,

옛날 三代의 성시에는 산택의 이익을 모두 민에게 주었지만, 진한 이래로는 민의 이익을 빼앗기 시작하였습니다. 그런데 염철에 부세를 징수한 당초의 뜻은 豪强이 그 이익을 독차지하거나 이를 활용하여 반란을 일으킬 것을 걱정했기 때문입니다. 그러므로 결코 이를 독차지함으로써 利國하는 데 있지 않았습니다만, 이후에는 利國하기 위해서 시행하였습니다. 더구나 염철의 용도는 민이 음식을 먹을 때 너무 싱거우면 먹을 수 없고, 또한 손으로 물건을 자를 수 없을 때 공구를 만드는 것과 같이 하루라도 없어서는 안 되는 것입니다. 따라서 이를 장사하는 것은 이미 왕정이 아닙니다. 하물며 차라는 것은 일용에 없어도 가능하고 또한 이를 다른 것으로 대체할 수 있는데, 어찌 이를 징세하여 이익을 남길 수 있겠습니까?144)

라 하여 비판적인 태도를 보이고 있음을 알 수 있다. 그러나 西北虜에서 말을 구입하기 위해 茶馬司를 설치하고 징세하는 것은 변방방비와

---

142) 위와 같음, p. 367b(6葉).
143) 위와 같음, p. 368a(7葉).
144) 위의 책 卷29, 「制國用」 '山澤之利' 下, p. 373b(2葉).

국가경비를 위해 필요한 것이라고 인정하였다. 따라서 그는 茶馬司에 대한 징세를 국내의 차세 징수와 엄격하게 구별하여,

> 본조(명)에서는 차의 이익을 민에게 주어 그 수입을 갖지 않았습니다. 그런데 전대에서는 소위 각 務에서 차의 交引을 발부하여 각종 명색으로 세를 거두었습니다. 그런데 이제는 모두 없어지고 오로지 사천에 茶馬司 한 곳과 섬서에 네 곳을 설치하였을 뿐입니다. …… 이는 외국의 말을 통해 변방을 방비하고자 하는 데 있습니다. 이로써 볼 때 전대에는 민생에 필요한 일용 물자를 빼앗은 데 비해 오늘날은 국가경비로 쓰고자 함에 있으니, 어찌 하늘과 연못처럼 큰 차이라고 아니 할 수 있겠습니까?145)

라 하여 찬성하였던 것이다.

7. '征榷之課'

첫째, 상세의 연혁과 그 이유를 사람들이 '末業'에 기울어져 이익을 독차지하는 것을 방지하는 데 있다고 지적하였다. 따라서 關市에 대한 징세의 취지를 설명하면서,

> 옛날에는 여러 길이 모이는 곳에 關을 세워 출입을 제한하고 여러 사람이 모이는 곳에는 시장을 세워 (물자의) 유무를 서로 유통하게 하였습니다. 이로써 (물자가) 서로 고르게 되어 수요를 충족하게 되었습니다. 이처럼 한 것은 민을 이롭게 하지 않은 것이 없었습니다. (그런데) 후세에는 이를 독차지하여 사용함으로써 利國하기만 했는 데 이는 결코 옛날 사람들의 뜻이 아닙니다.146)

라고 하여 利民하는 것과 利國하는 것을 구별할 것과 관세 징수는 민

---

145) 위와 같음, pp. 374b(4葉)~375a(5葉).
146) 위의 책 卷30, 「制國用」 '征榷之利', p. 382a(3葉).

을 위해서 해야 함을 강조하였다. 따라서 그는 관세의 징수 목적이 '末
業'에 기울어지는 것을 방지하는 데 있다고 설명하면서

> 맹자의 이 말에서 고인들이 관시를 세운 본 뜻을 알 수 있습니다. 즉
> 그 뜻은 악인들이 말(업)만을 좇아 이익만 챙기는 것을 방지하는 데 있
> 습니다. 이 때문에 법을 세워 이를 억제한 것이지, 이익을 추구하고자
> 한 것은 결코 아닙니다.[147)]

고 하여 전통적인 '四民觀'에 입각하여 상업을 경시하였음을 알 수 있
다. 그러나 구준은 상술한 바와 같이 상업활동을 전적으로 부인하는
것이 아니라 교역의 자율성에 대해서는 인정하였다. 따라서 漢 高祖의
억상정책과 상세의 重課에 대해,

> 한 초에는 고대(삼대)와 그리 멀리 떨어지지 않았기 때문에 억상을
> 시행한 정책은 옛날 뜻과 같았습니다. 즉 시장의 수입으로써 (국가) 경
> 비를 삼지 않았고 상고의 의복과 일용을 지나치게 사치하지 않도록 했
> 는데, 이는 옳은 것입니다. 그러나 市稅를 거두어 封君에게 지급하고
> 상세를 중과하여 곤욕을 당하게 한 것은 잘못입니다.[148)]

고 반대하였다.

둘째, 동일 품목에 대한 이중과세와 민에 필요한 술에 징세하는 것
을 반대하였다. 따라서 그는 宋 哲宗 元祐 8년(1093)에 상인이 관시에
서 곡식을 판매할 때 징수했던 '力勝稅'에 대해, 오곡을 생산할 때 민
이 이미 조세를 납부했기 때문에 또다시 賦를 납부해야 할 필요가 없
다[149)]고 주장하였다. 이로써 볼 때 구준은 특히 농산품에 대해서는 비

---

147) 위와 같음, p. 382b(4葉).
148) 위와 같음.
149) 위와 같음, p. 383a(5葉)~b(6葉), "民種五穀 已納租稅 無可再賦之理 ……
　　 故商賈貨賣於關市也 官可稅之 今民旣納租于官倉矣 而關市又征其稅 豈非

록 상품화되었다 하더라도 이에 대한 세금징수는 이중과세라고 이해하고150) 있음을 알 수 있다. 이에 따라 그는 농산품에는 토지세를, 공산품에 대해서는 상세를 분리 징수할 것을 주장하였던 것이다.

셋째, 桑弘羊이 실시한 '榷酒法'은 결과적으로 인륜질서의 파괴를 초래하였을 뿐만 아니라, 여기서 취한 주세는 국가가 민과 함께 이익의 독점을 두고 서로 다투는 것이라고 반대하였다.151) 따라서 이에 대한 구체적인 방안으로서 개인이 양조할 수 있는 양과 선물의 양, 그리고 심지어는 연회시의 주량을 정하여 실시할 것을 제시하기도 하였다.152) 이렇게 함으로써 미풍양속을 유지하는 한편, 일정 한도 내에서 민간에게 양조권을 일임할 것을 강조하였다.

8. '傳算之籍'

여기에서는 주로 요역에 대한 징발기준과 요역 대장의 완비를 강조하고 있다. 먼저, 요역은 노동력·연령·빈부·신분·거주지와 거리에 따라 차이가 있을 수밖에 없음을 지적하였다. 그 기준은,

무릇 천하 국가가 있으면 민에게 역이 없을 수 없습니다. 그런데 역에는 경중·繁易·원근·久速 등의 차이가 있고, 민에는 노소·강약·빈부·귀천 등의 차이가 있기 때문에 이를 일괄해서 논할 수는 없는 것입니다. …… 이들 중에서 (신분이) 귀하고 작위가 있는 자와 현명하고 덕이 있는 자, 그리고 능력과 재주가 있는 자는 공적인 일에 종

重哉".

150) 구준은 주세 징수에 대해, 술은 곡물로 만들어지고 곡물은 이미 조세를 납부한 것이기 때문에 또다시 징세하는 것은 이중과세(重稅)라고 반대하였다. 위와 같음, p. 386a(11葉). 麵과 식초에 대해 商稅를 징수하는 것은 결국 동일한 물품에 세네 번씩 稅를 내는 것이라고 반대하였다. 위와 같음, p. 388b(16葉).

151) 위와 같음, p. 387a(13葉).

152) 개인이 양조할 수 있는 주량은 5말, 선물할 때는 2되, 그리고 연회시에는 3巡을 초과하지 않도록 한다고 하였다. 위와 같음, p. 387b(14葉).

사하고, 늙고 힘없는 노인, 신체에 장애가 있는 사람은 모두 (역을) 담
당할 수 없습니다. 그러므로 요역을 담당하는 자는 반드시 젊고 건장
한 사람으로 평상시에 일하는 것을 익히거나, 丁이 많아서 생활을 유
지할 수 있는 자라야 합니다.[153]

라고 하여 생계를 유지할 수 있는 젊고 건장한 사람으로 일을 잘 하고
丁이 많이 있는 사람으로 정하고 있음을 알 수 있다. 뿐만 아니라 역에
종사하는 사람과 공직에 종사하는 사람을 신분적으로 구별함으로써
신분질서를 매우 중요시하고 있음을 알 수 있다.

둘째, 요역징발을 위한 호구조사와 호구대장을 강조하는 한편, 당시
가장 심각한 사회문제였던 호구의 '脫漏', '詭寄', '飛走', '那移' 현상에
대해 그 시정책을 다음과 같이 제시하였다.

청하옵건대 (황책을 만드는) 大造年에 호부에서 그 칙례를 제정하여
천하에 반포하여 시행토록 해야 합니다. 무릇 제작하는 황책은 반드시
현에서 만든 대장이 府冊보다 더 상세하고 府冊은 포정사의 것보다
상세하며, 司冊은 또한 (황제에게) 바치는 것보다 상세하게 만들어야
합니다. 현의 책은 마땅히 諸司職掌에 기재된 내용과 같아야 합니다.
그리고 각 주현의 전토에는 반드시 각 호수와 토지의 사방 경계를 기
재하도록 합니다. 한편 府冊에는 地名만 기재하고 司冊과 (황제에게)
바치는 것은 (이를) 기재하지 않아도 됩니다. 이렇게 하면 관청에서 요
역을 징발할 때 빈부를 조사하는 근거가 될 수 있을 뿐 아니라, 민간의
爭訟이 있을 때도 거짓과 진실을 밝히는 증거가 될 수 있습니다. 또한
수재와 한재시 우면을 받을 때에도 잘못 끼여들어 구별이 없는 일이
일어나지 않을 것입니다.[154]

즉 호구대장에는 호구수와 소유 면적, 그리고 토지의 사방 경계 등을

---

153) 위의 책 卷31, 「制國用」 '傳算之籍', p. 392a(3葉).
154) 위와 같음, p. 394a(7葉).

철저하게 조사하여 기재함으로써 요역상의 폐단을 근절하도록 하였다. 또한 이를 더욱 효과적으로 시행하기 위해 호부는 각 부와 주현으로 하여금 호구와 토지대장의 폐단을 자세히 조사 보고토록 하는 것은 물론, 이를 토대로 구체적인 해결방안을 모색하여 칙례를 마련할 것을 제안하기도 하였다.155)

셋째, 課役의 목적은 일정한 직업이 없는 游閑民을 억제하기 위한 것이라고 강조하였다. 따라서 요역징발의 목적에 대해,

　　옛날부터 토지가 있으면 세가 있고 신체가 있으면 역이 부과되게 마련이었습니다. 세는 재화로부터 역은 노동력으로부터 비롯되는 것으로서, 이는 일정한 직업이 없이 노는 자를 막기 위함입니다. 그러므로 노동력과 각 가정에서 稅를 징발하는 것을 利를 위하는 데 있다고 보지 않았습니다.156)

라 하여 유민화를 방지하고 일정한 직분을 유지하기 위한 수단이라고 보고 있다.

넷째, 요역의 균등과 징수상의 편의를 위해 大造年을 기준으로 인구와 재산에 따라 9등으로 균분하는 동시에, 助役錢을 시행할 것을 제안하였다. 특히 구준은 당시 강남에서 일부 시행되고 있었던 균요법은 강남지역과 '大戶'들에게는 적용될 수 있지만, 강북지역과 '小戶'들에게는 적용할 수 없다고 지적하면서, 호등에 따른 요역 균등을 꾀하는 이른바 '9등법'을 다음과 같이 제안하였다.

　　오늘날에는 10년에 한 번씩 (黃冊을) 제작하게 되어 있습니다. 그런

---

155) 위와 같음, 395a(9葉), "請自今遇大造之年　先期勅戶部, 移文天下司府州縣 俾其詳詢博采 積年病幣何在 各處事宜何如 一一條上戶部 戶部臣僚 將所條 具者 講究處置以聞 定爲則例 頒行天下".
156) 위와 같음, p. 394b(8葉).

데 10년 동안에는 가난한 사람이 부유해지고 부자가 가난해지기도 하며 또한 토지의 주인이 바뀌기도 하고 생업을 바꾸기도 합니다. 그러므로 어떻게 일률적으로 같게 할 수 있겠습니까? 따라서 마땅히 매년 9월에 민들이 수확을 하고 이갑역을 하기 전에 각 포정사에서는 관원 한 사람으로 하여금 府와 주현관을 감독하여 다음 해에 부과해야 하는 직역대장을 만들도록 해야 합니다. 이때 먼저 각 현으로 하여금 각 里에 하달하여 그곳에 있는 민을 軍·民·匠·竈 등의 적에 따라 그 수자와 여기서 관직에 오른 자가 차지하는 호수를 각각 기재하도록 합니다. 그리고 남아 있는 민호 중에서 역을 부담할 총수를 계산하고 이를 人丁과 자산에 따라 9등으로 나누어 모두 황책에 준하여 기재하게 합니다. 또한 여기에는 원래부터 인정이 도망했거나 유고가 있는 경우, 토지가 없어졌거나 매매한 경우에 대해서도 보고된 내용을 실제로 조사 확인하여 만듭니다. 이렇게 하여 주현은 부에 보고하고 부는 포정사에 보고하도록 한 다음, 여기서 관원을 파견하여 직접 그 지역을 조사함으로써 실제로 남아 있는 토지와 인정을 참작하여 9등칙례를 정하도록 합니다. 즉 주현에 따라 1년에 부과해야 하는 역이 얼마고 세가 얼마인지, 그리고 각 호가 담당해야 할 역의 내용을 그 아래에 표기하도록 합니다. …… 민의 勞逸이 불균한 것이 이처럼 더 심한 적이 없습니다. 청하옵건대 均一法을 정하기를 바랍니다. 이 역시 대장에 의거하여 각 포정사는 일괄적으로 民丁을 계산하고 역의 유무를 막론하고 丁 한 사람은 모두 錢 1文이나 2~3文을 내도록 하되, 5文을 초과하지 않게 하여 관에서 일률적으로 징수케 합니다. 그리고 각 현의 크기와 거리 등에 따라 顧錢則例를 만들도록 합니다. …… 균요법은 강남에서는 시행할 수 있지만 강북에서는 시행할 수 없고 大縣에서는 시행할 수 있지만 小縣에서는 불가능하며, 또한 大戶에는 시행할 수 있어도 빈민에게는 시행할 수 없습니다. 이는 무엇 때문입니까? 강북의 주현은 민이 적고 役이 많기 때문입니다. 또한 大縣은 민이 많기 때문에 10년에 한 번씩 역을 하지만 小縣은 민이 적기 때문에 역이 3~4년에 한 번씩 돌아오게 됩니다. 그리고 大戶는 재산이 많고 정이 많기 때문에 재산이 많을 때는 재화를 납부하기 쉽고 정이 많을 때는 노동력을 내면 절약될 수 있습니다. 그런데 가난한 下戶일 경우에는 10년의 역을 한꺼번에 같이 내야 하는데, 어떻게 이를 쉽게 감당할 수 있겠습니까?

감히 9등법과 균요법을 비교해 본다면 다음과 같이 비유할 수 있습니다. 즉 관에 粟 10石을 납부해야 하는 경우 9등법에서는 민으로 하여금 매일 1石을 10일 동안 모두 납부하도록 하는 것인 데 비해, 균요법에서는 하루에 10石을 한꺼번에 납부토록 하는 것과 같습니다. 하루에 1石을 내도록 하는 것은 비록 오고 가는 번거로움이 있기는 하지만 가벼워서 쉽게 할 수 있는 데 비해, 하루에 10石을 한꺼번에 낼 경우에는 오고 가는 번거로움은 없지만 한 사람이 하루에 10일의 일과 10명의 몫을 하는 셈입니다. 이는 비록 힘이 있는 자라 하더라도 감당하기 어려운 것인데, 하물며 약한 자가 어떻게 하겠습니까?157)

즉 9등법은 각 현을 단위로 민호의 정과 자산에 따라 역을 화폐로 계산하고, 이를 각 호에 배당한 다음 이갑정역처럼 10년에 한 번씩 부역하는 것이 아니라 해마다 분할하여 부역하는 것이었다.

9. '鬻算之失'

여기에서는 국가의 매관매직에 대해, 종전에 시행되었던 매관의 實例를 들어 비판하고 있다. 그 구체적인 예로서 진 시황제 때의 관직매매,158) 한 무제시 晁錯가 제안한 납속제도,159) 唐 숙종 때의 납속 국자감제도,160) 唐 현종과 宋 신종 때의 도첩 매매제도161) 등을 거론하고 부득이한 경우162)를 제외하고는 모두 반대하였다. 뿐만 아니라 唐 덕

---

157) 위와 같음, 396a(11葉)~397a(13葉).
158) 秦始皇 4년에는 納粟 一千石을 하면 爵 1등급을 올리도록 하였다. 위의 책 卷32, 「制國用」 '鬻算之失', p. 401a(1葉).
159) 晁錯는 납속제도가 재정확보와 民賦의 경감, 권농 효과가 있다고 주장하였다. 위와 같음, p. 401a(1葉)~b(2葉).
160) 至德 2년(757) 어사 鄭淑이 건의한 것으로, 명경과에 대해 10만(石)을 납속케 하였다. 특히 무직자에 대해서는 3만 석을 더 받도록 하였다. 위와 같음, p. 402a(3葉).
161) 위와 같음, p. 403a(1葉)~b(6葉).
162) 한 경제·무제·성제·안제 시의 매관은 旱災와 변방에 대비하기 위한 비상조치였기 때문에 이를 예외적으로 인정하고 있다. 위와 같음, p. 402a(3葉).

종시 상인들의 배와 수레에 징수한 '緡錢法'을 후세에도 적용하는 것을 반대하는163) 한편, 당시 민간의 가옥에 대해 징수한 '間架稅'와 公私 급여시 징수했던 '除陌錢'에 대해서도 비판하였다.164) 이로써 볼 때 구준은 이제까지 국가재정의 확보를 빙자하여 징수했던 여러 명목의 잡세와 납속제를 반대함으로써 당시 사회경제적 폐단을 시정하고자 하였음을 알 수 있다.

10. '漕輓之宜' 上·下

여기에서는 주로 조운제도의 연혁과 조운법에 대한 자신의 견해를 밝히고 있는데, 먼저 수 양제가 三渠(廣通·通濟·永濟渠)의 운하를 개통한 것을 높이 평가하였다.165)

둘째, 조운시에 소모될 수 있는 '耗米'의 징수에 대해서는 사리와 실정에 맞도록 할 것을 강조함으로써 이를 반대하였다. 따라서

국가가 일을 처리하는 데는 반드시 사리를 자세히 살피고 물정을 충분히 검토해야 합니다. 그러므로 한 가지 일을 시행할 때라도 반드시 그 폐단의 까닭을 생각하며, 한 가지 사물을 사용할 때라도 반드시 그 재앙의 원인을 생각해야 합니다. 하물며 세량을 배나 수레에 싣고 험한 곳을 지나고 또한 오랫동안 쌓아두는 데, 어찌 도중에 풍상과 수재와 화재, 그리고 도적을 반드시 만나지 않는다고 할 수 있겠습니까? 그러므로 법을 만들어 도적을 방지하는 일은 엄하게 하지 않을 수 없지만, 사정을 고려하여 민에게 관대하게 하는 일 역시 힘써야 합니다. 당 명종 때부터 쥐와 참새가 먹어 없애버리는 것에 대해 세량을 운반하는 자에게 '斗耗'를 지급하여 사용하게 했는데, 바로 이 때문입니다. 그런

---

163) 위와 같음, p. 404b(8葉).
164) 이들의 세율은 錢 1緡당 50錢을 징수하였다. 위와 같음.
165) "隋雖無道 然開此三渠 以通天下漕 一時役重民苦 然百世之後賴以通濟"라 하여 民에게는 비록 重役에 시달리게 했지만 천하의 조운 소통에 큰 공헌을 했다고 평가하고 있다. 위의 책 卷33, 「制國用」'漕輓之宜' 上, p. 413b(10葉).

데 이미 '耗'(소모된 것)라고 명하였으면서도 관에서 또다시 이를 징수하고 심지어는 이를 계산하여 보상하게 하는 것은 무슨 도리입니까?166)

라 하여 '耗米' 징수를 비판하였다.

셋째, 해운·육운·하운 중에서 해운이 비록 위험이 뒤따르기는 하지만 노동력과 경비의 절약 면에서 가장 유리하다는 점을 지적하였다. 이에 대해 그는

옛날부터 조운을 하는 방법에는 세 가지가 있으니 陸·河·海運이 그것입니다. 육운은 수레로 하고 하운은 배로 하는데, 이들은 모두 인력으로 운반하는 것입니다. 따라서 운반하는 양이 많고 적음에 따라 필요한 비용도 많거나 절약되기도 합니다. 그런데 河漕의 경우는 육운의 비용에 비해 10분의 3~4가 절약되고, 또한 해운은 육운 비용에 비해 10분의 7~8이 절약됩니다. 무릇 河漕는 비록 육지를 가는 것을 면할 수 있지만 사람이 운행하는 것은 마찬가지입니다. 그런데 해운은 비록 바다에서 표류하고 빠질 염려가 있기는 하지만, 끌어야 하는 노력을 절약할 수 있기 때문에 그 利害를 비교해 볼 때 역시 가장 적합합니다.167)

라 하여 해운이 노동력 절약이라는 측면에서 육운보다 약 10분의 6~7이 절감되기 때문에 유리하다고 주장하였다. 더구나 至元 20년(1283)에서 天曆 2년(1329)까지 47년간의 해운 조운량 중에서 실제 운반량과 도중에 손실된 수량을 계산한 통계를 구체적으로 제시함으로써168) 해운이 가장 유리함을 입증하기도 하였다. 뿐만 아니라 해운의 구체적인 방안169)을 제안하기도 하였다.

---

166) 위와 같음, pp. 415b(14葉)~416a(15葉).
167) 위의 책 卷34, 「制國用」 '漕輓之宜' 下, p. 420b(8葉).
168) 위와 같음, pp. 422b(12葉)~424a(15葉).
169) 즉 海船의 적재량을 1천 석으로 하되 다만 해운량은 8백만 석만 적재하도록

넷째, 해운에 필요한 해양의 상태와 해안선에 대해 漁戶나 鹽戶 등 해안거주민의 정보를 제공받아 海圖를 마련할 것을 주장하였다.[170] 이처럼 통계자료를 들어 매우 현실적인 해운법과 이에 필요한 海圖 마련을 제안하는 등 그의 실증적인 태도는 젊은 시절 해변에서 생활했던 자신의 체험[171]에서 기인한 것으로 보인다.

11. '屯營之田'

여기에서는 한 무제시 晁錯의 건의 이후 시행된 둔전제의 연혁과 그 장점에 대해 높이 평가하는[172] 한편, 屯·營田[173]의 취지는 군비의 자급자족[174]을 위한 '用人之力 盡地之利'에 있다고 강조하였다. 즉,

국가의 용도는 끝이 없어서 매년 책정하는 경상수입인 부세 외에도 별도로 써야 하는 것이 있게 마련입니다. 따라서 넉넉하고 풍족하게 쓴다는 것은 어렵습니다. 그러므로 옛날부터 나라를 잘 꾸리는 자는 항상 남는 지력을 활용하여 충족하게 (재원을) 취하되, 경솔하게 민심을 잃게 하지는 않았습니다. 바로 이러한 점에서 屯·營田이 비롯된 것입니다. 오늘날 천하의 모든 無田者는 세가 없습니다. 그런데 우리

하고, 나머지 2백만 석에 대해서는 漕運軍이 개인 상품을 실을 수 있도록 한다. 이때 3년 이후에는 漕軍의 상품에 대해서는 1/30, 客商의 상품을 실었을 경우에는 상세 규정에 따라 징세하도록 하여 조선에 필요한 경비로 사용하도록 한다는 것이다. 위와 같음, pp. 421b(10葉)~422a(11葉).

170) 위와 같음, p. 421a(9葉)~b(10葉).

171) 구준은 자신이 자라난 고향이 바다이기 때문에 海舟의 편리함을 잘 알고 있다고 술해하고 있다. 위와 같음, p. 421a(9葉).

172) 위의 책 卷35, 「制國用」 '屯營之田', pp. 429a(1葉)~432a(7葉).

173) 둔전은 토지의 분급과 징수방법에서 개인을 대상으로 하고 있는 데 비해, 營田은 집단을 대상으로 하고 있다. 따라서 지대의 성격에서도 둔전은 현물지대(대체로 수확의 1/2)인 데 비해, 영전은 노동지대라고 할 수 있다. 이에 대해서는 王毓銓, 『明代軍屯制研究』(北京 : 中華書局, 1968) ; 졸고, 「明代 軍屯制에 대하여」, 『東方學志』 34(1983) 참조.

174) 『大學衍義補』 卷35, 「制國用」 '屯營之田', p. 433b(10葉).

가 추구하고자 하는 것은 세를 부과할 수 있는 땅을 개간, 경작하지 않는 농민이 없게 하는 데 있습니다. 이에 따라 경작하지 않는 사람의 힘을 빌어 이를 경작케 하고, 싸우지 않는 병사를 없도록 하기 위해 싸움이 없는 때는 이들을 이용하여 활용하는 것입니다. 이렇게 함으로써 안으로는 京師가 일정한 예산액 외의 (여분을) 확보하도록 하고, 밖으로는 변방의 비축량이 늘 쓰고도 남음이 있도록 하는 데 있습니다.175)

라 하여 둔전과 영전의 설립 목적이 결국 유휴지와 인력을 최대한 활용함으로써 변방경비 등 국가재정을 건실하게 만들고자 함에 있다고 보았다.

이상의 검토를 통해 우리는 戶部에 해당하는 「固邦本」, 「制國用」 두 편에서 담긴 理財·회계·조세 등 경제문제에 대한 특징을 다음 몇 가지로 요약할 수 있다.

첫째, 국민경제와 국가재정의 문제, 즉 '理民財'와 '理國財'의 개념을 분리하여 '生財'와 '理財'로 파악하고 있다는 점이다.176) 구준은 특히 理民財와 理國財의 문제를 함께 거론하여 이재로 이해하는 동시에, 理民財를 理國財의 기초로 생각하였다. 따라서 민재의 관리를 다루고 있는 「固邦本」편을 먼저 체재상에서도 먼저 배열하는 한편, 민재의 보장을 강조하였다. 이 때문에 민재의 보장을 위해서 종전과는 달리 상업활동을 인정하는 동시에 국가전매에 반대하였던 것이다.

둘째, 理民財 즉 養民을 치도의 핵심으로 파악하고 이의 구체적인 방법으로서 최소한의 조세징수와 토지·농기구 등 생산수단의 보장을 강조하고 있다. 특히 토지에서 징수하는 조세는 국가재정의 유일한 근원이 되기 때문에 이를 최소화하는 것이 곧 민생 보장의 길이라고 생각하였다. 이는 民富와 國富를 상호 대조적 관계로 설정하고 있음을 뜻하는 것으로, 양자 간에는 자연히 긴장이 내재될 수밖에 없었다. 이

---

175) 위와 같음, p. 437a(17葉).
176) 石世奇, 「論丘濬的國民經濟管理思想」, 『北京大學學報』 1985-1, p. 62.

에 따라 민으로부터 조세를 많이 징수하면 할수록 국가재정은 많아지지만 民財는 이와 정반대로 줄어들 수밖에 없었다고 이해하였다. 이러한 양자 간의 긴장관계를 완화하고 재정을 항구적으로 확보하기 위해 구준은 民財의 보장이 선행되어야 한다고 주장했는데, 전통적인 愛民·重民 사상을 반영한 것이라 할 수 있다.

또한 民財의 근본인 생산수단의 보장에 대해서는 田宅문제에만 국한시킴으로써 전통적인 견해에서 크게 발전한 것이 없다고 할 수 있다. 따라서 그는 당시 토지소유의 불균형 현상을 초래한 근본적인 원인을 철저하게 인식하지 못하고, 현상태를 유지하는 범위 내에서 더 이상의 겸병을 방지하는 限田制的 취지의 '配丁田制'를 제안하였던 것이다. 이는 곧 당시 토지문제를 소유제의 측면에서 근본적으로 해결하려는 것이 아니라, 재정확보를 위한 수취체계의 측면에 한정하여 해결하려는 한계점을 반영하는 것이었다.

결국 그에게 있어서 理財의 문제는 지주전호제의 근본적인 모순을 해결하는 것이 아니라 국부(理國財)를 위한 구체적인 방안모색에 있었다. 이에 따라 民財 보장을 위한 이재책은 결과적으로는 國財의 보장을 초래하는 데 필요한 수단에 불과했다. 바로 이러한 차원에서 그는 상업활동을 인정함으로써 상당히 현실적이고 실용적인 태도를 보여주고 있다. 그러나 이 역시 지주와 대상인의 계층적 입장을 대변하는 것으로서, 사대부들의 경제적 자율권을 통해 이들의 사회·정치적 역할을 강화시키는 논리라고 할 수 있겠다.

셋째, 養民을 위한 이재의 중요성을 강조하는 이론적 근거로서, 전통적인 도덕위주의 인성론으로만 파악하지 않고 인욕을 인정하였다는 점이다. 이 점은 민을 물질적 욕구를 추구하는 현실적인 존재로 인정했다는 데서 실사구시적인 태도와 경세치용적 학풍의 가능성을 열어주는 계기라고 평가할 수 있다. 왜냐하면 경세치용과 실사구시는 무엇보다 물질을 인정하는 현실적 인성론에서 비롯되기 때문이다.

넷째, 중국 역사상 처음으로 '量出制入'의 원칙에 입각한 예산편성과 회계제도의 확립을 제안하였다는 점이다. 그는 歲收의 근거를 토지 단일세 원칙에 입각한 현물세에 있다고 생각하였다. 이에 따라 量出制入의 원칙을 주장함에도 불구하고, 세수가 일정량으로 제한되는 것에만 주목하여 재정수지의 균형보다는 흑자재정을 강조하였다. 특히 그는 흑자재정을 위해 지출의 절약과 철저한 예산편성·회계제도를 실시하고 이를 통해 구황과 유사시에 대비할 것을 강조하였다.

이는 재원의 근거를 토지세로만 국한했기 때문에 歲收가 항상 일정할 뿐 아니라, 民富와 國富를 긴장관계로만 파악한 데서 기인한 것이라 할 수 있다. 따라서 구준의 재정관은 자연히 전통적이고 소극적인 입장에서 탈피하지 못하는 한계를 안고 있었다고 하겠다. 그러나 이러한 한계에도 불구하고 예산과 회계의 철저한 제도화를 처음으로 제안함으로써 현대적인 재정관으로 진일보한 점은 매우 의의가 있다고 할 수 있다.

다섯째, 이재의 기준이 '取財之有義 用財之有禮'에 있음을 강조하여 여전히 도덕적 공정성과 타당성을 대원칙으로 삼고 있다는 점이다. 여기서 '義'와 '禮'는 도덕적 타당성을 의미하는 것으로서, 특히 군주의 사적 이익이나 목적을 위한 것이 아니라 국가사회나 민을 위한다는 公利의 뜻이라고 할 수 있다.

그러나 현실적인 측면에서 이를 경제문제에 적용할 때 재정확보와 조세징수 사이에는 상호 긴장과 모순이 내재될 수밖에 없다고 하겠다. 이 때문에 의와 예라는 도덕기준을 구체적인 현실에 적용한다는 것은 불가능하다고 할 수 있다. 더구나 公利(義)에 대한 구체적인 기준과 방안을 제도를 통해 외재적으로 체계화하지 않을 경우에는 의의 공리적 의미는 자연히 주관적 해석에 빠질 수 밖에 없다. 이러한 한계는 결국 이재를 주재하는 군주와 이를 집행하는 사대부나 관료들에게 절대적인 해석권을 부여하는 결과를 초래할 수밖에 없다. 특히 理財의 실무자인 관료나 사대부들은 자신들의 정치·경제·사회적 자율권을 획득하는 대신, 체제와 자신들의 계층적 이익을 계속 유지하기 위해 치평에 대한 구체적인 대안을 제시하지 않을 수 없다. 이에 따라 구준 역시 현실적인 경세안을 제시함으로써 심학의 흥기 등 당시 이학의 위기 상황을 극복하는 한편, 이를 통해 사대부의 역할을 강화하고자 노력하였다고 할 수 있다.

여섯째, 특히 회계제도와 부역황책 실시 등 제도화에 주목하면서도 제도와 정책의 주재권이 궁극적으로는 군주 한 개인에 집중됨으로써 민권에 대한 개념과 보장이 결여되어 있다는 점이다. 그럼에도 불구하고 재정에 해당하는 내용에서는 다른 어느 부분보다 실용적이고 현실적인 대안과 정책을 제안하고 있을 뿐만 아니라, 해외무역의 개방과 화폐의 3본위제 제안 등 매우 혁신적인 면을[177] 반영하고 있다는 점에서 특히 주목된다.

그러나 경제문제를 총체적이고 종합적으로 제도화하는 데까지 미치지 못함으로써 각 부문 간의 제도적 균형이 이루어지지 않는 채 단편적인 것에 그치는 한계점을 보였다. 더구나 제도화를 보장해 줄 수 있는 법치 개념이 전제되지 않은 채 이루어진 제도는 결국 군주의 치술에 필요한 방편에 불과한 것으로 귀결되게 마련이다. 따라서 현실적인 방안을 특별히 강조한 구준의 경세사상도 제도화의 정합성을 결여함으로써 시대적 한계를 반영하고 있다 하겠다.

일곱째, 理財(理國財)의 구체적인 방법을 단순히 물자의 수급·가치의 고하, 질의 경중으로 파악함으로써 '斂散'에 의해 조절될 수 있다고 생각하였다는 점이다. 따라서 그는 통화량의 증감에 의한 물가조정, 흉·풍년에 따른 물자공급량과 이에 의한 가격과 수급상태 등을 전적으로 斂散으로 조정할 수 있다고 생각하였다. 이는 곧 현물경제를 위

---

177) 胡寄窓, 앞의 책, pp. 353~355에서는 '실사구시적'이라고 평가하고 있고, 石世奇, 앞의 논문, p. 64에서는 '경제개혁사상'이라고 높이 평가하였다.

주로 사고함으로 인해 자연히 화폐경제에 대한 인식이 부족한 데에서
기인하는 것이라 할 수 있다.

제4절 秩序(禮部) : 「明禮樂」「秩祭祀」「崇敎化」편

　질서문제에 해당하는 예부의 내용은 「明禮樂」18卷, 「秩祭祀」13卷,
「崇敎化」18卷 등 모두 49卷으로 『연의보』 160卷 중에서 약 1/3을 차
지하고 있다. 이처럼 예부는 『연의보』에서 가장 많은 분량을 차지하는
부서로서, 이는 곧 구준이 구상하고 있는 국가관과 국가조직론의 특징
을 잘 반영해 주는 것이라 하겠다. 그는 예를 국가의 가장 기본적인 기
강으로 이해하는 한편, 예교의 전제 하에서 치평에 필요한 구체적인
정책과 치술을 설명하였다. 따라서 호부 관련 내용에서 보이는 실용적
인 태도와는 상당히 대조적으로 관념적인 도덕주의를 강조함으로써
정통 유가의 입장을 계승하고 있다. 그러므로 특히 예부 관련 내용을
간과한 채, 구준의 경세관을 남송 공리학파나 명말 청초의 경세치용학
과 직접적으로 연관시켜 해석하는 것은 지나치게 단편적인 평가라 아
니할 수 없다.[178]　따라서 구준의 경세사상적 특징을 이해하기 위해서
는 예부의 내용에 대한 면밀한 분석과 검토가 선행되어야 하겠다.

　「明禮樂」편은 ‘總論禮樂之道’ 上, ‘總論禮樂之道’ 下, ‘禮儀之節’ 上,
‘禮儀之節’ 中, ‘禮儀之節’ 下・‘樂律之制’ 上之上, ・‘樂律之制’ 上之下,
‘樂律之制’ 中, ‘樂律之制’ 下, ‘王朝之禮’ 上, ‘王朝之禮’ 中, ‘王朝之禮’
下, ‘郡國之禮’ ‘家鄕之禮’ 上之上, ‘家鄕之禮’ 上之中, ‘家鄕之禮’ 上之
下, ‘家鄕之禮’, ‘家鄕之禮’ 下 각 1권 등 모두 18권(卷36～53)으로 구

---

178) 詹尊泮, 「丘文莊的學術根源及其中心思想」, 『丘海季刊』 5-6(1982. 9), pp. 21
　　～22에서도 "경세치평의 사공은 도의를 우선으로 하고 있기 때문에 개인의
　　공리를 추구하는 葉適 등 사공학파와는 다르다"라고 지적하고 있다.

성되어 있다. 여기에서는 주로 예악의 의미와 필요성을 강조하고, 王禮
에서부터 家鄕의 禮에 이르기까지 구체적인 절차와 내용에 대해 언급
하고 있다.

1. '總論禮樂之道' 上·下

첫째, 예악과 형정을 비교하면서 그 개념과 중요성을 강조하는 한편,
이의 기준에 대해 지적하였다. 그는 당시 사회를 고대(삼대)와 비교하
면서 형정은 상세한 데 비해, 예악은 지나치게 생략된 사실을 지적하
고179) 예악의 회복을 주장하였다. 특히 예는 오례(吉·凶·軍·賓·嘉
禮)를 바로잡음으로써 만민을 바르게 하고 중용을 지키게 하는 동시
에, 육악(雲門·咸池·大韶·大夏·大濩·大武)을 통해 만민의 인욕
을 방지하여 和愛롭게 함으로써 교화의 근본이 된다고 강조하였다.180)
또한 예악은 인간답게 하는 절도181)에 있다고 생각하여

> 樂은 사람들을 화합케 하는 和이며 禮는 사람의 분수를 분별하게 하
> 는 所以입니다. 따라서 화합하면 서로 친해지고, 분별이 있게 되면 서
> 로 존경하게 됩니다. 서로의 情이 화합하게 되면 樂이 지나치게 그 외
> 면만을 갖춤으로써 방자(流)하지 않게 되고, 또한 그 외면을 갖추되 서
> 로의 정에 화합됨으로써 예에서 벗어나지 않게 됩니다. 그러므로 정과
> 외면에 알맞게 하는 것이 예악의 본질입니다.182)

라는 輔廣의 말을 인용하여 예는 모든 경계를 분별하는 '辨'인 데 비

---

179) 『大學衍義補』 卷36, 「明禮樂」 '總論禮樂之道' 上, p. 439b(2葉), "……後世惟
　　於創國之初 一頒其制 繼世之君 不聞有所謂同律脩禮之擧 詳於刑政而略於
　　禮樂 此治所以不及古也".
180) 이는 鄭玄의 말을 인용한 것이다. 특히 예악이 敎民의 근본이라는 주장은 吳
　　澂의 말을 인용한 것이다. 위와 같음.
181) 위와 같음, p. 441b(6葉), "禮樂之制 皆是以人爲之節度".
182) 위와 같음, p. 442a(7葉).

해, 악은 이러한 구별을 서로 조화롭게 만드는 '和'라고 파악하였다. 이로써 볼 때 구준은 상하·귀천·고하·존비에 의한 신분질서를 인정하는 대전제 하에서 서로의 조화를 강조하고 있음을 알 수 있다. 따라서 특히 그는 내용과 형식을 대등하게 중요시하여 樂이 지나치게 '流'하거나 禮가 지나치게 '離'하는 것에 대해 경계하였다.

둘째, 예악을 사회질서의 근본으로 삼는 禮治를 강조하는 한편, 이에 대한 보조수단으로 刑政을 거론하였다. 이에 따라 그는 민에 대한 도덕적 교화를 강조하고, 이러한 예치를 본말론(체용론)에 입각하여 예악을 '본(체)'으로, 형정을 '말(용)'로 파악하였다.

> 옛날부터 人君은 治의 근본을 오로지 예악에 두었습니다. …… 그러므로 옛날부터 사람과 나라를 잘 볼 줄 아는 자는 오로지 예악만을 보고 형정에 대해서는 (보는 것을) 생략합니다. 이는 다름이 아니라 근본에서 찾는 것을 뜻합니다. 즉 本이 혼란하면 末을 다스린다는 것은 불가능한 일입니다.183)

이는 전통 정주학의 입장을 그대로 답습한 것으로서, 예교적 질서를 통해 국가의 기강을 확립하고자 한 것이라 할 수 있다. 이를 위해 구준은 무엇보다 節度를 강조하여,

> 禮가 그 이치를 찾게 되면 질서를 지켜 혼란하지 않게 되고, 樂이 절도를 지키게 되면 화합하여 흐트러지지 않게 됩니다. 이로써 이치에 어긋나는 일이 일어나지 않게 됨으로써 혼란을 방지하고, 절도가 없는 것은 행하지 않게 됨으로써 흐트러지지 않게 됩니다.184)

라 하였다. 여기서 말하는 이치와 절도는 윤리도덕을 뜻하는 것으로서,

---

183) 위와 같음, p. 440b(4葉).
184) 위와 같음, p. 447a(17葉).

인간을 구별하는 경계론인 동시에 사회질서를 유지하는 기강이기도 하였다. 즉 내재적 체계인 윤리도덕과 외재적(초월적) 체계인 법질서를 분리하지 않은 채 도덕일원주의에 입각하여 사회를 파악하고 있음을 알 수 있다.185) 바로 이 점에서 구준은 전통 유가의 도덕정치의 한계를 탈피하지 못하고 있다고 하겠다.

셋째, 예악의 회복과 이를 주재하는 권리가 군주에게 있다고 생각하면서도 교화에 대한 사대부의 실질적인 역할을 특별히 강조하였다. 그는 예악의 회복을 위해 원칙적으로는 성인이 천자의 자리에 있어야 한다는 사실186)을 강조하면서도, 실제로는 내성(=도덕)과 외왕(=정치)을 분리시킴으로써 교화의 역할을 사대부에게 일임하고 있다. 따라서 그는 사대부에 대해 치도의 세 가지 부분인 治·養·敎 가운데 특히 敎를 담당하는 직분을 부각시키고 있다.187)

이처럼 도덕문제를 사대부계층에게 일임함으로써 이들의 사회 정치적 역할을 증대시키고 있는 것은 당시 사대부사회의 특징을 사상적으로 반영하는 것이라 하겠다. 이를 통해 사대부는 군주에 대해 내성을 끊임없이 요구하고 견제하는 동시에 도덕적 평등관계188)를 유지하였다고 볼 수 있다. 이 때문에 한편으로는 군신 간의 내재적 긴장관계를 내포하면서도 다른 한편으로는 정치적 이념과 정책을 군주에게 제공함으로써189) 상호 보완관계를 유지할 수 있었다고 하겠다.

---

185) 黃俊傑, 「內聖與外王」, 앞의 책, p. 260 ; 林毓生, 「新儒家在中國推展民主的理論面臨的困境」, 앞의 책, pp. 337~349 등 참조.

186) 『大學衍義補』 卷37, 「明禮樂」 '總論禮樂之道' 下, p. 451b(6葉)에서 鄭玄의 말을 인용하여 설명하고 있다.

187) 위의 책 卷67, 「崇敎化」 '總論敎化之道', p. 726b(20葉).

188) de Bary Theodore ed., 山口久和 譯, 「新儒學の個人主義」, 앞의 책, p. 165~166에서 "君臣關係는 본질적으로 도덕적 의무관계"라고 규정하는 동시에 朱子學에서는 군신관계에 대해 종전과 달리 "양자 간의 일치결속과 도덕적 평등성을 확립하고자 하였다"라고 지적하고 있다.

189) Max Weber는 전통 중국사회의 사대부들이 정치적 이념에 대한 해석권을 쥐고 있는 점을 그 특징으로 들고 있다. 許倬雲, 「傳統中國社會經濟史的若

넷째, 예악의 근원을 찾기 위해 경전을 중시하는 동시에, 이에 대한 철저한 고증을 강조하였다. 이에 대해 그는

소위 6경이란 易·書·詩·春秋·禮·樂經을 말합니다. 오늘날 악경은 온전하지 못하고 오로지 記에 기록되어 있는 樂記에서 보일 뿐입니다. 이에 대해서는 班固의 말을 따라 다음과 같이 말하고 있습니다. 즉 易은 예악의 근원, 書經은 예악의 實, 詩經은 예악의 의미, 春秋는 예악의 판단에 대해 설명한 것입니다. 따라서 6경은 치도의 근거이며 예악은 또한 6경의 핵심적인 도입니다. 그러므로 군주가 다스리는 데 어찌 예악을 그 본으로 삼지 않겠습니까? 무릇 정치를 시행함에 있어 한결같이 오직 唐虞 삼대의 이 법(예악)에 따르고, 진한 이래 공리를 (추구하는) 사사로움에 빠지지 않는다면 옛 治(삼대의 治)가 회복되기 어렵지 않을 것입니다.190)

라 하여 三代의 治를 이상적으로 생각하는 한편, 이에 대한 근거를 경전에서 찾도록 강조하고 있다. 여기에서 우리는 구준 역시 전통 유가의 한 특징인 '근본주의(fundamentalism)'와 '복고주의(restorationism)'의 경향191)을 답습하고 있을 뿐 아니라, 『周禮』에 근거한 제도보다는 삼대 예치를 우선시하고 있다는 사실을 엿볼 수 있다. 특히 이미 없어진 樂經에 대해서는 의례에 대한 고증을 통해 그 취지를 규명하여 이해할 것192)을 강조하였다.

2. '禮儀之節'上中下

干特性」,『中國經濟史論文選集』(臺北 : 聯經出版公司, 1982), pp. 23～46 참조.

190) 『大學衍義補』 卷37, 「明禮樂」 '總論禮樂之道' 下, p. 452a(7葉).

191) de Bary Wm. Theodore, "Some Common Tendencies in Neo-Confucianism," in Nivision David S. and Wright Arthur F. eds., *Confucianism in Action* (Stanford : Stanford University Press, 1959), p. 34.

192) 『大學衍義補』 卷37, p. 454a(11葉) 참조.

먼저 예의 의미와 그 기준에 대해 설명하는 한편, 사회적 기강으로서의 예를 특별히 강조하였다. 그는 주자의 말을 인용하여,

> 6경에서는 예의 시작에 대해 언급하고 있지만 단지 履라고 말하고 있을 뿐입니다. …… 주희는 "상하를 구분하고 민의 마음을 정해주는 것으로, 이것이 곧 예의 의미다"라고 말했습니다. 무릇 하늘보다 더 높은 것이 없고 땅에서 가장 낮은 곳이 못입니다. 따라서 못은 아래에 있고 하늘은 위에 있게 마련인데, 이처럼 상하의 구분은 현격하게 나누어집니다. 만약 (이를) 구분하지 않는다면 연못이 하늘보다 위에 있는 셈이니, 이는 곧 상하의 위치가 뒤바뀐 것입니다. 이렇게 상하가 바뀌게 되면 정상을 뒤엎어서 구분이 뒤집히게 됩니다. 이에 따라 민의 마음도 어디로 향하는지를 알지 못하여 그 분수를 지킬 수 없게 됩니다. 그러므로 군주가 다스림에 있어서는 천하의 마음을 정해주는 것보다 더 우선적인 것은 없습니다. 또한 마음을 정해주고자 하는 것에는 상하의 구분을 분명하게 하는 것보다 더 우선적인 것은 없습니다.[193]

라 하여 예는 상하 구별을 분명히 함으로써 각자의 분수를 지키는 것이라고 정의하였다. 이는 당시 신분질서의 당위성을 합리화하는 논리로서, 구준은 사대부계층을 대변하여 치자의 논리를 펴고 있음을 알 수 있다. 따라서 당위성으로 윤색시킨 예를 사회의 외재적 질서에도 그대로 적용시키고 있다. 즉,

> 인도가 세워지는 까닭은 예가 있기 때문입니다. 만약 예가 없다면 강자는 힘을 믿고 약자를 능욕할 것이고 자신의 세력을 믿고 약자에게 폭력을 휘두를 것입니다. 또한 부자는 재산을 믿고 빈자의 재산을 빼앗으며 지략이 있는 자는 그들의 능력을 믿고 우매한 자들을 속일 것입니다. 이렇게 되면 천하의 사람들 중에서 오직 세력과 재능이 있는 자들 만이 믿고 의지할 수 있게 됨으로써 다시는 존비·상하의 구별이

---

193) 위의 책 卷38, 「明禮樂」 '禮儀之節' 上, p. 455a(1葉)~b(2葉).

있음을 알지 못하게 될 것입니다. 따라서 사람들이 어떻게 편안할 수 있겠습니까?194)

라고 지적하는 한편, 사회기강 확립을 위해 예를 통한 교화를 주장하였다. 이를 위해 특히 궁궐뿐 아니라 학교에서도 유학을 강학함으로써 예교를 확립할 것을 건의하기도 하였다.195)

둘째, 예를 인간과 짐승을 구분하는 경계로 이해하는 한편,196) 그 기준에 대해서는

예가 예로서 되는 데에는 大中至正의 경계가 있습니다. 따라서 부귀한 자는 이를 지나쳐서는 안 되며, 빈천한 자도 반드시 이에 이르도록 해야 합니다. (만약) 이를 지나쳐 버리면 氣가 넘치게 되고, 기가 넘치게 되면 교만해져서 음탕하게 됩니다. 한편 이에 못 미치게 되면 기가 모자라게 되고, 기가 못 미치게 되면 두려워서 비굴해지게 됩니다. 이는 무엇 때문입니까? 예가 예답게 되는 것을 모르기 때문입니다. 진실로 예가 예답게 되는 것은 자신의 마음을 大中至正의 경계에 이르게 하는 것입니다. 사람이 예가 있게 되면 (마음) 속에서 중심을 잡게 되고, 밖으로는 마음을 지키게 되어 외부 사물에 의해 마음이 동하지 않게 됩니다.197)

라 하여 '大中至正'할 것을 강조하였다.

---

194) 위와 같음, p. 461a(13葉).
195) 특히 구준은 예를 교화하는 작업은 끊임없이 시행해야 한다는 점과 교화가 이루어졌을 때의 효과를 제방을 준설하는 일에 비유하였다. 즉 제방을 쌓는 일은 결코 하루 만에 이루어지는 것이 아니지만 일단 이를 다 쌓고 나면 한재시 물이 없을 것을 걱정하지 않아도 된다고 지적하고 있다. 이와 함께 제방을 쌓는 일은 어렵지만 파괴되기는 쉽다고 함으로써 끊임없는 교화를 강조하였다. 위의 책 卷39, 「明禮樂」 '禮儀之節' 中, pp. 468b(12葉)~469a(13葉) 참조.
196) 위의 책 卷38, p. 460b(12葉), "聖人作爲禮以敎人 使人以有禮 知自別於禽獸".
197) 위와 같음, p. 461b(14葉).

이로써 볼 때 예는 인간과 동물을 구별하는 경계로서, 이는 '克己復禮'를 전제로 하고 있음을 알 수 있다. 이때 그 기준은 '不過而不及'하는 中道를 유지함으로써 利欲을 자제하여 인간이 서로 공존하는 원리라고 볼 수 있다. 그러나 예가 상징하는 공존의 원리는 사회경제적 권리의 평등을 전제하기보다는 상하 신분질서 속에서 주어진 역할과 기능을 전제로 하고 있기 때문에 직분상의 균형과 조화를 강조하는 것이라 하겠다. 따라서 개인과 계층 간에는 자연히 불평등이 내재할 수 밖에 없었다.

넷째, 禮 확립의 궁극적 목적이 군주의 지위를 유지하는 데 있다는 사실을 강조하였다. 그는 吳澂의 말을 인용하여,

　　예는 천하 국가를 바르게 하는 것으로, 정치가 바르지 않다는 것은 곧 예로 하지 않았음을 말하는 것입니다. 정치가 바르지 않을 때는 두 가지 (사태)가 초래됩니다. 하나는 군주의 자리가 위태로워지는 것이고, 또 하나는 법이 정상적이지 않게 되는 것입니다.198)

라 하였다. 물론 이때 君位는 단순히 군주 개인의 지위를 의미하는 것이 아니라 내성외왕의 이상적 존재를 의미하는 것이라고 볼 수 있다. 따라서 원칙적으로는 도덕기준인 예를 제정할 때는 반드시 義에 따를 것199)을 주장하였던 것이다.

다섯째, 예의 내용과 그 형식인 儀文과의 관계를 설명하면서, 특히 儀文은 번잡한 것을 삼가고 절제할 것을 강조하였다. 따라서 그는 진정한 예는 외면적인 '儀文'에 있는 것이 아니라고200) 주장하면서, 예와

---

198) 위의 책 卷39, 「明禮樂」 '禮儀之節' 中, p. 464a(9葉).
199) 위와 같음, p. 465a(5葉), "禮之爲禮 皆義之所當爲者也 義不當爲 則禮不可行也 則是禮之用 皆是義之實也".
200) 위의 책 卷40, 「明禮樂」 '禮儀之節' 下, p. 474a(3葉), "禮之爲禮 不在儀文之末".

제도의 관계를 다음과 같이 설명하였다.

　소위 예란 그 큰 뜻이 綱常에 있고 작게는 제도에 있습니다. 즉 강상
은 하늘에서 비롯되어 만세에 이르도록 바뀌지 않는 것인 데 비해, 제
도는 사람으로부터 비롯되었기 때문에 때에 따라 변화할 수 있는 것입
니다.201)

즉 예의 本意는 불변하는 데 비해, 그 표현방법인 儀禮는 시대에 따
라 변할 수 있다는 것이다. 이러한 태도는 이제까지 예제를 둘러싸고
많은 논란이 일어난 사실202)을 우선적으로 비판하고 지나치게 예제에
얽매이는 데에 반대함으로써 실용적인 면을 보여주고 있다. 따라서 그
는 예의 내용과 형식은 구체적인 실정과 때에 따라 조화롭게 절충해야
한다는 '中'의 태도를 강조하여,

　선유들이 말하기를 음식과 남녀의 성은 사람들이 가지고 있는 큰 욕
망이라고 했습니다. 예는 천리로서 인욕을 방지하는 것입니다. 예는 본
래 重하고 식욕과 색욕은 본래 輕하기 때문에 자연히 커다란 구별이
있게 마련입니다. 그러나 이 역시 예의 자잘한 형식에 일일이 구애되
어서는 안 되고, 마땅히 때와 사정에 따라 '中'을 고려해야 하는 것입니
다.203)

라 하였다. 또한 예도 시대에 따라 변화한 사실에 주목하여 삼대 때의
예는 민을 위한 모든 정책과 치술을 포함하고 있었던 데 비해, 진한 이
후에는 점차 절차와 의례의 의미로 한정되었다고 한탄하였다.204) 이로

---

201) 위와 같음, p. 475b(6葉).
202) 土木堡의 變 이후 영종의 복벽을 둘러싼 논쟁이 대표적인 예로서, 구준 자신
　　은 이를 경험하였다.
203) 위와 같음, p. 478b(12葉).
204) 위와 같음, p. 480a(15葉).

써 볼 때 구준은 당시의 의례에 치우치는 현상을 비판하고 예의 본질 회복을 강조하였음[205]을 알 수 있다.

3. '樂律之制' 上之上·上之下·中·下(卷41~44)

첫째, 樂을 제작한 주체는 성인이고 그 목적은 인간의 성정을 배양함으로써 인재를 육성하는 데 있음을 강조하였다.[206] 특히 구준은 樂의 제작 취지가 현재는 상실되고 없기 때문에 사람들이 서로 고무하고 격려할 수 없게 되었음을 한탄하였다.[207]

둘째, 樂의 律·聲·音 등 세 가지 요소를 정치와 비교하여 그 연관성을 강조하였다. 즉 6律은 조화와 협력을 하는 데 있고, 5聲은 내적으로 律을 실현함으로써 인성을 회복하는 것이라고 이해하였다. 또한 음은 율과 성을 외적으로 표현하고 더 나아가서는 듣는 사람들로 하여금 性情을 배양하게 만드는 것이라고 생각하였다. 따라서 律·聲·音의 조화를 강조하여 "聲을 알면서도 音을 모르는 자는 금수고, 音은 알되 樂을 모르는 자는 보통 사람"[208]이라 하고, 정치 역시 이 같이 조화와 협력을 기본으로 해야 함을 강조하였다.[209]

셋째, 樂의 기능은 天과 人을 교감하게 함으로써 덕을 쌓고 이를 통해 풍속을 미화시키는 데 있다고 주장하였다. 따라서 그는

예로부터 성인은 樂으로써 내외의 수양을 행하는 것을 핵심으로 삼았습니다. 처음에는 수신을 한 후에 樂을 짓고, 이로써 天人의 교감에

---

205) 구준은 당시의 사회혼란이 예의 문란에서 기인하는 것이라고 생각하여 『朱子學的』2卷과 『家禮儀節』8卷을 저술한 바 있다.

206) 『大學衍義補』 卷41, 「明禮樂」 '樂律之制' 上之上, p. 481b(2葉), "聖人作樂以養性情 育人才 事神祇 和上下 其體用功效 廣大深切 乃如此 今皆不復見矣 可勝嘆哉".

207) 위와 같음, p. 482b(2葉).

208) 위의 책 卷42, 「明禮樂」 '樂律之制' 上之下, p. 488b(4葉).

209) 위의 책 卷41, pp. 482b(4葉)~483a(5葉).

이르는 효과를 이루게 합니다. 그리고 마침내는 樂을 행하여 덕을 쌓음으로써 풍속이 아름답게 변하도록 하였습니다.210)

라 하였다.

넷째, 樂은 聲·容·器로 구성되어 있고 이때 聲은 노래, 容은 舞, 器는 악기로 서로 표현된다고 설명하는211) 한편, 蔡元定의『律呂新書』를 참고하여 8音의 화성방법에 대해 설명하였다.212) 이러한 고증을 통해 그는 84調가 만들어지는 이치와 방법에 대해 밝히고자 노력하였다.

다섯째, 삼대 이전에 만들어진『악경』과 악의 취지를 회복하기 위해 蔡元定의『律呂新書』, 朱子의『通海鐘律』등에 대해 면밀하게 고찰할 것을 주장하였다. 특히 그는 악에 대한 傳은 이미 없어졌기 때문에 이를 온전하게 복원하기가 불가능하다는 사실을 지적함으로써 삼대의 樂制는 이미 고찰할 수 없다고 결론지었다.213) 다만 악의 취지를 최대한 복원하기 위해서는 위의 두 책을 참조하여 고찰할 것을 주장하였다.214)

4. '王朝之禮' 上·中·下(卷45~47)

여기에서는 주로 조정과 왕실에 필요한 예의 내용에 대해 설명하고 있다. 먼저, 朝禮의 연혁과 그 필요성을 지적하였다. 이에 대해 그는『通典』에 의거하여 주대 천자의 朝禮에는 外朝·中門·內朝·詢事之朝 등 4朝가 있음을 설명하고,215) 朝禮의 목적이 상하의 蒙蔽 현상을 방지하는 데 있다고 하였다. 따라서 그는

---

210) 위의 책 卷42, p. 491a(9葉).
211) 위와 같음, p. 491b(10葉).
212) 위의 책 卷43,「明禮樂」'樂律之制' 中, pp. 501a(9葉)~505a(17葉).
213) 위의 책 卷44,「明禮樂」'樂律之制' 下, p. 511a(9葉).
214) 위와 같음, pp. 514b(16葉)~515a(17葉).
215) 위의 책 卷45,「明禮樂」'王朝之禮' 上, p. 517a(1葉).

　　예로부터 禍亂의 단서는 모두 蒙蔽에서 비롯되었습니다. 몽폐의 이유는 상하의 실정이 불통되는 데서 비롯됩니다. 상하의 실정이 불통되는 것은 군신이 서로 접견하지 않는 데서 비롯됩니다. 그리고 설사 접견한다 하더라도 서로 친히 (사정을) 묻지 않으면, (이는) 마치 접견하지 않은 것과 같습니다.216)

라 하여 특히 군신 간의 빈번한 접견을 통해 여론을 소통케 하는 것이 국가의 禍亂을 방지하는 첩경이라고 생각하였다. 이처럼 그가 군신 간의 접견을 강조한 것은 당시 환관정치로 인해 초래한 壅蔽의 폐단을 해결하고,217) 더 나아가서는 상술한 바와 같이 사대부의 역할을 특별히 강조하는 것에서 기인하는 것이라 하겠다.

　　둘째, 朝禮의 구체적인 예로서 군신 간의 朝賀禮218)와 燕饗之禮219)에 대해 그 절차와 내용을 설명하는 한편, 그 목적은 역시 '相親相愛'220)에 있다고 강조하였다.

　　셋째, 역법의 제정 반포와 그 필요성에 대해 강조하였다. 曆 반포의 목적을

---

216) 위와 같음, p. 521b(10葉) ; 같은 책 卷46, 「明禮樂」 '王朝之禮' 中, p. 526b(葉).

217) 명 중기 이후 정치상의 폐단 가운데 가장 큰 것은 환관정치라고 할 수 있다. 따라서 科道官의 설치를 통해 언로의 개방을 제도적으로 강조했음에도 불구하고, 실제로 이는 큰 효과를 거두지 못했다. 결국 명대 중앙정부의 조직은 外廷세력과 內廷(환관·외척), 내각과 言官 세력들 간의 역학관계 속에서 많은 변화를 겪었다고 할 수 있다. 특히 효종대에 와서는 이전 시기에 극심했던 환관의 전횡에 대해 과도관들의 비판이 상당히 현저했는데, 구준 역시 이러한 당시의 정치적 상황을 대변하고 있다고 볼 수 있다. 이에 대해서는 曹永祿, 앞의 책, pp. 92~117 ; Charles O. Hucker, *The Censorial System of Ming China* (Stanford : Stanford University Press, 1966) 등 참조.

218) 『大學衍義補』 卷46, 「明禮樂」 '王朝之禮' 中, pp. 525a(1葉)~527b(6葉).

219) 위와 같음, pp. 528a(7葉)~531a(13葉) 참조. 이 밖에도 왕의 巡守에 대해서는 같은 책, pp. 533b(18葉)~535a(21葉), 그리고 田獵之禮에 대해서는 같은 책 卷47, 「明禮樂」 '王朝之禮' 下 ; 위와 같음, p. 540a(7葉) 참조.

220) 위와 같음, p. 530b(12葉).

……무릇 四時는 점차 차이가 있기 때문에 윤달을 넣어 曆을 바르게 하고 이를 만들어 천하에 반포케 합니다. 이렇케 함으로써 천하가 時에 따라 농사를 지을 수 있게 하기 바랍니다. 농사란 때를 잃지 않으면 (자연히) 해마다 풍부한 수확을 거둠으로써 집집마다 더욱 쌓일 수 있으니, 이로써 민생이 후하게 될 것입니다.[221]

라 하여 민생을 후하게 하는 데 있다고 주장하였다.

5. '郡國之禮'(卷48)

여기에서는 주로 향촌의 의례에 대해 설명하고 있는 데, 먼저 鄕飮酒禮의 연혁과 그 내용에 대해 설명하였다. 즉 3년에 한 번씩 하는 향촌의례를 '賓與賢能'과 '鄕大夫飮國中賢能者', '州長習射', '黨正臘祭' 등 네 가지로 구분하고 당시까지 행해지는 것은 '鄕大夫飮國中賢能者'뿐이라고 지적하였다.[222] 한편『御製大誥』에 입각하여 鄕飮酒禮의 내용을 설명하고 그 기준으로서 현자를 우대하는[223] 반면, 범죄자에 대해서는 예외로 배치한다고 지적하고 있다.[224]

둘째, 迎春禮의 연혁과 내용에 대해서 설명하였다.[225]

셋째, 당시 천하의 향촌민들이 마땅히 행해야 할 예에 대해서는 홍무 연간의『諸司職掌』『孝慈錄』『洪武禮制』『禮儀定式』과 영락 연간에 반포한『文公家禮』등을 참고할 것을 제안하였다.[226]

---

221) 위의 책 卷47,「明禮樂」'王朝之禮' 下, p. 542b(12葉).

222) 위의 책 卷48,「明禮樂」'郡國之禮', p. 548b(4葉).

223) 吳澂의 말을 인용하여 "古者鄕大夫行鄕飮酒于鄕學 以賓禮興賢者能者 而升其書于天府 擇其最賢者爲賓 其次爲介 此以德選 不以齒論"이라고 하였다. 위와 같음, p. 549b(6葉).

224) 위와 같음, p. 548b(4葉)에서는 특히 長幼의 구별도 강조하고 있다.

225) 영춘례는 입춘을 맞이하여 寒氣를 물리치고 경작을 의미하는 土牛를 만들어 이를 자름으로써 경작이 시작되는 봄을 맞이하여 그해의 농사가 잘 되도록 기원하는 의식이다. 이와 같음, p. 554a(15葉)~b(16葉) 참조.

226) 위와 같음, p. 556a(19葉).

6. '家鄕之禮' 上之上·上之下·中·下(卷49~53)

먼저, 예의 중요성과 함께 가례서의 반포와 교육을 강조하였다. 이에 따라 『禮記』「王制」편을 인용하여 冠·婚·喪祭·鄕·相見 등의 6禮[227]에 대해 설명하고, 이를 가정에서 실행할 것을 강조하였다. 따라서 그는

> ……사람과 가정의 성패는 모두 예에 달려 있기 때문에 예가 없으면 (사람과 가정은) 없는 것입니다. 따라서 사람들이 모두 행해야 하는 것이 곧 예이고 집집마다 모두 행해야 하는 것이 곧 예입니다. 더구나 가정이 모여 郡國을 이루고, 郡國이 모여 천하가 이루어집니다. 그러므로 만약 한 곳이라도 예가 없고, 또 한 가지 일이라도 예에 따르지 않으면 안 됩니다.[228]

라 하여 천하의 근본이 되는 개인과 가정은 반드시 예에 따라야 함을 강조하고 있다.

이를 위해서는 또한 가례에 대한 책을 제작 반포하여 교육할 것을 제안하였다. 즉 주자·程子·張載·사마광 등 宋儒의 가례서를 반포하고, 부·주·현학의 교관으로 하여금 10일에 한 번씩 儀式을 해당 학생들에게 가르치고 연습시키는 것이었다. 또한 향촌 社學의 교육자와 학생들에게도 이를 철저히 교육시키고 민간의 길흉사에서도 의식을 집행하도록 할 것을 제안하였다.[229] 이처럼 가례의 철저한 교육을 통해 가정이 다스려지고 더 나아가 천하도 잘 다스려질 수 있다[230]고 생각하였던 것이다.

둘째, 가례의 구체적인 내용으로서 무엇보다 효를 중요시하는 한편,

---

227) 冠·婚·喪·祭는 가례인 데 비해, 鄕·相見은 鄕禮라고 설명하고 있다. 위의 책 卷49,「明禮樂」'家鄕之禮' 上之上, p.559a(1葉).
228) 위와 같음, p.559b(2葉).
229) 위와 같음, p.560a(3葉)~b(4葉).
230) 위와 같음, p.560b(4葉).

長幼有序・夫婦有別・生子之禮 등 오륜을 강조하였다.231) 특히 그는 부부의 예를 다하는 것이 치평의 근본이라고 생각하였다. 즉

> ……모든 지아비가 지아비의 예를 다하고 부인이 부인의 예를 다함으로써 효와 敬에 다다르고 인륜을 후하게 하는 한편, 교화를 아름답게하고 풍속을 좋게 바꾸면 치평의 기초는 여기에서 세워집니다.232)

라 하였다. 이로써 볼 때 가례는 오륜을 주요 핵심으로 삼고 가정의 기강확립을 통해 천하도 다스려질 수 있다는『대학』의 취지를 충실히 계승하고 있음을 알 수 있다.

셋째, 가정의 자녀교육법233)에 대해 태교의 중요성과 10세까지의 가정교육의 필요성을 강조하였다. 특히 태교는

> ……옛 사람들은 자식을 가르침에 있어서 胎에 있을 때부터 이미 시작하였습니다. 즉 태아에서 느끼는 것을 잘 살펴서 그 아이가 자라나는 과정에서 형성되는 그 품성과 端初를 잘 살펴서 교육함으로써, 순진하고 거짓이 없도록 만들어 아동이 될 때까지 기릅니다. 따라서 이들이 자라서 단정하여 사악함이 없도록 기렀습니다.234)

라 하여 인간의 심성을 바르게 하는 데 매우 중요하다는 점을 지적하였다.

한편 冠禮에 대해서는『曲禮』에 따라 남자는 20세에 치르고 이는 學禮의 시작이라고 설명하였다.235) 그는 특히 관례의 취지에 대해 葉夢得의 말을 인용하여

---

231) 위와 같음, pp. 561a(5葉)~570a(23葉)에서 효와 長幼有序, 부부와 남녀의 예, 生子의 예에 대해 설명하고 있다.
232) 위의 책 卷49,「明禮樂」'家鄕之禮' 上之上, p. 567b(18葉).
233) 위의 책 卷50,「明禮樂」'家鄕之禮' 上之中, p. 571b(2葉) 참조.
234) 위와 같음, p. 572b(4葉).
235) 위와 같음, p. 573b(6葉).

무릇 冠을 써서 禮를 치르는 것은 곧 그가 자식된 도리를 책임지는
것으로서, 장차 부자의 예를 다하여 신하의 도리도 다한다는 뜻입니다.
왜냐하면 부모가 있다는 것은 곧 군주의 도가 있음을 뜻하는 것이기
때문에 나라의 근본은 이보다 더 큰 것이 없습니다.236)

라 하여 충효에 바탕을 두고 있다. 따라서 통과의례로서 관례를 통해
성인은 '孝悌忠順'의 상하질서를 실천한다237)는 약속을 표현하였던 것
이다.

넷째, 혼례의 절차238)와 목적239)에 대해 설명하는 한편, 상례의 취지
에 대해서도 언급하였다. 특히 그는 혼례와 상례를 행할 때 무엇보다
허례허식을 삼가고 분수에 맞게 할 것을 강조하였다.240) 이에 따라 당
시 불교에서 천당과 지옥설을 내세워 장례를 호화롭게 치르는 풍속에
대해 신랄하게 비판하면서, 이는 민의 재물을 탐내는 행위라고 지적하
기도 하였다. 또한 그는 이와 같은 이단을 없애고 예교를 회복함으로
써 풍속을 바로잡고 더 나아가서는 민생을 후하게 해야 한다고 주장하
였다.241) 따라서 그는 당시 민간에서 행해지고 있는 이단 풍속과 지나
치게 허례허식으로 흐르는 의례를 비판하고, 현실과 실용성을 바탕으
로 한 예교의 회복242)을 강조하였던 것이다.

---

236) 위와 같음, p. 575a(9葉).
237) "所謂成人者 …… 必知人倫之備焉 親親貴貴長長 不失其序之謂備 此所以
　　 爲人子 爲人弟 爲人臣 爲人少之禮行 孝弟忠順之行立也"라고 呂大臨의 말
　　 을 인용하여 설명하고 있다. 위와 같음.
238) 혼례 절차는 신부의 성명·사주·가족상황 등을 문의하는 '問名', 이것이 길
　　 한지의 여부를 문의하는 '納吉', 신부집에 請聘金을 보내는 '納幣(徵)', 택일
　　 하는 '請期', 그리고 신부를 맞아들이는 '親迎' 순으로 진행된다. 위와 같음,
　　 p. 576b(12葉).
239) "上奉宗廟 下繼後世"에 있다고 설명하였다. 위와 같음, p. 577a(13葉).
240) 위의 책 卷51, 「明禮樂」 '家鄕之禮' 上之下, pp. 581b(2葉)~582a(3葉).
241) 위와 같음, pp. 583a(5葉)~584a(7葉). 또한 장례의 택일과 풍수지리설 등을
　　 믿고 무당에게 의뢰하는 행위에 대해서도 관할 관청이 조사하여 금지시킬 것
　　 을 강조하였다. 이에 대해서는 위와 같음, p. 584b(8葉).

다섯째, 민간에서 시행되고 있는 祭禮의 종류와 내용242)에 대해 설명하고, 특히 종법의 중요성을 강조하였다. 그는 大宗과 小宗을 엄격하게 구별하고 조부·증조·고조 등 4대조 이후에도 아들이 없는 경우에 한해서 동성의 양자를 허용할 것을 제안하여244) 종법제를 매우 중요시하였다. 이를 위해 족보를 명확하게 만들 것을 주장하고, 程頤의 말을 인용하여 그 중요성을 다음과 같이 지적하였다.

　천하의 인심을 관리하기 위해서는 종족을 모아 풍속을 돈독하게 하고 조상을 존중하고 그 본을 중시하도록 해야 합니다. 이를 위해서는 반드시 족보를 명확하게 하고 세속을 수습하여 宗子法을 세워야 합니다. 만약 宗子法이 문란해지면 이들의 뿌리를 알지 못하기 때문에 사방으로 흩어져, 흔히들 친척이 있어도 서로 알아보지 못하는 수가 많습니다. 또한 (程頤는) 宗子가 없게 되면 조정에서도 계속해서 신하를 이을 수가 없을 것이라고 말했습니다.245)

　여섯째, 향리의 상견례246)와 여씨 향약의 내용에 대해 언급하는 동시에 이를 통해 풍속을 교정하고 질서를 유지할 것247)을 강조하였다. 특히 구준은 근본적인 도는 상존하지만 시대의 특성에 맞게 變通之道를 통해 古俗의 부흥248)을 강조하는 한편, 치평을 위해서는 군주·제후·경대부·서민 등 각 계층이 각자의 제가에 힘쓰는 것이 가장 근본임을 주장하였다.249) 또한 예교의 회복을 위해 먼저 의례를 제정하고

---

242) 위와 같음, p. 586b(12葉).
243) 위의 책 卷52,「明禮樂」'家鄉之禮' 中, pp. 589a(1葉)~592a(7葉).
244) 위와 같음, p. 594b(12葉).
245) 위의 책 卷53,「明禮樂」'家鄉之禮' 下, p. 595a(1葉).
246) 위와 같음, pp. 597b(6葉)~599b(10葉) 참조.
247) 즉 呂氏鄉約의 내용은 德業相勸·過失相規·禮俗相交·患難相恤로서, 이를 잘 지키는 자와 위반한 자를 향리에 써서 붙이되 세 차례 위반할 경우에는 벌한다고 규정하고 있다. 위와 같음, pp. 599b(10葉)~601b(14葉).
248) 위와 같음, p. 603a(17葉)~b(14葉).

교육을 통해 보급하되, 이러한 교화에도 불구하고 예를 지키지 않을 경우에는 형벌로 다스릴 것을 강조하였다.[250]

「秩祭祀」편의 내용은 '總論祭祀之禮' 上·下(卷54~55), '郊祀天地之禮' 上·下(卷56~57), '宗廟饗祀之禮' 上·下(卷58~59), '國家常祀之禮' 上·下(卷60~61), '內外郡祀之禮'(卷62), '祭告祈禱之禮' 上·下(卷63~64), '釋奠先師之禮' 上·下(卷65~66) 등 모두 13권으로 구성되어 있다. 여기서는 주로 제사의 취지와 목적, 그리고 그 종류에 대해 천지·종묘제사·국가 常祀·內外祀·기우제·釋奠 등으로 나누어 설명하고 있다.

1. '總論祭祀之禮' 上·下

먼저, 종묘제사의 취지는 만물과 인간의 근원에 제사함으로써 인심을 모으고 사방으로 흩어져 있는 도를 합하는 데 있다고 지적하고 있다.

> 만물은 하늘에서 비롯되고 사람은 조상에서 비롯되었습니다. 하늘은 만물을 생기게 하여 그 기를 만물에 나누어 주었고, 조상은 후손을 낳아 그 기를 여러 갈래로 나누어 주었습니다. 사람은 만물 중의 하나고, 군주는 사람들 중 하늘의 장자로서 이를 받들어 하늘이 낳은 만물의 기를 모으는 자입니다. …… 무릇 郊祀로써 하늘을 받드는 것은 천하의 흩어진 마음을 하나로 모으고 이들로 하여금 만물이 태어난 것이 모두 하늘로부터임을 알게 하는 데 있습니다. 또한 종묘에 제사지내는 까닭은 일가의 흩어진 마음을 하나로 모아 이들로 하여금 백세토록 자손들이 전해질 수 있었던 까닭은 모두 똑같은 조상에 있다는 사실을 알게 하는 데 있습니다.[251]

---

249) 위와 같음, p. 604a(19葉).
250) 위와 같음, p. 604a(19葉).
251) 위의 책 卷54, 「秩祭祀」 '總論祭祀之禮' 上, p. 605b(2葉).

따라서 성인이 제사의 禮를 만든 목적은 신에게 보답하는 것뿐 아니
라, 민에게 이 사실을 가르침으로써 이들이 자신의 직분을 다하도록
하는 데 있다고 강조하였다.252)

둘째, 신에 대한 제사의 기준은 '誠'을 다하는 데 있고,253) 이는 인심
과 천리에 합당한 '義'에 있다고 주장하였다. 즉

> 祀典에는 일상적인 예가 있습니다. 그리고 祀典 외에도 의에 합당한
> 祀는 선왕들이 버리지 않았습니다. 소위 의라는 것은 반드시 인심에
> 맞고 천리의 올바름에 합당한 것을 뜻합니다. 따라서 의가 아니면 祭
> 를 지낼 수 없는 것입니다.254)

라고 지적하였다. 특히 구준은 당시 혹세무민하는 사교에 대해 신랄한
비판을 가하고 심지어는 이를 역대 민란의 원인으로 간주하였다.255)

셋째, 제사의 종류와 그 절차에 대해 설명하였다. 즉 內祭인 종묘사
직제와 外祭인 5帝 4聖제사256)를 비롯하여, 大祀(天地에 대한 郊祀·
宗廟祭)·次祀(日月星辰·社稷帝)·5祀(5嶽祭)·小祀(司中·司命·
風伯·雨師·山川·百物) 등 제사의 종류에 대해 鄭玄의 말을 인용하
여 설명하였다.257) 또한 그 절차인 6祝(順祝·年祝·吉祝·化祝·端
祝·莢祝)258)과 제사시 대상의 존칭인 6號(神號·鬼號·示號·牲

---

252) 위의 책 卷55, 「秩祭祀」 '總論祭祀之禮' 下, p. 615a(1葉).
253) 위의 책 卷54, 「秩祭祀」 '總論祭祀之禮' 上, p. 606b(4葉), "誠之一言 感神之
    本也".
254) 위와 같음, p. 607b(6葉).
255) 당시 사교는 귀신의 도를 믿고 正術을 따르지 않으며, 邪術을 행하여 경전의
    기록을 버리고 이단을 따르는 것이라고 비판하였다. 또한 당시 사교가 원인
    이 된 민란의 예로서 한대의 오두미교, 송대의 喫茶事魔敎, 원대의 미륵불교
    등을 들고 있다. 위와 같음, p. 608b(8葉).
256) 위와 같음, p. 610a(11葉), "宗廟社稷內祭也 故其神位在廟內 五帝四聖以下
    外祭也 故其神位在郊外".
257) 위와 같음.
258) 위와 같음, p. 610b(12葉).

號·齋號·幣號)에 대해서도 설명하고 있다.[259]

넷째, 제사에는 상하·원근의 등급이 있다는 것을 강조하였다. 즉,

先儒의 말에 의하면 천자가 천지에 제사하는 것은 곧 천하의 事이고, 제후가 方祀하는 것은 곧 일국의 事입니다. 대부가 五祀를 제사하는 것은 곧 일가의 事이고, 士가 조상에게 제사하는 것은 곧 일신의 事입니다. 무릇 덕에는 높고 낮음이 있기 때문에 제사하는 신도 대소의 차이가 있게 마련입니다. 또한 생업에도 廣狹의 차이가 있기 때문에 제사하는 神에도 원근의 차이가 있게 마련입니다.[260]

라 하였다. 이로써 볼 때, 구준은 제사를 지내는 사람뿐 아니라, 그 대상 역시 상하의 엄격한 구별이 있다고 이해함으로써 상하질서로서 제사의 예를 파악하고 있음을 알 수 있다. 이에 따라 제사하지 않아야 할 대상에게 제사하는 것을 모두 '淫祀'로 규정하여 이를 비판하였다.[261] 따라서 제사의 예에서는 무엇보다 상하질서의 엄격한 구별을 강조하였다.

제사의 예에서 上者는 아래 것을 겸할 수 있어도, 下者가 위의 것을 범할 수는 없습니다. 그러므로 筍卿은 "郊祀는 천자만이 지내는 것이고, 社祀는 제후만이 지내며 道祀는 大夫만이 지내는 것"이라고 했습니다.[262]

다섯째, 예제에는 일정한 격식과 시기, 그리고 예물이 있게 마련이기 때문에 개인적인 차원에서 신을 지나치게 섬겨서는 안 됨을 강조하였다.[263] 따라서 그는 특별히

---

259) 위와 같음, p. 611a(13葉).
260) 위와 같음, p. 612a(15葉).
261) 위와 같음.
262) 위와 같음, p. 612b(16葉)~613a(17葉).

예는 사람들의 사정에 따라 만들어야 하기 때문에 성인은 이를 위해
격식을 만들었습니다. 그러므로 이로 하여금 한계가 있도록 하여 감히
지나치게 요구하지 않도록 만들었습니다. 그리고 법으로 만드는 데 있
어서도 함부로 요구하지 않도록 하였습니다.264)

라 하여 예의 형식과 절차를 사정에 맞게 할 것과 절제할 것을 강조하
였다.

　여섯째, 오례(吉·凶·軍·賓·嘉禮)와 제사의 본질은 모두 '盡
心'265)에 있기 때문에, 특히 제사에 임하는 자세는 仁·孝·誠·敬할
것266)을 강조하였다.

2. '郊祀天地之禮' 上·下

　여기에서는 천지에 대한 郊祀의 연혁267)과 제사의식에 필요한 절차,
그리고 왕 행차시의 복장·수레·장식 등268)과 이에 필요한 제기 및
술에 대해서도 상세하게 설명하였다.269) 이 밖에도 제천의식에 대한
실례를 들어 한대부터 명대까지의 연혁270)에 대해서도 구체적으로 언
급하고 있다.

3. '宗廟饗祀之禮' 上·下

---

263) 위의 책 卷55,「秩祭祀」'總論祭祀之禮' 下, p. 615b(2葉).
264) 위와 같음, p. 616a(3葉).
265) 위와 같음, p. 617b(6葉).
266) 위와 같음, p. 621b(14葉), "祭祀之道 曰仁 曰孝 曰誠 曰敬而已".
267) 위의 책 卷56,「秩祭祀」'郊祀天地之禮' 上, pp. 625b(6葉)~626a(7葉) 참조.
268) 명대 제천의식의 절차에 대해, 먼저 欽天監에서 길일을 택하고, 백관은 齋戒
　　를 하며 왕이 행차하는 연도를 청소하고 민은 흉복을 착용하지 않는다고 한
　　다. 한편 왕의 복장은 안에 가죽 옷을 입고 밖에는 곤룡포를 착용할 뿐 아니
　　라, 면류관을 쓴다고 설명하고 있다. 위와 같음, pp. 626a(7葉)~627b(10葉).
269) 위와 같음, pp. 629a(13葉)~630b(16葉) 참조.
270) 위의 책 卷57,「秩祭祀」'郊祭祀之禮' 下, pp. 631a(1葉)~637a(13葉) 참조.

여기에서는 주로 宗廟饗祀와 薦新禮에 대해 설명하는[271] 한편, 유학자들을 모아 이들에게 여러 서적을 참고하여 6례에서 빠진 부분을 보충할 것을 다음과 같이 건의하였다.

古禮는 비록 오늘날에는 그대로 실행할 수 없지만, 삼대의 성왕이 이를 만든 깊은 뜻조차 사라지고 남아 있지 않게 할 수는 없습니다. 하물며 예는 6경 중의 하나로서, 이것이 비록 시와 세에 따라 변하기 때문에 복원시키기는 어렵다 하더라도 천리와 자연의 법칙이며 또한 인간사의 법칙입니다. …… 그러므로 유신들에게 명하여 秘閣에 있는 책들을 참고하여 이를 분류 정리하게 함으로써 별도로 책을 만들어 6藝에서 빠진 부분을 보충하도록 하십시오.[272]

4. '國家常祀之禮' 上·下

일상적인 국가 제사의 종류와 그 예법에 대해 언급하고 있는데, 먼저 陳道祥의 말을 인용하여 사직에 대한 제사를 설명하였다. 즉 社는 5土에 대한 제사를 의미하고, 稷은 五穀神에 제사하는 것이라고 설명하는 한편, 사직을 함께 거론하는 이유를 다음과 같이 설명하였다.

稷(곡식)은 땅이 없이는 자랄 수 없고 땅은 稷이 없이는 (식물이) 성장한 후의 효과를 볼 수 없습니다. 따라서 社(땅)에 제사할 때는 반드시 稷에도 함께 제사해야 합니다.[273]

또한 社祭의 종류는 천자가 지내는 大社, 제후가 지내는 國社, 개인이 지내는 侯社 등으로 대별하고 있다.[274]
둘째, 日月星辰[275]과 風雨雲雷에 대한 제사[276]를 설명하였다. 즉 해

---

271) 위의 책 卷58, 「秩祭祀」 '宗廟饗祀之禮' 上, pp. 639a(1葉)~644b(12葉) 참조.
272) 위의 책 卷59, 「秩祭祀」 '宗廟饗祀之禮' 下, p. 6510a(5葉).
273) 위의 책 卷60, 「秩祭祀」 '國家常祀之禮' 上, p. 657a(1葉)~b(2葉).
274) 위와 같음, p. 660a(7葉).

는 양에 해당하기 때문에 壇에서 제사하는 東祭인 데 비해, 달은 음에 해당하기 때문에 坎에서 西祭한다277)고 지적하고 있다.

셋째, 산천에 대한 望祭278)와 성황제279) 및 八獵祭280)에 대해 설명하였다.

5. '內外群祀之禮'

각 왕조의 제왕들에 대한 祭281)와 충신열사들에 대한 제282)를 설명하는 한편, 진대 이후 淫祀가 범람하는 현상을 비판하였다. 즉

> 진 이후 淫祀가 많아지고 한 무제에 이르러서는 특히 方士의 말을 이용하여 더욱 심해졌으니, 이는 일찍이 보지 못했을 정도였습니다. 따라서 마음대로 만들어서 세상에 알려진 것만 해도 약 700여 祀가 있고 한 해에 1만 7천 개의 사당이 있었으니, 이를 헤아려 보지 않아도 알 수 있습니다.283)

라 하여, 특히 한 무제시 음사가 극심했던 현상을 한탄하였다.

6. '祭告祈禱之禮' 上·下

즉위의례,284) 巡守의례,285) 도읍 營造 의례,286) 廟封의례,287) 기우제

---

275) 위와 같음, pp. 661b(10葉)~662b(12葉) 참조.

276) 위와 같음, pp. 662b(12葉)~664a(15葉) 참조.

277) 위와 같음, 662a(11葉).

278) 5嶽 4鎭 4瀆에 대한 망제를 설명하고, 망제라는 명칭은 산천을 바라보고 제사지낼 수밖에 없기 때문에 비롯된 것이라고 지적하고 있다. 위의 책 卷61, 「秩祭祀」 '國家上祀之禮' 下, pp. 665a(1葉)~669a(9葉).

279) 위와 같음, pp. 669a(9葉)~670a(11葉) 참조.

280) 위와 같음, pp. 673a(17葉)~674b(20葉) 참조.

281) 위의 책 卷62, 「秩祭祀」 '內外群祀之禮', pp. 678a(3葉)~681a(9葉) 참조.

282) 위와 같음, pp. 681a(9葉)~682a(11葉) 참조.

283) 위와 같음, p. 682b(12葉).

284) 왕이 즉위할 때 郊廟 社稷에 알리는 의식을 뜻한다. 위의 책 卷63, 「秩祭祀」

288) 등의 의식과 절차에 대해 설명하였다. 이 밖에도 자식이 없을 때의 高禖祀[289]와 비상시의 旅,[290] 흉년시의 禜祭[291] 등에 대해서도 그 의식과 절차를 상세하게 언급하고 있다.

7. '釋奠先師之禮' 上 · 下

첫째, 교육의 목적은 스승과 어른을 공경하도록 하는 데 있을 뿐 아니라, 천하의 民德이 돈후하도록 하는 데 있다[292]고 강조하였다. 여기서는 특히 석전의 취지가 성현과 先師를 공경하도록 하는 데 있음[293]을 강조하고 있다.

둘째, 공자에 대한 祭禮와 그 연혁에 대해[294] 설명하는 한편, 시호에 대해서는

공자의 도는 한 마디 한 가지 뜻으로써 다 표현할 수 없기 때문에 시호의 유무를 가지고 이에 대한 경중을 가릴 수는 없습니다. 하물며 聖이라는 뜻이 아닌 말로 시호를 이미 붙였는데, 또다시 조상의 諱를 함

'祭告祈禱之禮' 上, pp. 685a(3葉)~687a(5葉).
285) 왕이 지방을 순수할 때 먼저 종묘에 알리는 의식을 말한다. 위와 같음, p. 687a (5葉)~b(6葉).
286) 도읍을 축조할 때 郊社에 제사하는 의식을 말한다. 위와 같음, pp. 687b(6葉) ~688a(7葉).
287) 爵祿을 새로 봉할 때 이를 종묘에 고하는 의식을 말한다. 위와 같음, pp. 688a (7葉)~689b(10葉).
288) 위와 같음, p. 691b(14葉) 참조.
289) 위의 책 卷64, 「秩祭祀」 '祭告祈禱之禮' 下, pp. 693a(1葉)~694a(3葉) 참조.
290) 위와 같음, p. 694b(4葉) 참조.
291) 위와 같음, p. 695b(6葉).
292) 呂祖謙의 말을 인용하여 "……蓋不特是時尊師敬長之義 使國之愼終追遠 民德歸厚"라고 하고 있다. 위의 책 卷65, 「秩祭祀」 '釋奠先師之禮' 上, p. 701a.
293) 위와 같음, p. 703a(5葉).
294) 공자에 대한 제례는 漢 이후에 비롯되었고, 태학에서 공자의 사당을 모신 것은 魏 正始 7년(246)이라고 지적하고 있다. 위와 같음, pp. 703b(6葉)~ 705a(10葉).

144 中國近世 經世思想 硏究

부로 범하면서까지 이를 바꿀 필요가 있겠습니까?295)

라 하여 송 진종 咸平 연간(998~1003)에 공자의 시호를 '玄聖文聖王'
이라고 한 데 대해 비판적인 태도를 보였다.

셋째, 공자가 『춘추』를 저술한 목적이 "其意切切於華夷之辨"296)에
있다고 하여 華夷의 엄격한 구별을 강조하였다.

넷째, 예제를 시의적절하게 개조할 것을 강조하였다. 이에 대해 그는

> 옛날과 지금은 때가 다르고 제도 역시 같지 않습니다. 옛 것은 오직
> 옛날에만 온전하게 쓰였기 때문에 이를 따르고자 한다면 반드시 오늘
> 날에 맞게 해야 합니다. 즉 古制를 참작하되 그 의미가 오늘날의 사정
> 에 적합하고 時俗에도 알맞으면 옛날 사람들의 제도를 취할 수 있습니
> 다. 따라서 예는 적합함을 따른다는 의미인 것입니다.297)

라 하여 時宜性과 時俗에 맞는 禮制를 강조하고 있다. 여기에서 우리
는 傳統에 대한 墨守的인 태도에서 벗어나 變通을 중시하는 그의 실
용적인 태도를 엿볼 수 있다.

「崇敎化」편은 '總論敎化之道'(卷67), '設學校以立敎' 上·中·下(卷
68~70), '明道學以成敎' 上·下(卷71~72), '本經術以爲敎' 上之上·
上之中·上之下·中·下(卷73~77), '道德以同俗'(卷78), '躬孝弟以敦
化'(卷79), '崇師儒以重道'(卷80), '謹好尙以率民'(卷81), '廣敎化以變
俗'(卷82), '嚴旌別以示勸'(卷83), '擧贈諡以勸忠」(卷84) 등 모두 18卷
(卷67~84)으로 구성되어 있다.

여기에는 주로 교화의 중요성을 지적하는 한편, 이를 위해 학교를

---

295) 위의 책 卷66, 「秩祭祀」 '釋奠先師之禮' 下, p. 709a(1葉).
296) 위와 같음, p. 710b(4葉).
297) 위와 같음, p. 712a(7葉).

설립하여 道學과 經術을 교육할 것을 강조하였다. 아울러 교화의 가장 중요한 취지는 유학과 스승을 존경하도록 민을 가르치는 데 있다고 주장하고 있다.

1. '總論敎化之道'

먼저, 교화의 의미에 대해 天文과 人文으로 대비하여 설명하였다. 즉,

> 하늘에는 天文이 있고 사람에게는 人文이 있게 마련입니다. 군주는 위로는 천문을 관찰하여 천시의 변화를 살피고, 아래로는 인문을 살펴서 천하의 풍속을 馴化시킵니다. 따라서 하늘에는 일월과 星辰이 있고 四時와 六氣가 있기 때문에 그 형상이 나타나는 모습과 기운의 변화에는 모두 그 드러내는 외양이 있어서 이를 살필 수 있습니다. …… 한편 사람에게는 삼강과 六紀가 있고 예절과 법도가 있습니다. 따라서 이 윤리질서가 잡혀진 모습과 典則의 바른 모습에는 모두 드러나는 외양이 있기 때문에 이를 살필 수 있습니다.[298]

고 하여 교화는 인간의 삼강·六紀·예절·법도 등을 통해 그 질서를 바르게 하도록 하는 데 있다고 주장하였다.

둘째, 교육의 목적은 사람들에게 오륜을 알게 하는 데 있음[299]을 강조하고, 君臣之義·父子之仁·夫婦之別·長幼之序·朋友之信의 五典을 천하에 보급함으로써 사람들을 '正中'에 이르게 하는 것이라고 하였다. 그는 蔡沈의 말을 인용하여

> 이때 正이라 함은 신체를 뜻하는 것으로 그 신체가 처하는 곳에서 邪行을 하지 않는 것을 말하고, 中은 마음을 뜻하는 것으로서 그 마음

---

298) 위의 책 卷67, 「崇敎化」'總論敎之道', pp. 718b(4葉)~719a(5葉).
299) 위와 같음, p. 720b(8葉).

이 있는 곳에서 나쁜 생각을 하지 않음을 말하는 것입니다.300)

라고 하였다. 이 밖에도 刑政의 시행과 等則의 제정·제도의 권위·爵祿의 엄격한 집행·世業과 土俗의 유지 등을 통해서도 민을 교화할 수 있다301)고 주장하였다.

셋째, 교화는 治의 근본일 뿐 아니라 그 책임이 군주에 있다고 주장하였다. 따라서 구준은

庶·富·敎 등 세 가지는 요순 이래 治의 절차이자 강령입니다. 무릇 하늘은 민을 생기게 하고, 한 사람을 세워 이들을 위해 번성하게 하고 부유하게 하고 또한 교육하는 세 가지 일을 맡겼습니다. 그러므로 군주는 하늘의 의탁으로 만민의 부모가 되었으므로 반드시 이들을 治하고 敎하며 養하는 세 가지 일을 다해야 합니다.302)

라고 하였다. 특히 그는 『대학』의 8조목을 學과 敎의 두 가지로 분리하여

『대학』의 수신 이상(格物·致知·誠意·正心)은 모두 學에 관한 일이고, 제가·치국은 敎의 일입니다. 한 가정에는 부모가 있고 어른과 형이 있으며 자손이 있고 일꾼들이 있습니다. 나 자신이 그 가운데에서 만약 자식이라면 효도하며, 아우라면 공손하고 가장이라면 자애로워야 합니다. 따라서 孝·弟(悌)·慈는 이미 있는 것으로서, 이를 스스로 다하여 수신할 수 있으면 집안 사람들을 가르칠 수 있습니다.303)

라 하여, 먼저 자신을 수양한 다음에야 비로소 타인을 가르칠 수 있음

---

300) 위와 같음, p. 721b(10葉).
301) 위와 같음, p. 723a(13葉).
302) 위와 같음, p. 726b(20葉).
303) 위와 같음, pp. 725b(18葉)~726a(19葉).

을 강조하였다. 따라서 『대학』의 8조목 가운데 격물·치지·성의·정심을 배움 단계로, 수신과 치국을 가르침 단계로 이해하였던 것이다.

2. '設學校以立敎' 上·中·下

먼저, 교육을 담당하는 주체자로서 현자[304]를 중시하였다.

둘째, 학교설립의 목적은 '明倫'과 '育賢'에 있음[305]을 강조하고, 특히 人才의 육성은 나라의 興亡을 좌우한다[306]고 이해하였다. 따라서 師儒의 필요성을 다음과 같이 강조하였다.

天下에는 하루라도 師儒의 공이 없을 수 없고, 국가에는 하루라도 학교의 가르침을 게을리할 수 없습니다. 그러므로 유학에 바탕을 두고 교육을 하며 스승을 두어 도를 밝혀야 합니다.[307]

셋째, 학교의 명칭과 종류,[308] 그리고 교육과정에 대해 설명하였다. 특히 구준은 고대의 교육과정에 대해 7년간의 학습과정인 '小成', 9년간의 학습과정인 '大成'을 설명하고, 이를 통해 사물의 이치와 義에 정통하게 됨으로써 마침내 민을 교화시키고 풍속을 변화시킬 수 있다고 하였다. 또한 주변 사람들을 설득시키고 심지어 멀리 있는 사람들도 회유할 수 있다고 주장하였다.[309]

넷째, 후세에 와서 생겨난 교육의 폐단을 지적하고,[310] 이를 시정하

---

304) 위의 책 卷68, 「崇敎化」'設學校以立敎' 上, p. 729a(1葉).

305) 위와 같음, p. 730b(4葉).

306) 위와 같음, pp. 731b(6葉)~732a(7葉), "亂世則學校廢 治世則樂育賢才 可見 世道之治亂 係乎人才之有無 人才之有無 由乎學校之興廢也".

307) 위와 같음, p. 732b(8葉).

308) 위의 책 卷69, 「崇敎化」'設學校以立敎' 中, pp. 737a(1葉)~739b(6葉) 참조.

309) 위와 같음, p. 740a(7葉).

310) 당시 學政 문란이 심해짐에 따라 정통 연간(1436~1449)에 '風憲官'을 두어 이를 감사하도록 했다고 설명하고 있다. 위와 같음, pp. 741a(9葉)~742a(11葉).

기 위해 法式의 반포와 그 시행방법에 대해 언급하였다. 즉 홍무제시
侍御史인 雎稼의 건의를 인용하여

> 省·臺·部官회의에 명하여 격식을 제정하고, 천하의 학교에 비를
> 세우도록 해야 합니다. 그리고 憲綱 등의 책을 일일이 참작하여 의논
> 하여 성현 교학의 법을 만들도록 합니다. 이로써 中人 이하 사람들의
> 표준으로 삼고, 학교교양을 교육하는 데 법칙으로 삼도록 합니다. 그리
> 고 예부에 명하여 이를 천하에 반포하여 이를 준수하도록 합니다. 즉
> 유학을 가르치는 자는 반드시 이 격식에 따라 가르치고, 생도들도 이
> 격식에 따라 배우도록 하여야 합니다.311)

라고 하여 교육과정에 대한 일정한 격식 제정을 강조하였다.

다섯째, 태학의 연혁과 기능312)을 설명하고, 특히 태학의 기능이 士
의 양성과 교화에 있음을 강조하였다.313)

여섯째, 당시의 敎學은 지나치게 利에만 흐르고 양성되는 인재 역시
옛날보다 못하다고 지적하면서 다음과 같이 한탄하였다.

> 옛날 사람들은 가르치고 배우는 데 있어서 그 뜻이 專―하여 나누어
> 지지 않았습니다. 그런데 후세에는 모든 것을 利에 유혹되어, 배우는
> 것 역시 利 때문에 배웁니다. 따라서 인재도 옛날과 같지 않고 치도 역
> 시 점차 쇠퇴해지게 되었습니다.314)

3. '明道學以成教' 上·下

첫째, 성인의 가르침은 선한 것을 밝혀 악을 제거함으로써 公과 義

---

311) 위와 같음, p. 742a(11葉)~b(12葉).
312) 위의 책 卷70, 「崇敎化」 '設學校以立敎' 下, pp. 745a(1葉)~746a(3葉). 한편
    군현학에 대한 연혁에 대해서는 위와 같음 p. 746a(3葉)~b(4葉) 참조.
313) 董仲舒의 말을 인용하여 "養士莫大虖太學 太學者賢士之所關也 敎化之本
    原也"라고 하였다. 위와 같음, p. 745a(1葉).
314) 위와 같음, p. 751b(14葉).

를 따르고 私와 利를 추구하지 않는 군자가 되는 데 있음을 강조하였
다.315) 뿐만 아니라 성인의 學은 체용을 겸하고 내외를 합해야만 비로
소 도달할 수 있다고 주장하면서316) ‘全體大用學’을 특별히 강조하였
다. 따라서 그는 『연의보』를 저술한 동기에 대해 ‘大用’을 보충하였다
고 밝히면서,

> 眞(德秀)氏는 그의 대학연의 전 부분에서 이미 제왕학에 관한 조목
> 을 담았습니다. 그런데 제가 여기서 몇 가지 말을 첨가하는 이유는 이
> 를 통해 후세의 가르침에 보탬이 되고자 함에 있습니다.317)

라고 하였다. 즉 그는 성인의 가르침이 자신의 수양을 전제로 하는 ‘爲
己之學’에 있고, 이를 실천하여 타인에게도 보급시키는 지행겸비에 있
음을 강조하여 “孔門의 가르침은 지행의 두 가지에 있을 뿐”318)이라고
하였던 것이다.

둘째, 당시 사대부들이 이단에 경사되는 현상을 비판하고 正學에 힘
쓸 것을 강조하였다. 구준은 당시 사대부들의 학문풍토와 태도에 대해,

> 오늘날의 사대부들은 여러 명이 학교에 모여 장기와 바둑을 두거나
> 음주하면서 주현의 장단점과 행정의 득실을 논하는데, 이 중에서 이치
> 에 맞는 것이 적습니다. 또한 오로지 배불리 먹고 한가하게 노는 데 세
> 월을 보내고 있으니 결국 무슨 일을 하겠습니까? …… 그 중에는 向學
> 者 역시 正學에 힘쓰지 않고 異端小術에 빠지는 자가 많습니다. 혹시
> 정학에 힘쓰는 자가 있다 하더라도 그 역시 대부분 부지런하지 못하고
> 게을러서 중도에 그만두는 경우가 많습니다. 또한 거의 성취할 일을
> 중도에 포기하는 자도 있어서 설사 이를 배운다 하더라도 道로써 하지

---

315) 위의 책 卷71, 「崇敎化」 ‘明道學以成敎’上, p. 757b(6葉).
316) 蔡沈의 말을 인용하여 체용겸비를 강조하고 있다. 위와 같음, p. 756b(4葉).
317) 위와 같음, p. 757a(5葉).
318) 위와 같음, p. 759a(9葉).

않기 때문에 그 極에 달할 수 없으니, 이 모두 이른바 자포자기하는 무리라고 하겠습니다. 이것이 오늘날 사대부들의 병폐이니 마땅히 이를 철저하게 금지시켜야 합니다.[319]

라고 비판하였다. 이처럼 당시 理學이 지나치게 공리공담에 흐르고 이를 비판하는 심학이 상당히 홍성하고 있는 상황에서 구준은 정학의 부흥이 무엇보다 절실하다는 사실을 절감했을 것으로 짐작된다. 따라서 정학의 회복을 위해 그는 유학의 道統을 확립하고, 그 요체인『대학』을 중시할 것을 강조하였다. 그는『대학』의 중요성과 그의 학문태도를 다음과 같이 압축적으로 표현하였다.

儒者의 학은『대학』에서 말하는 3강령 8조목을 벗어나지 않습니다. 이는 겉으로는 규모가 매우 방대하고, 안으로는 節目이 매우 상세합니다. 이른바 三綱・五常・六紀・五禮・六樂은 천하의 의리를 다하는 것으로서, 이는 모두 (대학의) 도에서 벗어나지 않는 것입니다. 그리고 이른바 6경・十六史・제자백가도 모두 천하의 경전을 다 표현하고 있는 데, 이 역시 이 책에서 벗어나지 않습니다. 그러므로 유자의 도는『대학』에서 다하기 때문에 다른 것에서 찾을 필요가 없습니다. 또한 성현의 가르침과 선비들이 배울 것, 그리고 제왕의 治에 대해서도 여기에 모두 모아놓고 있습니다. 따라서 배움이 평천하에 이르면 천하는 平해지고, 이때 학문의 功은 비로소 다하게 되고 성현의 能事 또한 여기에서 끝맺게 됩니다. 이로써 볼 때 儒者의 도는 이처럼 크고 實하여 이단의 도처럼 작고 허하지 않습니다. 혹자는 성인의 도를 아득한 바깥에서 구하여 性命을 高談함으로써 이단과 그 是非를 다투고 있는데, 어찌『대학』의 도를 안다고 할 수 있겠습니까?[320]

즉『대학』은 사대부들과 제왕의 教・學・治의 요체라는 것이다. 뿐만 아니라 학문의 궁극적 목적은 치평을 실현하는 데 있으며, 천하가

---

319) 위와 같음, pp. 761b(14葉)~762a(15葉).
320) 위와 같음, p. 762b(16葉).

평정되었을 때 비로소 학문의 功은 완성된다고 주장함으로써 당시의 고답적인 '性命之學'에 반대하고 체용·지행의 겸비를 강조하고 있다.

셋째, 학문의 과정에 대해 주자의 말을 인용하여 博學·審問·愼思·明辨·篤行의 順으로 할 것[321]을 강조함으로써 '道問學'을 우선시하는 입장을 견지하는 한편, 이의 단계적인 실천을 주장하였다. 즉,

여기서 말하는 다섯 가지(博學·審問·愼思·明辨·篤行)는 誠의 항목입니다. 그러므로 程子는 "이 다섯 가지 중에서 어느 하나라도 없으면 學이 아니다. 따라서 학자가 그 순서를 따르지 않고는 어떻게 그 功을 겸해서 이룰 수 있겠는가?"라고 했습니다.[322]

라고 하여, 학문의 순서와 그 최종단계인 篤行을 강조함으로써 서문에서 이미 밝힌 체용·지행의 겸비에 주목하고 있다. 이와 함께 '尊德性'과 '道問學'에 대해서도

尊德性과 道問學, 이 두 가지는 儒者가 학문을 하는 큰 단서로서 이 두 가지 중 어느 하나를 편중하여 버릴 수는 없는 것입니다. 致廣大·極高明·溫古·敦厚의 네 가지는 존덕성 덕목이고, 盡精微·道中庸·知新·崇禮의 네 가지는 도문학 덕목입니다. 주자가 이르기를 "大小가 서로 의존하고 首尾가 상응하는 것으로, 성현이 入德하는 방법을 보이는 것에는 이보다 더 상세한 것은 없다"고 하였습니다. 그러므로 이 양자는 서로 같이 있어야 하고 어느 하나라도 없을 수 없는 것입니다. 만약 하나에 편중되면 이미 성인의 도가 아니고 儒者의 학이 아니게 됩니다.[323]

라 하여 존덕성과 도문학의 겸비를 강조하고 있다.

---

321) 위의 책 卷72, 「崇教化」 '明道學以成教' 下, p. 766a(3葉).
322) 위와 같음, p. 767a(5葉).
323) 위와 같음, pp. 767b(6葉)~768a(7葉).

넷째, 교육의 대상은 '不中才'와 '不才'를 모두 다 포함하여 교육을 통해 性情을 함양케 함으로써 '中'에 이르도록 하여 인재를 만들도록 할 것을 강조하였다.324)

다섯째, 심학으로의 편향을 비판하면서 이는 맹자의 "學問之道無他 求其放心而已矣" 중에서 '放心'을 잘못 해석한 데에서 기인하는 것이라고 지적하였다. 즉

> 蔡淵이 이르기를 "혹자는 맹자의 '無他而已矣'라는 말에 대해 곧 독서 궁리할 필요도 없고 오직 본심만 세우면 된다는 설을 내세움으로써 마침내 異學으로 흐르게 한다"라고 했습니다. 또한 集註에는 "學問之事는 단지 한 가지 단서만 있는 것이 아니지만, 그 道도 모두 放心에 있을 뿐이다"라고 하였습니다. 이로써 마침 맹자의 본의를 분명하게 밝히고 異學의 오류를 보일 수 있게 되었습니다. 그러므로 학자들은 마땅히 그 의미를 잘 새겨야 합니다. 제가 생각하기에 여기서 말하는 異學은 대체로 당시의 陸九淵을 지칭하는 것입니다. 그런데 오늘날에 와서도 일부 학자들은 이를 빌어 세상을 현혹하고 학문을 못쓰게 만들고 있으니, 이는 마땅히 통탄할 일입니다.325)

라 하여 心學은 맹자의 본의를 잘못 해석한 것에서 기인하는 것이라고 설명하고 있다.

4. '本經術以爲敎' 上之上(卷73), 上之中(卷74), 上之下(卷75), 中(卷76), 下(卷77)

여기에서는 주로 6經 4書에 대해 설명하고 있는데, 그 주요 내용을 요약해 보면 다음과 같다. 먼저, 『易經』은 5경의 本源이며 文字의 근원인 동시에 의리의 출처326)라고 규정하고, 성인이 이를 만든 이유는

---

324) 위와 같음, p. 768a(7葉).
325) 위와 같음, p. 769a(9葉).
326) 위의 책 卷73, 「崇敎化」 '本經術以爲敎' 上之上, p. 782a(7葉).

음양과 길흉의 消長에 대한 이치를 밝혀 진퇴 존망의 도를 깨닫게 하는 데 있는 것327)이라고 설명하였다. 또한 易에는 變易과 交易 두 가지 의미가 있고,328) 이를 알기 위해서는 理·象·數·辭를 이해해야 한다고 朱子의 말을 인용하여 설명하였다.329)

둘째, 『書經』의 의미는 奉天·治民·事君에 있는데, 이는 堯의 治民과 舜의 事君을 구체적으로 설명한 것인 동시에 인륜을 표현한 것330)이라고 주장하였다. 그는

> 『書經』의 大要는 '允執厥中'이라는 말에 있습니다. 이는 信으로써 人心과 道心의 구별을 알아서 그 中을 잡는다는 뜻입니다. 그리고 그 구별되는 까닭을 알고, 또한 이를 세밀하게 살펴서 한결같이 지킬 수 있으면 信을 지킬 수 있습니다.331)

라 하여, 『書經』의 핵심은 '中道'를 잡아 이를 지키는 '信'에 있다고 지적하였다. 결국 그는 『易經』과 『書經』에 대해

> 천하의 대도에는 두 가지가 있으니, 즉 의리와 정치입니다. 『易經』은 의리의 근본이고 『書經』은 정치의 요점입니다. 따라서 6경의 책 가운데 이 두 가지 책이 가장 으뜸인 것입니다. 학자는 경전을 배워 유가가 되는데, 이는 곧 의리를 밝혀 修己하며 정치를 행하여 治人하는 것입니다. (이로써) 학문의 事는 완성되고 儒者의 全體大用도 갖추어지는 것입니다. 그러므로 『易』은 그 體고, 『書』는 그 用입니다.332)

---

327) 宋 眞德秀의 말을 인용하여 "聖人作易 不過推明陰陽消長之理而已"라고 하였다. 위와 같음, p. 780b(4葉).
328) 위와 같음, p. 782a(7葉), "變易是流行者 交易是對待者".
329) 위와 같음, p. 782b(8葉).
330) 위와 같음, p. 783b(10葉).
331) 위와 같음, p. 784b(12葉).
332) 위와 같음, p. 785a(13葉).

라 하여 『易經』은 의리의 근본이고 『書經』은 정치의 요점인 동시에 儒者의 학문·수양에 필요한 체와 용으로 이해하고 있다.

셋째, 『詩經』은 사람의 마음이 움직이는 것을 표현하는 '言志'로서,333) 그 기능은 인륜을 돈후하게 만드는 것인 동시에 풍속을 아름답게 교화하는 것이라고 주자의 말을 인용하여 설명하였다.334) 뿐만 아니라 詩의 6義(風·賦·比·興·雅·頌)에 대해 설명하고335) 이를 6德(中·和·祗·庸·孝·友)의 근본으로 삼아 6律의 音으로 연결시키기도 하였다.336) 특히 구준은 『詩經』을 배우는 목적이 "窮經致用之道"337)를 밝히는 데 있다고 주장함으로써 현실적인 경세의 중요성을 강조하고 있다.

넷째, 『春秋經』은 공자의 뜻이 담긴 것으로서,338) 그 취지는 '尊王'339)에 있다는 것을 맹자의 말을 인용하여 강조하였다. 특히 『춘추』의 저술 동기는 신하가 군주를 살해하는 등 도가 쇠퇴함으로써 이를 방지하는 '尊王之道'의 회복에 있다고 지적하였다. 이와 아울러 『춘추』의 저술 시기에 대해서는 자신의 고증을 통해 『시경』이 없어진 다음340)이라고 주장하였다. 한편 『춘추』의 대의에 대해서도 태사공 사마천의 말을 인용하여 '禮義의 大宗'이라고 주장하는 한편, '華夷之辨'에 있음341)을 강조하였다. 따라서 그는 『춘추』에 대해

춘추경은 성인의 발자취이고 여기서 다루고 있는 242년의 일은 그

---

333) 위의 책 卷74, 「崇敎化」 '本經術以爲敎' 上之中, p. 787a(1葉).
334) 위와 같음, p. 787b(2葉).
335) 위와 같음, p. 787b(2葉)~788a(3葉).
336) 위와 같음, p. 789a(5葉).
337) 위와 같음, p. 793a(13葉).
338) 위와 같음, p. 797a(1葉), "孔子曰 知我者 其惟春秋乎 罪我者 其惟春秋乎".
339) 위의 책 卷75, 「崇敎化」 '本經術以爲敎' 上之中, p. 797b(2葉).
340) 위와 같음, p. 798b(4葉)~799a(5葉).
341) 위와 같음, p. 800a(7葉).

用입니다. 따라서 여기서 성인을 찾을 수 있으며, 또한 성인의 全體大
用은 여기에 있는 것입니다.[342)

라고 결론지었다. 이로써 볼 때 구준은 성인의 도(體)는 역사상의 구체
적인 사실(用)을 통해 찾을 수 있다고 강조하고 있음을 알 수 있다. 이
는 곧 경학이 사학이라는 이후 경세학의 발전[343)을 예고하는 실학적인
태도라는 점에서 주목할 만하다고 하겠다.

　　다섯째, 『禮經』은 '經禮' 300조와 '曲禮' 3,000조로 구성되어 있고, 이
중에서 '經禮'는 冠婚喪祭・朝觀・令同之類 등 일상적인 예를 설명하
는 '禮儀'라고 하였다. 한편 '曲禮'는 行禮・進退升降・俯仰・揖遜 등
의 예법을 설명하는 것이기 때문에 '威儀'라고 한다[344)고 지적하였다.
한편 현존하는 『禮經』은 儀禮・禮記・周禮가 있는데, 의례에는 사대
부의 예만 거론하고 있고, 천자의 예는 禮記・周禮 및 기타 서적을 합
쳐야만 완전하게 된다고 설명하면서 주자와 그 문인 黃幹・楊復 등이
만든 『經典通解』를 통해 고례를 알 수 있다[345)고 지적하였다. 특히
『周禮』에 대해서는 시세와 官政의 事體, 민정과 토속에 따라 이를 잘
적용할 것을 강조하면서 이제까지는 이를 잘 활용한 사람을 보지 못했
다고 지적하였다. 즉

　　『周禮』라는 경전에는 국가의 經制가 두루 갖추어져 있습니다. 따라

---

342) 위와 같음, p. 803a(13葉).
343) 명말 청초의 경세치용학 중에서 특히 黃宗羲・顧炎武・王夫之 등 三遺老의
　　'經史學派'의 견해와 매우 유사하다. 즉 이들은 실학의 구체적인 방법으로서
　　經史學의 합일을 주장함으로써 시세 변화에 따라 달라진 史實에서 역사변천
　　의 원리를 추적하고자 노력하였다. 따라서 경전과 모든 典籍을 應變의 사실
　　로 이해하였다. 이러한 실학적 태도는 마침내 章學誠의 '六經皆史說'로 발전
　　하였다. 이에 대해서는 曹秉漢, 「淸代의 思想」, 『講座中國史Ⅳ』(지식산업사,
　　1989), pp. 249~304 참조.
344) 『大學衍義補』卷75, 「崇敎化」 '本經術以爲敎' 上之下, p. 803a(13葉).
345) 위와 같음, p. 804a(15葉).

서 후세에 와서 정치를 하는 데는 이를 기준으로 삼으면 왕도가 통할 수 있다는 말은 진실로 그 핵심을 일컫는 것입니다. 그러나 이 책이 있고 난 이후로 이를 잘 사용할 수 있었던 사람은 없었습니다. 이를 假借하여 사용한 사람이 王莽이고 경솔하게 이용한 사람은 蘇綽이며, 잘못 이용한 사람은 王安石으로서 善用한 사람은 아직까지 보지를 못했습니다 .…… 생각건대 이는 아마도 事와 勢가 각기 다르고 官政의 事體와 民情土俗이 옛날과 같을 수 없기 때문일 것입니다. 따라서 오로지 이의 핵심적인 요점을 잘 택해서 실행하면서 이를 추진하는 기준으로 삼으면 될 것입니다.[346]

라 하여 『周禮』의 적용에서는 시의성과 民情에 따라 그 핵심만 잘 활용할 것을 강조하였다. 그리고 『禮記』에 대해서는 易·書·詩·春秋 등 4경 이외에도 제왕의 良法과 성현의 말씀이 49편에 자세히 나온다[347]고 지적하면서 의례와 함께 읽은 것[348]을 권장하는 등 독서법에 대해 언급하기도 하였다. 이와 아울러 『禮經』의 중요성을 강조하면서 6經에 대해 "시경은 志를, 서경은 事를, 악경은 和를, 역경은 음양을, 춘추경은 명분을 밝힌다(詩以道志 書以道事 樂以道和 易以道陰陽 春秋以道名分)"라는 장자의 평가에는 예에 대한 언급이 없기 때문에 忠과 信이 약해짐으로써 사람들이 방탕해진다고 지적하고,[349] 특히 예의 중요성을 강조하기도 하였다. 결론적으로 그는 6경에 대해 다음과 같은 총평을 내렸다.

옛날에는 6경이 있었는데, 易·詩·書·春秋·禮·樂經이 그것입니다. 이 중에서 易·詩·書·春秋 4경은 공자의 刪定을 직접 거친 것인데 비해, 禮·樂經은 온전하지 않은 것입니다. 그러므로 후세에서 말

---

346) 위와 같음, p. 804a(15葉)~b16葉).
347) 위의 책 卷76, 「崇敎化」'本經術以爲敎'中, p. 809b(2葉).
348) 위와 같음, p. 809a(1葉).
349) 위와 같음, p. 813b(19葉).

하는 禮經이란 儀禮·周禮·禮記를 뜻하고 이 三書는 모두 한대에 나온 것입니다. 儀禮·周禮는 책으로 되어 있는 데 반해, 禮記는 漢儒의 기록에 섞여들어 있는 것을 뽑은 것입니다. 한편 樂書는 전해지지 않지만 樂記 1편이 예기 가운데 섞여 있고 그 문장의 수려함과 또한 격언이 많은 것으로 보건대 결코 漢儒가 아니라 아마도 역시 古經에서 비롯된 흔적인 것 같습니다. 그런데 송대 왕안석이 儀禮를 버리고 이를 기준으로 取士하지 않게 되고부터 세상에서는 이를 따라 소위 5경이란 易·書·詩·春秋·禮記라고 부르게 되었습니다.[350]

여섯째, 『論語』에는 진짜 공자의 말씀과 당시 학자들이 지켜야 할 도리에 대한 설명이 들어 있기 때문에 이는 사람들이 대대로 전해야 할 心法이라고 주장하였다.[351]

일곱째, 『大學』은 '初學入德之門'[352]이라고 지적하면서 그 중요성을 강조하였다. 따라서 程復心의 말을 인용하여

> 『大學』으로 배우기를 시작하지 않으면 단순히 암송만 하는 詞章之學의 습관에 빠지게 됩니다. 따라서 虛無寂滅의 가르침(佛敎)과 權謀術數(法家) 및 百家衆技 등이 분연히 雜出하게 되는데, 이는 이것(대학 공부)이 부족하기 때문입니다.[353]

고 하여 당시 佛敎·法家 등 여러 사상들이 혼연되어 있는 현상은 『대학』의 실학에 대한 이해가 부족하기 때문이라고 지적함으로써, 당시 이학이 지나치게 詞章學으로 흐르는 경향을 우회적으로 비판하고 있다. 따라서 程子 형제가 『대학』을 『예기』 중에서 表章하고 주희가 이를 해석한 章句·或問과 문인들이 그 뜻을 傳述한 것을 높이 평가하

---

350) 위와 같음, p. 814a(11葉).
351) 위와 같음, p. 814b(12葉)~816b(16葉).
352) 위의 책 下卷, 卷77, 「崇敎化」 '本經術以爲敎'下, p. 817a(1葉)에서 程頤의 말을 인용하여 설명하고 있다.
353) 위와 같음, p. 817a(1葉).

는 등354) 『대학』 表章355)의 이유를 밝히고 있다. 특히 구준은 주자의 『대학』 章句와 或門은 성인의 全體大用을 세상에 밝히고, 이를 통해 학자와 치자가 성현의 도와 제왕의 功을 알게 하는 데 가장 큰 역할을 담당하였다고 다음과 같이 높이 평가하였다.

> 주자가 聖門에 공을 세운 것은 한 가지만이 아니지만 그 중에서 가장 큰 것은 『대학』에 있습니다. 이 책은 예기에 있었던 것을 程子가 처음으로 表章하였지만 세상에는 여전히 크게 밝혀지지 않았습니다. 그런데 주자의 章句와 或門이 나오게 되면서 천하의 집집마다 전해지고 사람들이 이를 암송하게 됨으로써 모두가 聖門에 全體大用의 학이 있음을 알게 되었습니다. 이에 따라 학자는 이것 이외에 따로 성현의 도를 구할 수 없고 치자도 이것 이외에 따로 제왕의 공을 이룰 수 없게 되었습니다. 그러므로 治하되 이를 제외하면 霸道가 되기 마련인데, 이는 그 用이 이미 용이 아니라서 體가 없기 때문입니다. 또한 배우되 이를 제외하면 이단이 되는데, 이는 體가 그 체가 아니라서 用이 없기 때문입니다.356)

이로써 볼 때 그는 『대학』을 '修己治人之方'357)의 핵심으로 파악하고 있음을 알 수 있다.

여덟째, 『中庸』에 대해 그 의미와 書名의 뜻을 설명하였다. 즉 『중용』의 의미에 대해 그는 程頤의 해석을 빌어 中은 '不偏'함을 뜻하고 庸은 '不易'함을 뜻하는 것으로서, 『중용』은 천하의 正道 또는 천하의 定理라고 설명하였다. 그는 또한 朱子의 말을 인용하여 中은 '不偏不倚', '無過不及'을 뜻하고 庸은 平常을 의미한다고 해석하였다.358) 따

---

354) 위와 같음, p. 817b(2葉).
355) 『대학』의 表章에 대해서는 戶田豊三郎, 「宋代における大學篇表章の始末」, 『東洋學』 1961. 3, pp. 46～56 참조.
356) 『大學衍義補』下卷, 卷77, 「崇敎化」 '本經術以敎' 下, p. 818a(4葉).
357) 위와 같음, p. 817a(1葉).
358) 위와 같음, p. 818b(4葉).

라서 그는

> 子思가 책 이름을 이렇게 붙인 것은 사람의 마음가짐과 일을 행함에 있어서는 모든 것이 不偏不倚하고 지나침과 부족함이 없는 것을 그 準則으로 하고, 그 하는 바가 모두 日用平常적인 事이어야 한다는 것입니다. 그런 까닭에 그 책을 단순히 中이라고만 하지 않고 또다시 庸을 첨가하였던 것입니다.[359]

라고 설명하였다. 또한 『中庸』이 세상에 알려지게 된 것은 程子가 『禮記』에서 처음으로 이를 表出한 후에 朱子가 이를 章句·或問함으로써 가능하였다[360]고 설명하였다.

한편 『中庸』의 특징에 대해서는 『논어』, 『대학』은 1章에 한 가지 事를 말하고 있는 데 비해, 『중용』은 한 단락을 읽어 그 首尾를 알고 난 후에 이를 해석해야만 이치가 통하고 首尾가 관통한다고 지적하고, 그 내용은 戒愼·恐懼·謹獨·篤恭 등 사람들에게 '用力之方'을 보여준다[361]고 지적하였다.

아홉째, 『孟子』를 설명하면서 맹자의 최대 공로는 세상에 성선설을 공포한 것이며, 이를 통해 堯舜이 있어서 知·仁·義가 분명히 있다는 것과 인심을 바르게 하여 邪說을 막았다는 데 있다[362]고 지적하였다. 『맹자』의 내용상의 특징에 대해서는 『논어』와 비교하여,

> 先儒들이 儒道를 논하는 책으로는 논어와 맹자를 반드시 함께 거론합니다. 이 두 책은 6경의 정수인 동시에 儒道의 근본입니다. 爲學의 요점과 다스림의 방법은 모두 이것이 아닌 것이 없습니다. 따라서 6경

---

359) 위와 같음.
360) 위와 같음, p. 819a(5葉).
361) 위와 같음. 中庸의 특징에 대해서는 黃幹의 말을 인용하고 그 내용에 대해서는 眞德秀의 말을 인용하여 설명하고 있다.
362) 위와 같음, p. 820a(7葉)~b(8葉). 程頤와 주자의 말을 인용하여 설명하고 있다.

을 바다와 산으로 비유하면, 논어는 바다를 항해할 때 필요한 배와 산을 오를 때 필요한 계단으로 비유할 수 있고, 『맹자』는 바다로 들어갈 수 있는 연못인 潢池와 등산하는 길로 비유할 수 있습니다.363)

라 하고 또한,

배우는 자가 만약 전심하여 이 두 책의 뜻을 달성하고 이를 활용하여 事를 다스리고 이로써 사람을 가르치며, 또한 이를 근본으로 삼아 군주를 섬기고 이를 시행하여 정치를 한다면 학문의 功은 이루질 수 있게 됩니다. 그리고 성현의 事도 또한 여기서 끝마치게 되는 것입니다.364)

라 하여 『논어』와 『맹자』는 수기치인의 완성에 필요한 핵심임을 밝히고 있다. 따라서 이를 배워서 현실에 활용하여 사람들을 가르치고 군주를 섬기며 정치를 행하면 곧 학문의 성과와 성현의 일이 모두 완성된다고 지적하였다.

열 번째, 4書에 대한 총평과 함께 특히 『대학』을 중시하여 이를 통해 제가·치국·평천하의 방안으로 삼을 것을 강조하였다.

4서의 이름은 송대로부터 시작된 것입니다. 소위 4서란 논어·대학·중용·맹자입니다. 이 몇 가지 책은 천지를 위해 立心하며 生民을 위해 立命하며, 옛날 성인들의 絶學을 만세토록 잇고 태평을 여는 수단입니다. 그러므로 학자들은 반드시 먼저 4서를 읽고 난 다음에 6경을 읽어야 합니다. 그리고 4서를 읽을 때는 먼저 『대학』에서 시작해야 합니다. 따라서 程子는 이(대학)를 '初學入德之門'이라고 했습니다. 주자는 옛날에는 『대학』을 '敎人의 法'이라고 하고, 眞氏(眞德秀)는 이를 '聖學의 근원'과 '治의 根本'이며 '군주와 천하의 율령격식'이라고 하였

---

363) 위와 같음, p. 820b(8葉).
364) 위와 같음, p. 821a(9葉).

습니다. 이로써 볼 때 儒者의 서에서 『대학』이라는 이 책보다 더 요긴한 것은 없음을 알 수 있겠습니다. 따라서 小學은 『대학』에서 入德하는 것으로써 근본으로 삼아 학문을 하였습니다. 그러므로 성인의 도와 제왕의 치도 모두 여기서 나오지 않는 것이 있겠습니까? 그런즉 『역경』, 『서경』, 『시경』, 『춘추』, 『예경』, 『논어』, 『맹자』, 『중용』도 모두 『대학』이 한 책에 충실하게 담겨져 있습니다. 따라서 오늘날 학교에서는 이를 읽어 격물치지의 근거로 삼고 앞으로 官에서 이를 지켜 활용함으로써 제가·치국·平天下均의 수단으로 삼는 것입니다.365)

5. '道德以同俗'(卷78)

먼저, 당시에는 불가·노장 사상의 유행으로 인해 도덕과 풍속이 문란해지게 되었으며,366) 이를 바로잡기 위해서는 家·國·世의 도덕을 통일해야 한다고 강조하였다.367)

둘째, 도덕을 통일하고 풍속을 교정하기 위해서는 먼저 경전에 입각하여 이를 배우고 연구함으로써 불학과 도교 등 이설의 유혹에 빠지지 않아야 함을 강조하였다.368) 이를 위해서는 經術로써 사람들을 가르칠 것369)과 경전에 대한 고증,370) 그리고 유학의 관학화를 매우 강조하였

---

365) 위와 같음, p. 822b(12葉).

366) 위의 책 卷78, 「崇敎化」 '道德以同俗', p. 829a(13葉), "古之民四 而其敎一 當是之時 人無異習 士無異學 …… 自佛老之敎興 而民與敎皆增其二 議論則此是而彼非 風俗則日異而月不同".

367) 위와 같음, p. 823b(2葉)에서는 "國國自爲政 家家自爲俗者 由道德之不一也 道德之所以不一者 由乎王道衰而禮義廢 政敎失也 使文武之君常存 而道德之敎不息 禮義興行 政敎不息 上焉君有所依據以爲治 中焉而臣有所持循而輔治 下焉民莫不守其制而不敢易 遵其化而不能違 如此則億兆家如一家 千百國如一國 千萬世如一世矣"라 하여 도덕의 통일을 강조하고 있다. 또한 위와 같음, p. 826a(7葉)에서도 "예는 천하에서 하루라도 없어서는 안 됩니다. 예가 행해지면 도덕은 하나가 되고, 도덕이 하나가 되면 풍속도 역시 같아집니다"라고 하여 예와 도덕의 통일을 강조하였다.

368) 위와 같음, p. 830b(16葉)~831a(17葉).

369) 위와 같음, p. 826b(8葉).

370) 위와 같음, p. 827b(10葉).

다. 따라서 그는 董仲舒가 유학을 관학화시킴으로써 백가의 사상을 축출시킨 공로를 무엇보다 극찬하였다.371)

셋째, 예교의 진흥을 위해 송 이학의 말류적 폐단372)을 지적하는 한편, 賢才의 발탁을 통해 師道를 확립하고 학교를 부흥시켜 천하의 풍속 교화와 인재를 가르치는 것이 중요하다373)고 설명하였다.

6. '躬孝弟以敦化'(卷79)

먼저, 孝悌가 治의 要道인 동시에 군주의 德에서 근본임을 강조하는 한편, 이는 經을 바탕으로 하고 있음을 지적하였다.374) 이때 孝悌는 또한 경애하는 마음을 뜻하는 것으로서, 윗사람들을 자신의 형제처럼 존경하고 남의 자식을 자신의 자식처럼 사랑하게 됨으로써 천하가 평정된다고 생각하였다.375) 따라서 효제는 곧 양심에서 비롯되는 것으로서 인의 근본이 된다고도 하였다.376)

둘째, 효제의 개념을 사회적으로 확대 적용하여 이를 민의 교화와 治의 수단으로 삼음으로써 그 궁극적인 목적이 군주에 대한 忠에 있다고 설명하였다. 즉 그는 '敎民親愛'의 孝와 '敎民禮順'의 悌를 민에게 교육함으로써 결과적으로는 군주에 대한 '충'과 '순종'을 요구할 수 있는 논리377)를 제공하였다.

---

371) 위와 같음, p. 827a(9葉).

372) "송의 도학은 크게 알려졌지만 그 말류들의 폐단은 도학의 설을 빌어 사사로움을 채운 데 있습니다. 따라서 모든 것이 事를 받들지 않고 위의 사람을 따라 이를 믿음으로 인해 의론은 많지만 효과는 적었고, 또한 허문이 많고 실효가 적었습니다"라고 지적하였다. 위와 같음, p. 828b(12葉).

373) 위와 같음, p. 832a(19葉).

374) 위의 책 卷79, 「崇敎化」 '躬孝弟以敦化', p. 836b4葉).

375) 위와 같음, p. 835a(1葉)~b(2葉) ; 위와 같음, p. 839a(9葉)~b(10葉) 참조.

376) 위와 같음, p. 837a(5葉), "孝弟出於良心 自然不爲逆理亂常之事 …… 無一民不得其生 無一物不得其性 皆由乎一念之仁 而一念之仁 則起於愛親而敬兄也".

377) 위와 같음, p. 836a(3葉)~b(4葉)에서 "君主之事親孝 故忠可移於君 事兄弟

셋째, 효제의 교육방법은 養老를 통해 그 모범을 보이고 이를 통해 정치의 효과를 거두는 데 있다고 설명하였다. 따라서 그는

  왕이 養老하는 것은 이로써 천하의 孝를 가르치는 데 있고, 배우는 자로 하여금 인륜을 밝히는 것을 반드시 배우게 하는 데 있습니다. 인륜은 효제보다 더 급한 것이 없습니다. …… 그런데 군주가 자신의 부모(兄弟)에게 孝悌하는 것을 백성들이 직접 볼 수가 없습니다. 그런 까닭에 학교에서 양로의 예를 거행하는 것은 이를 듣는 사람으로 하여금 보고 감동하여 "君主조차 모든 노인들에 대해 이처럼 존중하는데, 하물며 그 친자식들은 어찌 존중하지 않겠는가?"라고 말하도록 하는 데 있습니다. 더구나 萬乘의 지존도 이렇게 하는데, 하물며 형편없는 소인들이 마땅히 감명을 받을 수밖에 없지 않겠습니까? …… 이렇게 함으로써 자신의 어른과 남의 어른, 그리고 자신의 윗사람과 남의 윗사람에게도 똑같은 예를 거행하는 것입니다. …… 그러면 다스림의 효과가 매우 큽니다.378)

라고 밝히고 있다.

7. '崇師儒以重道'(卷80)

  먼저, 儒道는 천하의 인심과 풍속을 바로잡고 이끄는 데 가장 적합한 것이기 때문에 이를 위한 師道의 확립이 무엇보다 중요함을 지적하였다. 따라서 그는

  천하에는 하루라도 師儒의 공이 없어서는 안 됩니다. 그러므로 師는 반드시 儒로 하여야 하고, 儒는 반드시 道로 하여야만 합니다. 그런 연후에야 비로소 일시에 규율을 세울 수 있고 후세에도 모범을 보일 수

  故順可移於長 居家理 故治可移於官"이라 하고, 또한 p. 839a(9葉)에서는 曾子의 말을 인용하여 "孝者所以事君 弟者所以事長"이라고 직접적으로 표현하고 있다.

378) 위와 같음, p. 840a(11葉).

있게 됩니다. (그런데) 이단 衆技에도 역시 師가 있기 때문에 師를 儒
로써 삼고 儒는 道로써 하지 않으면, 어찌 천하의 인심을 모으고 천하
의 풍속을 통합할 수 있겠습니까?379)

라고 師道의 확립을 강조하는 동시에, 이를 위해 엄격한 師道를 주장
하였다.380)

둘째, 제왕학으로서 유학을 강조하여

그런고로 군자의 말에 천하 국가의 근심 가운데 보위에 오른 자(군
주)가 學을 모르는 것보다 더 심한 것은 없다고 하였습니다. 즉 군주가
학을 모르면 大道를 들어 알 수가 없기 때문에 천박하고 속스러운 말
은 쉽게 귀에 들어가지만 의리의 말은 받아들이기 어렵게 됩니다.381)

라 하였다.

셋째, 유학의 도통 확립을 강조하면서 이에 대한 공자의 공로를 중
시하였다. 즉 그는

공자는 儒道의 宗이며 만대 綱常의 主입니다. 그러므로 위로는 伏
羲·神農·黃帝·堯·舜·禹·湯·文·武·周公의 도가 그에 의해
밝혀졌습니다. 그리고 공자의 6경이 없으면 이른바 10성인도 세상 사
람들이 혹시 그 상세한 것을 알 수 없었을 것입니다. 공자는 몸소 敎를
세우고 말로써 敎의 모범을 보임으로써 천하 후세에 彛倫의 이치와 中
正의 도를 알게 하였습니다. 이로써 군자들은 대도의 요점을 들을 수
있게 되었고, 소인들은 治의 혜택을 입을 수 있게 되었습니다. 이는 모
두 우리 성인이 經을 만들어 垂訓한 공로입니다.382)

---

379) 위의 책 卷80, 「崇敎化」 '崇師道以重道', p. 843a(1葉).
380) 위와 같음, p. 843b(2葉), "……嚴師者 人嚴之也 人嚴其師 則師道嚴矣 故師
   嚴然後道尊 學所以爲道 故道尊然後 民知敬學".
381) 위와 같음, p. 847b(10葉).
382) 위와 같음, p. 848a(11葉)~b(12葉).

라 하여 儒道의 중요성과 그 學統을 강조하고 있다.

8. '謹好尙以率民'(卷81)

여기에서는 주로 민을 통치하는 데 무엇보다 군주의 솔선수범이 중요하다는 사실을 강조하였다. 구준은 군주란 민의 풍속교화의 근본이기 때문에 군주 자신이 먼저 正身 제가하여 예의를 행하면 민은 저절로 이를 따라갈 것[383]이라고 주장하였다. 그는 특히 군주와 민의 관계를 바람과 풀의 관계에 비유하여 군주의 솔선수범을 강조하였다.[384] 이를 위해 군주는 민을 대할 때 언제나 '節儉正直'[385]하고 誠意를 다하는 것은 물론이고, 또한 형벌 사용은 가능한 한 피할 것[386]을 강조하기도 하였다.

9. '廣敎化以變俗'(卷82)

먼저, 민의 교화를 위해 賢臣을 발탁하는[387] 한편, 덕과 의를 통해 교화할 것을 강조하였다.[388]

둘째, 교화를 위해 나라를 다스리는 經制의 필요성을 강조하였다. 그는 나라를 다스림에 있어서 經制는 가장 중요한 근본이라고 지적하면서,

---

383) 위의 책 卷81, 「崇敎化」 '謹好尙以率民', p. 860b(16葉), "蓋人君一身 風化之本原 而京師者 又風化始出之地 君人上者 誠能正身齊家 而不爲非禮非義之事".

384) 위와 같음, p. 853a(1葉), "風譬則君也 草譬則民也 風之爲氣勁而力 草之爲物柔而弱 以勁而有力之風 而加諸柔弱之草 其偃仆之易且速 可知矣 人君之居上也 其轉移之勢 豈止於風 而民之處下也 其隨順之形 則甚於草也".

385) 위와 같음, p. 854a(3葉).

386) 위와 같음, p. 855b(6葉)에서 呂大監의 말을 인용하여 설명하고 있다.

387) 위의 책 卷82, 「崇敎化」 '廣敎化以變俗', p. 864b(4葉).

388) 위와 같음, p. 865a(5葉)~b(6葉).

다스림(治)에 있어서 經制가 정해지지 않으면 이는 마치 강을 건너는 데 돛대가 없는 것과 마찬가지입니다. 즉 배에 돛대가 없으면 배가 반드시 뒤집히는 것과 마찬가지로 나라에 經制가 없으면 나라는 반드시 혼란해지게 마련입니다. 經이란 백세의 常道이고 制는 일시적인 成法입니다. 常道로는 질서를 유지하는 근본으로 삼고, 成法으로는 질서를 유지하는 수단으로 삼습니다. 이것이 곧 治의 大體로서 유학을 통하지 않고는 알 수 없는 것입니다.389)

라고 하였다.

셋째, 민의 교화를 위해 지나친 허례를 비판하고, 이와 아울러 異敎에 대한 경계를 강조하였다. 그는 당시 사람들이 불·도교에 유혹되고 고례에 밝지 못함으로 인해 邪說에 빠지고, 또한 관혼상제에 지나치게 재화를 낭비함으로써 재산을 탕진하는 현상을 신랄하게 비판하였다. 따라서 이를 바로잡기 위해 관혼상제의 禮를 『朱氏家禮』에 의거하여 시행함으로써 민속을 미화시킬 것을 건의하였다.390)

넷째, 민에 대한 교화가 이루어지지 않은 이유를 利心이 義心을 능가하기 때문이라고 분석하고, 그 예로서 당시 민간에서 일어나는 소송사건의 대부분이 재산을 둘러싸고 일어나는 것임을 지적하였다.391) 따라서 이를 바로잡기 위해서는 지방 수령이 분담하여 郡·邑·鄕里에 이르기까지 교화를 담당할 것을 강조하였다.392) 특히 구준은 政·敎의 두 가지 治道 중에서 무엇보다 교화를 급선무로 파악하였다. 따라서 그는

……이 때문에 현명한 군주가 윗자리에 있을 때에는 교화가 치도의 급선무임을 압니다. 그러므로 반드시 학교를 설립하여 예의를 밝히고

---

389) 위와 같음, p. 866b(8葉).
390) 위와 같음, p. 868a(11葉).
391) 위와 같음, p. 869a(14葉).
392) 위와 같음, p. 870a(15葉).

교육을 통해 이를 알림으로써 사람들을 인도하였습니다. 그리고 이들로 하여금 道義 가운데 들어가게 함으로써 淳厚한 풍속을 갖도록 하였습니다. 또한 반드시 수령을 택하여 관의 政·敎를 나누어 공포함으로써 신중하게 주의를 주어 이를 알도록 하였습니다.393)

라 하였던 것이다.

10. '嚴旌別以示勸'(卷83)

먼저, 군주의 治는 선악을 분명하게 밝히는 데 있다고 하였다. 따라서 그는 民으로 하여금 선으로 향하게 하고 악에 빠지지 않게 함으로써 바른 것을 숭상하도록 해야 한다394)고 강조하였다. 더구나 그는 군주가 선한 것을 권하고 악한 것을 벌하는 것은 의리를 회복함으로써 민심이 갈라지지 않게 하는 데 그 목적이 있다고 지적하였다.395)

둘째, 효행을 표창하는 취지는 만사의 기강을 잡기 위한 것이라고 평가하면서, 이는 곧 身·家·郡·四海가 모두 바르게 되는 근본396)이라고 주장하였다.

11. '擧贈諡以勸忠'(卷84)

군주가 死者의 행적을 평가하는 諡와 공적에 대한 평가인 號397)를

---

393) 위와 같음, p. 873a(21葉).

394) 위의 책 卷83, 「崇敎化」 '嚴旌別以示勸', p. 875b(2葉), "人君爲治 在乎明好惡之所在 使民知所以嚮方 趨於善而不流於惡 則俗尙正而治化可成也".

395) 위와 같음, p. 877a(5葉).

396) 隋 文帝時 田德懋에 대한 효행을 璽書를 통해 표창한 것을 인용하면서 "만사의 기강을 일신에 행하면 일신이 바르게 되고, 이를 일가에 행하면 곧 일가가 바르게 됩니다. 또한 이를 一郡에 행하면 일군의 理가 서게 되고, 이를 四海에 행하면 사해가 모두 귀화하게 됩니다"라고 하여 기강이 그 궁극적인 목적임을 밝히고 있다. 위와 같음, p. 878a(7葉).

397) 위의 책 卷84, 「崇敎化」 '擧贈諡以勸忠', p. 884a(7葉)에서 시호에 대한 개념 정의를 『史記』에 의거하여 설명하고 있다.

내리는 것은 인심을 선하게 하고 충성을 다하여 군주를 섬기게 하는
데 그 목적이 있다고 설명하였다. 즉,

> 先哲 선왕들은 권선징악을 세상에 장려함에 있어서는 결코 일시적인
> 상벌로 하지 않고 오히려 백성의 영욕을 가지고 했습니다. 백성의 영
> 욕은 바로 諡입니다. 즉 그 일생의 아름다움에 합당하게 글자를 첨가
> 하여 이를 칭찬함으로써, 후세 사람들로 하여금 그 이력에 대해 시말
> 을 반드시 고찰하지 않아도 시호만 들으면 사람됨을 알 수 있도록 했
> 습니다. 이는 인심을 교화하여 이들을 선하게 함으로써, 이들로 하여금
> 이를 유지하여 충성을 다하여 군주를 섬기게 하기 위함입니다.[398]

라 하여 시호의 목적이 충성에 있음을 밝혔다. 따라서 시호의 賜與는
신중하게 행해야 하는 것[399]은 물론이고, 그 기준으로 권선징악과 無
私[400]를 강조하였다.

이상에서 질서(예부)에 해당하는 내용인 「明禮樂」, 「秋祭祀」 「崇敎
化」편의 내용을 구체적으로 살펴보았다. 이상의 분석과 검토를 통해
주요 특징을 요약해 보면 다음과 같다.

먼저, 예교를 국가사회의 가장 근본적인 기강으로 삼는 한편, 이를
또한 국가조직체를 움직이는 가장 기본적인 틀로 삼았다는 사실이다.
이때 예의 개념은 인간행동의 가치기준인 수양론이자, 동물과 인간을
구별하는 경계론이기도 하였다. 뿐만 아니라 예는 개인과 사회 국가의
행동규범인 동시에 운영원리로서, 개인과 사회의 존재원리이라고도 할
수 있다.

따라서 존재원리로서의 예는 자연히 당위론으로서 모든 인간을 독
립적인 개체로 파악하는 것이 아니라, 혈연·신분·직분 등과의 유기

---

398) 위와 같음, p. 883b(6葉)~884a(7葉).
399) 唐 許敬宗에게 시호를 내린 것을 비판하면서 신중을 기할 것을 강조하고 있
   다. 위와 같음, p. 885a(9葉).
400) 위와 같음, p. 887a(13葉), "諡法所以信於後世者 爲其善善惡惡 無私也".

적 관계를 보다 중시하고 있다. 이에 따라 당위론의 가장 핵심적인 인간관계를 가정윤리의 근본인 부자관계에 두고, 이를 사회국가에 확대 적용하였다. 그러므로 민과 군주, 군신관계는 자연히 상하질서로 파악될 수 밖에 없었다. 이는 정통 유가의 입장을 그대로 반영하는 것으로서, 구준 역시 여기서 탈피하지 못했음을 알 수 있다.

둘째, 예교를 통일된 이데올로기로 만들기 위해 무엇보다 민에 대한 교육을 강조하는 한편, 이를 위해 유교의 정통화와 관학화를 주장하였다. 뿐만 아니라 민에 대한 교화의 실질적인 담당자를 儒者(사대부)로 설정함으로써 이들을 정치적 이데올로기의 해석자인 치자로 파악하고 있다.

특히 구준은 당시 사상·학문계에서 일어나고 있는 심학과 불교 등이 민간에 상당히 유행하는 현상을 목도하면서, 무엇보다 시급한 것은 송대 이래 성리학 말류의 병폐인 '擧子之學'이나 '性命之學'의 공허함을 수정하여 실용적이고 실학적인 '全體大用'의 학문을 부흥시키는 데 있다고 생각하였다. 따라서 당시 유행하던 이단학설을 축출하고 인간의 당연한 도리인 예로 회복시키기 위해서는 유학의 관학화와 이를 담당하는 유자들이 경전의 뜻에 의거하여 정통(도통)을 확립하고, 더 나아가 이 도를 민에게 교화시키는 데 있다고 생각하였다. 이에 따라 유학의 핵심을 '全體大用'의 학이라고 파악하고 이에 대한 사대부의 학문수양과 함께 현실적인 치평에 참여케 함으로써 이들의 역할을 더욱 강화시켰다고 할 수 있다. 이로써 사대부는 개인의 도덕적 수양뿐 아니라 치평을 적극적으로 실현함으로써 지행과 체용겸비의 '全體大用'의 학을 완결하여 유학을 부흥시키고자 하였던 것이다. 그러므로 사대부의 사회적 역할은 사상에 대한 해석이나 이를 좌우하는 주도권뿐 아니라, 치평의 실질적 담당자인 治者로서의 역할도 겸비하게 마련이었다.

셋째, 예와 형벌을 모두 민의 교화에 그 목적을 두고 있으면서도 예치를 원칙적으로는 우선시하였다는 사실이다. 구준은 특히 三代의 정치를 가장 이상적인 것으로 흠모하면서 이때의 정치는 도덕에 따른 예치라고 파악하였다. 특히 진 이후부터 이 예치가 붕괴되고 오로지 형벌에 의한 '政'만이 남게 됨으로써 사람들은 의보다는 利를 좇아 공리적으로 변화되었다고 비판하였다. 즉 예치의 원칙을 강조하고 예의 기준을 義에 두었다. 이때 義의 개념은 공동이익이나 국가이익이라는 의미로 해석될 수 있다.

이 점은 비단 구준뿐만 아니라 유교에서 보이는 공통된 견해지만, 특히 형벌을 보조적 방안으로 제시하였다는 점에서 그의 예론은 주목된다. 즉 원칙적으로는 예치를 우선시하면서도 실제로는 체용겸비론에 입각하여 예와 형벌을 동시에 강조하였다는 점에서 특징이 있다고 하겠다.

넷째, 예의 현실적인 표현인 예제·의식을 시대와 지역에 따라 변화할 수 있는 것으로 파악함으로써 應變을 매우 강조하였다는 점이다. 그는 종전처럼 古制를 묵수하지 않고 예의 본질과 의미를 존중하는 범위 내에서 의식과 제도란 시의성에 맞게 변화될 수 있다고 생각하였다. 이에 따라 의례는 당시의 형편과 시대적 상황에 맞게 적용하는 이른바 '無過不及', '中正'의 입장을 견지함으로써 실용적인 예론을 주장했다고 볼 수 있다.

제5절 位階(工部) : 「備規制」편

황실의 권위와 위계문제를 다루고 있는 工部에 해당하는 「備規制」편은 '都色之建' 上(卷85)·下(卷86), '城池之守'(卷87), '宮闕之居'(卷88), '囿游之設'(卷89), '冕販之章'·'璽節之制'(卷90), '輿衛之儀'(卷91), '曆象之法' 上(卷92)·下(卷93), '圖籍之儲'(卷94), '權量之謹'(卷95),

'寶玉之器'(卷96), '工作之用'(卷97), '章販之辨'・'胥隷之役'(卷98), '郵傳之置'・'道涂之備'(卷99) 등 모두 15권(卷85~99)으로 구성되어 있다. 여기에는 주로 도읍과 궁궐의 축조, 왕실에 필요한 물품과 曆象의 제조, 그리고 지도 제작 등에 대해 설명하는 한편, 국가에 필요한 토목공사 役에 대해서도 언급하고 있다.

1. '都色之建' 上・下(卷85~86)

먼저, 建都의 장소는 天時와 지세를 고려하는 것은 물론이고 또한 인심을 얻어야 함을 강조하고,[401] 특히 遷都는 나라가 전성할 때가 가장 적합하다고 주장하였다.[402] 왜냐하면 특히 王畿는 군주가 거하는 곳이기 때문에 천지가 화합하고 사시가 알맞을 뿐 아니라 風雨가 모이고 음양이 화합하는 적당한 곳이어야 함을 강조하였다.[403]

다음으로, 徙民策의 연혁과 그 기준을 설명하였다. 즉 중국 역대의 사민책은 京師의 견고한 防衛를 위해 시행되었음을 밝히는 한편, 이를 시행함에 있어서는 민의 衣食과 용도 등을 충분히 고려할 것을 강조하였다.[404]

2. '城池之守'(卷87)

먼저, 城池의 설치기준은 天・地・人 등의 형편을 고려할 것과 城池의 설치를 통해 나라를 지킬 것[405]을 강조하였다. 또한 城池를 설치

---

401) 위의 책 卷85, 「備規制」 '都邑之建' 上, p. 892a(3葉).

402) 遷都가 매우 적당하였던 예로는 周文王이 豊으로 천도한 것과 武王이 鎬로 천도한 것을 들고 있다. 이에 비해 천도 시기가 적합하지 못한 예로는 周 平王의 동천과 동진・남송을 들면서 이는 결국 나라의 멸망을 초래했다고 설명하고 있다. 위와 같음, p. 895b(10葉).

403) 위의 책 卷86, 「備規制」 '都色之建' 下, p. 898a(3葉).

404) 위와 같음, p. 902a(11葉), "徙民以實京師 必使其衣食用度 無不如意 忘其家之徙也".

405) 城池의 기준에 대해 구준은 天險・地險・人險을 강조하고 있다. 이때 天險

하기 위해 사용하는 인력은 부득이한 경우에 한해서만 동원할 것을 강조하였다. 따라서 그는

> 나라가 있으면 城池의 설치는 없어서는 안 되는 것입니다. 그러나 이것도 민생을 위하는 것이 아니면 민력을 가볍게 동원해서는 안 되며, 아주 부득이한 경우가 아니면 하지 않아야 합니다.406)

라 하였다.

둘째, 城池를 활용하여 성곽을 쌓는 목적은 夷狄과 도적의 침입을 예방하고 막는 데 있다407)고 설명하였다.

3. '宮闕之居'(卷88), '囿游之設'(卷89)

먼저, 궁궐의 營造는 민을 힘들게 하거나 재정을 궁핍하게 만들지 않는 범위 내에서만 시행하고 지세와 토지, 그리고 일조와 길흉 여부 등을 고려할 것408)도 지적하였다. 또한 工程은 그 전후와 완급의 순서에 따라 시행해야 한다는 점409)을 강조하였다.

다음으로, 궁궐의 건축은 군주의 권위를 과시하는 데 있는 것이 아니기 때문에410) 무엇보다 절약을 모범으로 하는411) 동시에, 신중하게

은 天理, 地險은 地勢, 人險은 인력을 뜻하고 이를 신중하게 고려하여 나라를 세울 것을 지적하고 있다. 위의 책 卷87, 「備規制」 '城池之守', p. 905a(1葉)~b(2葉) 참조.

406) 위와 같음, p. 908a(7葉).

407) 위와 같음, p. 909a(9葉).

408) 위의 책 卷88, 「備規制」 '宮闕之居', p. 913b(2葉).

409) 위와 같음, pp. 914b(4葉)~915a(5葉)에서 胡安國의 말을 인용하여 설명하고 있다. 그 구체적인 예로서 성곽·교량 등은 급하게 해야 하는 것인 데 비해, 왕실의 유흥지 등은 때를 기다려서 해야 한다고 지적하고 있다. 위와 같음, p.915b(6葉) 참조.

410) 위와 같음, p. 916b(8葉).

411) 궁궐 營造時 절약의 모범을 보인 漢 文帝의 예를 들어 경비의 철저한 회계를 강조하고 있다. 위와 같음, p. 917b(10葉).

창건해야 한다412)고 주장하였다. 따라서 그는 무리한 營造를 강행할 경우에는 민력과 재력을 소모하는 것은 물론이고, 결과적으로 민의 원망을 초래하게 될 것413)이라고 경고하였다. 또한 황실의 동산인 囿를 설치한 목적은 여러 짐승들을 길러 祭祀·喪紀·賓客에 제공하기 위한 것이기414) 때문에, 부도덕한 일로 민을 노역시키거나 국가 재정을 낭비해서는 안 된다는 사실을 강조하였다.

4. '冕販之章' '璽節之制'(卷90), '輿衛之儀'(卷91)

冕制에 대한 연혁415)을 설명하고 그 기준으로서 지나치게 사치하지 않으면서도 예에서 벗어나지 않는 '中制'를 강조하였다.416) 또한 璽書의 연혁과 6璽제도417)에 대해 설명하는 한편, 符節에 대한 규정과 용도418) 등에 대해서도 설명하였다. 이와 아울러 황제의 수레인 輿에 대한 儀制와 이에 대한 의미에 대해 설명하였다.419)

---

412) 위와 같음, p. 918b(12葉).

413) 위와 같음, p. 920a(15葉).

414) 위의 책 卷89, 「備規制」 '囿游之設', p. 926a(3葉).

415) 冕制의 종류에는 선왕의 제사 때 착용하는 衮冕, 先賢과 제후의 제사 때 착용하는 鷩冕, 望祭 때 착용하는 毳冕, 사직의 제사와 五祀 때 착용하는 希冕, 여러 小祀 때 착용하는 玄冕 등 五冕服에 대해 설명하고 있다. 이 밖에 冕服의 장식에 대해서도 구체적으로 언급하고 있다. 위의 책 卷90, 「備規制」 '冕販之章', pp. 934a(3葉)~936b(8葉).

416) 위와 같음, p. 936b(8葉).

417) 璽라는 명칭은 주례에서 처음 보이고, 이를 공문서에 찍는 인장으로 사용함으로써 璽書라고 칭하게 된 것은 左傳에서 비롯되었다고 한다. 그리고 진 이후에는 천자만 사용하는 인장을 璽라고 칭하고 천자의 制詔를 새서라고 하게 되었다. 또한 한의 6새제(皇帝行璽, 皇帝之璽, 皇帝信璽, 天子行璽, 天子之璽, 天子信璽)뿐만 아니라, 그 용법에 대해서도 자세하게 설명하고 있다. 즉 皇帝行璽는 제후·대신을 봉하거나 王書를 발할 때 사용하고, 信璽는 發兵하거나 대신을 소집할 때 사용하며 天子行璽는 외국 사절들을 策拜하거나 천지·귀신을 섬길 때 사용한다고 한다. 이러한 한대의 6새제는 후세에도 그대로 답습되었다. 위와 같음, '璽節之制', pp. 937a(9葉)~938a(11葉) 참조.

418) 符節은 群臣들의 인장을 의미한다. 위와 같음, pp. 941a(18葉)~943b(22葉).

5. '曆象之法' 上·下(卷92~93)

천문의 중요성420)과 윤년제의 실시 등 역법의 필요성을 역설하였다.421) 특히 歲·日·月·星辰·曆數 등 5紀 중에서 앞의 네 가지는 모두 천과 관련되어 있는 데 비해, 曆數만은 인간에 의해 이루어진다는 것을 지적하고 양자의 합일을 통해 천인합일을 이룰 수 있다고 주장하였다. 즉 曆은 歲·日·月·星辰의 발자취인 데 비해, 數는 이들의 운행법칙인 '紀'를 인위적으로 계산한 것으로서, 5紀를 合用하면 위로는 하늘의 운행과 아래로는 사람을 표현하여 마침내 천인합일이 된다는 것이다.422) 따라서 그는 渾天儀의 제조법과 그 연혁,423) 역법의 취지424)와 천체에 대한 학설425)을 소개하는 한편, 역대 역법에 대한 자신의 평가도 기술하였다.426)

6. '圖籍之儲'(卷94)

---

419) 輿에 대한 괘풀이와 함께 輿의 장식과 구조인 輅, 轂, 旗, 就 등에 대해 상세하게 설명하고 있다. 위의 책 卷91, 「備規制」 '輿衛之儀', pp. 945a(1葉)~951b(14葉).

420) 천도가 명확하지 않으면 時順이 뒤바뀌게 됨으로써 세월과 정치뿐 아니라 농경도 또한 그때를 잃어버림으로 인해 어렵게 된다고 지적하였다. 위의 책 卷92,「備規制」'曆象之法' 上, p. 954a(3葉).

421) 윤년제는 절기의 때을 맞게 하기 위한 것이라고 설명하고 있다. 위와 같음, p. 954b(4葉).

422) 위와 같음, pp. 955b(6葉)~956b(8葉).

423) 위의 책 卷93, '曆象之法' 下, pp. 956a(1葉)~966b(4葉).

424) 曆의 취지가 '明時正度'함으로써 天意를 잇는 데 있다고 지적하고 있다. 위와 같음, p. 967b(6葉).

425) 천체에 대한 周髀·宣夜·渾天說을 蔡邕의 천문지에 의거하여 소개하고 있다. 위와 같음, pp. 970b(12葉)~971a(13葉).

426) 주자의 말을 인용하여 역은 시차가 없을 수 없다고 평가하고, 당시의 역학은 오로지 역법만 알고 曆理에 대해서는 잘 알지 못한다고 비판하고 있다. 따라서 郭守敬과 許衡처럼 역법과 曆理를 모두 섭렵한 사람을 등용하여 당시에 적합한 역을 제정할 것을 주장하고 있다. 위와 같음, pp. 973a(17葉)~975a(21葉).

먼저, 지도제작의 연혁과 함께 특히 각 藩·州·郡縣의 강역·산천·물산·里數·호구·전곡 등을 기록하여 제작하고 이를 호부에 비치할 것을 건의하였다.[427]

둘째, 특히 6經에 관련되는 서적 수집과 보관의 중요성을 지적하는 한편,[428] 역대의 장서량[429]에 대해서도 언급하고 있다. 특히 그는 서적의 귀중함에 대해,

소위 서적이란 한 사람의 마음에서 비롯되어 각기 일가의 설을 이루게 됩니다. 따라서 사람은 다르지만 그 이치가 비록 동일하다 하더라도 언어는 반드시 같은 것이 아닙니다. 그 속에는 의리를 밝힌 것, 世變을 밝힌 것, 사적을 기록한 것 등이 있기 때문에 각기 진리에 달하지 않는 것이 없어서 모두 취할 것이 있습니다. 이들 중에서 만약 하나도 잃으면 다시 회복될 수 없고, 또한 설사 회복시킨다 하더라도 이것은 옳고 온전한 것이 결코 아닙니다.[430]

라고 하면서 서적을 '珍藏而愛好'할 것을 강조하였다.

셋째, 서적의 濫刻本을 방지하기 위해 한림원 학사들로 하여금 엄격

---

427) 강역의 지도를 담당하는 관직으로서 주례의 大司徒가 그 효시라고 설명하고, 홍무 3년에 魏俊民이 만든 『大明志』와 英宗 때에 御纂된 『大明一統志』에 대해 소개하고 있다. 위의 책 卷94, 「備規制」 '圖籍之儲', pp. 977b(2葉)~978a(3葉).

428) 秦의 분서사건을 비난하고 한대 이후 寫書官과 藏書府 등을 설치하여 서적을 수집 편집한 사실을 매우 높이 평가하고 있다. 위와 같음, p. 982a(11葉)~b(12葉).

429) 秦 분서사건 이후 劉歆은 七略을 저술(33,090卷)하여 禁中·外台에 보관하였지만 王莽의 난으로 다시 소각되었다. 光武 中興時에는 경서 등 서적이 辟雍·東觀·台室·宣明·鴻都 등에 소장되었고 이는 董卓의 난 때 거의 다 분탕되었다고 한다. 이에 따라 魏 때에 이르러 유실된 서적을 다시 수집 편집하여 甲乙丙丁 4부로 나누었는데, 모두 29,945권에 달했다. 한편 東晉 때는 3,014권, 宋은 14,704권, 齊는 18,010권, 梁은 3,106권, 隋는 37,000여 권에 이르는 서적이 書目에 있었다고 한다. 위와 같음, p. 983a(13葉) 참조.

430) 위와 같음, p. 983b(14葉).

한 校讐를 시행하고 正本을 지정할 것을 건의하였다.431) 이를 위해 국가에서는 전문적으로 校讐刊正에만 힘쓰는 '館閣職'을 설치할 것을 건의하기도 하였다.432) 또한 서적보관에 대한 모범적인 사례인 송대를 예로 제시하면서 영락제 이후 서적 보관제도가 단절된 것을 한탄하고, 각 서적의 副本을 남경 내각과 兩監에 각기 한 부씩 소장할 것을 구체적으로 건의하기도 하였다.433)

7. '權量之謹'(卷95)

도량형의 혼란으로 인해 야기되는 폐단을 방지하기 위해 이에 대한 定制와 定法을 통일해야 한다434)고 주장하였다. 이를 위해 조정은 각 관청으로 하여금 표준 도량형을 정하여 매달 한 번씩 민간에서 사용하고 있는 모든 도량형을 수거하여 표준형과 동일한지의 여부를 검사토록 하는 방안을 제안하였다.435) 또한 도량형을 사용할 때는 반드시 남을 속이는 부정행위를 하지 않고 신중하고 정직하게 하도록 할 것을 강조하였다.436) 이를 위해 고금의 제도를 고찰하여 도량형의 표준형을 만들어 호부에 보관하고, 이를 각 군현에서 시행토록 할 것을 건의하였다. 이때 민간에서 주조된 도량형에 대해서는 반드시 표준형에 따라 제조하도록 하되, 그 제조일과 제작자의 이름을 반드시 명기하도록 하는 동시에 관의 승인을 받은 것만 사용하도록 하는 방안을 제안하기도 하였다.437)

---

431) 위와 같음, p. 986a(19葉).

432) 위와 같음, p. 986a(19葉).

433) 송대에는 太淸樓와 秘閣에 서적을 각기 한 부씩 보관하여 만약의 사태에 대비하였을 뿐 아니라, 館閣官을 두어 서적의 수집과 校讐를 철저하게 시행했다고 한다. 구준은 이러한 예를 본받아 시행할 것을 건의하였다. 위와 같음, pp. 987b(22葉)~988a(23葉) 참조.

434) 위의 책 卷95, 「備規制」 '權量之謹', p. 991b(2葉).

435) 위와 같음, p. 992a(3葉).

436) 위와 같음, p. 996a(11葉).

8. '寶玉之器'(卷96)

옥을 덕에 비유하면서[438] 그 용도[439]와 종류,[440] 그리고 6器의 예제[441]에 대해 설명하였다. 특히 그는 후세에 와서 옥의 용도는 고대와는 달리 주로 복장의 장식이나 놀이개로 사용되는 현상을 비판하고, 이는 곧 덕이라는 상징적 의미가 사라지고 不恭이 심해졌기 때문[442]이라고 지적하였다. 또한 圭笏제도에 대해 설명하면서 이는 신분에 따라 차이가 있다고 설명하였다.[443]

9. '工作之用'(卷97)

기술에 대해 고금의 차이를 설명하면서 고대에는 그 도리에 따라 자연스럽게 다듬는 '若'인 데 비해, 현재는 혼란한 기교로 마음을 방탕하게 하는 '淫巧'[444]라고 비판하였다. 또한 百工은 珠·象·玉·石·木·金·革·羽 등 8材를 切·磋·琢·磨·刻·鏤·剝·析 등으로 가공함으로써 민생에 필요한 일용품과 의복을 만드는 자로서, '器'를 갈고 닦아 '用'으로 변화시켰다고 높이 평가하고 있다.[445]

---

437) 위와 같음, p. 997b(14葉).
438) 옥은 보석 중에서 가장 귀한 것으로서 군자의 덕과 같다고 지적하고, 이를 인의·지·예악·충신의 덕이라고 칭한다고 하였다. 위의 책 卷96, 「備規制」 '寶玉之器', p. 1007b(14葉).
439) 옥의 용도는 머리 장식, 패용하는 것, 제기, 貢贄 등이 있다고 설명하고 있다. 위와 같음, p. 1003a(5葉).
440) 옥의 종류는 弘璧(大璧)·琬琰(圭)·大玉(革山之玉)·夷玉(東夷之玉)·天球(鳴球)가 있다고 한다. 위와 같음, p. 1004b(8葉).
441) 옥으로 만든 6器의 예제는 네 방향에 따라 다른데, 하늘에는 蒼璧을, 땅에는 黃琮을, 東方에는 靑圭를 그리고 南方에는 赤璋을, 西方에는 白琥를 제기로 사용한다는 사실을 설명하고 있다. 위와 같음, p. 1003b(6葉) 참조.
442) 고대에는 옥이 주로 行禮나 군대를 발동할 때 사용되었지만, 후세에는 장식용이나 장난감으로 사용되고 있다고 지적하였다. 위와 같음, p. 1005b(10葉).
443) 즉 천자는 옥, 제후는 상아, 사대부는 죽을 사용했다고 한다. 위와 같음, p. 1006b(12葉) 참조.
444) 위의 책 卷97, 「備規制」 '工作之制', p. 1009b(2葉).

10. '章服之辨' '胥隸之役'(卷98)

첫째, 복장의 상하 구별을 특별히 강조하는446) 한편, 당대 이후의 章服제도에 대해 소개하면서447) 5호16국 이후 장복제도의 문란은 오랑캐의 풍속 때문448)이라고 비판하였다.

둘째, 송대 歲時에 시행된 賜服, 賜錦袍制에 대해 설명하고, 이 역시 각 품관의 고하에 따라 그 무늬가 다름을 강조하였다.449) 이와 아울러 吏胥의 직위에 따라 祿이나 토지를 지급하여 생계를 보장할 것을 주장하기도 하였다.450)

11. '郵傳之置' '道涂之備'(卷99)

郵傳의 기능이 숙식제공과 물품보관, 문서전달, 빈객의 접대 및 경호에 있다는 사실451)과 牌券制의 연혁452)에 대해 설명하였다. 이와 아

---

445) 위와 같음.

446) 위의 책 卷98, 「備規制」 '章服之辨', p. 1019a(5葉)에서는 특히 章服의 服章은 5등급으로 구별되어 있음을 설명하고, pp. 1018b(4葉)~1019a(5葉)에서는 신발(履)·印綬·僕頭도 신분에 따라 상이하다는 사실을 설명하고 있다.

447) 당대 貞觀 4년의 규정에 따르면 章服은 색깔에 따라 紫色(3品 이상), 緋色(4·5品), 綠色(6·7品), 靑色(8·9品)으로 구분되고, 服帶도 上元 元年의 규정에 따르면 紫金玉帶(3品 이상), 緋金帶(4·5品), 綠銀帶(6·7品), 靑鍮石帶(8·9品), 黃銅鐵帶(庶人) 등으로 구분되었다고 한다. 이 밖에도 주머니에 대한 규정(永徽 2年)도 신분에 따라 구분되었다. 한편 송대의 경우에는 당대의 규정을 답습하고 있는데, 다만 4·5品의 경우에는 朱色으로 바꾸었다고 한다. 위와 같음, pp. 1019a(5葉)~1020b(8葉) 참조.

448) 위와 같음, p. 1021a(9葉).

449) 錦袍는 公侯·駙馬·伯의 麒麟, 문관의 飛鳥, 무관의 走獸 등 신분과 지위에 따라 문양이 구분된 사실에 대해 설명하고 있다. 위와 같음, p. 1022a(11葉).

450) 위의 책 卷98, 「備規制」 '胥隸之役', pp. 1023a(1葉)~1024b(16葉).

451) 위의 책 卷99, 「備規制」 '郵傳之置', pp. 1027a(1葉)~1028b(4葉).

452) 唐代에는 走馬銀牌라고 쓰인 은패를 사용하였고 송 초에는 頭子를 사용하였다가 端拱 연간에 다시 은패를 사용했다고 한다. 위와 같음, pp. 1030a(7葉) 참조.

울리 도로가 하천으로 인해 불통되는 것을 해결하기 위해 교량을 설치할 것을 강조하고,[453] 이는 仁政의 한 표현이라고 주장하였다.[454]

이상에서 검토한 위계와 관련된 공부 내용에 대해 그 특징을 요약해 보면 다음과 같다.

먼저, 공부에 해당되는 「備規制」편에는 총론이 생략되어 있을 뿐 아니라 그 내용도 매우 소략하다는 점이다.

둘째, 지도의 제작과 보존, 서적의 보관, 서적에 대한 전담 관리직 설치, 도량형의 관인제 등을 제안함으로써 종전의 경세서에서는 찾아볼 수 없는 실용성을 강조하고 있다.

셋째, 공부의 내용은 주로 황실이나 국가에 필요한 토목공사와 궁궐 축조, 성곽의 설치 등에 주목하는 한편, 특히 수공업의 내용은 황실의 수요와 관련되어 있는 관영에만 국한하고 있다는 점이다. 특히 당시 강남지역을 중심으로 상당히 발달했던 민간수공업에 대해서는 별다른 언급을 하지 않고, 다만 황실이나 관료들에게 필요한 면복·寶玉·璽節 등만을 다루고 있는 것이다. 이는 그가 치평의 핵심을 국가기강의 확립과 이를 위한 민의 교화와 理財를 가장 중요하게 생각했기 때문이라고 생각된다. 그러므로 그가 가장 크게 염두에 두고 있었던 점은 무엇보다 위계질서의 확립을 통해 봉건질서를 유지시키는 것이었다. 따라서 여기에서는 관영수공업의 생산과정이나 생산확대 문제에 관심을 두기보다는 상하질서를 강조하였다고 하겠다.

이 점에서 구준의 경세관은 매우 현실적이고도 실용적인 측면을 반영하고 있었음에도 불구하고 당시 경제 사회의 변화에 근본적으로 대처하지 못함으로써 그 한계를 보여주고 있다고 할 수 있다. 그는 특히 당시 이갑제의 붕괴와 함께 향신층이 향촌사회에 대한 실질적인 지배를 관철하게 됨으로써 비롯된 전반적인 사회 변화[455]에 발전적이고도

---

453) 위와 같음, '道涂之備', p. 1031a(9葉).
454) 위와 같음, p. 1033a(13葉).

진보적으로 대응하기보다는 오히려 현실적인 인성론을 통해 인욕을
인정함으로써 예교질서를 회복하고자 하였다. 결국 구준은 정통 유가
의 근본주의적 경향456)을 반영하고 있었다고 하겠다

제6절 慎刑(刑部) : 「慎刑憲」편

刑政과 律令을 담당하고 있는 刑部에 해당되는 「慎刑憲」편에는 '總
論制刑之義' 上(卷100)·下(卷101), '定律令之制' 上(卷102)·下(卷
103), '制刑獄之具'(卷104), '明流贖之意'(卷105), '詳聽斷之法'(卷106),
'議當原之辟'·'順天時之令'(卷107), '謹詳讞之議'(卷108), '伸冤抑之
情'·'愼眚災之赦'(卷109), '明復讐之赦'(卷110), '簡典獄之官'(卷111),
'存欽恤之心'(卷112), '戒濫縱之失'(卷113) 등 모두 14권(卷100~113)으
로 구성되어 있다.

1. '總論制刑之義' 上·下(卷100~101)

먼저, 형의 의미는 곧 예와 같은 것으로서,457) 이는 '天討'458)라고 규

---

455) 명 중기에는 자영소농층을 기반으로 조직된 이갑제가 점차 붕괴됨으로써 황
    제중심의 일원적 중앙집권체제가 동요되고, 요역우면권을 계기로 등장한 향
    신들의 분권적 共治체제가 강조되었다. 이로 인해 부역제도의 은납화, 향촌
    사회의 계층분화, 성거지주의 등장으로 인한 지주전호제의 변화, 향신지배의
    성립, 양명학의 등장 등 사회 전반에 걸쳐 큰 변화가 있었다. 이에 대해서는
    吳金成, 『中國近世社會經濟史研究』(一潮閣, 1986) ; 曹永祿·吳金成 등,
    『明末淸初社會의 照明』(한울, 1990) 참조.

456) 黃俊傑, 「內聖與外王」, 『中國文化新論 vol.5』(台北 : 聯經文化出版社, 1981),
    p. 268에서 유가의 특징을 '근본주의(fundamentalism)'와 '복고주의(restoration-
    ism)'적 경향에 있다고 하였다.

457) 蘇軾의 말을 인용하여 "예를 잃게 되면 곧 刑으로 들어가는데, 이에 따라 禮
    와 刑은 같은 것이다"라고 하였다. 『大學衍義補』 卷101, 「慎刑憲」 '總論制刑
    之義' 下, p. 1047a(1葉).

458) 위와 같음, p. 1048a(3葉).

정함으로써 도덕주의를 기반으로 하였다. 그리고 형법의 필요성과 취지에 대해 그는 『역경』의 噬嗑卦로 비유하면서, 형옥은 천하의 가시를 제거하는 것으로 이를 통해 입 안에 박힌 가시 때문에 다물지 못한 입을 다물게 할 수 있다고 설명하였다. 따라서 형은 천둥과 번개처럼 민의 불안을 없애기 위해 반드시 명확하고 위엄이 있어야 한다고 주장하였다.[459] 다만 번개와 천둥같이 명확함과 위엄을 근본으로 삼아야 하는 형벌이라 할지라도 이를 집행하는 데 있어서는 '중용'을 통해 유함과 강직함을 적당하게 조화시킬 것을 강조하였다.[460]

둘째, 국가의 율령은 반드시 일정한 규정과 양식이 있어야 하며 이를 집행하는 데는 반드시 정확하고 엄정해야 한다고 보았다. 따라서 형옥은 법령에 따라 집행해야 하며, 설사 군주라 할지라도 사사로운 일이나 임의로 이를 집행해서는 안 된다[461]고 주장하였다.

셋째, 형 제정의 궁극적인 목적은 민의 교화에 있고, 형벌의 기능은 예의 보조적 역할을 담당하는 데 있다[462]고 하여

5刑을 정확하게 시행함으로써 五敎(孝·忠·慈·信·義)를 보조케 하였는데, 이는 만고의 성인이 형을 만든 본의입니다. 그러므로 형의 제정은 결코 사람의 죄를 완전하게 다스리는 것이 아니라 세상 사람들이 혹시라도 오륜의 가르침을 따를 수 없을까 걱정했기 때문입니다. 그런 까닭에 형을 제정하여 (예를) 보조케 함으로써 자식은 효도하고 신하는 모두 충성하며 …… 부인은 반드시 예를 지키도록 하게 만드는 것입니다.[463]

---

459) 번개와 천둥처럼 형벌은 '明'하고 '威'해야 한다는 점을 강조하고 있다. 위의 책 卷100, 「愼刑憲」 '總論制刑之義' 上, pp. 1035b(2葉)~1036a(3葉).

460) 즉 형옥의 집행은 유하게 하되 지나치게 유하게 하는 것을 삼가고 강직해야 함을 강조하고 있다. 위와 같음, p. 1036a(3葉) 참조.

461) 위와 같음, p. 1044b(20葉).

462) 위의 책 卷101, 「愼刑憲」 '總論制刑之義' 下, p. 1054b(16葉), "刑法之制 所以 弼敎 而敎之本 在乎天倫".

463) 위의 책 卷100, 「愼刑憲」 '總論制刑之義' 上, p. 1042b(16葉).

라고 강조하였다. 이로써 볼 때 형벌은 예치를 유지시켜 주는 보조적
역할을 담당하고, 그 목적은 민의 교화에 있다는 점에서 도덕주의를
표방하고 있다고 하겠다. 이 때문에 그가 생각하고 있는 형은 오늘날
과 같이 법치를 의미하는 것이 아니라 예교의 보조수단이었다. 즉 형
법의 제정은 제도적 장치를 수반하고 있지만 그 과정과 개념은 합의
과정을 거치지 못했을 뿐만 아니라, 윤리도덕을 전제로 하고 있기 때
문에 도덕률의 성격을 크게 벗어나지 못했다고 하겠다.

　넷째, 형집행, 특히 사형 집행은 생명과 직결되기 때문에 매우 신중
해야 한다464)고 주장하였다. 따라서 형집행을 담당하는 관리의 선발
역시 신중히 할 것과 겸직을 방지하여 이들의 방자함을 예방할 것을
건의하기도 하였다.465)

　　2. '定律令之制' 上・下(卷102～103)

　먼저, 율령의 유래와 그 연혁466)에 대해 설명하고, 형법에 대한 법전
을 시대별로 정리하였다.467)

　둘째, 율령 제정의 취지는 '弼敎輔治'하는 데 있기 때문에, 이를 통
해 사람들을 문란하지 않게 하는 데 있다468)고 설명하였다. 특히 구준
은 후세의 율령이 지나치게 번잡한 것을 비판하면서

　　후세에 율을 만드는 자는 어떻게 해야겠습니까? 즉 그 말을 아주 쉽
　　게 표현하고 그 뜻을 명확하게 하여 사람들로 하여금 쉽게 알 수 있도

---

464) 특히 사형은 생명과 직결되기 때문에 만약 이를 신중하게 집행하지 않을 경
　　우에는 그 원한이 하늘에 사무쳐 변색하게 만들고, 마침내는 인심을 상하게
　　한다고 지적하고 있다. 위와 같음, p. 1045a(21葉) 참조.
465) 위와 같음, p. 1046a(23葉).
466) 堯典과 주례 등의 기록을 통해 형의 연혁과 律刑의 기원을 소개하고 있다.
　　위의 책 卷102, 「愼刑憲」 '定律令之制' 上, pp. 1059a(1葉)～1063b(13葉) 참조.
467) 위와 같음, pp. 1064a(11葉)～1065b(14葉).
468) 위의 책 卷103, 「愼刑憲」 '定律令之制' 下, pp. 1067b(2葉)～1068a(3葉).

록 함으로써 이들이 죄를 피하여 범하지 않도록 하는 것이 좋겠습니다.[469]

라 하여 율령의 간소화를 건의하기도 하였다.

셋째, 가장 큰 죄인 '10惡' 중에서 군신의 大義를 어긴 것을 첫 번째로 열거함으로써[470] 국가질서 유지를 가장 중요한 것으로 강조하였다.

넷째, 형법의 제정은 여러 가지 사정과 시의에 맞게 개정할 수 있다는 태도를 보임으로써 應變을 강조하는 경세학 특유의 실용성을 보여주었다. 즉,

> 대저 형법에는 비록 일정하면서도 변경할 수 없는 常(道)이 있지만 사정은 때에 따라 경중의 차이가 있기 마련입니다. 천하가 처음 정해졌을 때는 사람들도 적고 일들도 적었지만, 前代를 그대로 답습함으로 인해 그 이후에는 정치가 문란하고 사람들이 말썽을 일으키게 되었습니다. 더구나 오늘날은 태평세월이 오래 지속됨으로써 인구가 날로 증가하고, 事가 오래되어 폐단이 생기고 세상도 변함으로써 풍속도 또한 바뀌게 마련입니다. …… 그러므로 오늘날 집행하는 律文 가운데는 잘 적용할 수 없는 것도 흔히 있습니다. …… 따라서 여러 관원을 모아 이를 논의하게 하시기 바랍니다. 이때 경전에 의거하여 여러 사정을 참작하고 시의성을 고려함으로써, 만약 律文 가운데 오늘날에 적용하기 어려운 것이 있다면 그 본문 아래 상세하게 기록하여 …… 개정토록 하시기 바랍니다.[471]

라고 건의하였다.

---

469) 위와 같음, p. 1068a(3葉) ; p. 1074a(15葉), "賤易其語 明顯其義 使人易曉知 所避而不犯".
470) 당 율령에 입각하여 '十惡'(謀反·謀大逆·謀叛·惡逆·不道·大不敬·不孝·不睦·不義·內亂의 罪)을 열거하고, 앞의 네 가지 악을 '君臣之義'를 어긴 것으로서 가장 큰 죄라고 밝히고 있다. 위와 같음, p. 1071a(9葉).
471) 위와 같음, p. 1072b(12葉)~1073a(13葉).

다섯째, 율령의 제정 기준은 가능한 한 간단하게 하여 사람들이 쉽고도 명확하게 알 수 있도록 하며, 또한 지속적이고 신뢰할 수 있도록 할 것472)을 강조하였다.

3. '制刑獄之具'(卷104)

먼저, 형옥의 필요성에 대해 형은 '天討'이기 때문에 천의를 받들어 사람들을 평안하게 하는 수단473)이라고 주장하면서, 刑具는 결코 정치의 급선무가 아님을 설명하였다.474) 이로써 볼 때 구준은 예치를 우선시하고 있음을 알 수 있다. 또한 형집행에 대해 구체적으로 설명하고 이를 당·송·명대의 율령에 따라 그 사례를 제시하였다.475)

4, '明流贖之意'(卷105)

먼저 유배형의 궁극적인 취지가 '改過而遷善'하게 하는 데 있음을 설명하고 그 종류476)와 각 시대의 流徒刑에 대해 구체적으로 설명하는477) 한편, 5刑의 중복된 집행을 반대하였다. 특히 오형의 중복된 형집행의 구체적 사례인 송대 '刺配法'에 대해, 구준은 장형과 유배형을 이미 집행하고 또다시 얼굴에 刺刑을 가하는 등 동일한 죄에 동시에 세 가지 형을 적용한 것이라며 비판하였다.478) 이는 동일한 죄에 대해

---

472) 특히 '簡而明'하고 '久而信'할 것을 강조하고 있다. 위와 같음, p. 1073b(14葉).
473) 위의 책 卷104, 「愼刑憲」 '制刑獄之具', p. 1079a(5葉).
474) 위와 같음, p. 1077b(2葉).
475) 당 율령에 따르면 죄의 확정은 삼심제를 원칙으로 하였으며, 형은 송대의 규정에 따라 杖刑·流刑·配刑·徒刑·死刑으로 구별했다고 한다. 구준은 특히 사형 중에서 '凌遲處死' 등의 극형은 폐지할 것을 건의하였다. 위와 같음, pp. 1080b(8葉)~1082b(12葉) 참조.
476) 유배형의 종류는 거리에 따라 일천리·이천리·삼천리 등으로 구분되었다고 한다. 위의 책 卷105, 「愼刑憲」 '明流贖之意', p. 1085b(2葉).
477) 위와 같음, pp. 1087b(6葉)~1088b(8葉).
478) 위와 같음, p. 1089a(9葉).

서는 여러 형을 동시에 적용하지 않는다는 ‘一事不再二’의 원칙을 반영한 것이다. 또한, 금전이나 연고를 통해 속죄하는 관행479)에 대해서도 부득이한 경우를 제외하고는480) 대부분 민의 재산을 탐하는 것481)이라고 반대하였다.

5. ‘詳聽斷之法’(卷106)

첫째, 소송을 다스리는 자는 객관적이고 공정하게 사정을 듣고 올바르고 합리적으로 이를 판단하는 ‘中正’의 태도를 지녀야 함을 강조하였다.482) 이를 위해서 제도적으로는 목민관을 설치함으로써, 典獄을 담당하는 서리가 이를 專斷하지 않도록 할 것도 주장하였다. 따라서 그는 송사를 다스리는 자의 자격에 대해

> 聽訟者는 반드시 강직하고 마음이 견고해야 하며, 잘못된 일이 있으면 결단을 내려 어려움이 없도록 할 수 있어야 합니다. …… 또한 마음을 바르게 하고 도리를 잘 지켜야 합니다.483)

라 하여 소송 내용을 잘 경청하고 사리에 맞도록 엄정하게 판단할 수 있는 강직함을 지녀야 한다고 하였다.

둘째, 소송이 일어나는 원인을 인성론에 입각하여 ‘사욕’에서 비롯된

---

479) 舜典의 규정과 漢 惠帝 원년에 시행된 매작에 의한 면죄 조령, 그리고 한 무제시의 贖死錢 50만 전을 받은 사실, 송대의 경우처럼 현직관이나 그 친속에게 혜택을 준 ‘贖法’에 대해서도 비판하였다. 위와 같음, pp. 1091a(13葉)~1092b(16葉).

480) 한 효문제시 晁錯가 변방의 재정 고갈을 해결하기 위해 일시적으로 시행한 ‘納粟塞下法’은 부득이한 경우라고 평가하였다. 위와 같음, p. 1091b(14葉).

481) 위와 같음, p. 1092b(16葉).

482) 특히 주자의 말을 인용하여 ‘中’은 ‘聽不偏’을 뜻하고, ‘正’은 ‘斷合理’하는 것이라고 해석하고 있다. 위의 책 卷106, 「愼刑憲」 ‘詳聽斷之法’, p. 1095a(1葉)~b(2葉).

483) 위와 같음, p. 1096a(3葉).

다고 파악하여 후세의 소송사건은 혼인과 토지문제를 둘러싸고 일어
나는 일이 가장 많다고 지적하였다. 이에 대해 그는

> 후세의 詞訟은 戶婚과 田土 문제를 둘러싸고 많이 일어나고 있습니
> 다. 그런데 周의 盛時에는 토지를 골고루 받았기 때문에 이를 둘러싼
> 다툼은 없었고, 오히려 다투는 것은 주로 혼인을 둘러싼 문제뿐이었습
> 니다.484)

라고 지적하였다.

이처럼 구준은 당시 민간사회에서 가장 큰 문제가 되고 있는 것을
토지문제라고 생각하였고, 이는 현실에 대한 그의 인식을 잘 반영한
대목이다. 그러나 그는 당시 토지를 둘러싸고 일어나는 분쟁의 근본
원인485)과 그 해결방안을 철저하게 제시하지 못함으로써 인식상의 한
계를 드러냈다.

셋째, 심문에 필요한 내용과 절차인 '5聲聽'(辭聽·色聽·氣聽·耳
聽·目聽)에 대해 설명하고,486) 治訟者는 심문을 신중하고 명확하게
할 것을 주장하였다. 따라서 이의 중요성에 대해

> 大易에서는 理財·正辭하여 민이 잘못을 저지르는 것을 금지시키는
> 것을 의라 한다고 하였습니다. 소위 이재라는 것은 각자가 당연히 가
> 져야 할 몫을 나누는 것을 뜻하며, 正辭는 각 사람이 마땅히 해야 할

---

484) 위와 같음, p. 1097b(6葉).
485) 위와 같음, p. 1098a(7葉)에서 구준은 토지를 둘러싸고 소송이 많이 일어나는
    원인을 태평세월이 오래되어 인구가 증가함에 따라 토지가 부족해졌기 때문
    이라고 분석하였다. 즉 그는 토지문제를 단순히 토지와 인구의 관계로만 파
    악함으로써 절대적 부족현상에만 주목하고, 토지겸병 현상으로 인한 상대적
    부족현상에 대해서는 별다른 언급을 하지 않았다. 이 점은 토지문제에 대한
    그의 인식상의 한계를 잘 보여주는 부분이라고 하겠다. 胡寄窓, 앞의 책, pp.
    339～345 참조.
486) 위와 같음, p. 1099a(9葉).

말을 바르게 하는 것을 의미합니다. 또한 민이 잘못을 저지르는 것을
금지시키는 것은 각자가 해서는 안 되는 일을 금지한다는 것입니다.
이상 세 가지는 寶位를 지키는 義이며 쟁의를 다스리는 관건입니
다.[487]

라 하여 訴訟爭議를 바르게 듣고 엄정한 판단을 내리는 것은 곧 寶位
를 지키는 기준이라고까지 설정하고 있다. 그는 특히 사형을 받은 자
에 대해서는 여러 번 심문을 하는 '3覆奏·5覆奏'에 대한 규정과 그 필
요성을 강조하였다.[488] 이로써 볼 때 구준은 治訟者의 신중함을 무엇
보다 강조하였다고 할 수 있다.

넷째, 6典 8法 8成은 모두 국가사회의 기강을 잡는 데 필요한 제도
로서, 이의 궁극적 목적은 斷罪에 있고 이를 통해 시행하는 예악 형정
은 민심과 함께 하는 중요한 치도라고 주장하였다.[489] 그러므로 그는
선왕의 치도에 대해

 …… 따라서 선왕은 민에게 토지를 나누어 골고루 분급함으로써 민
을 양육하고 학교를 세워 법을 읽게 함으로써 이들을 교화하며, 또한
금령과 형벌을 만들어 이들을 다스렸습니다. 이에 따라 생업이 이미
좋아지고 예의가 다시 밝아지게 됨으로써, 안으로는 군주를 존경하고
웃어른을 모시게 되었습니다. 또한 밖으로는 마침내 처자·부모를 섬
기고 양육할 수 있는 희망을 달성함으로써 比閭(향촌)에 그 일족이 모
이게 되었습니다.[490]

라 하여 민에게 법을 교육하고 형벌과 금령을 제정하여 이들을 다스리

---

487) 위와 같음, p. 1100a(11葉).
488) 당대의 규정에 의하면 사형에 대해 '3覆制'를 시행했는 데 비해, 송대 이후에
　　는 형 집행에 신중성을 기하기 위해 '5覆制'를 채택했다고 설명하고 있다. 위
　　와 같음, pp. 1100b(12葉)~1101b(14葉).
489) 위와 같음, p. 1102b(16葉).
490) 위와 같음, p. 1106a(23葉).

는 것이 곧 聚民하는 관건이라고 이해하고 있다.

6. ‘議當原之辟’ ‘順天時之令’(卷109)

먼저, 辟은 왕의 친속·賢能者·유공자 등에 적용하는 형으로서 일반인과 차등을 두어 시행하는데, 그 이유는 천하로 하여금 이들을 공경하도록 하는 데 있다고 하였다.491) 또한 법의 공정한 적용과 형의 집행은 인의를 다하고492) 天時에 따를 것을 주장하였다.493) 특히 그는 仁義를 다하여 형을 집행할 것을 강조하여

> …… 聖人이 형을 사용하는 것은 비록 부득이한 경우라 하더라도 사실은 그 죄를 용납하지 않는 것입니다. (또한) 용납하지 않는 마음 가운데는 부득이하다는 마음이 존재합니다. 여기서 용납하지 않는다는 것은 하늘을 받들어 죄를 벌한다는 의미이고, 부득이하다는 것은 聖人이 사물을 사랑하는 仁을 의미하는 것입니다.494)

라고 하였다.

7. ‘謹詳讞之議’(卷108)

먼저, 범죄의 진위 여부를 심리하는 것을 ‘詳讞’495)이라고 하고, 형은 죄상을 충분히 참작하여 집행해야 한다496)고 강조하였다.

둘째, 범죄 심리에 해당하는 讞獄制의 연혁과 그 절차에 대해497) 설

---

491) 辟의 종류를 내용에 따라 議親之辟·議故之辟·議賢之辟·議能之辟·議功之辟·議謹之辟·議賓之辟으로 나누었다. 위의 책 卷107, 「愼刑憲」 ‘議當原之辟’, p. 1109a(1葉). 한편 벽을 일반인과 차등적으로 적용하는 이유에 대해서는 p. 1109a(1葉)~b(2葉) 참조.

492) 위의 책 卷107, 「愼刑憲」 ‘順天時之令’, p. 1116b(16葉).

493) 위와 같음, p. 1117a(17葉).

494) 위와 같음, p. 1117b(18葉).

495) 위의 책 卷108, 「愼刑憲」 ‘謹詳讞之議’, p. 1122a(3葉).

496) 위와 같음, p. 1122b(4葉).

명하면서 讞獄의 취지는 범죄 이유에 대한 정상 참작에 있음을 강조하였다. 따라서 그는

> 죄를 논할 때는 반드시 '原情'(죄를 범하게 된 사정)을 고려해야 합니다. '原情'이라는 두 글자는 실로 고금 讞獄制의 핵심입니다.[498]

라 하였다.

셋째, 형을 확정하는 기준은 천리와 인륜에 있기 때문에[499] 그 이치인 의가 법에 우선되어야 함을 강조하였다. 따라서 법으로 금하는 것이라 하더라도 그 죄상이 도리에 어긋나지 않으면 법에 저촉되지 않는다고 생각하여 도덕률을 우선시하였다. 따라서 그는,

> 형은 교화를 보완하는 데 있습니다. 따라서 형은 법을 말하고 敎는 理를 말하게 마련인데, 이는 다같이 규제하는 義인 것입니다. 그러므로 의에 합당하지 않은 것은 곧 법으로 하며, 의에 합당한 것은 理에 근거를 두고 있는 것입니다. 그런 까닭에 법에서 비록 분명하게 금지하는 것이라 하더라도 그 사정이 도리에서 어긋나지 않고 의로써 마땅히 규제할 수 있다면 법으로 빠지지 않아도 됩니다.[500]

라고 지적하였다. 이로써 볼 때 그는 법을 인간행동의 결과로 판단하는 실정법보다 윤리와 도덕을 중시하여 도덕률을 우선시함으로써 동기론의 입장에서 법을 파악하고 있다 하겠다.

---

497) 죄상의 진위 여부를 심문하는 절차는 세 번 실시하고, 3刺(訊群臣·訊吏·訊民)·3宥(不識·過失·遺忘)·3赦(幼弱·老耆·蠢愚) 등에 따라 단죄하는 데, 만약 이에 불복할 때는 이를 재심토록 하는 '讞獄制'의 연혁과 그 절차에 대해 설명하고 있다. 위와 같음, p. 1124a(7葉)~112a(13葉).
498) 위와 같음, p. 1127b(14葉).
499) 위와 같음, p. 1131a(21葉).
500) 위와 같음, p. 1131a(21葉)~b(22葉).

8. '伸冤仰之情' '愼眚災之赦'(卷109)

먼저, 억울한 송사사건을 알리는 路鼓·肺石제도의 연혁과 취지에 대해 설명하였다. 즉 이 제도의 취지는 民情이 상달되지 않음으로써 발생되는 民冤을 밝히게 하여 치도가 잘 되도록 하는 데 있다[501]고 하였다.

둘째, 불행하게도 부득이 죄를 지어 법에 저촉된 자를 특별히 사면해 주는 '眚災肆赦'는 치외법적인 의미[502]를 지니며, 그 대상으로는 幼弱者·老耈者·蠢愚者와 不識·過失·遺忘의 경우[503]를 들고 있다.

셋째, '肆眚'을 시행할 때는 특히 신중해야 한다는 점을 지적하면서 그 기준으로 大利을 위할 것을 강조하고, 大赦를 지나치게 남용하는 것을 비판하였다.[504]

9. '明復讐之義'(卷110)

여기에서는 주로 복수에 대해 언급하면서 원칙적으로 개인 차원의 복수는 금지시킬 것[505]을 주장하였다. 다만 타당한 이유가 있는 복수에 대해서는 그 구체적인 내용을 관청에 보고하고 허락을 받게 함으로써 함부로 복수하는 현상을 막아야 한다[506]고 건의하였다.

10. '簡典獄之官'(卷111)

첫째, 典獄官으로 될 수 있는 자격은 천리의 '公'에 따르고 인욕의

---

501) 위의 책 卷109, 「愼刑憲」 '伸冤仰之制', pp. 1133b(2葉)~1134b(3葉).

502) 위와 같음, '愼眚災之赦', p. 1135b(6葉).

503) 위와 같음, p. 1136a(7葉).

504) 위와 같음, p. 1136b(8葉). 특히 大赦를 빈번하게 했던 예로서 西漢 高帝時에 12년간 아홉 번에 달하는 대사를 시행한 사실을 들어 비판하고 있다. 이에 대해서는 위와 같음, p. 1137b(10葉).

505) 위의 책 卷110, 「愼刑憲」 '明復讐之義', p. 1145a(5葉).

506) 위와 같음, p. 1149b(14葉).

'私'에 따르지 않아야 하며, 또한 권세로 마음을 바꾸게 하거나 재산으로도 움직일 수 없어야 한다[507]고 주장하였다. 따라서 獄事를 관리하는 법관의 자격은 '明義理'하고 '備道德'하며 '通經學者'일 것을 강조하면서 언제나 '中庸'을 지켜야만 한다고 설명하였다.[508] 이로써 볼 때, 구준은 典獄官의 자격을 도덕수양과 학식겸비에 두고 있음을 알 수 있다.

둘째, 법치에만 의존하는 것을 비판하고 '仁義之道'를 강조하였다. 이에 대해 구준은 胡寅의 말을 인용하여,

천하를 회유하는 데는 마땅히 仁으로 해야만 하고, 천하를 다스리는 자는 마땅히 義로 해야만 합니다. 율령이란 오로지 刑名의 숫자만 무료하게 기록할 뿐이니, 어떻게 이를 의존하여 나라를 다스릴 수 있겠습니까? 오로지 經訓에 밝아 법만 사용할 줄 알고 習法을 귀중하게 여기는 데에만 익숙하여, 나라를 보호하고 민을 교화하는 근본에 대해서는 몰랐습니다. 바로 이것이 李斯가 진을 멸망하게 한 이유입니다.[509]

라 하여 법치에만 의존하는 현상을 비판하였다. 이로써 미루어 보건대 그는 법치보다는 인의를 근본으로 하는 예치를 우선시하였음을 알 수 있다.

11. '存欽恤之心'(卷112)

법의 의미는 법가에서 설명하는 것처럼 '報應禍福'[510]에 있는 것이 아니라, '敬·欽'[511]에 있다고 주장하였다. 따라서 형을 집행하는 일은 하늘의 뜻을 받드는 것이기 때문에 군주가 사적으로 조종해서는 안 된

---

507) 위의 책 卷111, 「愼刑憲」 '簡典獄之官', p. 1153a(5葉).
508) 위와 같음, p. 1157a(13葉).
509) 위와 같음, p. 1158a(15葉).
510) 위의 책 卷112, 「愼刑憲」 '存欽恤之心', p. 1163a(1葉).
511) 위와 같음, p. 1163b(2葉).

다고 주장하였다. 따라서

> 형이란 天討로서 죄를 내리는 수단이고, 군주는 하늘의 뜻을 받들어 형을 집행합니다. 따라서 무죄인에게 형을 주어서도 안 되지만, 유죄자 역시 마음대로 풀어주어서는 안 됩니다. 그러므로 군주가 천리를 잘 따르지 않고 마음대로 사람을 부리는 것은, 마치 신하가 국법을 받들지 않고 마음대로 罪囚를 다루는 것과 같은 것이니, 어찌 있을 수 있는 일이겠습니까?512)

라고 하였다. 그러므로 군주는 늘 관대하게 용서하는 仁을 가지고 '祖宗之法'을 따라야 하고, 자신의 감정을 표현해서는 안 된다513)고 주장하였다. 이처럼 구준은 법 집행의 공정성을 매우 강조하였다. 그러나 법의 개념과 집행권을 도덕을 기반으로 하는 천이나 군주에게 귀속시킴으로써 여전히 도덕정치에 머무는 한계를 탈피하지는 못했다.

12. '戒濫縱之失'(卷113)

먼저, 형벌의 집행을 신중하고 공정하게 할 것을 강조하여

> 사람에게 있어서 獄은 사람의 性命과 연관되어 있기 때문에, 공적인 것이 아닌 사적인 것으로 하거나 理가 아닌 욕심으로 하면 사람의 性命을 자신의 사적인 것으로 삼는 것입니다. 이는 사람을 죽이는 것을 물건보다 더 쉽게 생각하는 것입니다.514)

라 하였다. 즉 형 집행은 사람의 생명과 직결되는 것이기 때문에 공리에 따라 공정하고 신중하게 하자는 것이다. 그는 특히 진의 멸망 원인이 형법을 전용하여 민생을 돌보지 않은 데 있었다고 지적하고, 이를

---

512) 위와 같음, p. 1165b(6葉).
513) 위와 같음, p. 1166b(8葉).
514) 위의 책 卷113, 「愼刑憲」 '戒濫從之失', p. 1169b(2葉).

감계로 삼을 것515)을 건의하였다.

둘째, 민이 범법하는 가장 큰 원인이 경제적 빈곤에 있다고 지적하면서, 생계보장을 위해 부세의 '簿斂'과 요역의 '寬徵'을 통해 범법을 예방할 것을 주장하였다.516)

셋째, 불필요한 법령을 남발하지 않을 것을 강조하였다. 이에 대한 좋은 예로 진나라의 비방 관련법과 유언비어 관련법 등을 들고, 이는 결국 언로를 차단하는 역효과를 냄으로써 상하의 옹폐를 초래하여 마침내 진의 멸망을 가져오게 되었다517)고 주장하였다.

넷째, 법령 제정의 취지는 養民에 있고, 군주가 전용하는 수단이 아니라는 점을 특별히 강조하였다. 따라서 그는 宋 고종의 사염금지령을 예로 들어

> 하늘이 物을 生하게 한 것은 이로써 養人하고자 하는 것이지, 결코 군주만을 위한 것은 아닙니다. 따라서 군주가 그 이익을 독점하는 것은 천의에 어긋나는 것이기 때문에 이를 금지하는 것은 불가한 것입니다.518)

라 하여 국가의 전매를 비판하였다. 이로써 볼 때, 구준은 生財와 理財를 엄격하게 구별하고 있을 뿐 아니라, 또한 民財의 자율성을 인정하는 전제 하에 '理國財'를 주장하였음을 알 수 있다.519)

그는 또한 후세로 내려올수록 법령이 엄해졌음에도 불구하고 범법

---

515) 구준은 진의 멸망 원인이 연좌법을 적용하여 3족을 멸하는 등 법의 '專用'에 있다고 강조하였다. 위와 같음, p. 1170a(3葉).

516) 위와 같음, p. 1172a(7葉)~b(8葉).

517) 위와 같음, p. 1173a(9葉). 이 밖에 p. 1173b(10葉)~1174a(11葉)에서는 漢 桓帝, 靈帝 時의 당고에 대해 언급하고, p. 1176b(16葉)에서는 武后帝의 혹형 남발에 대해 언급하고 있다. 또한 p. 1178b(20葉)에서는 당 현종 때 大獄을 남발한 실례를 들어 비판하고 있다.

518) 위와 같음, p. 1180b(24葉).

519) 石世奇,「論丘濬的國民經濟管理思想」,『北京大學學報』1985-1, p. 62.

자가 점점 양산되는 것에 대해,

> 대저 입법자는 군주이고 군주를 지도하여 이 법을 만드는 것은 좌우
> 의 신하입니다. 그런데 법을 집행하는 사람 모두가 다 仁心이 없다거
> 나 또한 반드시 군주의 욕심을 따른다고는 할 수 없습니다. 이로써 볼
> 때 법이 지나치게 엄하면 민의 어리석음과 가난함으로 인해 무지하여
> 법을 사칭하거나, 부득이하여 법을 어기게 됨으로써 법이 제대로 시행
> 되기 어렵게 됩니다.520)

라 하여 범법자만의 잘못이 아니라고 지적하였다. 즉 그는 법이 지나
치게 엄한 것과 단순히 실정법만을 우선시하는 것에 대해서는 비판적
인 태도를 보이고 있다.

이제까지 우리는 형부에 해당하는 「愼刑憲」편의 내용을 검토해 보
았다. 이제 그 특징을 요약해 보면 다음 몇 가지로 정리할 수 있다.

먼저, 형법의 개념을 예라고 이해함으로써 그 목적이 민의 교화에
있다고 파악하였다. 특히 구준은 체용겸비론에 입각하여 형법을 치의
수단으로 파악하기보다는 예의 부족한 부분을 보완해 주는 보조수단
으로 설정하였다.

둘째, 형법은 기본적으로 윤리도덕에 입각해 있기 때문에 그 원리로
서 理(=體)는 변경될 수 없지만, 그 구체적인 표현(=用)으로서 현실적
인 형법(實定法)은 각 시대와 풍속, 그리고 사람들에 따라 변화될 수
있다고 주장함으로써 실용적인 면을 잘 보여주고 있다는 점이다. 즉
그는 형법을 원리로서의 형법(=道德律·天理)과 현실적으로 반영된
형법(=實定法)으로 구분하고, 실정법은 각 시대와 여러 사정에 알맞게
변화시킬 수 있다고 생각하였다. 뿐만 아니라 죄를 심문함에 있어 공
정하고 객관적인 판결을 위해 여러 차례 제소할 수 있는 '3覆制·5覆
制'를 획기적으로 강조하기도 하였다. 바로 이 점은 그의 실용적 태도

---

520) 위와 같음, p. 1180b(24葉).

를 잘 반영하는 것이라 하겠다.

그러나 그가 비록 예와 형의 체용겸비론을 통해 이상(도덕률)과 현실(실정법)의 내재적 긴장을 잘 절충하고자 했음에도 불구하고, 이것 역시 도덕률에 의해 제한되었기 때문에 양자 간의 괴리는 더욱 표면화될 수밖에 없었다. 따라서 양자 간의 긴장성이 극대화될 때는 결국 도덕률을 우선시함으로써 주관적 법 개념에서 탈피하지 못하는 한계를 드러내기 마련이었고, 법 제정의 주체 역시 군주와 일부 신하에게 국한될 수밖에 없었다.

셋째, 법의 개념을 개인적 평등에서 찾기보다는 상하 신분질서의 틀 안에서 개인이 담당하는 역할과 기능을 중심으로 파악하였다는 점이다. 따라서 각 개인이 사회·경제·정치 등 제반 권리를 평등하게 획득할 수 있다는 주권의 개념을 전제로 하는 것은 아니었다. 그러므로 그가 생각하는 법 개념은 민의의 합의과정을 전제로 도출하는 것이 아니라, 신분질서 안에서 각 개인이 수행해야 하는 직분을 부정할 수 없는 '天理'로 받아들이는 도덕률이었다. 그러므로 입법의 주체는 자연히 민이 아니라 군주나 이를 보조하는 신하였고, 이로써 법은 결과적으로 군주에 의해 좌우되는 '私家法'에 불과했다.

물론 구준 역시 이러한 한계에 대해 깊이 인식함으로써 군주 개인의 사의나 專用에 대해 매우 비판적인 태도를 보이고 있지만, 이 역시 법적 장치나 제도화를 통해 견제하는 것은 아니었다. 따라서 이 역시 군주의 도덕수양에만 호소하고 있기 때문에 그 실효성은 회의적일 수밖에 없었다.

제7절 備禦(兵部) : 「嚴武備」 「馭夷狄」편

備禦문제를 관장하고 있는 兵部에 해당하는 내용은 「嚴武備」편 29

권과 「馭夷狄」편 14권 등 모두 43권으로 구성되어 있다.

먼저 「嚴武備」편은 '總論' 3卷, '軍伍之制' 1卷, '宮衛之衛' 1卷, '京輔之屯'·'郡國之守' 1卷, '本兵之柄' 1卷, '軍械之利' 2卷, '牧馬之政' 3卷, '簡閱之敎' 2卷, '將帥之任' 4卷, '出師之律' 1卷, '戰陳之法' 2卷, '察軍之情' 1卷, '遏盜之機' 3卷, '賞功之格' 2卷, '經武之要' 2卷 등 모두 29卷(卷114~142)으로 되어 있다. 각 항목의 주요 내용을 살펴보면 다음과 같다.

1. '總論威武之道' 上·中·下(卷114~116)

먼저, 평천하에 필요한 치술로서 문무겸비의 원칙론에 입각하고 있다. 그는 程頤의 말을 인용하여

군주의 도는 오로지 겸손하고 부드러움만을 존중해서는 안 되고, 반드시 威武를 서로 갖춘 연후에야 비로소 천하를 회유하고 설복시킬 수 있습니다. …… (威武로써) 정벌했음에도 불복하는 자는 그 文德의 겸손함을 통해 정벌한다 해도 설복시킬 수 없는 것입니다. 文德으로 설복시킬 수 없으면 威武를 사용하지 않고 어떻게 천하를 평정할 수 있겠습니까?[521]

둘째, 興兵의 목적은 爲民에 있고 그 기준은 도덕적 가치인 仁義[522]에 있다고 주장하였다. 이에 따라 擧兵의 의미는 춘추 이래 강조되어 온 '天討'[523]라고 지적하고, 이때 仁은 '愛人', 義는 '循理'의 의미[524]라

---

521) 나라의 大綱은 '文武兼備'에 있다고 지적하고 있다. 위의 책 卷114, 「嚴武備」 '總論威武之道' 上, p. 1184a(3葉) ; 위의 책 卷116, '總論威武之道' 下, p. 1214a(23葉).

522) 위의 책 卷114, '總論威武之道' 上, p. 1184b(4葉) ; 위의 책 卷115, '總論威武之道' 中, p. 1197b(10葉).

523) 군주의 거병은 '伐暴亂'하는 '天討'에 있으며 그 기준은 仁義에 있다고 지적하고 있다. 위의 책 卷116, '總論威武之道' 下, pp. 1208b(12葉)~1209a(13葉) ;

고 지적하였다. 따라서 거병의 궁극적인 목적은 '除暴救民, 以安天下'[525]하는 데 있다고 지적하였다. 이로써 볼 때 구준은 거병의 이유를 유가의 전통에 입각하여 도덕적인 기준인 인의를 강조함으로써 도덕주의로 환원하고 있음을 알 수 있다. 이에 따라 그는 역사적 사실을 예로 들어 문왕의 정벌은 천도를 받들어 민을 안정케 한 데[526] 비해, 진 시황·한 무제의 경우는 군주 개인의 사심에 따른 분노에 불과하다고 비판하였다.[527]

그러므로 그는 후세에서 이루어지는 거병이 단순히 국가가 보유하고 있는 수레나 병졸 수의 다과, 병기의 利鈍에 의해 결정되는 것을 비판하고, 무엇보다 군주의 도덕적 수양을 우선적으로 강조하였다.

수레의 다과와 병졸의 강약, 그리고 갑옷과 병기의 利鈍함은 오로지 군주의 수양하는 바에 따라 그 성패를 결정하게 되는 것입니다. 그러므로 국가를 가진 자가 强兵을 위해 핵심으로 삼는 바는 어찌 수양하는 것보다 더 선행되는 것이 있겠습니까? 治兵은 그 다음입니다.[528]

라고 하였다. 셋째, 군기의 위엄을 특별히 강조하고 이는 곧 예를 통해 달성된다고 주장하였다. 즉

先儒가 말하기를 威가 있으면 사람들은 감히 범하지 않게 되고, 嚴

위와 같음, p. 1211b(18葉). 또한 '伐人'은 그 자체가 목적이 아니라 '天討'를 받들어 '反求諸己'하는 데 있다고 설명하고 있다. 위의 책 卷115, '總論威武之道' 中, pp. 1195b(6葉)~1196b(8葉).

524) 위의 책 卷116, '總論威武之道' 下, p. 1210a(15葉).

525) 주자의 말을 인용하여 大勇에 의한 거병은 '除暴救民'하여 '安天下'하는 데 비해, 小勇에 의한 거병은 혈기에 지나지 않는다고 지적하였다. 위와 같음, p. 1204a(3葉).

526) 위의 책 卷114, '總論威武之道' 上, p. 1190b(16葉).

527) 위와 같음, p. 1189b(14葉).

528) 위의 책 卷115, '總論威武之道' 中, p. 1200b(16葉).

하면 감히 위반하지 않게 됩니다. 그러므로 위엄에 이르는 것은 예뿐입니다. 조정의 의식과 관부의 다스림도 모두 다 무례할 수 없는 것이지만, 軍伍의 법은 위엄을 특히 숭상하여야 하는 것입니다.[529]

라고 하였다. 뿐만 아니라 군기의 위엄을 유지하기 위해 또한 명령체계의 신중함과 상벌의 명확함, 그리고 공과에 대한 철저한 문책을 통해 기강을 확립[530]할 것을 강조하였다.

2. '軍伍之制'(卷117)

먼저, 주례의 군제[531]에서 명대의 衛所制[532]에 이르기까지 역대 군제에 대해 상세하게 설명하고, 특히 병농일치의 취지에 부합하는 부병제를 높이 평가하였다. 따라서 부병제에 대해

…… 국세를 강하게 하고 비용을 절약하는 데는 모두 당의 부병제가 지니고 있는 장점만 못합니다. 그런데 당에서 이를 시행한 지 채 백 년도 못 가서 중도에 변한 까닭은 무엇 때문입니까? 무릇 부병제는 무사시에는 京師 宿衛를 번갈아 담당하고, 유사시에는 징발하여 사방에 출정시키는 것입니다. (그러나) 비록 寓兵於農에 있어서 비록 한가할 때 농사를 짓는다고 하지만 軍府가 군현 속에 뒤섞여 있고, 병졸이 민호 내에 뒤섞여 편제되어 있기 때문에 기타 요역 징발이 전적으로 면제될 수 없습니다. 하물며 태평한 날이 오래되면 군정이 해이해지고 更戍이 정기적으로 되지 않게 됨으로써 불법으로 징발하거나 정액 외에 사역

---

529) 위와 같음, p. 1193a(1葉).

530) 歐陽脩의 상소에 대한 평가를 통해 군기 확립에 중요한 사항으로 '謹號令之頒·明賞罰之施·責功實之效'를 들고 있다. 위의 책 卷116, '總論威武之道' 下, p. 1213a(21葉)~b(22葉).

531) 周의 군제는 伍(5명) → 兩(5伍) → 卒(4兩) → 旅(5卒) → 師(5旅) → 軍(5師)으로 편제되어 있고, 이는 향촌조직인 比 → 閭 → 旅 → 黨 → 州 → 鄕 과 연관되어 있다고 한다. 위의 책 卷117, '軍伍之制', p. 1215a(1葉).

532) 위와 같음, p. 1222a(15葉)~b(16葉).

하게 됩니다. 이는 결코 그 제도 입안이 잘못된 것이 아니라, 이를 시행한 지 이미 오래되었기 때문에 마침내는 폐단이 없을 수 없게 된 것입니다.[533]

라 하여 국력의 강성함과 재정절약 면에서 장점이 있음을 강조하고, 이후 나타난 부병제의 폐단은 제도 자체에 있다기보다는 시행과정에서 초래된 문제점이라고 지적하였다.

따라서 구준은 부병제의 취지를 되살려 향촌조직을 활용한 적절한 군제를 편성하고, 이와 더불어 養馬法도 함께 적용할 것을 건의하였다.[534] 특히 그는 당시 잡역에 시달리는 민호[535]에 대해 배려 차원에서 皂隷·柴夫와 같은 차역과 歲辨和買 등은 물론이고 기타 잡역을 모두 면제하고 오로지 양마와 納糧 두 가지 부역만 부과해 줄 것을 제안하였다. 또한 造籍의 구체적인 방안으로서 종전의 황책 편찬법에 따라 10年에 한 번씩 시행하되, 戶원칙이 아니라 丁원칙에 따를 것을 주장하였다. 즉 민호 중에서 2丁을 단위로 1丁을 징발하고 군장비와 병기는 自備토록 하는 동시에, 매년 한 번씩 교열을 받도록 하는 방안을 제안하였다.[536]

3. '宮禁之制'(卷118)

먼저, 왕실을 호위하는 숙위제의 연혁[537]에 대해 설명하고, 특히 漢

---

533) 위와 같음, p. 1223b(18葉).

534) 즉 小甲(10人) → 總甲(5小甲) → 都甲(10總甲)으로 편제하되, 1里 100戶에서 징발한 100명의 군대를 단위로 50명을 1隊, 10隊를 1都甲이라 하여 주현에 속하게 한다. 이때 10년에 한 차례씩 윤번제로 하는 것은 종전과 동일하다. 위와 같음, p. 1224b(20葉).

535) 명대의 경우 군역은 원칙적으로 군호가 담당하도록 되어 있지만, 실제로 민호 역시 군역을 담당함으로써 역을 이중부담하는 이른바 '重役' 현상이 빈번하였다. 이에 대해서는 王毓銓, 『明代軍屯制研究』(北京 : 中華書局, 1959) ; 졸고, 「明代 軍屯制에 대하여」, 『東方學志』 34(1983) 참조.

536) 앞의 책 卷117, 「嚴武備」 '軍伍之制', p. 1224b(20葉).

初 이후의 왕실 숙위에서 나타나는 폐단을 지적하였다. 즉

> 漢初의 숙직은 모두 사인들이 담당하였지만, 그 이후로는 사인을 기용하지 않고 모두 환관을 기용하였습니다. (이 때문에) 마침내 내외의 대권이 모두 이들에게 귀속됨으로써 일대의 화가 되었습니다.[538]

라 하여 종전처럼 사인이 왕실 숙위를 담당하는 것이 아니라 환관이 담당함으로써 내외의 대권을 이들 수중에 장악하여 전횡하는 화를 초래하였다고 비판하였다. 宦官에 대한 이러한 비판적인 태도를 보건대, 구준은 『연의보』에서 환관문제에 대한 항목을 따로 설정하지는 않았지만[539] 실제로 환관의 권력 농단현상에 대해서는 부정적인 입장이었다고 하겠다. 이 같은 그의 태도는 숙위직의 자격에 대해 군주가 신임하는 '腹心股肱之臣'[540]에서 택할 것을 강조한 사실에서도 잘 엿볼 수 있다.

둘째, 禁軍의 變 등 군주가 시해되는 역사적 사실을 감계로 삼기 위해 宮門의 출입을 엄격히 통제할 것을 강조하였다. 이에 따라

---

537) 周代의 왕실 숙위는 공경대부의 자제가 담당하게 함으로써 군주의 '肺腑之臣'을 얻을 수 있을 뿐만 아니라, 훈척 자제 역시 봉록을 통해 부양을 받을 수 있기 때문에 '一擧而兩得'의 방법이라고 높이 평가하고 있다. 한편 명대의 왕실 숙위는 錦衣 12衛와 親軍指揮使司 등 왕의 친위대가 담당하였다고 지적하고 있다. 위의 책 卷118, 「嚴武備」 '宮禁之制', pp. 1228b(4葉)~1229b(6葉).

538) 위와 같음, p. 1230b(8葉).

539) 구준이 당시 환관문제에 대해 『연의보』에서 설명하지 않은 점을 비판한 대표적인 견해는 沈德符, 『萬曆野獲編』 卷25(臺北 : 新興書局 影印本, 1983), p. 635 ; 『四庫全書總目提要』 卷93, 「大學衍義補條」 등이 있다. 한편 Chu Hung-Lan, op. cit., pp. 96~97에서는 그 이유에 대해 당시 환관이 득세하고 있는 상황에서 『연의보』를 효종에게 무사히 증정하기 위한 전략이라고 추정하고 있다. 또한 荒木見悟, 「丘瓊山の思想」, 『中國思想の諸相』(福岡 : 中國書店, 1989), p. 197에서는 구준이 환관을 안중에 두지 않았을 뿐 아니라, 이들의 경계를 야기하지 않기 위해서였다고 설명하고 있다.

540) 『大學衍義補』 卷118, 「嚴武備」 '宮禁之制', p. 1232a(11葉).

각 문에는 문을 지키는 관을 두어 각 衛의 관군이 출입하는 자가 있을 때 반드시 (출입증인) 牌面을 지닌 사람에게만 들어올 수 있게 합니다. 또한 나갈 때에도 이를 반드시 검사토록 해야만 합니다. 그리고 들어올 때는 아주 작은 쇠붙이라도 휴대하지 못하도록 하고, 나갈 때에도 물건 하나라도 지니게 해서는 안 됩니다. 하물며 검을 몰래 숨기거나 보석을 몰래 가지고 나가는 일이 어찌 감히 있을 수 있겠습니까?[541]

라고 하였다.

4. '京輔之制' '郡國之守'(卷119)

먼저, 輔軍 설치의 연혁[542]과 함께 특히 宣府(北輔)·永平(東輔)·易州(西輔)·臨淸(南輔) 등 四輔制를 설치한 명대의 예를 들어 京師의 有事時에 대비할 것[543]을 강조하였다.

둘째, 명대에는 지방군의 할거와 발호현상을 방지하기 위해 親藩에 호위군을 설치하였지만 지휘권만 부여하고 징발과 파견권은 불허한 사실[544]을 들어 군권 분산을 강조하였다. 따라서 그는 당대 절도사가 할거했던 현상에 대해 "京外에 병권을 줌으로써 꼬리가 커져 이를 잘라낼 수 없는 걱정은 만들지 말아야 합니다"[545]라고 매우 경계하였다.

셋째, 명대 위소제의 폐단[546]을 지적하는 동시에 군적 정리와 위소

---

541) 위와 같음, p. 1234b(16葉).

542) 한대에는 京兆·左馮翊·右扶風, 당대에는 華州·同州·鳳翔 등 三輔制를 실시한 데 비해, 송대에는 穎昌·襄邑·鄭州·澶州 등 四輔制를 실시하였다. 그리고 명대에는 江北·滁和 등지에 둔전을 분산 실시하였는데, 모두 수도에 대한 藩屛의 의미라고 지적하고 있다. 위의 책 卷119, '京輔之屯', pp. 1239b(6葉)~1240a(7葉).

543) 위와 같음, p. 1240a(7葉)~b(8葉).

544) 위와 같음, '郡國之守', p. 1241b(10葉).

545) 위와 같음, p. 1242a(11葉)~b(12葉).

546) 명대 위소군은 내지의 경우에는 주로 '抽丁'과 '垛集'에 의해 징발된 예가 많은 데 비해, 변방에는 '謫戍'로 징발되는 예가 많았기 때문에 이름을 변경하

군의 결원을 해소하기 위해 구체적인 방안을 제시하였다. 그 방안은
병부에 명하여 각 都司衛所에 군적을 작성하게 하고, 군사의 원액과
그 실제 수·결원 수 등을 자세히 기록케 하는 동시에 이들의 본적과
充軍의 이유에 대해서도 상세하게 보고토록 한다는 것이다. 또한 호부
에도 명하여 각 포정사로 하여금 각 주현의 군호에 대한 상세한 상황
을 보고토록 하고 이를 병부의 조사내용과 상호 대조하여 군적에서 이
탈되지 않게 한다는 것이었다.547)

5. '本兵之柄'(卷120)

여기에서는 특히 병권을 가진 대신은 사람들의 생사와 나라의 안위
를 좌우하기 때문에 함부로 등용할 수 없다는 점548)과 병권을 분장할
것을 주장하였다. 따라서 그는

명대에는 추밀원을 혁파하고 五軍都督府를 설치하여 군대를 분장케
하였습니다. 이로써 병권을 분산 관할케 하여 마음대로 전담하는 걱정
이 없게 되었습니다. (이에 따라) 송·원 이래 추밀원의 권한은 모두
병부에 귀속됨으로써 상하가 서로 유지할 수 있었을 뿐 아니라, 문무
가 상호 견제될 수 있게 되었습니다. (이로써 일을) 잘 처리할 수 있음
으로 인해 만세토록 시행하여도 폐단이 없게 되었습니다.549)

라 하였다.

6. '器械之利' 上·下(卷121~122)

거나 황책을 고치고 분가하는 등 여러 가지 폐해가 생긴다고 지적하고 있다.
위와 같음, p. 1243b(14葉).
547) 위와 같음, pp. 1243b(14葉)~1244a(15葉).
548) 위의 책 卷120, '本兵之柄', p. 1255b(14葉).
549) 위와 같음.

여기에서는 주로 병기에 대한 사용목적과 그 제조법에 대해 역대의 예를 들어 설명하고 있다. 먼저, 甲胄는 호신을 목적으로 하는 '仁器'인 데 비해, 활과 화살·창·방패는 적을 방어하는 목적으로 사용되는 '義器'라고 하였다.550) 따라서 병기의 사용순서에 대해 蔡沈의 말을 인용하여

> 甲胄는 호신하는 것이고 활과 화살, 창과 방패는 적을 물리치는 것입니다. (따라서) 먼저 自衛하고 난 후에 사람을 공격하는 것이 역시 그 순서입니다.551)

라 하여 '仁器' 사용을 우선적으로 할 것을 강조하였다.

둘째, 병기 제조는 民力과 民財를 최대한 절약하는 것을 원칙으로 할 것552)을 강조하였다. 이와 아울러 그 구체적인 방안으로서, 각 주현의 자원과 인력에 맞게 병기의 수량을 책정하여 제조할 것553)을 제안하였다.

셋째, 병기는 '嚴武備'의 급선무임을 강조하여 병기 제조국 설치의 연혁에 대해 소개하였다.554)

7. '牧馬之政' 上·中·下(卷123~125)

첫째, 군정에서 말의 중요함555)과 그 종류556)에 대해 설명하고, 말의

---

550) 위의 책 卷121, '器械之利' 上, p. 1262a(11葉).

551) 위와 같음, p. 1258b(4葉) ; 위와 같음, p. 1259a(11葉) ; 위와 같음, p. 1261b(10葉).

552) 民力과 民財를 최대한 절약한 일례로서 고대에는 도적의 장물로 병기를 제조한 사실을 들고 있다. 이와 같음, p. 1261a(9葉).

553) 위와 같음, 1263b(14葉).

554) 즉 병기의 제조는 공부에 속하는 것으로서 병기는 군기국, 군장비는 針工局, 말안장과 고삐는 鞍轡局에서 전담하였다. 위의 책 卷122, '器械之利' 下, p. 1273b(14葉).

555) 위의 책 卷123, '牧馬之政' 上, p. 1275b(2葉).

품질은 기력·나이·털 색깔에 따라 결정된다고 했고, 그 용도에 따라 전쟁용·전렵용·잡용 등으로 구분하였다.557)

둘째, 양마의 시기558)와 양마를 위해 獸醫官을 설치하고 馬病에 대한 서적을 간행 보급할 것559)을 제안하였다. 또한 말의 훈련에도 주목하여 사람과 말이 서로 친숙해진 후에야 비로소 말을 부릴 수 있다는 사실560)도 지적하였다.

셋째, 마정의 정돈을 위해 목초지를 확보하고 양마호에 대해서는 조세 혜택을 주도록561) 건의하였다. 특히 그는 왕안석이 시행한 보마법에 대해 민이 말을 배상해야 하는 등의 폐단을 지적하면서

왕안석이 창안한 보마법은 국가가 반드시 말을 사용함을 얻을 수 있는 것이 아니라, 민이 먼저 말을 지급받아야만 하는 폐해를 만들었습니다. 이는 다름이 아니라 그 마음이 성실하지 못해 멀리 고려하지 못한 것입니다.562)

라고 비판하였다. 따라서 명대의 마정이 당대에 비해 순조롭게 시행되지 않았을 뿐만 아니라, 그 규모 또한 10분의 1~2에 불과한 것563)은 송대의 보마법을 답습했기 때문이라고 분석하였다.564) 더구나 명대의

---

556) 말의 종류는 良(가장 건강한 말)·老(늙은 말)·瘠(뼈가 단단하고 마른 말)·駑(가장 용맹스러운 말)의 네 가지로 분류하고 있다. 위와 같음, p. 1275a (1葉).

557) 위와 같음, p. 1279a(9葉).

558) 암말의 경우는 생육시기, 숫말의 경우에는 기력을 잘 고려하여 양육할 것을 강조하였다. 위의 책 卷124, '牧馬之政' 中, p. 1286a(3葉).

559) 馬病에 대한 서적인『安驥集』등을 관청에서 간행하여 널리 보급할 것을 건의하고 있다. 위의 책 卷123, '牧馬之政' 上, p. 1283a(17葉).

560) 위의 책 卷124, '牧馬之政' 中, p. 1286b(4葉).

561) 위의 책 卷123, '牧馬之政' 上, pp. 1279b(10葉)~1280a(11葉).

562) 위와 같음, p. 1277b(6葉).

563) 위의 책 卷124, '牧馬之政' 中, p.1289a(9葉).

564) 보마법은 명분상으로 관에서 목마하는 것처럼 되어 있지만, 실제로는 민이

경우 畿田의 水草地는 대부분 草場으로 삼았음에도 불구하고, 이들 대부분을 세력가들이 소유하게 됨으로써 민이 목마할 땅은 거의 없었다565)고 그 폐해566)를 지적하였다. 따라서 그는 다음과 같은 해결책을 제시하였다.

청하옵건대 호부에 명하여 조사토록 하여, 영락 연간 이후로 목마 초장 중에서 관과 민에 의해 경작하게 된 토지는 모두 관에 환수토록 하십시오. 그리고 閑田이 있는 곳에서 아직도 개간되지 않은 땅도 역시 관에 보고하게 하고, 관리를 파견하여 그 경계를 측량하여 목마지로 삼게 하십시오.567)

넷째, 夷狄과 말을 교역하는 茶馬司 설치의 연혁568)과 그 목적569)에 대해 설명하는 동시에, 명대의 마정은 당대의 '監牧制'와 송대의 '戶馬令'을 겸비한 것570)이라고 평가하였다.

목마한다. 따라서 민이 배상을 부담해야 하는 것은 말할 것도 없고 말의 수량도 크게 증가하지 않는다고 보마법의 폐단을 설명하고 있다. 위와 같음, p. 1290a(11葉).

565) 위의 책 卷123, '牧馬之政' 上, p. 1283b(18葉).

566) 송대의 보마법에서는 관에서 말을 민에게 분배해 준 데 비해, 명대의 경우에는 민이 스스로 말을 구입하여 양육해야 했기 때문에 그 해가 더욱 심했다고 지적하였다. 또한 명대에는 송대와는 달리 丁에 따라 양마를 전담해야 했을 뿐 아니라 '糧草戶役'의 징수도 여전했기 때문에 민이 이중 역에 시달렸다고 비판하였다. 위의 책 卷124, '牧馬之政' 中, p. 1293b(18葉) ; 위의 책 卷125, '牧馬之政' 下, p.1295b(2葉).

567) 위의 책 卷124, '牧馬之政' 中, p. 1290a(11葉)~b(12葉).

568) 당 이래 말이 부족하여 종종 戎狄과 互市를 통해 말을 구입했지만 경비를 많이 소모하였기 때문에 실제로는 무익했다고 지적하였다. 또한 남송 이후에는 중원의 말 공급지가 夷狄에게 점령됨으로써 西南夷로부터 말을 구입한 것은 불가피한 사정이라고 평가하였다. 위의 책 卷125, '牧馬之政' 下, p. 1297a(5葉).

569) 명대에 '茶馬司'의 설치(四川·陝西 등 네 곳)는 그 목적이 '羈縻'에 있다고 하였다. 위와 같음, p. 1297b(6葉).

570) 명대의 마정은 내지의 경우에는 주로 '戶馬令'을 시행한 데 비해, 변방에서는

8. '簡閱之敎' 上·下(卷126~127)

먼저, 춘하추동 사시의 군대 열병법에 대해 언급하고, 전쟁은 국가의 안위와 민의 생사가 달려 있기 때문에 평상시에 전법을 익혀야 함을 강조하였다.571) 특히 그는 명대의 敎戰法이 주대보다 번잡한 점을 비판하고, 문무 대신들에게 명하여 병법을 잘 알고 있는 사람들의 의견과 고금의 史實들을 참작하여 定制할 것을 제안하였다.572)

둘째, 田獵의 취지는 본래 '習戰'에 있고, 이를 통해 귀천과 등급을 분명히 함으로써 어른에게 순종하는 것을 배우는 등 위엄있는 의례를 배우는 데 있다고 지적하였다. 따라서 그는 "후세에 와서 田獵의 예는 오로지 짐승을 쫓는 일을 낙으로 삼고, 옛날 사람들이 武制를 가르쳤던 것을 따르지 않는다"573)고 비판하였다. 이에 따라 그는 禮官에게 명하여 주례를 탐구하고 한·당·송 등 종전의 유제를 연구함으로써 講武의 예를 구비할 것574)을 건의하기도 하였다.

셋째, 講武時에는 무엇보다 농업을 근본으로 삼을 것575)과 무술보다는 文事를 우선시할 것을 강조하였다. 따라서 그는

孔孟은 만세토록 문교의 종사로서 武事를 언급할 때도 교육을 말했습니다. 이로써 볼 때 비단 문에 대해서만 교육하는 것이 아니라, 무도 역시 敎가 있습니다. 비록 그 이름은 두 가지지만 敎는 동일한 것입니다. 즉 민의 性을 밝히고 民의 生을 온전하게 하는 일에 귀결되는 것입니다.576)

'監牧制'를 시행하였다고 한다. 위와 같음, p. 1298a(7葉).

571) 『주례』에 따르면 열병의 명칭은 사시에 따라 상이하다. 즉 봄에는 '振旅', 여름에는 '茇止', 가을에는 '治兵', 겨울에는 '大閱'이라고 칭했다. 위의 책 卷126, '簡閱之敎' 上, p. 1305a(5葉)~b(6葉).

572) 위와 같음, p. 1306a(7葉).

573) 위와 같음, pp. 1308a(12葉)~1309a(13葉).

574) 위의 책 卷127, '簡閱之敎' 下, p. 1313b(6葉).

575) 위와 같음, p. 1311a(1葉).

576) 위와 같음, pp. 1311b(2葉)~1312a(3葉).

라 하여 武事의 강학도 결국 文事와 마찬가지로 예교의 일환임을 밝히고 있다.

넷째, 평상시의 군사훈련577)을 강조하면서 군대의 재정적인 부양책에도 주목하여 군둔제를 높이 평가하였다.578)

다섯째, 병사 선발법에 대해 설명하였다. 즉 蘇軾의 방안을 인용하여 禁軍을 '正軍'과 '副軍'으로 나누고, '정군'에게는 매월 생활비로 1石의 '支糧'을 지급할 것을 제안하였다. 또한 '부군'에 대해서는 매월 8斗의 '支糧'을 지급하는 한편, 軍兵들 중에서 재능이 뛰어난 사람에게는 月糧을 추가 지급할 것579)을 건의하기도 하였다.

9. '將帥之任' 上之上 · 上之下 · 中 · 下(卷128~131)

먼저, 군정의 네 가지 핵심580) 중에서 특히 '君擇將'이 가장 중요한 사항임을 지적하면서 신중한 장수 선발을 강조하였다. 따라서 그는

> 군주는 신하로 하여금 衆人을 통솔하게 하기 때문에 잘 살피고, 특히 일관되지 않으면 안 됩니다. 즉 잘 살피지 않으면 그만한 사람이 아니라서 잘못 통솔하거나 나라를 욕되게 합니다. 또한 사람을 구하여 등용함에 있어서 일관되지 않으면 兵事가 이렇게도 했다가 저렇게도 하게 됨으로써 통일되게 다스려지지 않게 됩니다. 한 사람을 三軍의 사령으로 삼는다는 것은 사람의 생사와 강역의 득실, 그리고 국가의 안위가 모두 이에 달려 있는 것입니다. …… (따라서) 군주가 사람을 등용하는 일은 신중하지 않을 수 없는데, 하물며 장수를 임용하고 제수하는 일은 어떻겠습니까?581)

---

577) 위와 같음, p. 1318a(15葉).

578) 위와 같음, pp. 1318b(16葉)~1319a(17葉).

579) 위와 같음, p. 1319b(18葉).

580) 兵政의 핵심은 '器械利', '卒可用', '將知兵', '君擇將'의 네 가지라고 晁錯의 말을 인용하여 설명하였다. 위의 책 卷129, '將帥之任' 上之下, p. 1331b(6葉).

581) 위의 책 卷128, '將帥之任' 上之上, p. 1323a(5葉).

라 하여 특히 장수의 역할을 강조하여 재상과 더불어 '國之輔'582)임을 강조하였다.583)

둘째, 장수의 자격은 원칙적으로 문무의 도를 겸비하여584) '明義理通古今'585)하는 사람이어야 함을 강조하는 한편, 그 구체적인 기준으로서 智勇586)과 '私'를 버리는 태도,587) 그리고 매사에 '敬'588)하는 태도를 제시하였다.

셋째, 將領의 濫擧현상589)과 환관이 군정에 간여하는 사실590) 등 당시의 폐단에 대해 지적하였다.

10. '出師之律'(卷132)

첫째, 거병의 목적은 '天討'591)에 있기 때문에 군주는 반드시 천의는 물론이고 민심에 따라야 한다는 점592)을 지적하였다. 따라서 군주가

---

582) 위의 책 卷129, '將帥之任' 上之下, p. 1330b(4葉).

583) 위와 같음, p. 1330a(3葉), "古今論治者 皆知相爲國之輔 而不知將亦國之輔也 蓋國之有將相 如人之有兩手 鳥之有兩翼 闕一不可 相得其人 則國體正而安 將得其人 則國勢彊而固".

584) 위와 같음, p. 1326a(11葉)~b(12葉) ; 위의 책 卷130, '將帥之任' 中, p. 1348b(20葉).

585) 위와 같음, '將帥之任' 中, p. 1346a(15葉).

586) 위의 책 卷129, '將帥之任' 上之下, p. 1332a(7葉).

587) 위와 같음, p. 1329b(2葉).

588) 여기서 '敬'의 의미는 존중하고 삼가는 신중한 태도를 뜻한다고 할 수 있다. 특히 그는 순자의 말을 인용하여 敬謀·敬事·敬吏·敬衆·敬敵해야 한다고 지적하였다. 위의 책 卷128, '將帥之任' 上之上, pp. 1327b(14葉)~1328a(15葉).

589) 즉 將領을 함부로 천거한 擧主에 대해서는 연좌죄를 적용하여 엄히 다스릴 것을 제안하였다. 위의 책 卷130, p. 1345a(13葉).

590) 구준은 당 무종시 李德裕가 당시 환관의 군정 간섭을 비판한 사실을 빌어 명대의 '監軍'제도를 완곡하게 비판하였다. 위의 책 卷131, '將帥之任' 下, p. 1357a(9葉).

591) 위의 책 卷132, '出師之律', p. 1365b(6葉), "古之帝王所以興師 問罪 皆因其得罪於天 奉天以正之也".

거병할 때는 무엇보다 신중을 기할 것을 강조하여

> 민을 동원하여 거병하는 일은 마치 독약으로 병을 공략하는 것과 같이, 매우 고질적인 질병이나 몹쓸 병이 아니면 가볍게 사용해서는 안 되는 것입니다.[593]

라 하였다.

둘째, 출전과 임전시의 규율[594]은 물론이고, 군사들이 가져야 할 임전 태도에 대해서도 다음과 같이 지적하였다.

> 첫째는 가볍게 진공하지 말 것, 둘째 함부로 살인하지 말 것, 셋째 武勇을 숭상하여 함부로 항복하지 말 것입니다. 따라서 出師 임전할 때 이 세 가지에 힘쓰는 것을 곧 '節制之兵'이라 말합니다.[595]

셋째, 출사를 행할 때는 먼저 그 득실과 성패 여부 등[596] 현실적인 문제를 신중하게 고려할 것을 강조하였다.

11. '戰陳之法' 上·下(卷133~134)

여기에서는 주로 각 시대의 전법과 포진법에 대해 설명하고 있는데, 먼저 진법은 각 시대에 따라 상이하기 때문에 그 시대에 맞게 연습하고 이를 연구할 것을 강조하였다.[597] 특히 그는 孫·吳의 병법에 대해

---

592) 위와 같음, p. 1367a(9葉)~b(10葉), "人君擧事 必上承天意 下順人心 誓于臣民而無疑 質之神明而無愧 然後興師動衆 是爲王者之師".

593) 위와 같음, p. 1363b(2葉).

594) 출전시에는 '以正以義', 임전시에는 '當有號令, 有節制'라 하였다. 위와 같음, p. 1364a(3葉).

595) 위와 같음, p. 1368b(12葉).

596) 위와 같음, p. 1364a(3葉).

597) 위의 책 卷134, '戰陳之法' 下, pp. 1389b(6葉)~1390a(7葉), "所謂陳法 未必皆 ——可用 如古人所云者也 然用之 雖在乎應機 然習之則在乎有素".

내용이 권모술수적이기 때문에 비록 '王者之師'는 아니지만, 행군 포진법은 많이 참고할 만하다고 평가하였다.

둘째, 전차의 제조는 고법에만 얽매이지 말고 시세와 智巧에 맞게 제조할 것[598]을 강조하는 동시에, 자신의 전차 제조법[599]을 제안하기도 하였다.

셋째, 조운에 쓰이는 배를 유사시에 전쟁용으로 사용하게 하면 '一擧兩而得'의 방안이라고 지적하고, 이를 위해 평시에 운반기술을 훈련할 것[600]을 건의하기도 하였다.

12. '察軍之情'(卷135)・'遏盜之機' 上・中・下(卷136~138)

여기에서는 국내의 반란을 방지하기 위해 관리의 작폐와 민의 생계 보장을 위한 구체적인 방안을 제시하였다. 먼저, 그는 이제까지 사대부가 지적한 兵亂은 주로 국외적인 이적에 국한하고 국내의 변란인 '盜賊'에 대해서는 언급한 적이 없었던 사실[601]에 주목하였다. 따라서 그는 국가의 안위와 治亂에 관련되는 '8成'[602] 중에서 작당하여 亂民하는 '邦朋'과 혹세무민하는 '邦誣', 그리고 작당하여 역모를 꾀하는 '邦賊'의 세 가지가 가장 큰 악이라고 지적하였다.[603]

둘째, 국내 반란을 방지하기 위해서는 그 원인에 대해 잘 살펴야 한

---

598) 위의 책 卷133, '戰陳之法' 上, p. 1381b(14葉).

599) 즉 당시 사용되고 있는 '獨輪車'를 전차로 개조하는 방법을 제안하고 이를 통해 전쟁용과 군영의 설치, 군장비의 운반, 돌격용 등으로 사용할 수 있다고 설명하였다. 위와 같음, pp. 1379b(10葉)~1380a(11葉).

600) 위의 책 卷134, '戰陳之法' 下, p. 1392a(11葉)~b(12葉).

601) 위의 책 卷138, '遏盜之機' 下, p. 1427b(18葉).

602) 八成은 邦汋・邦賊・邦諜・犯邦令・撟邦令・邦盜・邦朋・邦誣로서, 이 가운데 邦汋・邦諜은 외국과 밀통하는 것, 犯邦令・撟邦令은 왕법을 어기는 일, 그리고 邦盜는 國貨를 훔치는 것을 뜻한다. 위의 책 卷136, '遏盜之機' 上, pp. 1403b(2葉)~1404a(3葉).

603) 위와 같음.

다는 점을 강조하였다. 그는 역대 민란을 예로 들어 그 원인을 분석하면서[604] 무엇보다 좋은 관리의 등용[605]과 民에 대한 생계보장, 그리고 교화를 강조하였다. 따라서 그는

신이 생각하기에 난과 盜는 모두 혈기에 따르는 용기와 마음의 욕심에서부터 일어나는 것입니다. …… 따라서 옛날 성왕은 반드시 민의 恒産을 보장하여 그들로 하여금 부모와 자식을 부양할 수 있게 만들어 주었습니다. 또한 예의를 가르쳐 이들이 임금을 받들고 어른을 섬길 줄 알도록 힘썼습니다.[606]

고 함으로로써 군주는 민생을 보장하여 민심을 얻는 일이 천하를 유지하는 급선무[607]라고 지적하였다.

셋째, 민란 발생을 방지하기 위해서는 심지어 염의 전매를 개방함으로써 민의 생업을 보장해 줄 것[608]을 강조하였다. 이에 따라 그는 특히 염상의 난에 주목하고 정기적인 안목으로 鹽課를 결정할 것을 제안하기도 하였다.[609]

---

604) 예컨대 송 휘종시 方臘의 난은 관리의 방자함과 사리추구에서 비롯된 것이라고 평가하였다. 위의 책, '遏盜之機' 下, pp. 1425b(14葉)~1426a(15葉).

605) 歐陽脩의 말을 인용하여 '防盜'의 방안은 첫째, 주현에 병사를 배치하는 것, 둘째 반란민을 체포하는 관리를 뽑는 것, 셋째 상벌을 분명하게 하는 것, 넷째 冗官을 없애고 良吏를 등용하여 민을 초무하는 것 등 네 가지 점을 지적하였다. 구준은 이 중에서 특히 네 번째 방안이 가장 우선되는 것이라고 주장하였다. 위와 같음, p. 1420b(4葉).

606) 위의 책 卷136, '遏盜之機' 上, p. 1408a(11葉).

607) 수 양제시 고(구)려 원정 등 요역 남발로 인해 민란이 발생한 것을 예로 들면서, 민심을 잃은 군주는 곧 '獨夫'에 불과하다고 지적하였다. 위의 책 卷137, '遏盜之機' 中, p.1414a(7葉)~b(8葉).

608) 黃巢의 난을 평가하면서 구준은 황소가 만약 진사에 급제하거나 그 이외의 생업이 있었다면 사염을 팔지 않았을 것이라고 파악하였다. 뿐만 아니라 국가에서도 만약 사염을 금지시키지 않았다면 황소는 염업을 생업으로 삼았을 것이고, 따라서 도적으로 전업하지 않았을 것이라고 설명하였다. 위와 같음, p. 1415b(10葉).

넷째, 민란을 진압하지 못한 한 원인으로서 환관의 작폐610)를 거론함으로써 당시 환관의 농단 현상을 우회적으로 비판하는 동시에, 언로의 옹폐 현상에 특히 유의하였다. 따라서 그는 무엇보다 민정을 잘 살펴 민의 노고와 饑寒 등을 구휼함으로써611) 민란을 미연에 방지할 것을 강조하였다.

13. '賞功之格' 上·下(卷139~140)

먼저, 상벌은 국가의 기강으로서 논공행상을 분명하게 하는 수단일 뿐 아니라 '用人擧事'의 표현이기612) 때문에 국가는 공로613)에 따라 爵祿을 공정하게 頒賜할 것을 강조하였다. 그는 특히 軍功에 대해,

신이 생각하기에 군주의 行賞은 공정하지 않으면 안 됩니다. 특히 軍功은 마땅히 공정하여 추호의 사사로움이라도 있어서는 안 되는 것입니다. 이는 무엇 때문이겠습니까? 戰伐의 공은 병사의 목숨을 적의 목숨과 바꾸어 얻은 것이고, 또한 병사의 몸을 바쳐 죽음으로써 공을 세운 것이기 때문입니다. 따라서 요행과 부를 탐내는 무리들이 뇌물을 주어 공을 세운다면, …… 이는 왕이 아군의 생명을 경시하는 것입니다.614)

---

609) 민란 가운데 鹽徒(商)의 폐해가 가장 심하다고 지적하면서, 그 例로서 黃巢·張士誠의 난을 들고 있다. 폐해가 이처럼 극심한 원인에 대해, 구준은 당시 염은 이익을 많이 취할 수 있기 때문에 사람들이 생명을 무릅쓰고 이를 따른다고 분석하였다. 위의 책 卷138, '遏盜之機' 下, p. 1426a(15葉)~b(16葉).

610) 漢 靈帝時 黃巾의 난은 대신과 환관이 결당하여 간언하지 못한 데서 비롯된 것이라고 지적하고 있다. 위의 책 卷137, '遏盜之機' 中, p. 1411b(2葉).

611) 위의 책 卷135, '察軍之情', p. 1396b(4葉). 그 실례로서 원말의 홍건의 난을 들고 있다. 위의 책 卷138, '遏盜之機' 下, p. 1427b(18葉).

612) 위의 책 卷140, '賞功之格' 下, p. 1445b(10葉), "賞罰國家之大柄 所謂紀綱是也".

613) 功의 종류는 '6功'이 있는데, 왕조 창업의 공인 '勳,' 국가 보전의 공인 '功', 事功의 공인 '庸', 근로의 공인 '勞', 유력의 공인 '力', 戰功인 '多'로 구분하고 있다. 위의 책 卷139, '賞功之格' 上, p. 1433a(5葉).

라 하여 공정성을 강조하였다. 따라서 軍功은 그 명단을 공개하여 사실 여부를 철저하게 조사하도록 하는 동시에, 장수는 물론이고 참모와 兵卒에 대해서도 적절히 상을 주는 방안을 제도화할 것을 건의하였다.615)

둘째, 논공행상은 신중하고616) 엄격하게 시행할 것을 강조하였다. 이에 따라 그는 歐陽脩의 말을 인용하여

脩(歐陽脩)가 "군에서 유죄한 자가 있음에도 벌주지 않는다면 諸將 중 그 누가 (자신의) 생명을 바치려고 하겠는가?"라고 말하였습니다. 이로써 국가는 유공이 있는 將領에게는 마땅히 상을 주고 유죄자에게는 벌을 주지 않으면 안 된다는 것을 알 수 있습니다.617)

라 하였던 것이다.

셋째, 특히 行賞은 격려의 의미를 갖고 있기 때문에 그 시기를 놓쳐서는 안 된다는 점을 강조하였다. 따라서 그는

신이 생각하기에 상은 빨리 시행하는 것을 높이 여깁니다. (상이) 빠르면 인심이 이를 기뻐하고 흠모하여 격려가 되기 마련입니다. 하물며 군공에 대한 상은 늦출 수 없는 것으로서, 늦추게 되면 인심이 나태해지게 마련입니다. 대저 상이 상으로 되는 것은 비단 이미 끝난 공에 대해 보답하는 것뿐만 아니라, 이를 실용하여 이후에도 분발하는 마음을 일게 하는 데 있습니다. 그런데 후세의 상은 문서로 대조하는 절차로 인해 시간이 지나버리거나 심지어는 그 사람이 죽은 후에야 비로소 상이 내려지는 경우도 있습니다.618)

---

614) 위의 책 卷140, '賞功之格' 下, p. 1445a(9葉).
615) 위의 책 卷139, '賞功之格' 上, pp. 1435a(9葉)~1436b(12葉).
616) 위와 같음, p. 1433a(5葉), "王之爵祿 天所以命有德者哉 其不可輕予無功之人也 可知矣".
617) 위의 책 卷140, '賞功之格' 下, p. 1448b(16葉).
618) 위의 책 卷139, '賞功之格' 上, pp. 1434b(8葉)~1435a(9葉).

라고 하여 시기를 놓쳐 이루어지는 行賞의 폐단을 지적하였다.

14. '經武之要' 上・下(卷141~142)

먼저, 經武의 핵심은 '人和'[619]와 敎民에 있음을 강조하였다. 특히 그는 거병의 목적이 '禁暴除害'에 있고 '爭奪'에 있지 않다[620]고 지적하였다. 따라서 부득이한 경우에만 무력을 사용할 것을 강조하는 한편, 전쟁을 일으켜 살인을 즐기는 자는 천하를 얻을 수 없다는 사실[621]을 지적하였다. 또한, 역대 병서에 대해 총평하면서,[622] 이들 가운데 특히 손자의 병서가 가장 정밀하다[623]고 평가하였다.

한편 「馭夷狄」편은 '內夏外夷之限' 2卷, '愼德懷遠之道' '譯言賓對之禮' 1卷, '征討綏和之義' 2卷, '脩攘制禦之策' 2卷, '守邊固圉之略' 2卷, '列屯遣戍之制' 1卷, '四方夷落之情' 3卷, '劫誘窮黷之失' 1卷 등 모두 14권(卷143~156)으로 구성되어 있다.

1. '內夏外夷之限' 上・下(卷143~144)

먼저, 華夏와 夷狄을 구분짓는 5服制[624]에 대해 설명하고, '夏'는

---

619) 맹자의 '天時不如地利 地利不如人和'와 공자의 '以不敎民戰 是謂棄之'라는 말을 인용하여 설명하고 있다. 위의 책 卷141, '經武之要' 上, p. 1458a(11葉).

620) 위와 같음, p. 1458b(12葉).

621) 위와 같음.

622) 송 원풍 연간에 武學令으로 배우게 한 병서 '七書'는 孫子・吳子・司馬法・李衛公問對・尉繚子・三略・六韜 등이 있는데, 이들 내용 중에서 장점을 취하고 단점을 버리면 후세에도 사용할 수 있다고 평가하였다. 위의 책 卷142, p. 1469a(13葉)~b(14葉).

623) 兵書는 비록 '以變詐奇詭爲說'과 '世爭趨之說'이지만 장점만 골라 참고하면 도움이 된다는 점을 지적하고 있다. 위와 같음, p. 1466a(7葉)~b(8葉).

624) 즉 禹貢의 五服制는 왕성을 중심으로 500리의 거리를 단위로 甸服・侯服・綏服・要服・荒服 등으로 구분하였다. 이때 甸服・侯服은 夏華의 지역이고 要服・荒服은 夷狄의 구역이며, 또한 綏服은 화이를 구분하는 중간지역이라

'大'의 의미로 예의가 바르고 문명이 발달한 곳을 뜻한다625)고 설명하
였다.

둘째, 『춘추』에서 화이관을 정립한 사실을 높이 칭송하였다. 그는 특
히 공자가 『춘추』를 저술한 목적이 '嚴華夷之辨',626) 즉 화이의 엄격한
구별에 있다고 강조하였다.627)

셋째, 인성론에 입각하여 화이를 구별하여 이적은 그 품성이 중국인
과는 상이하기 때문에 중국의 仁政으로 이들을 다루어서는 안 된다고
주장하였다.628) 즉

> 비유컨대 (이적은) 마치 짐승우리에 갇힌 호랑이와 같아서, 그 몸이
> 처한 짐승우리가 (만에 하나라도) 잘 갖추어져 있지 않으면 짐승우리
> 를 빠져나갈 틈을 엿보게 되니, 기를려고 해도 소용이 없게 됩니다. 그
> 러므로 틈을 보이게 되면 곧 밖으로 나갈 수 있는 기회를 잡을 것입니
> 다.629)

라 하여 이적의 인성을 인간의 품성과 다른 맹수에 비유하였다. 이 같
은 화이관에 입각하여 당대 오랑캐 출신의 장수를 절도사로 임용한 사

고 한다. 위의 책 卷143, '內夏外夷之制' 上, pp. 1473b(2葉)~1474a(3葉). 한
편 『주례』의 9服制(侯·甸·男·采·衛·蠻·夷·鎭·藩服)에 대해서도 설
명하고 있는데 이에 대해서는 위와 같음, p. 1475a(5葉) 참조.

625) 이는 孔穎達의 해석으로, 구준은 이를 인용하여 설명하고 있다. 위의 책, p.1481b
(18葉).

626) 송의 胡安國·呂祖謙의 해석을 인용하여 지적하고 있다. 위와 같음, p. 1476a
(7葉).

627) 구준은 한 무제 때 강족을 三輔에 이주시킨 사실과 광무제 때 흉노족을 雲中
兩河에 이주시킴으로써 마침내 五胡의 난을 야기했다고 지적하고 있다. 위의
책 卷144, '內夏外夷之限' 下, p. 1487a(9葉).

628) 당 태종 때 돌궐족에 대한 처리문제를 둘러싸고 일어난 대신들의 논의 가운
데, 특히 魏澂의 말을 인용하고 있다. 여기에서 그는 특히 五胡의 난을 거울
삼을 것을 강조하였다. 위와 같음, p. 1489a(13葉)~1491a(17葉).

629) 위의 책 卷143, '內夏外夷之限' 上, p. 1476b(8葉).

실630)을 비판하기도 하였다.

2. '愼德懷遠之道' '譯言賓待之禮'(卷145)

먼저, 나라 안에서 잘 다스리는 것을 馭夷狄의 우선으로 삼을 것을 주장하고,631) 이때 올바른 治를 위해 '明明德'과 신중함을 강조하였다.632)

둘째, 역대 역관의 명칭633)과 그 制度,634) 특히 명대의 역관제도에 대해 상세하게 설명하였다.635)

셋째, 夷狄의 조공은 중국의 의를 흠모하여 행해지지만 때로는 중국의 물건을 탐하여 이루어지는 경우도 있기636) 때문에 이에 대한 일정한 제도를 마련할 것637)을 제안하기도 했다.

3. '征討綏和之義' 上 · 下(卷146~147)

---

630) 안록산을 절도사로 임용할 것을 건의한 李林甫에 대해 비판하였다. 위의 책 卷144, '內夏外夷之限' 下, p. 1493a(21葉)~b(22葉).

631) 위의 책 卷145, '愼德懷遠之道', p. 1495b(2葉).

632) 위와 같음, p. 1497a(5葉), "人君之德 不可以不明 旣明矣 而尤不可以不愼 也".

633) 예기에 의하면 동방의 역관은 '寄', 남방은 '象', 서방은 '狄鞮', 북방은 '譯'이라 하였다. 한편 周에서는 '象胥'라고 하였는데 속칭 '譯'이라고도 했다. 위와 같음, '譯言賓待之禮', p. 1500a(11葉)~b(12葉).

634) 위와 같음, p. 1502a(15葉) 참조.

635) 명대의 역관은 文皇帝時에 8館(西天 · 韃靼 · 回回 · 女直 · 高昌 · 西蕃 · 緬甸 · 百夷)이 설치되고, 예부시를 통과한 거인이 蕃夷들의 서적을 번역케 하였다고 한다. 위와 같음, pp. 1500b(12葉)~1501a(13葉).

636) 위와 같음, p. 1503b(18葉), "蠻夷慕義而朝 固是美事 然其中亦有貪中國貨物 而假以朝貢爲名者 不可不知也".

637) 거리의 원근에 따라 시간 등을 정해 조공에 답례하는 '回賜'制度를 정비할 것을 주장하였다. 위와 같음, p. 1504b(20葉). 또한 각 나라의 조공 사절에 대한 접대가 각기 다르기 때문에 야기되는 불만을 해소하기 위해 예관이 각기 상이하게 택일할 것도 건의하였다. 위와 같음, p. 1503b(18葉).

먼저, 이적을 도덕주의 차원에서 파악함으로써 이들에 대한 정벌은 도덕 회복을 통해 정도를 따르게 하는 것[638]이라고 주장하였다. 따라서 이적에 대한 역대의 대비책인 화친책과 정벌책은 모두 제왕의 '愼德威懷'의 최선책이 아님[639]을 강조하였다. 또한 征討와 綏和(和親)의 구체적인 방안인 戰·守·和策은 모두 적에 대응하는 수단에 불과하고, 적을 제어하는 근본책은 아니라고[640] 하면서

> 고금을 통해 이적을 제어하는 방법은 이것(戰·守·和)을 벗어나지 않습니다. 漢人이 말하는 治戎 三策도 모두 이것입니다. 그런데 이 세 가지 중에서 상책을 말하자면 守하는 것보다 더 좋은 것은 없습니다. …… 이 때문에 세 가지 가운데 (나라를) 守하는 것을 근본으로 삼아야 합니다.[641]

라 하였다. 이로써 볼 때 구준은 이적을 방어하는 가장 좋은 방책은 나라를 지키는 것이라고 주장함으로써 소극적인 대외경략관[642]을 보여주고 있다.

4. '脩攘制御之策' 上·下(卷148~149)

첫째, 화이는 내외의 엄격한 구별을 통해 내치를 철저하게 함으로써 不備함이 없도록 할 것[643]을 강조하였다. 따라서 그는 이적을 물리치

---

638) 그는 虞와 후세의 정벌을 비교하면서, 虞의 정벌은 불공하고 도덕이 없는 이적이 正道를 따르게 하기 위해서였다고 설명하고 있다. 이에 비해 후세의 정벌은 이적이 중국을 침입한 것에 대응하기 위한 것이라고 비교하고 있다. 위의 책 卷146, '征討綏和之義' 上, pp. 1507b(2葉)~1508a(3葉).

639) 위와 같음, '征討綏和之義' 上, p. 1514b(16葉).

640) 위의 책 卷147, '征討綏和之義' 下, p. 1522a(15葉).

641) 위와 같음, p. 1522b(16葉).

642) 그의 소극적인 대외경략관은 이적이 중국을 침입했을 때에만 이를 다스리고 그렇지 않았을 때에는 不治한다는 선왕의 취지를 역설한 데서도 잘 반영되고 있다. 위의 책 卷146, '征討綏和之義' 上, p. 1509a(5葉).

는 근본책은 바로 '內修'644)에 있다고 주장하였다.

둘째, 馭夷狄의 네 가지 방책645)에 대해 설명하는 한편, 자신이 생각하는 구체적인 방안646)을 제안하였다.

셋째, 전쟁을 일으키는 일은 만전을 기해야 한다고 강조하였다. 따라서

> 신이 생각하기에 전쟁을 일으키는 일은 어찌 비단 (나라의) 대소 · 강약만이 뒤바뀌는 것이겠습니까? 또한 생사와 흥망이 아주 잠깐 사이에 뒤바뀌는 일이라 하겠습니다. …… 이 때문에 제왕의 도는 반드시 만전을 기하여 거사하기 전에 반드시 깊게 생각하는 것입니다.647)

라고 하였다. 이에 따라 이적에 대한 정벌사업은 민력을 경솔하게 동원함으로써 재정 고갈을 초래서는 안 된다648)고 역설하였다.

---

643) 위의 책 卷148, '脩攘制御之策' 上, p. 1523a(1葉).

644) 위와 같음, p. 1523b(2葉), "內修者 外攘之本也". 위와 같음, p. 1530b(16葉)에서도 陸贄의 五策(尊卽敍者 · 樂武威者 · 務和親者 · 美長城者 · 尙薄伐者)에 대해 언급하면서 '攘外安內'가 상책이라고 주장하였다.

645) 송의 범중엄이 인종에게 올린 것으로서 和 · 守 · 攻 · 備의 방책을 뜻한다. 위의 책 卷149, '脩攘制御之策' 下, pp. 1534a(3葉).

646) 구준은 범중엄의 말을 인용하여 일곱 가지 방안을 제시하고 있다. 즉 첫째, 인재를 뽑아 직접 변방을 관찰하고 그 방어책을 연구토록 하는 것, 둘째 변방에 군둔을 철저하게 시행하여 비용을 절약하는 방안을 법제화하는 일, 셋째 장병들에 대한 선발을 관할 기구에서 전담하여 엄격하게 시행할 것, 넷째 변방의 장병들 중에서 射術에 능한 자를 뽑아 훈련하는 동시에 이들로 하여금 일반 병졸들을 가르치게 하는 것, 다섯째 각 주현에서 민을 선발하여 '義勇'으로 조직하고 이들을 수시로 훈련시키는 것, 여섯째 경성과 외성에 대한 정비, 일곱째 이적과 내통하는 것을 막기 위해 변방인들 중에서 才藝가 뛰어난 자는 등용할 것 등을 제안하였다. 위의 같음, p. 1534b(4葉)~1536b(8葉).

647) 위의 책 卷148, '脩攘制御之策' 上, p. 1524b(4葉).

648) 진의 만리장성 축조를 예로 들고, 이는 민력과 재정의 고갈을 초래한 '無策'이라고 평가하였다. 위와 같음, pp. 1526b(8葉)~1527a(9葉).

5. '守邊固圉之略' 上·下(卷150~151)

먼저, 오랑캐를 방어하는 근본은 수비에서 공격전쟁을 먼저 일으키지 않는다[649]는 소극적인 경략관을 보여주고 있다. 이에 따라 변방의 수비는 자연적인 조건을 활용하여 요새화할 것을 제안하였다.[650]

둘째, 장성 축조의 연혁[651]에 대해 언급하고, 후세에 이르러 장성은 화이를 구분하는 경계가 되었다[652]고 설명하였다.

셋째, 봉수제도[653]와 北邊鎭 설치의 연혁[654]에 대해 설명하고, 특히 북변진의 중요성을 강조하였다. 따라서 북변의 방어가 해제된 것은 石敬塘이 연운 16주를 거란에 헌납한 때부터라고 지적하면서,

이로부터 중국은 비단 영토와 민을 잃게 되었을 뿐 아니라, 이와 연관되는 주요 관문을 상실하게 되었습니다. (이로 인해) 晉의 민들은 타국 사람들과 경계할 수 있는 자연적인 요충지를 잃게 됨으로써 나라를 지킬 수 없게 되었습니다. 또한 宋이 그 뒤를 이었으나 중국의 舊土를 회복할 수 없이 (거란과) 白溝河를 경계로 삼게 되었습니다. 이처럼 두 나라가 이적의 화를 입게 된 이유는 거의 동일한 것입니다.[655]

---

649) 程頤의 말을 인용하여 '禦戎狄之道 守備爲本'이라고 하였다. 위의 책 卷150, '守邊固圉之略' 上, p. 1539a(1葉).

650) 한 예로서 그는 변방의 삼림이 훼손되는 당시의 상황에 대처하기 위해 땔감을 채취하는 시기와 그 규칙을 정할 것을 건의하였다. 이를 통해 삼림을 보호하여 騎馬에 불편한 요새지로 만들 것을 제안하고 있다. 위와 같음, pp. 1539b(2葉)~1541b(6葉).

651) 장성의 축조는 진 시황 이전인 昭王·趙代에도 이미 있었다고 설명하는 한편, 진 이후 위·북제·수 나라에 와서도 축조하였다고 한다. 위와 같음, p. 1542a(7葉)~b(8葉).

652) 위와 같음, p. 1542b(8葉).

653) 봉수제도는 한대부터 있었다고 지적하고 있다. 위와 같음, p. 1543b(10葉).

654) 특히 명대의 북변진은 內藩籬(太行 → 居庸 → 醫巫閭를 잇는 경계선)와 外藩籬(大寧 → 宣府·大同·代州 → 保德州를 잇는 경계선)로 나누어 이중으로 수도와 국경을 방어하는 구실을 하였다고 설명하고 있다. 위의 책 卷151, '守邊固圉之略' 下, pp. 1550a(3葉)~1551a(5葉).

655) 위와 같음, pp. 1553b(10葉)~1554a(11葉).

라고 하였다.

6. '列屯遣戍之制'(卷152)

먼저, 漢代 변방 更戍法에서 시행한 錢 대납법에 대해 설명하고, 이를 당시에도 적용할 수 있는 방안이라고 주장하였다.656) 또한, '謫戍'軍의 연혁657)을 설명하고 변방 수비는 京師兵이 담당해서는 안 된다고 주장하였다.658) 특히 그는 변방군의 노고를 생각하여 이들에 대한 대우를 각별히 할 것을 주장하기도 하였다.659)

7. '四方夷落之情' 上·中·下(卷153~155)

첫째, 馭夷狄의 핵심은 '來之禦之 去則備之'660)하는 데 있다고 지적하고, 이적이 침범했을 때는 막고 평상시에는 이를 대비할 것을 강조하였다. 따라서 무엇보다 이적을 羈縻하기 위한 방법으로 '土司制度'를 실시하여 이들의 반란을 미연에 방지할 것을 제안하기도 하였다.661)

---

656) 당시 錢으로 변방에 更戍하는 방법을 '過更法'이라고 하였다. 한편 이를 당시에도 적용할 수 있는 이유는 명대 내지의 위소군이 戍邊하는 데 거리가 너무 멀어서 노고가 특히 심하기 때문이라고 하였다. 위의 책 卷152, '列屯遣戍制', pp. 1560b(4葉)~1561a(5葉).

657) 범죄자를 변방에 차출하여 군역을 사역케 하는 '謫戍'의 효시는 한 명제 8년이라고 한다. 위와 같음, p. 1563a(9葉).

658) 그 이유에 대해 구준은 경사병은 변방 사정에 어두울 뿐 아니라, 總兵의 대부분이 勳貴의 자제이기 때문에 병역에 부적합하다고 지적하고 있다. 위와 같음, p. 1564b(12葉).

659) 그는 당시 내지병에 대해서는 賜가 후한 데 비해, 외지병에 대해서는 박한 실정을 비판하고 '內外均齊'를 주장하였다. 위와 같음, pp. 1566b(16葉)~1567a17葉).

660) 위의 책 卷153, '四方夷落之情' 上, p. 1570a(3葉).

661) 위와 같음, pp. 1574b(12葉)~1575a(13葉). 특히 그는 토목보의 변의 원인에 대해, 북적이 강했기 때문이라기보다는 당시 謀臣들이 이들을 멸시하여 방비하지 않았기 때문이라고 분석하였다. 위와 같음, p. 1583b(6葉) 참조.

둘째, 서역 교류의 연혁을 설명하는 한편, 특히 한대처럼 사신을 보내 도호부를 설치하고 인질을 두어 통혼하는 방법은 모두 治亂에 도움이 되지 않는다고 주장하였다. 따라서 그는 班固의 말을 인용하여 "得之不爲益 失之不爲損"[662]이라고 하여 소극적이고 배타적인 대외관을 보여주었다. 뿐만 아니라 吐蕃[663]과 西南夷[664]에 대해 시행했던 중국의 기미책과 互市제도를 설명하고, 女直에 대한 명대의 통치책[665]에 대해서도 상세하게 설명하였다.

8. '劫誘窮黷之失'(卷156)

먼저, 華가 夷와 구별되는 것은 중국이 비단 위엄이 있기 뿐만 아니라 道가 있기 때문이라고 지적하고, 이적을 공격하는 일은 반드시 '天下의 公'에 입각해야 한다고 주장하였다.[666] 따라서 그는 무분별한 이적 정벌[667]을 비판하고 화이의 상대적 존재를 인정하였다.[668]

둘째, 측근의 말을 함부로 믿고 출병함으로써[669] 야기되는 폐단을 지적하고 특히 대외원정은 공의에 따라 신중히 결정할 것을 강조하였

---

662) 위의 책 卷155, '四方夷落之情' 下, p. 1590b(4葉).

663) 위와 같음, p. 1591a(5葉).

664) 위와 같음, pp. 1592b(8葉)~1593a(9葉).

665) 建州 등 8衛를 설치하여 이 지역을 관할하였다. 위와 같음, pp. 1593a(9葉)~1594b(12葉).

666) 한 무제시 韓安國의 말을 인용하고 있다. 위의 책 卷156, p. 1601a(9葉)~b(10葉).

667) 한 무제의 태자인 據가 죽은 사건에 대해, 구준은 무제의 무분별한 대외원정으로 인한 업보라고 해석하고 비판하였다. 위와 같음, pp. 1599b(6葉)~1600a(7葉). 이 밖에도 한 영제의 원정에 대해서는 위와 같음, p.1602a(11葉)~b(12葉), 수 양제의 고구려 원정에 대해서는 위와 같음, p.1603b(14葉), 당 태종의 고구려 원정에 대해서는 위와 같음, p.1604b(16葉)에서 비판하고 있다.

668) 위와 같음, p. 1600a(7葉), "有華卽有夷 有陽卽有陰也".

669) 송 휘종시 蔡京 등이 환관인 童貫의 말을 신임하여 용병한 사실을 들어 비판하였다. 위와 같음, pp. 1611a(29葉)~1612a(231葉).

다.670)

　이제까지 우리는 병부에 해당하는 「嚴武備」「馭夷狄」편의 내용을 살펴보았다. 이제 그 내용의 특징을 요약해 보면 다음과 같다.

　먼저, 그는 체용론에 입각하여 원칙적으로는 문무겸비를 주장하고 있다. 특히 그는 武威의 전제로서 文德을 강조하고 교화를 사방을 평정하는 근본으로 파악하여 전통적인 입장을 강조하고 있다.

　둘째, 그의 화이관은 도덕주의를 대변하는 것으로서, 특히 이를 인성론에 따라 인성과 獸性으로 구분하고 양자의 상대적 존재를 인정하였다. 따라서 그의 대외경략관은 소극적인 자세로 일관하고 있는 것이 그 특징이라 하겠다. 이로 인해 대외원정을 적극적으로 수용하기보다는 이들에 대한 예교질서를 강화하는 한편, 수비책을 강화할 것을 강조하였다. 이는 그가 생존 당시 토목보의 변을 직접 체험한 경험과 함께 예의 회복을 주장한 그의 학문적 태도에 기인하는 것이라 할 수 있겠다.

　셋째, 이상적인 군제에 대해 그는 병농일치의 부병제의 취지를 계승할 것을 강조하고, 이를 국방비 절약과 민력 보호라는 차원에서 파악함으로써 현실적인 입장을 반영하고 있다.

---

670) 陸贄의 말을 인용하여 군주는 "非爲生人安衆 必不肯勞民殺人 而爲窮兵黷武之擧矣"라는 말을 좌우명으로 삼을 것을 강조하였다. 위와 같음, p. 1608a (23葉).

제3장 『大學衍義補』의 이론체계

제1절 人性論과 價値論

1. 人性論

인성론의 문제는 중국 전통사상사에서 가장 핵심적인 과제라 할 수 있다. 왜냐하면 중국철학의 특징은 서양과는 달리 신과 우주에 대한 사변적인 문제보다는 현실에 바탕을 둔 인간들의 관계에 그 중점을 두고 있기 때문이다.[1] 인성론에 대한 이론은 맹자·순자를 중심으로 전개된 인성론 논쟁에서부터 진한 이래 董仲舒의 인성 품급에 관한 이론으로 발전하였고,[2] 마침내 북송 이후에는 인성의 종류에 대한 문제에 그 관심이 집중되었다.[3] 이처럼 인성론에 대한 연구는 결국 인간과 인간의 관계, 즉 사회성을 규정짓는 근거일 뿐 아니라 치도와 치술의 문제와도 밀접하게 연관되어 있기 때문에 중국 전통사상을 이해하는 데 매우 중요한 개념이라고 할 수 있다. 특히 북송 이후 이학의 발달과 더불어 인성론에 대한 체계 또한 상당히 정교하게 다듬어져 우주론과 결

---

1) 黃俊傑, 앞의 논문, pp. 245~247에서 중국 철학의 특징에 대해·인간의 사회 현실 문제를 다루고 있기 때문에 특별히 Etienne Balazs의 말을 인용하여 '사회철학'이라고 설명하고 있다.
2) 동중서는 인성 품급을 '聖人之性' '中民之性' '斗筲之性'으로 구분하고, 이들을 각기 품급에 따라 인성의 품질을 천부적인 것으로 파악하였다.
3) 중국 사상사에서 인성론의 발전사에 대해서는 曺德本, 「中國傳統倫理思想」, 『中國傳統思想反思』(北京 : 三聯書店, 1978), pp. 172~216 참조.

합되어 나타났다. 이학자들은 孟子 이래의 성선설을 바탕으로 이를 다시 理氣의 작용에 따라 이른바 '天然之性'과 '氣質之性'의 두 가지로 대별하여 설명하였다. 구준 역시 예외는 아니었다.

구준은 먼저 맹자의 성선설을 바탕으로 하여 인성을 파악하면서도 실제로 인간은 '기품'의 제약으로 말미암아 物慾으로 가리워졌다고 생각하였다. 따라서 그는 인간의 품성 자체는 동일하지만 그 구체적인 '稟氣'는 상이하다고 간주함으로써[4] 현실적인 인간을 매우 중시하였다. 이와 아울러 또한 그는 董仲舒의 '人性品級論'을 계승하는 한편, 이를 '군자 소인론'에 결합시킴으로써 인성을 차등적으로 파악하는가[5] 하면, 이를 직분과도 연관시킴으로써 신분적 차등으로 이해하였다.[6] 이에 따라 그는 일반 민과 士를 대비하여 "士는 비록 恒産이 없다 하더라도 恒心이 있지만, 民의 경우에는 그렇지 못하다"[7]고 하여 民을 물욕에 의해 좌우되는 이기적 존재로서 파악하였다.[8]

이상과 같이 인성에 대해 구준은 성선설을 바탕으로 하면서도 현실적으로는 그 품급에 따라 군자와 소인으로 대비시키고 있음을 알 수 있다. 즉 그는 일반 민을 이익을 좇는 존재로 파악함으로써 신분질서의 차별성과 상하질서를 잘 반영해 주고 있다. 이에 따라 개인의 인격을 신분질서와 동일시하고 민을 이익에만 급급한 이기적 존재로 파악함으로써 치자가 도덕적으로 이들의 악을 제거하는 교화와 통치의 대

---

4) 『大學衍義補』 卷69, 「崇敎化」 '設學校的立敎' 中, p. 743b(14葉) ; 위와 같음 卷67, '總論敎化之道', p.725a(17葉) 등에서 인간의 품성은 동일하지만 그 稟氣는 물욕으로 가리워져 서로 상이하다고 주장하였다.

5) 위의 책 卷12, 「正百官」 '戒濫用之失', p. 191a(1葉).

6) 위의 책 卷10, 「正百官」 '公銓選之法', p. 175B(26), "人品高下之中 又有高下 事體大小之中 又有大小之中 官職崇卑之中 又有崇卑 不可以一律齊也".

7) 위의 책 卷14, 「固邦本」 '制民之産', p. 217a(9葉).

8) 인간이 물질에 의해 좌우되는 존재라는 점에 대해서는 위의 책 卷20, 「制國用」 '總論理財之道', p. 295a(9葉)에서 "財者 人之所同欲也", "人心好利無有紀極"이라 하고, 또한 위의 책 卷18, 「固邦本」'擇民之長', p.268a(3葉)에서도 "夫人生不能無欲"이라고 주장하였다.

상으로 삼았던 것이다. 결국 『연의보』에서 보이는 예론이나 理財論, 用人術과 治道 등은 바로 구준이 생각하고 있는 인성론의 특징에서 기인하는 것이라 할 수 있다. 그러므로 구준이 이해하고 있는 민은 자연히 독립적인 인격체라기보다는 인격적으로나 신분상으로도 저급한 소인에 불과한 것으로 규정될 수밖에 없었다.

이렇게 볼 때 구준이 생각하고 있는 전체 사회구조는 天理에 따라 행동하는 사대부를 대표하는 君子와 인욕에 따라 행동하는 일반 민을 대표하는 小人으로 대별되어 있다9)고 할 수 있다. 뿐만 아니라 민의 심리 내부에서도 또한 인욕과 천리가 서로 대치되어 있음으로써 복합적인 긴장관계를 내포하고 있다고 하겠다. 이는 곧 사회적으로는 상하 신분간의 긴장관계를 반영하는 것이라 할 수 있다. 개인적으로도 심리적인 긴장 갈등관계를 반영하는 것으로서, 복합적인 사회적 긴장성을 인성론에 투영한 것이라 할 수 있다. 따라서 그의 인성론은 두 가지 측면에서 해석할 수 있다. 즉 사회적인 측면에서는 당시 사대부층을 대변하는 군자와 소농 및 전호층을 대변하는 小人 간의 신분적 긴장 갈등관계를 반영해 주는 논리10)라 할 수 있다. 또한 개인적인 측면에서는 유교 교양을 통해 군자층으로 신분 상승할 수 있다는 가능성을 제공하는 논리라고 하겠다.

2. 義利論

『연의보』에서 나타나는 義利論은 치자의 도덕수양을 위한 이재관, 用人觀, 치술 등의 가치판단 기준으로 사용되고 있다. 먼저 義는 公과

---

9) 劉澤華, 「先秦人性理論與君主專制主義關係」, 앞의 책, pp. 32~57에서는 사회성 사이의 모순과 대항성으로 파악하고 있다.

10) 여기에서는 理氣의 문제를 당시 지주·전호층의 대립관계와 연관시켜 고찰함으로써 사상사를 사회경제적 상황과 결부된 역사상으로 이해하고 있다. 岩間一雄, 「朱子學の矛盾=對抗」, 『中國政治思想史研究』(東京 : 未來社, 1968), pp. 43~170.

私의 판단기준이라고 이해하였다.

> 천하에 있는 理는 公과 私, 義와 利뿐입니다. 義는 공이고 利는 사입
> 니다. 공은 타인을 위하고도 남음이 있고, 사는 자신을 위해서도 부족
> 합니다.[11]

이때 利는 물질을 탐하고 자신만을 위한 행위인 데 비해, 義는 이타적
인 행위를 뜻한다고 볼 수 있다.

둘째, 義의 근원은 천리와 결부시키고 있는 데 비해, 利의 근원은 인
욕의 소산이라고 파악하고 있다. 즉 義의 개념을 사물의 존재 근원인
천리와 결부시키는 한편, 이의 근원은 인성론에 입각하여 기품에 의해
생성된 인욕에 대비시키고 있는 것이다. 따라서 그는 鹽利정책에 대해,

> 사람들의 利를 막는 것은 곧 利를 빼앗는 것으로서 이는 곧 功利의
> 습관으로 인해 이익만 보고 義를 생각하지 않는 것이며, 인욕이 있는
> 것만 알고 천리가 있는 것을 모르는 것입니다.[12]

라 하여 국가가 민의 鹽利를 금지하는 것을 비난하고 있다. 즉 민이 물
질적인 이익을 취하는 것은 인성론에 의해 그들이 인욕에 좌우되는 것
으로서, 이는 당연한 이치라고 주장하였다. 이로써 볼 때 구준의 義利
論은 그의 인성론에 근거한 해석이라 할 수 있다.

셋째, 타인에게 이롭게 하는 것이 義라고 규정하고 있다. 즉 그는 義
의 현실적인 의미를 사람들에게 이익이 되는 것이라고 규정하였는
데,[13] 여기서 義와 利의 개념은 반드시 대치되는 것만은 아님을 알 수

---

11) 『大學衍義補』卷25, 「制國用」 '市糴之令', p. 341b(6葉), "理之在天下 公與私
　　義與利而已矣 義則公 利則私 公則爲人而有餘 私則自爲而不足".
12) 위의 책 卷28, 「制國用」 '山澤之利' 上, p. 366a(3葉).
13) 위의 책 卷27, 「制國用」 '銅楮之幣' 下, p. 357b(2葉), "人君操利之權 資以行
　　義 使天下之人 不罹其害而獲其利也".

있다. 다시 말해서 첫 번째 두 번째 경우에는 義와 利를 대치되는 개념으로 파악하고 있는데, 이때 利의 의미는 특히 물질욕이나 사리에 국한하여 사용되고 있다. 이에 비해 세 번째의 경우14) 利의 의미는 단순한 물질욕이나 사리를 뜻하는 것이 아니라, 행위의 결과나 구체적인 행동으로서 타인에게 이익을 주는 것을 의미한다. 바로 이런 의미에서 義의 개념은 곧 이타적이며 자기 희생과 억제의 뜻을 내포하는 것으로서, 공리주의 사상과 일맥 상통하는 것이라 할 수 있다.

곧 그는 利가 곧 義일 수 있음을 설명하기 위해 大利와 小利를 구별하는 한편, 민을 위하는 것이 '大利'고 이것이 곧 義임을 주장함으로써 공리적인 입장을 보여주고 있다. 그 예로서 구준은 唐代 염철사인 劉晏의 경우를 들어,

　　이재에는 능하지만 利國만이 利인 것을 알고 민에게 이롭게 하는 것이 大利인 것을 알지 못했을 뿐 아니라, 또한 利를 취하는 것만이 利를 초래한다고 알았지 적게 取利하는 것이 곧 大利를 가져온다는 사실을 잘 모르고 있습니다.15)

라고 밝히고 있다. 이로써 볼 때, 구준에게 있어서 義와 利의 개념은 절대적으로 대치되는 것이 아니라 公利에 어떻게 활용되고 그 타당성을 확보하느냐에 따라 때로는 義=利로 등식화될 수 있음을 알 수 있다.

넷째, 義의 의미를 구체적인 치술인 刑의 판단기준으로 규정하고 있다. 그는 형에 대해 呂祖謙의 말을 인용하여 "형 자체는 상서로운 것이 아니지만 이를 통해 민을 개선시킨다면 이는 곧 祥刑"이라고 지적

---

14) 理財원칙에 대해 "國不以利爲利 以義爲利他"라고 하고 있는데, 여기서 세 번째의 利는 공리의 의미라 할 수 있다. 위의 책 卷20, 「制國用」 '總論理財之道', p. 296a(11葉).
15) 위의 책 卷28, 「制國用」 '山澤之利' 上, p. 368b(8葉).

하고, 형의 집행 여부에 대한 판단기준이 곧 義라고 주장하였다.16) 이로써 볼 때 義는 곧 선악의 판단기준인 동시에 악을 제거하여 선으로 승화하게 하는 수단을 의미하기도 하였다. 따라서 義는 실질적인 치술에 적용될 때 도덕적 판단기준과 융합되어 법의 기능을 의미하기도 하였다.

다섯째, 義는 구체적인 치술에서 이재의 기준이라는 의미로 사용되었다. 이에 대해 그는 "천하의 利를 취함에 있어서는 그 도가 있고 이를 사용하는 데도 절제가 있기 마련인데, 이는 각기 義에 합당함을 일컫는 것이다"17)라고 하여 재정을 확보하는 것과 이를 사용하는 것이 모두 의에 합당해야 한다며 이재의 기준을 義로 설명하였다. 더구나 그는 義에 합당한 이재가 곧 치도의 핵심라고 파악하면서,

> 정치의 大要는 세 가지입니다. 즉 生財에는 道가 있고 取財에는 義가 있으며 用財에는 禮가 있는 것입니다.18)

라 하였다. 이때 義는 곧 우주론과 결부된 天理의 의미와 동등하게 사용된 것이라 하겠다. 이에 대해 구준은 주례법에 의거하여

> 義가 아닌 것은 취하지 않고 취함에 있어서는 천리의 올바름에 합당해야 합니다. 또한 예가 아닌 것은 사용하지 않아야 하고 이를 사용함에 있어서는 한 개인의 사사로움을 위해서는 안 됩니다. 의로써 利하게 하며 예로써 욕심을 억제하면, 만세토록 민생이 안정되고 국용이 풍족해지게 됩니다.19)

---

16) 위의 책 卷101, 「愼刑憲」'總論制刑之義'下, p. 1051a(9葉)~b(10葉).
17) 위의 책 卷23, 「制國用」'經制之義' 上, p. 320a(3葉), "先王所謂理財者 非盡籠天下之利而有之 其取之有道 其用則有節 而各當於義之謂也".
18) 위와 같음, 「制國用」'經制之義' 上, p. 326a(15葉).
19) 위와 같음, p. 326b(16葉).

라 하여 義가 天理인 동시이며 사욕이 아니라 만민을 위해 존재하는 것이라고 규정하고 있다.

이상에서 살펴본 바와 같이 『연의보』에서 주장하고 있는 義의 槪念을 종합해 보면, 먼저 근원적인 측면에서 義와 利는 대치되는 개념으로 파악하여 義는 천리에서 비롯되는 데 비해, 利는 인욕에서 기원하는 것이라고 하였다. 이때 義는 그 개념상 우주론과 결부되어 만물이 존재하는 이유(所以然)인 동시에 근거(所當然)로서 절대적이고도 초월적인 원리다. 이에 비해 인욕에서 비롯되는 利는 義와는 상반되는 개념으로서 천리에 반하는 물질욕과 私利를 의미하고 있는데, 이때 利는 악의 의미로 사용되었다고 할 수 있다. 이와 같이 義와 利의 개념은 근원적으로 서로 상반되는 것으로서, 양자 간에는 융화될 수 없는 긴장과 갈등이 내포되어 있다.

그러나 義와 利 사이에 상존하는 긴장 갈등은 예컨대 이재론·용인술 등 현실적인 치도나 치술에 적용될 경우에는 오히려 해소될 수 있는 가능성도 없지는 않았다. 즉 利가 현실적으로 개인의 사리를 억제하고 이타적인 것으로 승화될 때는 곧 義로 전환될 수 있었다. 다시 말해서 위의 세 번째 경우의 利에서와 같이 '大利'와 '公'을 위해 행해진다면 이때 利는 곧 義와 동일한 의미일 수 있는 것이다. 여기서 義와 利의 개념상의 긴장 갈등은 자연히 해소되고 양자 간의 융화관계가 성립되게 된다. 이처럼 義와 利의 긴장 갈등이 해소될 수 있는 것은 현실적인 차원에서 인욕을 인정하는 그의 인성론에 기인한 것이라 하겠다. 이로써 볼 때 구준은 공자의 입장보다는 물질을 추구하는 현실적 인간을 긍정하는 맹자의 입장을 계승하였다고 할 수 있다.[20]

결론적으로 구준의 義利論은 원칙적인 개념에서는 전통 유가의 입

---

20) 공자의 인성론을 대표적으로 반영해 주고 있는 것은 『論語』「里仁」편의 "君子喩於義 小人喩於利"다. 또한 맹자의 인성론은 『孟子』「梁惠王」편 "民有恒産而恒心"에 잘 나타나 있다.

장을 계승하였지만, 구체적인 치술이나 치평책에서는 오히려 지극히 현실적인 입장을 고수함으로써 義利를 상호 융화될 수 있는 개념으로 파악하였다는 사실을 알 수 있다. 그는 원칙보다는 방법, 理보다는 事, 體보다는 用을 중시하였던 것이다. 바로 이 점에서 기존의 연구에서는 구준의 사상을 남송 이래 사공학파와 연관시키거나 심지어 공리주의 사상으로 규정하기도 하였다.21) 이처럼 인욕을 긍정하는 현실적인 의리론에도 불구하고 구준 역시 신분질서를 전제로 한 인성론에서 탈피하지 못했기 때문에 그가 주장하는 大利도 치술의 수단이거나 한낱 명분론에 지나지 않았다. 따라서 민의 자유로운 創利 활동을 보장해주는 논리로까지는 발전시키지 못한 한계가 있다고 하겠다.

제2절 修養論과 認識論

1. 內聖外王論

전통 중국사상의 한 특징은 우주론과 인성론을 융합시켜 파악함으로써 천인합일사상을 도출해 내고 있다는 점이라 할 수 있다. 즉 우주 만물의 문제를 현실적인 인간세상에 접목시켜 파악함으로써 자연과 인간을 분리된 독립체로 보기보다는 자연 속에 있는 인간, 인간에 투영된 자연으로 보았다. 따라서 인간은 '천인합일'을 통해 '인간화된 자연', '자연화된 인간'으로서 상호 통일적인 존재22)로 파악하고 있다. 특

---

21) 王萬福, 「丘瓊山之著述與思想」, 『廣東文獻』 3-1(1973. 3), p. 20 ; 間野潛龍, 「明代儒學と陽明學」, 『明代文化史研究』(京都 : 同朋舍, 1979), p. 161 ; Lee Chek-Yin, op. cit., p. 206 등에서 남송의 永嘉學派와 연관시키거나 명말의 경세치용학파와 관련시키고 있다. 그러나 이에 대한 구체적인 분석과 검토는 아직까지 상당히 미흡한 상태로서 문제제기에 그치고 있는 실정이다.

22) 陳俊民, 「論宋明理學家的人格理想追求」, 『中國傳統文化的再估計』(上海 : 人民出版社, 1987), pp. 138~143.

히 송·명 이학자들은 천인합일을 위해 우주론의 기본 명제인 理氣說을 인성론에도 도입함으로써 인성은 곧 천리라고 해석하는 한편, 천성을 회복시키는 도덕적 수양론을 통해 천인합일에 대한 이론을 체계화시켰다.23) 이로써 이후 송·명 이학자들의 주된 과제는 인간을 중심으로 한 천인합일 문제를 다루는 데 있었다고 할 수 있다.

그런데 중국 사상에서 '천인합일'의 과제는 실제로 도덕적 인간으로 본체화된 주관 인식이 우주 자연(天)에 투영된 것으로 표현되었다. 이 때문에 서양철학에서처럼 사유와 존재, 주관과 객관의 관계를 연구하는 철학적 인식론이라기보다는 윤리와 개인, 그리고 사회가 유기적으로 통일된 '體用不二'의 인격수양론이라는 데 그 특징이 있었다. 그러므로 송대 이래 이학자들은 '천인합일'의 문제를 논증함에 있어서 그 궁극적인 목표를 이상적인 인격체인 '聖人'에 도달하는 데 두었다.24)

전통 중국사상에서 이상적 인격의 모델인 '內聖外王'은 모든 사람의 도덕적인 최고 목표인 동시에 철학과 정치사상, 그리고 윤리사상에서 추구하는 이론적 목표이기도 했다. 따라서 '내성외왕'의 실현은 단순히 이론적 문제에 국한되는 것이 아니라 실천의 문제이기도 했다. 이런 점에서 '내성외왕'의 실천 과정은 우선 개인의 자아완성을 통해 '내성'을 실현하는 한편, 이와 동시에 이를 확장하여 사회에 실현하는 '외왕'과의 합일 과정이었다. 따라서 송대 이학자들은 『대학』 강령을 재해석하여 格物·致知·誠意·正心을 '內聖'의 개인적 수양 덕목으로 파악하고, 修身·齊家·治國·平天下를 '外王'의 사회적 실천 덕목으로 파악하였다. 또한 '내성'은 곧 『대학』에서 말하는 '明明德'에 해당하고,

---

23) 우주 본체론에 대해 태극설을 周敦頤가 처음으로 제기한 이래 張載는 이를 인성에 대입시키기 위한 사변적인 방법을 고안하여 氣 본체를 주장하는 천인합일론을 제안하였다. 한편 朱子와 程子는 이기의 관계와 만물의 所以然 및 所當然의 관계를 더욱 이론적으로 심화시킴으로써 理 본체의 천인합일론을 집대성하였다. 위와 같음, pp. 138~158 참조.

24) 이에 대해서는 de Bary Wm. Theodore, op. cit., p. 102 참조.

‘외왕’은 곧 ‘新民’에 해당하는 것으로 해석하였던 것이다.25) 그런데 여기서 문제가 되는 것은 그들이 추구하는 ‘내성외왕’은 경전에서 나타나는 몇 사람에 불과하고 현실적으로는 존재하지 않는 이상에 불과하다는 사실이다. 즉 ‘내성외왕’에 대한 추구는 곧 끊임없이 자아의 훈련과 수양26)을 거쳐 노력하는 것이었다. 따라서 그 기준은 경전에 대한 연구를 통해 얻어지는 진리탐구에 있을 수밖에 없었다.27) 내성외왕의 실현과정은 결국 지적 탐구와 도덕수양을 통해 달성될 수 있다는 것으로서, 이는 곧 사상의 제 문제를 극히 개인적인 차원에 국한하여 해석하는 한계점이 있다고 하겠다.

　그러므로 상술한 바와 같이 지식과 도덕, 그리고 정치 등 삼자가 유기적으로 결합되어 있는 중국 전통사상에서는 특히 정치가 자연히 지식과 도덕을 구체적으로 실천하는 대상이자 목표로 설정될 수밖에 없었다. 결국 ‘내성외왕’의 실천은 ‘道問學’과 ‘尊德性’의 과정을 통해 ‘修己治人’하는 것에 있었다. 따라서 ‘내성외왕’이라는 ‘이상적인 인격’28)

---

25) 이에 대한 이학자들의 해석은 상이하다. 즉 주자는 격물·치지·성의·정심·수신을 내성으로 파악하는 한편, 격물과 치지를 ‘止於至善’의 방법으로 보고 성의·정심·수신은 ‘新民’의 방법으로 파악하였다. 또한 제가·치국·평천하의 조목을 ‘明明德’하는 ‘외왕’으로 해석하였다. 이에 비해 眞德秀의 경우는 격물·치지·성의·정심·수신·제가에 치중하여 격물·정심을 ‘내성’으로, 수신·제가를 ‘외왕’으로 파악함으로써 치국·평천하는 격물·수신이라는 ‘體’에 포함된다고 생각하였다. 間野潛龍, 앞의 논문, pp. 136~142 참조.

26) 내성의 수양과정인 ‘克己’에 대해, 陳榮捷(Wing-Tsit Chan)은 ‘자기수양(self-discipline)’이라 하고 de Bary Theodore는 ‘자기억제(subduing oneself)’라고 그 개념을 정의하였다. de Bary Wm. Theodore ed., 山久口和 譯, op. cit., p. 98 참조.

27) 유가의 특징은 자아(Self)에 대한 해석에 있다는 점에 대해 黃俊傑은 다음과 같이 해석하였다. 즉 그는 지식인 → 인식아, 도덕인 → 덕성아, 정치인 → 정치아로 분리하고, 유가는 이들 사이에 긴장 갈등이 내재함에도 불구하고 삼자의 결합론을 주장하였다고 지적하고 있다. 따라서 당시 지식인인 유가들은 ‘내성’의 범주에 속하는 지식과 덕행을 ‘외왕’의 범주인 정치에서 반추하였다고 설명하였다. 黃俊傑, 「內聖與外王」, 『中國文化新論 vol. 5』, pp. 247~250 참조.

의 완성은 결국 치자의 개인적 자질에 의존할 수밖에 없는 이상이었는데, 바로 이 점이 송·명 이학의 한 특징이라 하겠다. 그러므로 학문과 도덕, 정치의 통합으로 이루어진 중국의 전통사상에서는 '仁者'나 '聖人'의 執政은 정치·사회문제를 해결하는 데 가장 이상적인 방법인 동시에 치국평천하의 관건이기도 하였다. 이로써 볼 때 성인은 자기 수양을 위한 특별한 모델일 뿐만 아니라, 추상적 가치에 대한 인간적인 이상을 표현하는 것이었다.[29] 결국 '성인'은 도덕수양의 궁극적인 목표와 이상적인 모델로 설정되었을 뿐만 아니라, 사회적으로도 治者의 이상적인 모델로서 모든 절대 가치의 구심점이기도 했다.

내성외왕에 대한 개념은 당초 분리된 개념이 아니라 결합된 의미로서 '수기치인'으로 이해되었다. 그러나 내성외왕을 실현하는 방법에서는 내성과 외왕의 의미가 필연적으로 분리될 수밖에 없었다. 왜냐하면 이를 실현하기 위해서는 내적 자기수양을 전제로 할 수밖에 없고, 내성의 완성 여부 또한 외왕에 의해 끊임없이 반추되어야 했기 때문이다. 그러므로 수기의 달성 여부는 치인으로 입증될 수밖에 없었다. 이에 따라 치인의 덕목은 사대부들이 도덕수양 과정에서 궁극적으로 도달해야만 하는 목표일 뿐만 아니라, 사회적인 사명감으로 설정되었다.[30] 그런데 현실적인 측면에서 내성외왕(수기치인)을 달성하는 이상적인 인간형의 대상은 정치적 수장인 군주에 한정되기 마련이었다. 그리고 군주가 내성외왕을 실현하는 실질적인 방법에는 도덕수양인 '내성'의 문제와 事功의 문제인 '외왕'으로 구분될 수 밖에 없었다. 따라서

---

28) 陳俊民, 앞의 책, p. 143.
29) de Bary Wm. Theodore ed., 山久口和 譯, 「新儒學の個人主義」, 앞의 책, p. 150.
30) 치인에 대한 사대부의 책임과 사명감을 나타내는 대표적인 말은 范仲淹의 "天下之憂而憂 後天下之樂而樂"에 잘 반영되어 있다. 陳郁夫, 「內聖外王之學的復興」, 『中國文化新論 vol. 5』(臺北 : 聯經出版事業公司, 1982), pp. 233~283.

군주의 내성외왕의 문제를 『대학』의 8조목(격물·치지·성의·정심·수신·제가·치국·평천하)과 연관시켜 어떻게 해석하느냐 하는 것은 이학자들의 주요 관심사였다.

송·명 이래 이학자들은 내성외왕의 문제를 내외·본말·체용론에 의거하여 나름대로 독창적인 이론을 전개하였다. 내성외왕에 대한 각 이학자들의 이론은 수기치인의 완성을 위해 만들어 낸 '道問學'과 '尊德性'의 학문인 동시에 수양론이었다. 이는 군주에 대한 이상적인 요구인 동시에 이상사회에 대한 설계이기도 했다. 이러한 내성외왕의 개념은 그 시대의 상황에 따라 도덕(=내성)과 정치(=외왕)의 양자에 대한 추구에 따라 도덕을 이상으로 하는 도덕정치와 현실정치를 중시하는 두 가지 경향31)으로 나타났다.

이상 『연의보』에서 반영하고 있는 내성외왕론의 특징에 대해 살펴보면 다음과 같다.

첫째, 내성외왕을 체용·내외론에 의거하여 全體大用의 통일체로 파악하고 있다. 그는 『대학』의 8조목 가운데 격물·치지·성의·정심·수신·제가의 여섯 조목을 내성의 도덕항목으로 파악하고, 치국·평천하의 두 개 조목을 외왕의 실천항목으로 설명하는 한편, 양자의 합일을 매우 중요시하였다. 따라서 그는

천하의 大道에는 의리와 정치의 두 가지가 있습니다. 『역경』은 의리의 근본이고 『서경』은 정치의 핵심입니다. …… 학자는 경전을 배워서 유자가 되고 의리를 밝혀 수기하며 정치를 행함으로써 치인하니, 여기서 학문의 효능은 완성되는 것입니다. 경전에는 유자의 전체대용이 갖추어져 있는데 이때 『역경』은 그 체가 되는 것이며 『서경』은 그 用이

---

31) 내성과 외왕의 문제를 도덕과 정치에 연관시켜 사상사 측면에서 이를 시대적으로 고찰하였다. 즉 선진시대를 도덕정치시대, 순자 이후 진한·당말까지를 정치적 역량이 강한 시대, 그리고 북송 이후를 도덕정치를 추구한 시대라고 규정하였다. 黃俊傑, 「內聖與外王」, 위의 책, pp. 243~283.

되는 것이라 하겠습니다.32)

라 하여 내성과 외왕을 의리(도덕)와 정치, 수기와 치인으로 대비시키는 한편, 이를 유자가 추구해야 할 궁극적 목표로 삼았다. 뿐만 아니라 내성(=수기)과 외왕(=치인)을 분리하지 않고 통일적으로 파악함으로써 전체대용의 달성을 강조하였다는 데 그 특징이 있다. 즉 구준에 따르면 수기는 도덕수양을 달성하는 내성의 '工夫'고, 치인은 사회적 사명감을 실현하는 외왕의 '工夫'였다. 따라서 그는 『연의보』의 서문33)에서 眞德秀의 『연의』에서 누락된 외왕의 조목인 치평을 보충한다고 밝히고 있다. 여기서 우리는 그가 방법론에 매우 치중하고 있다고 생각하기 쉽다. 그러나 실제로 그는 외왕만을 중시한 것이 아니라 내성의 범주인 도덕수양도 중시하여 '誠意正心之要'34)를 卷首에 보충으로 첨가하고 있다. 이 부분에서 그는 군주의 수기를 성의와 정심에 치중하여 설명하는 한편, 치평의 본과 聖人之功으로서의 내성을 강조함으로써 군주의 책임을 설명하였다.35) 따라서 그는 군주의 내성없이는 국가가 다스려지지 않을 뿐만 아니라 천리도 없음을 강조하여36) 수기를 매우 중요시하였다.

　　결국 구준의 내성외왕론은 그가 비록 외왕에 치중하여 『연의보』를

---

32) 『大學衍義補』 卷73, 「崇敎化」 '本經術以爲敎' 上之上, p. 785a(13葉).

33) 위와 같음, p. 15a(5葉), "眞氏前書 本之身家以達之天下 臣爲此編 則又將以 致夫治平之效 以收夫格致誠正修齊之功".

34) 위와 같음, 卷首, 「誠意正心之要」편에 '審幾微'를 설정하여 '勤理欲之初分', '察事幾之萌動', '防姦萌之漸長', '炳治亂之幾先'으로 구분하여 설명하고 있다. 여기에서 성인의 역할은 내성을 통해 천리와 인욕을 구분하고 선악의 기미를 판단하며, 또한 악과 인욕의 성장을 미연에 차단하여 악을 선으로 전환하도록 교화하는 데 있다고 설명하고 있다.

35) 위와 같음, 卷首, 「誠意正心之要」 '審其微', pp. 52b(8葉)~53a(9葉), "誠能於 其獨知之地 察其端緖之微而分別之 擴充其善而絶其惡 則治平之本 於是乎 立 作聖之功 於是乎在矣".

36) 위와 같음, p. 55b(14葉), "吾身之不修 國家之不治 理未之有也".

저술하였음에도 불구하고 내성을 전제로 하고 있음을 알 수 있다. 즉 그의 내성외왕론은 체와 용, 내와 외, 理와 事, 도덕과 정치 등의 문제를 원칙론과 방법론에 입각하여 양자의 통일체적 결합을 강조함으로써 내성외왕의 겸비론을 주장하였다는 데 그 특징이 있다고 하겠다. 그러므로 진덕수의 『연의』에서와 같이 외왕을 단순히 내성의 연장선상에서 파악하는 것이 아니라 외왕도 독립적인 개체로 인정함으로써 내성외왕의 상호 보완성을 강조하였다. 뿐만 아니라 내성(=수기)과 치인(=외왕)을 지행론으로 결합시켰다는 점 역시 주요한 특징이라고 할 수 있다.

둘째, 내성외왕의 이상적 모델을 군주에게 요구하면서도 현실적으로는 내성과 외왕을 분리시키고 있다는 점이다. 즉 이론이나 원칙 면에서 군주는 도덕과 정치를 통합한 내성외왕의 대상임에도 불구하고 현실적으로는 내성과 외왕을 분리시키고 있다. 즉 그는 송·명 이학자처럼 군주를 도덕과 정치의 완전한 지도자로서 이해하지 않고 군주의 정치적 직분을 더욱 중시했던 것이다. 따라서 그는 군주에 대해 "人君은 生民之本이고 聖人은 道德之主이며 부모는 生身之主"[37]라고 하여, 내성의 최고 목표인 성인을 원칙적으로는 기대하면서도 현실적으로는 이를 분리시켜 생민의 역할에만 한정하고 있음을 알 수 있다. 그는 군주의 治道에 대한 강령을 설명하는 가운데

庶·富·敎 등 세 가지는 요순 이래 다스림의 커다란 요점이며 강령입니다. 대저 하늘이 민을 생기게 하여 한 사람(君主)을 세워 이들을 다스리게 한 것은 이 庶·富·敎하는 세 가지 일을 맡긴 탓입니다. 따라서 人君은 하늘의 부탁을 받들어 만민의 부모로서 반드시 이들을 治하고 養하고 敎하는 세 가지 일을 다해야 합니다. …… (그런데) 이 세 가지 일에 대해 논하자면, 번성(庶)하게 하고 富하게 하는 것은 군주의 일이고, 가르치는 것은 師의 일입니다. 삼대 이래 군의 도를 다한 일은

---

37) 위의 책 卷101, 「愼刑憲」 '總論制刑之義' 下, p. 1055a(17葉).

간혹 있었지만 師의 도를 겸해서 다한 것은 더욱 드물어졌습니다.[38]

라고 하여 군주의 역할은 민을 富하게 하고 庶(번성)하게 하는 일이지만, 敎하는 것은 곧 師의 역할임을 강조하고 있다. 즉 군주는 민을 다스리고 재정적으로 부양하지만 교화하는 일은 실제로 師의 역할로 분리시키고 있음을 알 수 있다. 이것은 군주가 현실적으로 이미 내성의 완성자인 성인이 아님을 입증해 주는 것이라 하겠다. 따라서 구준은 군주에 대해 내성외왕의 원칙을 끊임없이 요구하면서도 실제로는 내성을 개인적인 도덕수양의 대상으로만 이상화시킴으로써 현실적인 외왕에만 국한하여 파악하고 있다.

이처럼 현실적인 측면에서 내성과 외왕의 개념 사이에 내재된 긴장갈등은 수기를 통해 획득되는 자유로운 인격완성[39]과 이를 실현하기 위한 실천의 장으로서 치인을 그 목표로 설정하기 때문에 야기되는 것이라 하겠다. 따라서 구준 자신이 밝혔던 것과 같이, 군주는 '道德之主'를 겸해야 하는 것이 당연하지만 실제로 내성에 대한 기대와 요구는 한낱 이상에 불과하고 도덕적인 교화의 책임은 결국 儒者인 사대부의 역할로 돌아갈 수밖에 없었다.

한편 사대부(儒者)들에 대한 내성외왕의 실천과정은 이론적으로는 수기(=내성)의 '공부'를 통해 치인(=외왕)의 '공부'로 확장해야만 하는 것이었다. 그럼에도 불구하고 그들에게 있어서 내성과 외왕의 문제는

---

38) 위의 책 卷67, 「崇敎化」 '總論敎化之道', pp. 726b(20葉)~727a(21葉).

39) 송 · 명 이학자들이 추구한 이상적 인격으로서의 성인 · 대인 · 사대부에는 그 특징이 여러 가지로 파악될 수 있다. 즉 de Bary Theodore는 '도덕적 개인주의'로 규정하고(山久口和 譯, 「新儒學の個人主義」, 앞의 책, pp. 139~191 참조), 陳俊民, 「論宋明理學家的人格理想追求」, 앞의 책, pp. 149~150에서는 '인격자유'로 설명하였다. 한편 黃俊傑, 앞의 논문, p. 260에서는 '도덕자주성(moral autonomy)'이라고 규정하고 있다. 이들의 공통된 특징은 도덕수양을 통해 도달한 인격완성자인 '성인'이 자유롭고 초월적이며 이상적인 존재라고 파악하는 데 있다.

역시 현실적으로 그 범주가 분리될 수밖에 없었다. 특히 이들이 외왕을 실현시키는 현실적인 방법에는 관료로 진출하여 끊임없이 내성(수기)을 요구함으로써 군주를 견제하는 역할을 담당하거나, 군주에 대한 내성(도덕)의 이상을 포기하고 단순히 외왕(정치)을 실현하는 관료로 만족하는 데 그치는 두 가지 방법밖에는 없었다. 이 중에서 특히 내성의 궁극적인 실천인 '도덕자주성'을 포기하는 경우에 사대부들은 결과적으로 외왕(=정치)에만 매몰되어 전제군주체제를 옹호함으로써 도덕의 정치예속화[40]를 초래할 뿐이었다. 한편 사대부의 내성공부가 현실적인 외왕으로 실천될 때에는 군주에 대해 수기(내성)를 끊임없이 요구하고 더 나아가 군주를 견제하는 비판적 기능으로 나타날 수도 있었다.[41]

이로써 볼 때 사대부들은 심리적으로 이미 내성과 외왕을 둘러싸고 내적 긴장과 갈등을 내포하고 있었고, 따라서 외부적인 군신관계에도 긴장관계가 내재되었다고 볼 수 있다. 그러므로 사대부들은 자신들의 내적 긴장과 갈등을 해소하기 위해 군주에게는 내성을 끊임없이 요구함으로써 자신들의 역할을 강화시키는 동시에 외왕의 실현을 추구했다고 볼 수 있다. 이와 같이 구준이 이론적인 면에서 군주의 내성외왕을 통합체로 파악했으면서도 실제로는 외왕에 국한하여 다루고 있는 것은 결국 당시 사대부 사회의 요구를 반영해 주는 것이라 할 수 있다. 즉 사대부들은 관료로 진출함으로써 외왕의 궁극적인 목표를 실천하

---

40) 黃俊傑, 앞의 논문, p. 260에서 도덕의 정치예속화를 '政治化的論(political reductionism)'이라고 하고 杜維明, 『儒學第三期發展的前景問題』(臺北 : 聯經出版事業公司, 1989), p. 12에서는 '정치화된 유학'이라고 규정하고 있다.

41) 山久口和 譯, 「新儒學の個人主義」, 앞의 책, pp. 166~167에서 군신관계의 본질을 도덕적 의무에 있다고 지적하였다. 그런데 군신관계에서 자유로운 입장이 성립되지 않을 경우 사대부는 '존엄·고결·독립'이라는 숭고한 이상에 따라 군주를 비판할 수 있다고 설명하였다. 또한 위의 책, 「明代の新儒學と黃宗羲の自由主義思想」, pp. 195~226에서는 '도덕적 영웅'에 대해 설명하고 黃宗羲의 군주비판론은 '자유주의 전통'에 기인한다고 주장하고 있다.

는 동시에 군주에게는 내성의 실현을 요구함으로써 자신들의 지위를 보장받고, 이와 아울러 교화(도덕=내성)의 실질적인 담당자로 자처하였던 것이다. 이에 따라 외왕의 현실적인 역할을 政=君之事, 敎=師之事로 분리함으로써 군주의 내성외왕은 결과적으로 외왕에만 국한하고, 내성은 사대부가 담당하게 되었다. 그러므로 구준의 내성외왕론은 당시 사대부의 사회적 역할을 강조하는 이론이었다는 데 그 특징이 있다고 할 수 있다.

이상과 같은 내성외왕론의 특징은 제1장에서 분석한 국가조직론에도 잘 반영되어 있다. 즉 구준은 신하의 간언 역할을 특별히 중요시하고 이를 치도의 근본으로 삼고 있다. 이에 대해 그는

무릇 조정의 정치에서 그 폐단이 가장 큰 것 중에서 壅蔽하는 것보다 더한 것은 없습니다. 소위 옹폐라는 것은 賢才가 스스로 뜻을 전달하는 길이 없고, 민의 실정이 위로 전달되지 않는 것을 뜻하는 것입니다. 賢才가 진출할 길이 없으면 국가의 정사를 함께 논할 수가 없고 천하의 백성을 함께 다스릴 수 없게 됩니다. 이렇게 되면 민의 실정이 위로 전달되지 않으니 (설사) 민간에 병폐가 있더라도 알 길이 없고, 관리의부정도 들을 수 없게 되어 천하는 날로 혼란해지게 될 것입니다. …… 그러므로 신은 이른바 치란의 근원이 옹폐에 있다고 생각합니다.42)

라 하여 민정 전달을 위한 신하의 간언 역할을 매우 중시하고 있다. 이처럼 특히 신하의 역할을 중요시하고 있는 사실은 『연의보』卷4, 「正朝廷」편의 '廣陳言之路'에서나 「正百官」편 등에서도 잘 알 수 있다.

결론적으로 구준의 내성외왕론은 원칙적으로는 양자의 겸비를 강조하면서도 현실적으로는 외왕에만 치중하여 치인의 담당자로 설정함으로써 경세치용적인 일면을 보였다는 데 그 특징이 있다.43) 이와 아울

---

42) 『大學衍義補』卷2, 「正朝廷」 '總論朝廷之政', p. 68a(4葉).

러 사대부의 사회적 역할과 사명감을 특별히 강조하여 이들이 치평을
실천하는 주체라는 점을 잘 반영하고 있다. 이러한 특징을 지닌 구준
의 내성외왕론에는 현실적으로 원칙론과 방법론, 도덕과 정치 사이에
서 긴장과 갈등이 내재하기 마련이었고[44] 이는 또한 군주의 '位'와 '德'
사이에 긴장관계[45]가 항상 내포되고 있음을 뜻하는 것이기도 했다.

2. 禮論

중국 전통문화에서 예는 매우 중요한 부분으로서 인간관계의 규정
은 예교에 의해 이루어졌다고 해도 과언이 아니라 하겠다.[46] 따라서
예[47]는 전통 중국사회에서 정치·종교·사회 각 방면에 걸친 생활규

43) Lee Chek-Yin, op. cit., p. 206에서 그의 정치사상에 대해 "정치철학이라기보
   다 실제적인 행정, 즉 치국책에 주목하고 있기 때문에 경세치용적이다"라고
   그 특징을 지적하고 있다. 또한 Chu Hung-Lan, op. cit., p. 5에서는 "practical
   utility and its pragmatic spirit"라고 하였다. 그리고 de Bary Theodore ed.,
   山久口和 譯, 앞의 책, 「4章 明代の新儒學と黃宗義の自由主義思想」, p. 231
   에서도 이를 '경세치용적'이라고 평가하고 있다.
44) 내성과 외왕 사이에 내재하는 긴장과 갈등에 대해 陳俊民, 앞의 논문, p. 151
   에서는 그 원인을 도덕적 이상 추구와 현실과의 괴리에서 비롯되는 것이라고
   설명하고 이를 '비극의 종말'이라고 지적하였다. 그리고 黃俊傑, 앞의 논문, p.
   260에서도 도덕과 정치 사이에 긴장이 강화됨으로써 유자들은 내성과 외왕
   가운데 하나만 선택해야 하는데, 이를 '비극적 역할'이라 하였다. 劉紀曜, 「公
   與私」, 『明代文化新論 vol.5』, p. 201에서도 '盡己'의 '忠' 윤리에는 일정 정도
   비극성을 지니고 있음을 설명하고 있다.
45) 黃俊傑, 앞의 논문, pp. 260~263에서 수기와 치인을 내성과 외왕으로 대비시
   키고, 이를 정치적 현실에서 '位'와 '德'으로 해석하여 시대적으로 검토하고
   있다.
46) 徐復觀, 『中國人性論史 - 先秦篇』(台北 : 商務印書館, 1969), p. 47에서 춘추
   시대를 '禮중심시대'라고 칭하고 예가 중국 전통문화에서 차지하는 중요성을
   설명하였다.
47) 예의 기원에 대해서 張端穗, 「仁與禮」, 『中國文化新論 vol. 5』(臺北 : 聯經出
   版事業公司, 1981), pp. 108~169에서는 종교적 의미에서 비롯된 것이라고 설
   명하는 한편, "전통과 권위에 복종하는 취향이 강하다"는 Max Weber의 이론
   을 반박하고 있다. 그는 예를 인의 개념과 결부시켜, "예는 공자가 이야기하는

범으로서 인생의 규범에 대한 총칭으로 사용되었다. 이때 예의 의미는 사회에 대한 개인의 도덕규범과 책임인 동시에 사회적 기강으로서 도덕적 자율성을 그 기반으로 하고 있다. 즉 예는 먼저 도덕적 수양인 '克己'를 전제로 하고 있고, 이것이 전제되지 않을 때는 법에 따라 형벌을 적용하였다.

주지하는 바와 같이 중국은 전통적으로 예치를 법치보다 중시한 데 그 특징이 있고,[48] 구준 역시 예외가 아니었다. 특히 현실정치에서 예는 앞에서 언급한 내성외왕론과 더불어 내성외왕의 합일이라는 기본 원칙에 따라 도덕률로서의 예가 정치에도 확대 적용될 수 밖에 없었다. 이에 따라 예의 근본 취지는 자율성을 바탕으로 하면서도 실제로는 사회질서와 기강의 기준으로 사용되기 마련이었다. 그러므로 예의 궁극적인 목적은 군주의 지위를 보장하고 유지해 주는 데 필요한 수단에 불과하였다.

이제 『연의보』에서 반영되고 있는 예론의 내용을 검토해 보면, 먼저

'克己復禮'를 통해 仁과 결합되고 이때 인은 반권위적이고 자유롭다는 개념으로 사용되었다. 따라서 예는 예속에 복종하여 생명력이 없다는 견해를 용납할 수 없다"라고 주장하였다. Wm. Theodore de Bary도 「朱熹と自由主義敎育」, 『朱子學と自由の傳統』, pp. 95~100 ; *The Unfolding of Neo-Confucianism* (New York : Columbia University Press, 1975), p. 20 ; "Individualism and Humanitarianism in Late Ming Thought," *Self and Society in Ming Thought*(New York : Columbia University Press, 1970), pp. 145~248 등에서 예의 의미를 종교적 측면과 도덕적이고 합리적인 'Humanism'을 결부시켜 설명하는 한편, 반권위적이고 자유주의적인 경향을 지적하고 있다. 또한 蕭公權, 『中國政治思想史』(台北 : 聯經出版事業公司, 1982), pp. 606~617에서도 仁의 개념에서 비롯되는 禮의 의미를 반권위적인 것으로 평가하고 전통과 권위에 복종하는 것이 중국문화의 특징이라는 견해에 반대하고 있다.

48) 傅偉勳, 「儒家思想的時代課題及其解決線索」, 『儒家倫理與經濟發展』(台北 : 允晨文化實業公司, 1989), pp. 1~44 ; 黃仁宇, 「明代史和其他因素給我們的新認識」, 『放寬歷史的視界』(台北 : 允晨文化實業公司, 1988), pp. 63~91에서 중국사의 한 특징을 '범도덕주의(pan moralism)'라고 규정하고 도덕률에 의해 좌우된다고 주장하고 있다.

예의 근본은 공경과 사양에 있고 이는 수신의 근본이라고 규정하였다. 이는 곧 인간과 동물을 구분짓는 중요한 지표로서 경계론의 개념이었다. 따라서 그는 "예를 논할 때는 대체로 敬讓에 그 근본을 두게 됩니다. 敬은 예의 본이고 讓은 예의 실입니다"[49]라 하여 예의 근본을 敬[50]에 두고 그 현실적인 표현을 겸양으로 파악하였다. 이때 예의 구체적인 내용은 親疏를 정하고 嫌疑를 결정하며 異同을 구별하는 동시에 是非를 밝히는 것으로, 인간과 금수를 구분짓는 경계론을 의미하였다.[51]

이로써 볼 때 구준은 맹자 이래의 예 개념을 그대로 답습하여 이를 인간과 동물을 구별짓는 경계론으로 삼고, 그 근원을 공경과 사양에 있다고 주장하였다. 이에 따라 사람은 예가 있기 때문에 동물과는 달리 만사를 가치판단에 따라 구별할 수 있다고 보았다. 따라서

천하의 事에는 각기 양단이 있기 마련인데 뒤섞여서 판별할 수 없는 것은, 군자가 이를 반드시 예로써 親과 疏를 구별하고 嫌과 疑를 정하며, 同과 異를 결정하고 是非를 나누어야 합니다. (그러면) 예는 밝아지게 됩니다.[52]

라 하였다.

둘째, 예의 의미를 시비판단의 인식기준으로 설정하고, 그 구체적인 기준은 의에 의해 결정된다는 점을 강조하였다. 따라서 그는

예에는 반드시 義가 있어야 합니다. 예가 있으되 의에 합당하지 않으

---

49) 위의 책 卷40, 「明禮樂」 '禮儀之節' 上, p. 473b(2葉).
50) 위의 책, 「明禮樂」 '總論禮樂之道' 下, p. 449a(1葉)에서도 "禮之本在敬 樂之本在和"라고 하여 예의 근본이 敬에 있음을 강조하고 있다.
51) 위의 책 卷38, 「明禮樂」 '禮儀之節' 上, p. 460b(12葉), "聖人作爲禮以敎人 使以有禮 知自別於禽獸".
52) 위와 같음, p. 460a(11葉).

면 즉 이는 非禮의 예입니다. 따라서 古人이 예를 언급할 때에는 반드시 의를 겸해서 말하고 있습니다. 대저 사람됨에 있어서 예가 있으면 生하지만 예가 없으면 곧 죽은 것과 마찬가지입니다. …… 따라서 예의가 외적으로 표출되면 신실하게 말하고 화목하게 수양하고 사람에게는 성실하게 대하게 됩니다.[53]

라 하여 예의 기준을 義의 유무로 규정하는 한편, 예의 외적 표현을 信實·화목·성실이라고 설명하였다. 따라서 예의 기준인 의는 인식상의 판단기준인 동시에 반드시 따라야 하는 행동규범이기도 했다.

셋째, 개인과 사회질서에 필요한 행동규범과 기강의 의미로 사용되었다. 예는 인식상의 판단기준인 동시에 만물의 이치로서 부정할 수 없는 원리였다. 이와 동시에 예는 인간행위를 규제하는 도덕규범으로서 사회적으로는 질서를 바로잡는 기강이었다. 따라서 예는 윤리도덕에 입각하여 만들어진 당연성과 필연성 위주의 논리이기 때문에 자연히 상하·존비의 구별에 그 의의를 두었다.[54] 이에 따라 인간의 행동규범은 곧 삼강오륜(君爲臣綱, 父爲子綱, 夫爲妻綱, 仁義禮智信)으로 삼았다. 따라서 구준은

人君이 다스림에 있어서 천하의 기강을 바르게 하고자 하면 먼저 일가의 기강을 바르게 해야 하는데, 家의 기강이 곧 윤리입니다. 윤리가 바르게 되면 마치 그물의 網을 펴면 모든 그물눈이 가지런해지는 것과 마찬가지로 천하의 事는 각기 그 理를 갖게 됩니다.[55]

라 하여 가정의 윤리를 사회에 확대 적용하여 국가사회의 기강으로 설

---

53) 위의 책 卷39, 「明禮樂」‘禮儀之節’ 中, p. 465a(5葉).

54) 程頤의 말을 인용하여 "履禮也 禮人之所履也 爲卦天上澤下 天而在上 澤而處下 上下之分 尊卑之義 理之當也 禮之本也 常履之道也"라 하고 있다. 위의 책 卷38, 「明禮樂」‘禮儀之節’ 上, p. 455a(1葉).

55) 위의 책 卷2, 「正朝廷」‘正綱紀之常’, p. 77b(2葉).

정하였음을 알 수 있다. 이때 기강의 내용은 결국 신분질서를 합리화하기 위한 상하의 구별과 존비의 차이를 강조하는 것으로서, 이는 곧 상하·존비·장유의 차이를 구별하는 '分'이자 '別'이었다. 이처럼 구준은 예를 통해 각자의 守分을 강조함으로써 상하의 신분질서를 유지하고자 하였던 것이다. 이에 대해『연의보』에는

　　상하 사이에는 명분이 일정하게 정해지기 마련입니다. (즉) 명분이 일단 정해지면 下는 上을 따르고 거스리지 않아야 하며 명령이 있으면 따르고 위반해서는 안 됩니다. 따라서 上이 下를 거느릴 수는 있어도 下는 上을 범할 수 없는데, 만약에 이를 범하면 형벌을 가해야 합니다.56)

라 하였다. 이처럼 상하질서를 합리화하는 강령은 또한 인간행동을 규제하는 규범인 윤리도덕과 동일시됨으로써 예는 부정할 수 없는 절대적인 원리로 윤색될 수밖에 없었다.

　넷째, 예는 군주가 천하를 다스리는 데 필요한 치도의 근본으로서 '政'과 군주의 존엄성을 안정케 하는 근원이라고 생각하였다. 따라서 그는

　　예는 人君이 잡고 있는 大柄으로서, 천하를 다스리는 것과 한 사람 (君主)의 존엄을 안정케 하는 원인이 모두 여기에 있습니다.57)

라 하여 예는 군주의 주요한 치술일 뿐만 아니라 자신의 지위를 유지시키는 데 필요한 관건임을 밝히고 있다. 따라서 윤리를 통해 개인의 행동규범을 설정하는 한편 이를 사회기강을 바로잡는 중요한 규율로

---

56) 위의 책 卷2,「正朝廷」'定名分之等', p. 84b(16葉).
57) 위의 책 卷39,「明禮樂」'禮儀之節' 中, p. 464a(3葉).

설정함으로써 신분질서를 확립시키고 이를 유지하고자 하였던 것이다.
그러므로 특히 상하의 위계질서를 밝히고 이를 문란하지 않게 구별해
주는 것을 '正辭'라 하여 이를 특별히 강조하였다. 즉 구준은

> 이른바 正辭라는 것은 名實을 구분하고 그 등급을 밝히며 是非를 분
> 별하여 상하가 혼란되지 않게 하는 것입니다. (이로써) 辭(秩序)는 순
> 조롭게 되어 바르게 됩니다.[58]

라 하였다. 이를 위해 그는 군주가 민에게 '五倫之道'의 예를 교육시키
는 동시에 이들에 대한 교화를 통해 국가의 기강을 바로 세울 것을 역
설하였다. 즉

> 이(中正)는 만세 제왕들이 행한 가르침의 시작입니다. 그러므로 가르
> 치는 것은 오로지 인륜에 있을 뿐입니다. 인륜의 도는 사람에게 없을
> 수는 없지만 모두 다 이를 다할 수는 없습니다. 따라서 가르침을 세우
> 는 것은 군주고 이를 설명하고 가르치는 것은 신하입니다.[59]

라 하여 교화에 대한 군주의 책임과 의무를 설명하는 한편 민에게 인
륜교화를 실시할 것을 강조하였다. 특히 그는 삼강오륜의 윤리도덕을
사회기강에 확대 적용함으로써 '孝'와 '忠'을 등식화시키고, 이를 통해
상하 신분질서를 유지하고자 하였다.[60] 따라서 그는 법치보다는 예치
와 인치를 강조하고 있음을 알 수 있다.[61] 또한 사회와 국가의 질서를
도덕률에 따라 유지하고자 함으로써 전통적인 '家天下'의 개념을 그대
로 반영하고 있다. 이에 따라 그는 국가의 기강을 인륜의 연장선상에

---

58) 위의 책 卷1, 「正朝廷」 '總論朝廷之政', p. 68a(3葉).
59) 위의 책 卷67, 「崇敎化」 '總論敎化之道', p. 720a(7葉).
60) 위와 같음, p. 720b(8葉), "敎之所以爲敎 皆不外乎五倫而已".
61) 徐復觀, 『中國人性論史 - 先秦篇』(臺北 : 商務印書館, 1969), p. 47 ; 黃俊傑,
     앞의 논문, pp. 256~257 ; 黃仁宇, 앞의 책, pp. 86~88 등 참조.

서 파악하는 동시에 예의 목적은 민을 교화하여 군주의 지위를 보장하는 데 있다고 생각하였다. 또한 예의 기능에 대해서는 韓愈의 말을 인용하여

> 좋은 의사는 사람의 마른 것과 뚱뚱함을 보지 않고 그 맥의 병 여부를 관찰할 뿐입니다. (마찬가지로) 천하를 잘 다스리는 사람은 천하의 안위를 보지 않고 그 기강의 治亂을 살필 뿐입니다. 천하는 사람을, 그리고 안위는 마른 것과 뚱뚱함을 뜻하는 것입니다. (그러므로) 맥에 병이 없으면 몸이 비록 말랐다 하더라도 해롭지 않고, 맥에서 병이 있다고 판단되면 몸이 뚱뚱해도 죽게 되는 것입니다.[62]

라 하여, 치국의 성공 여부는 예의 교화에 달려 있다고 생각하였다.

다섯째, 예를 治理의 근본으로 삼고 형벌은 예의 보조수단으로 파악함으로써 법가 이후 법치를 중시하는 경향에 반대하였다. 따라서 그는,

> 선왕들은 다스림에 있어서 반드시 예를 우선적으로 중시하였습니다. 그러므로 예를 교화의 본으로 삼음으로써 민의 나쁜 생각을 방지하고 이들의 선한 단서를 인도하여 仁義道德 안에 붙들어 놓으려 했습니다. (이렇게 함으로써) 그들로 하여금 규제와 법도에서 벗어나 戒令을 범하고 법에 저촉하지 않도록 하는 것입니다.[63]

라고 하였다. 이처럼 교화에도 불구하고 민이 인욕에 사로잡혔을 때에는 법령에 따라 형벌을 줄 것을 강조하였다. 따라서 그는 이를 理財와 결부시켜

> 이미 財(貨)를 정리하고 질서를 바르게 했는데도 불구하고 민이 利에 기울어져 義에 배반하는 자가 있으면 반드시 법령에 따라 형벌을

---

62) 위의 책, 「正朝廷」 '正綱紀之常', p. 79a(5葉).
63) 위의 책 卷首, 「誠意正心之要」 '審幾微', p. 58b(20葉).

가함으로써 이를 금지해야만 합니다.[64]

라고 밝힘으로써 理財에서 正辭, 즉 예교 우선을 강조하고 이를 어겼을 때에는 법령에 따라 형벌을 사용할 것을 주장하고 있다. 이로써 볼 때 구준은 禮樂을 형정의 본으로 삼고 형정은 예의 보조수단으로 삼고 있음을 알 수 있다.[65]

이처럼 그가 예치를 본으로, 형벌을 용으로 파악한 것은 그의 체용론에 입각한 것으로서, 구준은 禮와 政에 대해

周 盛時에는 예로써 세상을 유지하였습니다. 그러므로 나라를 세워 경계를 정하고 국토를 관리 경영하며, 관리를 두어 그 직을 나눈 까닭은 민을 지극히 위한 것에 있으니, 이 모두를 일컬어 예라고 하였습니다. …… (그런데) 秦漢 이후에는 그렇지 않았습니다. 즉 治를 하는 것은 모두 일컬어 '政'이라 하였고, 특별히 郊廟·조정·학교에서 시행하는 예절 규정과 儀式만을 가리켜 예라고 하고 있습니다. 그러므로 삼대 이전에는 예로써 천하를 다스리는 대강을 삼았는데, 삼대 이후에는 예를 (단지) 천하를 다스리는 (政의) 한 가지 일로 삼을 뿐입니다.[66]

라 하여 예와 정을 大綱과 事로 대비시키는 한편, 예를 국가기강의 본으로 政을 治의 용으로 이해하였음을 알 수 있다. 즉 그에 따르면 예는 정치의 한 가지 구체적인 방법인 事나 用이 아니라 천하를 유지하는 근본원리인 동시에 본(=체)인 것이다.

이상의 검토를 통해 구준의 예론에서 나타나는 특징을 요약해 보면, 먼저 예의 개념을 만물의 존재근거와 결부시켜 인간이 지켜야 할 인륜

---

64) 위의 책 卷1, 「正朝廷」 '總論朝廷之政', p. 68a(3葉).
65) 위의 책 卷1, 「正朝廷」 '總論朝廷之政', p. 74a(15葉)에서 "臣按 禮樂者刑政之本 刑政者 禮樂之輔"라고 규정하고 있다. 또한 위의 책 卷113, 「愼刑憲」 '戒濫縱之失', p. 1170a(3葉)에서도 '刑은 弼敎'라고 밝힘으로써 형벌을 예교의 보조적 수단으로 파악하고 있다.
66) 위의 책 卷40, 「明禮樂」 '禮儀之節' 下, p. 480a(15葉).

도덕으로 삼고 있다는 점이다. 이때 예는 개인의 도덕수양을 전제로
한 가정윤리에 바탕을 두고 그 근원을 '孝悌'와 '敬'67)에서 찾았다. 따
라서 그의 예론은 송·명 이학가의 전통적인 입장을 그대로 계승하여
우주론·수양론과 결합된 도덕윤리로 해석함으로서 '도덕주의'에 머물
렀다.

둘째, 예를 군주의 치술과 결부시켜 민의 교화와 治의 기강으로 삼
았다는 데 있다. 그는 예의 주요한 내용을 상하·존비·귀천의 구별에
있다고 생각함으로써 이를 통해 당시 신분질서를 유지시키고자 하였
던 것이다. 따라서 그는 사회의 질서를 인성론에 입각하여 등급으로
나누어 신분질서와 동일시함으로써 상하의 위계질서를 강조하였다. 이
를 위해 민의 현실적인 인욕을 방지하기 위해 민의 교화를 특별히 강
조하는 동시에 이들이 교화를 통해 改過遷善할 수 있다는 점을 인정
하였다. 이처럼 교화를 통해 민이 현실적으로 계도될 수 있다는 점을
인정한 것은 전통 이학보다 진일보한 견해로서, 이는 당시 사회에서
나타나는 활발한 계층이동(social mobility) 현상을 반영해 주는 것이
라 할 수 있다.

셋째, 예치를 정치의 근본으로 삼고 형벌(법치)을 보조적 수단으로
삼고 있다는 점이다. 그는 禮와 政을 理와 事, 體와 用으로 해석하여
예를 국가기강과 교화의 체로 삼고, 이를 위한 구체적인 방법으로 형
(법치)을 用으로 파악하였다. 그의 정치사상의 특징인 理事·體用論은
예론에서도 잘 나타나고 있는데, 이런 점에서 그는 예치와 형벌의 체
용겸비론을 주장하였다고 하겠다. 다만 그는 예를 원리로서 강조하여
그 원칙론을 강조하고, 이를 통해 당시 문란해지는 사회질서를 바로잡

---

67) 위의 책 卷79, 「崇敎化」 '躬孝弟以敎化', pp. 838b(8葉)~839a(9葉), "臣按 孔
門傳授 以孝弟爲仁義之實 而施於政治者 必本仁義 而仁義之推行 必始於孝
弟 …… 曾子曰 : 孝者所以事君 弟者所以事長 …… 孟子於是二者尤切切焉
…… 蓋親親長長 遠於天下而爲仁義 天下之人 各親其親 各長其長 則仁義
之效著 而天下無不平治矣"

는 치평의 지침서를 제공하고자 했다. 이처럼 예에 대한 원칙론적인 강조는 제1장에서 밝힌 대로 『연의보』 체재에서도 반영되어 전체 160 卷 가운데 약 1/3로서 가장 많은 분량을 차지하고 있다는 사실에서도 잘 알 수 있다.

넷째, 예론을 치국책과 관련시키는 것과 함께 체용겸비론의 입장에서 이를 실용적으로 다루고 있다는 점이다. 즉 예의 원칙을 매우 강조하면서도 이를 종전과 같이 예치 위주로만 고정적으로 파악하지 않고, 예의 현실적인 표현에 대해서는 시의성을 강조하여[68] 형벌을 적절하게 배합할 것을 주장하였다.

다섯째, 禮와 刑의 개념을 체용론에 입각하여 양자의 겸비를 강조했음에도 불구하고, 禮를 제정하고 이를 집행하는 기준과 주체를 군주 한 사람에게 한정함으로써 제도적 장치를 마련하지 못했다는 점이다. 따라서 제도적 장치를 통해 예를 객관화시키지 못하고 오히려 개인의 수양이라는 주관적 가치에 매몰될 수밖에 없는 한계를 노정시켰다. 이와 아울러 예의 판단기준을 군주 한 개인에게 일임함으로써 치평의 문제를 결국 군주의 내성에 의존할 수밖에 없게 하였다.

따라서 문제는 예에 대한 객관적 기준과 군주에 대한 견제장치[69]를 어떻게 마련할 것인가 하는 것이다. 이를 해결하기 위해서는 자연히 사대부 또는 관료들의 간언 역할이 부각될 수밖에 없는데, 구준은 이 점을 매우 강조함으로써 현실적으로는 또다시 군신 간의 내재적 긴장과 갈등을 불가피하게 만들었다. 이는 결과적으로 관료(사대부)는 내성외왕의 합일을 끊임없이 요구하고 검증함으로써 군주에 대한 견제를 통해 자신들의 지위를 향상시키는 한편, 내적으로는 자기 희생을 통해 公忠으로 승화시키는[70] 도덕적 영웅[71]을 스스로 강요함으로써

---

68) 『大學衍義補』 卷40, 「明禮樂」 ‘禮儀之節’ 下, p. 478b(12葉), “禮本重 食色本 輕 固自有大分也 然亦不可拘拘于禮文之微者 又當隨時隨事 而酌其中焉”.
69) 黃仁宇, 앞의 책, pp. 63~91.

심리적 긴장을 초래하게 되었다. 이에 따라 사대부는 公忠과 私忠의 양자 중에서 어느 하나를 선택하여 군주를 비판하거나 또는 전제군주 체제를 유지하고 옹호하는 치자의 입장을 견지하는 수밖에 없었다.

제3절 治術論

1. 君主論

전통 유가사상의 국가조직과 이상사회에 대한 특성을 이해하기 위해서는 군주관에 대한 검토가 선행되어야 함은 물론이다. 왜냐하면 군주는 국가조직상의 정점일 뿐만 아니라 내성외왕의 표상으로서 도덕과 모든 권력의 근원이기 때문이다. 특히 유가 전통에서 군주는 董仲舒에 의해 인성론과 참위설, 음양오행사상 등이 결합된 가장 존귀한 권위인 절대자로 윤색된[72] 이래 그 구체적인 개념도 시대에 따라 변화과정[73]을 거쳐왔다고 할 수 있다. 따라서 군주론의 성격과 그 특징을

---

70) 劉紀曜, 「公與私」, 『中國文化新論 vol. 5』(臺北 : 聯經出版事業公司, 1981), pp. 190~198에서 '忠'의 개념을 '私忠'과 '公忠'으로 대별하여 설명하고 있다. 즉 '私忠'은 자신의 영달이나 사적인 君臣관계의 유지를 위하는 데 비해, '公忠'은 대의와 명분을 위하는 데 있다고 하면서, 사대부가 특히 公忠에 입각하여 군주에게 간언을 할 경우에는 자신의 희생이 따르게 됨을 설명하고 있다.

71) de Bary Wm. Theodore ed., 山久口和 譯, 앞의 책, p. 226~228 참조. 이는 도덕수양과 사회적 책임을 다하는 이상적 인격체인 '성인' 또는 '군자'를 의미한다.

72) 董仲舒는 모든 인성을 聖人之性, 中民之性, 斗筲之性으로 분리하는 한편, 이를 왕과 민, 짐승의 성품으로 대비시켰다. 그는 특히 민은 中民之性을 지니고 있기 때문에 왕의 교화를 통해서만 性善으로 개조될 수 있다고 파악함으로써 왕의 절대성을 강화시켰다. 또한 合分論 · 天人合一說을 통해 왕을 천과 동일시하여 신격화시켰다.

73) 黃俊傑, 앞의 논문, pp. 247~257에서 내성외왕의 개념을 통해 내성=도덕, 외왕=정치로 파악하는 한편, 이를 통해 역사를 사상사와 결부시켜 '德'의 시대와 '位'의 시대로 대별하고 있다. 이때 덕과 위의 개념은 이상과 현실로 대치

파악하는 것은 국가론과 그 조직 및 이상사회를 이해하는 데 매우 중요한 문제라고 하겠다.

여기에서는 『연의보』에서 구상하고 있는 이상적 사회상이 어떠한 것이며 또한 이를 어떻게 조직 운용하고자 했는지를 이해하기 위해, 먼저 군주론에 대한 내용을 검토하기로 하겠다. 이를 통해 당시 유가들을 중심으로 하는 관인층들의 국가관을 이해할 수 있으며, 아울러 사회경제적 배경도 함께 파악할 수 있을 것이다.

구준이 주장하고 있는 군주론의 내용을 분석해 보면, 먼저 군주는 生民의 근원으로서 천의를 받들어 生民하는 주체인 동시에 천지의 '大德'과 만민의 부모라고 규정하였다. 즉 군주는 천을 대신하여 도덕과 정치, 윤리교화를 담당하는 절대적인 권위이자 근원이라고 생각했던 것이다. 그는 현실적인 치국평천하의 측면을 고려하여 형이상학적으로 군주를 설명하지 않고 그 역할을 중심으로 '生身之主'로서의 부모, '生民之主'인 군주, '道德之主' 로서의 성인 등으로 분리하고, 이를 각기 家 → 國 → 世의 최고 권위로 설정하였다.[74] 이처럼 그는 현실적인 역할을 분리했음에도 불구하고 실제로는 군주를 家·國의 최고 정점인 동시에 윤리도덕·정치·행위규범 등을 총체적으로 관장하는 절대자로 취급하였다. 이에 대해 그는

> 人君은 生人의 주체이며 천지를 낳게 하는 大德이며 또한 生靈하는 부모입니다. 무릇 천하의 사람은 군주가 生하는 것을 바라지 않는 자가 없고, 이미 生하게 한 것은 이를 養하는 데 필요한 수단을 쓰지 않으면 안 됩니다.[75]

할 수 있고, 또한 군주에 대한 이상모델과 현실적인 치자의 모습으로 구분하여 이해될 수 있으리라 생각한다.

74) 『大學衍義補』 卷101, 「愼刑憲」 '總論制刑之義' 下, p. 1055a(17葉), "人君者 生民之主 聖人者道德之主 父母者生身之主".

75) 위의 책 卷100, 「愼刑憲」 '總論制刑之義' 上, p. 1043b(18葉).

라 하였다. 이처럼 그가 생각하는 군주는 도덕과 인식, 그리고 권력의
통일적 주재자였다.[76]

둘째, 군주를 외왕(=치자)으로 파악함으로써 이상적인 존재가 아니
라 구체적인 치술과 결부시켜 한 인간으로 보고 있다는 점이다. 이에
대해 그는 특히 관료의 필요성과 교화의 부분과 관련하여

> 人君은 한 사람의 몸으로서 사방의 한가운데 거하고 있으니, 동서남
> 북의 네 방향이 모두 이를 통해 (바르게) 정해집니다. 그런데 한 사람
> 의 몸은 그 정신이 제한되어 있고 또한 눈과 귀로 듣고 보는 견문도 완
> 전하지 못하기 때문에, 사람들에 대한 것도 다 알 수 없고 事에 대해서
> 도 다 알 수 없습니다. 그러므로 반드시 대신을 택하여 이들에게 맡겨
> 인재를 모집하고 옹폐를 소통하게 하며 때마다 자문을 구해야 합니
> 다.[77]

라 하여 군주의 능력에서 한계를 지적하면서 大臣의 선택을 강조하고
있다. 또한 교화에 대해서도 군주의 한계를 지적하면서 이를 師의 책
임으로 분리시킴으로써 실질적으로 사대부나 관료의 역할을 강조하고
있다.[78] 따라서 그는 군주에 대해 원칙적으로는 내성외왕의 절대자로
서 그리고 천명의 수임자로서 이상화하고 있지만, 실제로는 치자(=외
왕)라는 현실적인 인간으로 파악함으로써 능력에 한계가 있다는 사실
을 상당 부분 인정하고 있다. 따라서 구준이 생각하고 있는 군주는 곧

> 천하는 너무나 거대하여 한 곳만이 아닙니다. …… 그런데 군주는 한

---

76) 劉澤華, 「中國傳統的人文思想與王權主義」, 『中國傳統文化的再估計』(上海
 ： 人民出版社, 1987), pp. 65~72 참조.

77) 위의 책 卷1, 「正朝廷」 ‘總論朝廷之政’, p. 68b(4葉).

78) 위의 책 卷82, 「崇敎化」 ‘廣敎化以變俗’, p. 867a(9葉)~b(19葉), “天下之風俗
 未必皆美也 人君之敎化 未必皆及也 蓋輿圖之廣 廣谷大川異制 民生其間異
 俗 人君一人 不能一一躬曆之 而其所爲條敎 又未必皆一一如其俗 是以有賴
 於承流宣化之吏 隨其地因其俗 以倡率敎導也”.

사람뿐인데도 불구하고 통치하는 땅은 결코 한 곳이 아닐 뿐 아니라, 다스리는 민도 또한 결코 한 사람이 아니며 행하는 事도 결코 한 가지가 아닙니다. 따라서 만사를 다스리고 민을 안정케 함에 있어서 단 한 곳이라도 미치지 않는 것이 없도록 하자면 반드시 관리를 두어 분치하지 않으면 안 됩니다.[79]

라 하여 능력의 한계가 분명한 현실적인 한 인간이었다. 이에 따라 그는 관료를 통한 분치의 필요성을 강조하고 있는 것이다. 그러므로 군주는 어디까지나 상징적인 치자(=외왕)에 불과하고 실질적인 치평의 담당자는 신하로 설정함으로써 그는 관료의 정치적 역할을 크게 강조하였다.

무릇 하늘은 민을 낳게 했지만 스스로 다스릴 수 없기 때문에 이를 군주에게 맡긴 것입니다. 군주는 천명을 받들어 혼자서 다스릴 수 없기 때문에 신하에게 맡기는 것입니다. 그러므로 신하가 다스리는 것은 군주의 事이고 군주가 다스리는 것은 천의 事입니다.[80]

라고 치자로서 관료의 역할을 중요시하고 있음을 알 수 있다. 이처럼 관료를 치평의 담당자로서 설정하는 것은 곧 군주가 이미 내성외왕의 완성자라는 이상적 존재를 포기하였음을 의미한다. 따라서 내성외왕론에서도 분석했듯이 군주에 대한 구준의 현실적인 인식은 결국 국가조직상 군신 간의 긴장관계를 더욱 표면化시키는 동시에, 신하에게는 심리적인 내적 갈등과 긴장[81]을 강화시키는 것이라 하겠다. 즉 군주에 대한 내성(수기)을 포기함으로써, 내성외왕의 실질적인 담당자가 사대

---

79) 위의 책 卷5, 「正百官」 '定識官之品', p. 112a(7葉)~b(8葉).

80) 위와 같음, p. 112b(8葉).

81) 여기에서 말하는 내적 갈등과 긴장은 수기와 치인, 내성과 외왕의 선택에서 이루어지는 갈등을 의미한다. 이에 대해 黃俊傑은 관료들의 '역사적 비극'이라고 평하고, 劉紀曜는 '公忠과 私忠 간의 충돌'로 파악하고 있다. 주 44) 참조.

부로 설정되고, 이로 인해 군신 간의 긴장관계는 결과적으로 관료들의 정치적 역할을 증대시키는 결과를 초래하였다. 결국 구준의 군주론은 이상과 현실·도덕과 정치·수기와 치인간에 내적 갈등과 긴장을 내포함으로 말미암아 야기되는 심리적 이중성82)을 반영해 주는 것이라 할 수 있다.

셋째, 군주의 자리는 그 근본이 민에 있다는 '민본사상'을 강조하면서도 그 궁극적 목적은 군주 자리를 유지하기 위한 것이라고 주장하였다. 즉 그는 군주의 자리가 민에 근거하고 있음을 산과 땅의 관계를 비유하여

> 산은 땅에서 높이 올라왔지만 그 반대로 땅에 붙어 있습니다. 마찬가지로 군주는 민의 위에 있지만 그 반대로 민에 의존하는 것은 무슨 까닭이겠습니까? 무릇 군주가 될 수 있는 까닭은 민이 있기 때문입니다. 그런데 (만약) 민이 없다면 군주는 어디에 의거하여 군주가 되겠습니까?83)

라고 하였다. 또한 그는 민을 군주의 근거인 동시에 나라의 근본임을 강조하여

> 민은 오로지 나라의 근본입니다. 따라서 근본이 튼튼해야만 나라가 안정된다는 말은 만세의 군주가 늘 옆에다 써놓고 깊이 명심해야 하는 것입니다.84)

---

82) 黃俊傑, 앞의 논문, pp. 258~260. 이에 대한 검토는 역사적인 측면과 더불어 면밀한 연구가 필요하다고 할 수 있다. 역사적으로 양자 간의 긴장이 군신관계, 군주권을 어떻게 강화시켰는지 하는 문제와 관련시켜 추출해 보는 작업이 기대된다. 劉紀曜, 앞의 논문, p. 195에서는 '忠'의 公私 양극단을 "애매함과 모순성"으로 파악하고 있고, de Bary Theodore, *The Unfolding of Neo-Con fucianism*(New York : Columbia University, 1975), p. 99에서는 '양면성'이라고 평가하고 있다.

83) 『大學衍義補』 卷13, 「固邦本」 '總論國本之道', pp. 201b(2葉)~202a(3葉).

라고 밝힘으로써, 민이 나라뿐만 아니라 군주의 지위를 보장해 주는 근본임을 주장하였다. 따라서 그는 민이 나라의 근본임을 理財 문제와도 관련시켜 愛民할 것을 강조하는 동시에, 형벌과 조세의 경감을 역설하기도 하였다.85)

　이상의 예를 통해 볼 때 그의 군주론은 민본사상을 근간으로 하고 있지만, 실제로는 그 목적이 오히려 군주의 지위를 보장하는 데 있음을 알 수가 있다. 이에 대해 그는

　　하늘은 민을 낳게 하고 군주를 세워 이들을 거느리게 하였는데, 이것은 곧 민을 위해 군주를 세운 것을 뜻하는 것입니다. 그러므로 군주는 민이 없으면 나라를 삼을 것이 없으니 군주 또한 어찌 혼자서 군주가 될 수 있습니까? (이로써 볼 때) 군주가 귀하게 되는 것은 민을 얻었어야만 가능한 것입니다.86)

라 하여 민본의 궁극적 목적이 군주의 존귀함을 보장하는 것에 있다고 주장하고 있다. 뿐만 아니라 군주와 民의 관계에 대해서도 바람과 풀, 본체와 그림자에 비유하여 민은 풀처럼 바람에 따라 그 모양이 변할 수 있을87) 뿐 아니라, 그림자와 같이 본체에 변화하는 것으로 비유함으로써88) 민을 군주의 일방적인 교화대상으로만 파악하였다. 여기서

---

84) 위와 같음, p. 202b(4葉).
85) 위와 같음, p. 203b(6葉), "國之所以爲國者 民而已 無民則無以爲國矣 明聖之君 知興國之福在愛民 則必省刑罰薄稅斂寬力役 以爲民造福".
86) 위의 책 卷13, 「固邦本」 '總論國本之道', p. 205a(9葉) ; 위와 같음, '蕃民之生', p. 208a(15葉).
87) 위의 책 卷81, 「崇敎化」 '謹好尙以率民', p. 853a(1葉), "風譬則君也 草譬則民也 風之爲氣勁而力 草之爲物柔而弱 以勁而有力之風 而加諸柔弱之草 其偃 之易且速 可知也 …… 人君之居上也 其轉移之勢 豈止於風 而民之處下也 其隨順之形 則甚於草矣".
88) 위와 같음, pp. 857b(10葉)~858a(11葉), "書曰 表正萬邦 上者表也 下者影也 表正則影正矣".

구준의 민본사상은 민을 단지 군주지위의 보장에 필요한 존재로 파악하는 전통 유가사상을 그대로 답습한 것으로 볼 수 있는다. 이는,

> 군주는 지존한 데 비해 소민은 지극히 천하며, 人君은 지극히 강한 데 비해 小民은 지극히 약합니다. 군주는 민을 살게 하려면 살게 할 수 있고 죽이고자 하면 곧 이를 죽일 수 있으니, 두려울 것은 군주보다 더한 것이 없습니다. …… 그런데 군주가 민이 정말로 두렵다는 것을 안다면 반드시 이들을 양육하고 안정토록 하는 방법을 생각해야 하며, 감히 이들을 학대하고 고달프게 함으로써 곤궁하게 해서는 안 됩니다. 이렇게 하면 하늘에서 내리는 봉록으로 군주의 자리에 있는 것이 어찌 오랫동안 보장되지 않을 수 있겠습니까?[89]

라 한 데에 잘 반영되어 있다. 이로써 볼 때 구준이 주장하고 있는 민본사상이나 애민사상은 결국 민을 군주의 통치대상으로 설정함으로써 결국은 君主의 치술론에 불과하다고 할 수 있겠다.[90]

이상의 검토를 통해 『연의보』에서 나타나는 군주론의 특징을 요약해 보면, 먼저 군주에 대한 개념을 종전과 같이 내성외왕의 통합체로 이상화하여 외왕을 단순히 내성의 연장선상에서 파악하는 것이 아니라, 현실적인 치술과 치국책에 관심을 둠으로써 경세치용적인 면을 강조하고 있다는 점이다. 그는 내성외왕을 체용겸비론의 입장에서 군주를 현실적으로 파악하고 있기 때문에 원칙적으로는 군주를 도덕·정치·교화의 실질적인 권위로 보고 있으면서도 실제로는 능력의 한계를 인정함으로써 관료들에 의한 분치를 강조하고 있는 것이다.

---

89) 위의 책 卷13, 「固邦本」 '總論國本之道', p. 202b(4葉).

90) 曹德本, 「中國正統政治思想」, 『中國傳統思想探索』(遼寧 : 遼寧大學出版社, 1988), p. 271에서 민본사상에 대한 한계를 잘 지적하고 있다. 또한 전통 유가에서 나타나는 민본사상의 한계점에 대해서는 劉澤華, 「中國傳統的人文思想與王權主義」, 『中國傳統文化的再估計』(上海 : 人民出版社, 1987), p. 72에서 소농 위주의 자연경제와 관련시켜 가족제도에서 비롯되는 '가부장주의'라고 지적하고 있다.

둘째, 군주의 수양덕목인 수기와 치인을 실질적으로 분리하고, 특히 수기(도덕)의 실질적인 담당자로서 유교 교양을 쌓은 사대부의 역할을 강조하고 있다는 점이다. 따라서 그는 치인의 궁극적인 주재자를 군주로 삼고 있으면서도 실제 정치현실을 '事'로 파악하여, 治事에 대한 책임과 주요 역할을 사대부로 규정하였던 것이다. 이로 인해 도덕과 정치, 이상과 현실 간에 야기되는 내성외왕론의 내재적 갈등과 긴장은 군주보다 오히려 사대부에게 더 많이 가중되는 결과를 초래하였다. 따라서 유가 전통에서 중시하는 수양덕목인 수기와 치인의 문제에서는 결국 사대부가 사회정치적 책임감을 갖도록 만들기도 했지만, 이와 아울러 또 다른 한편에서는 이들이 도덕과 정치, 이상과 현실의 갈등 속에 배회하는 결과를 초래하기도 했다. 이 같은 양자 간의 갈등 긴장으로 말미암아 군신관계가 상호 보완적으로 잘 유지될 수 있었을 뿐 아니라, 군주독재체제 역시 이를 통해 유지될 수 있었던 것으로 생각된다. 즉 도덕의 담당자인 사대부들은 군주를 정점으로 하는 체제의 합법성(legitimacy)을 이론적으로 뒷받침해 주는 대신에 자신들의 정치적 기득권과 사상체계를 유지 발전시키는 데 필요한 국가의 보장을 획득함으로써 양자는 공생관계[91]를 유지할 수 있었던 것이다. 결국 사대부의 도덕·정치적 역할의 증대는 곧 당시 사대부사회를 반영하는 사상사적 측면이라고 할 수 있는데, 구준의 군주론은 바로 이러한 사대부층의 입장을 대변하는 대표적인 예라고 할 수 있다.

셋째, 군주에 대한 견제를 가능케 하는 제도적 장치가 결여되어 있다는 점이다. 앞에서도 지적한 바와 같이 군주의 도덕적 수양을 治의 대전제로 삼고 있음에도 불구하고, 실제로 이에 대한 요구나 견제는 사대부의 언로를 통해 달성될 수밖에 없었다. 그런데 군주에 대한 견제장치인 언관제도[92]는 실제로 그 내용과 취지가 도덕윤리로 구성되

---

91) 黃俊傑, 「內聖與外王」, 앞의 책, p. 273.
92) 曺永祿, 앞의 책 참조.

어 있을 뿐만 아니라, 신분질서를 전제로 하고 있기 때문에 군주에 대한 견제는 사실상 불가능하였다. 따라서 설사 사대부의 견제가 있었다 하더라도 이 역시 도덕이라는 초월적인 가치관에 한정되고 있기 때문에 제도적인 장치에 의한 현실적인 규제는 불가능하였다. 이에 따라 특히 민의에 기반을 둔 객관적 규율이나 이에 대한 제도적 장치는 불가능할 수밖에 없었다.

2. 民論

유가의 정치사상에서 나타나는 또 하나의 특징은 민본에 바탕을 둔 애민사상이라고 할 수 있다. 이러한 유가의 '민본' 또는 '애민'사상을 정치적 권리인 주권과 국가조직의 관점에서 보면 여러 가지 한계점[93]이 있는 것 또한 사실이다. 그러나 특히 전통 중국의 국가조직과 그 사회상을 이해하기 위해서는 무엇보다 민에 대한 개념이 어떠한 것인지에 대해 검토해 보는 것은 매우 의미있는 작업이라 생각된다.

이제 『연의보』에서 나타나고 있는 민론의 내용을 정리해 보면, 먼저 민이 국가의 근본이라는 원칙론을 고수하고 있다는 점이다. 따라서 民이 나라의 근본임을 강조하여,

---

93) 그 대표적인 예로서 劉澤華, 위의 책, pp. 56~80에서는 중국 전통사상의 특징을 '인문사상'이라고 파악하면서, 이를 정치적 평등과 자유, 그리고 인권 등과 연관시켜 '왕권주의'와 '가부장주의'의 근원이라는 부정적인 평가를 내리고 있다. 또한 曹德本, 위의 책, 1988, pp. 263~379에서도 민본사상의 역사적 변천 과정을 중심으로 고찰하면서, '민본사상'은 궁극적으로 봉건체제를 유지시키는 역할을 하였다고 부정적인 평가를 내리는 한편, 명말청초 王夫之, 唐甄 등을 대표로 하는 반전제 사상과의 연계성을 강조함으로써 긍정적인 면도 부각시키고 있다. 이처럼 긍정적인 평가로는 Theodore de Bary, 陳俊民 등이 대표적이고, 특히 최근에는 유가 전통을 긍정적으로 재평가하려는 작업이 매우 활발하다고 하겠다. 黃俊傑, 徐復觀, 杜維明, 黃仁宇 등이 그 대표적인 학자라 할 수 있다.

나라가 나라로 될 수 있는 까닭은 민이 있기 때문입니다. 그러므로 민이 없으면 나라가 될 수 없습니다. 聖明한 군주는 흥국의 복이 애민에 있음을 알아서 반드시 형벌을 아끼고 세를 가볍게 하며 力役을 적게 징발함으로써 민을 위해 복을 만듭니다. 그러므로 민이 복을 누리는 것은 곧 나라가 복을 누리는 것입니다.[94)]

라 하였고 군주는 애민할 것을 강조하고 있다. 또한 그는 『연의보』 「崇敎化」편에서 군민 간의 의존관계를 밝히는 가운데 『禮記』 「緇衣」편을 인용하여 다음과 같이 지적하였다. 즉

「緇衣」편은 심장과 신체가 서로 밀접한 것을 군주와 민이 서로 의존하는 것에 비유한 것입니다. 즉 지체가 운동할 수 있는 것은 모두 심장의 힘에 의한 것입니다. 마찬가지로 人民의 즐거움과 근심은 모두 군주의 好惡에 달려 있습니다. 지체가 운동해야만 심장은 이에 의해 피를 받습니다. 따라서 지체의 운동이 피폐하여 사지를 못쓰게 되면 심장의 힘도 또한 이로써 상하게 되는 것입니다.[95)]

라 하여 君民의 관계를 심장과 지체의 관계로 비유하여 이들이 상호 밀접함을 잘 보여주고 있는 것이다.

이로써 볼 때 구준은 군주가 애민해야 한다는 유가의 '민본사상'을 그대로 답습하고 있음을 알 수 있다. 따라서 그의 민본사상 역시 가족 윤리인 효를 사회에도 확대 적용함으로써 윤리적인 성격을 벗어나지 못했다고 하겠다. 이 같은 사실은 그가 "무릇 군주는 한 사람이지만 억조에 달하는 민의 부모"[96)]라 한 데에서도 잘 알 수 있다. 이처럼 혈연적인 가족관계의 당위성을 비혈연적 관계인 군민관계와 동일시함으로써 군주에 대한 제도적 부정이나 비판의 가능성을 원천적으로 배제하

---

94) 위와 같음, p. 203b(6葉).
95) 위의 책 卷81, 「崇敎化」 '謹好尙以率民', pp. 856b(8葉)~857a(9葉).
96) 위의 책 卷15, 「固邦本」 '憫民之窮', p. 236a(23葉).

고 있는데, 이는 곧 '家天下' 관념을 반영한 것이라 하겠다. 여기서 우리는 구준의 군주론이 혈연적인 가족윤리에 기반을 둔 '가부장주의'에 그 근원을 두고 있음을 알 수 있다. 그러므로 그의 민본·애민론은 결과적으로 민을 주체로 설정하는 것이 아니라 부자관계에서처럼 군주의 일방적인 시혜를 전제로 하는 불평등관계를 그 특징으로 하였다고 할 수 있다. 그가 이처럼 君民關係를 인격적으로 불평등하게 설정한 것은 앞에서 분석한 인성론에서도 잘 반영되고 있는 것이다.

둘째, 민을 군주가 치평하기 위한 수단으로 파악하고 있다는 점이다. 그는 애민의 목적을 군주의 치술과 결부시킴으로써 교화와 치술, 그리고 군주의 지위를 보장하기 위한 대상으로 설정하였다. 따라서 군주의 역할과 의무에 대해 설명하면서 군주는 민을 양육하고 교화하며 다스리는 데 있다고 주장하였다.97) 그러므로 민을 정치의 주권자나 도덕적인 인격자로 생각하기보다는 치술의 대상으로만 파악함으로써 민권사상으로 승화시키지 못한 데 '민본사상'의 한계98)가 있다고 하겠다.

이상에서 볼 때 구준이 주장하고 있는 민론의 특징은 첫째, 전통 유가의 민본·애민사상을 원칙적으로는 계승하였다는 점이다. 물론 이때 민에 대한 애민사상은 민을 인격적 독립체로 보기보다는 '家天下'의 윤리관을 배경으로 한 부자애로 윤색하여 이해하였다. 따라서 민에 대한 군주의 일방적인 자애와 더불어 권리, 책임은 부여될 수 있지만 민의 권리는 결여되기 마련이었다. 더구나 군주에 대한 책임과 의무에 대해서도 객관적인 기율이나 제도적 장치에 의해 규정되는 것이 아니라, 전적으로 개인적 수양이라는 도덕률이나 주관적인 가치관에 의존

---

97) 위의 책 卷106, 「愼刑憲」'詳聽斷之法', p. 1106a(23葉), "蓋民之所以聚 而尊君親上者 以上之人 養之敎之治之 旣有其道 又有其素故也 是以先王之於民 旣分田授井以養之 立學讀法以敎之 又制爲禁令刑罰以治之焉".

98) 劉澤華, 앞의 책, p. 65에서 "重民·愛民·利民 등 '民爲邦本'의 견해와 이론을 민주주의와 동일하게 취급하지만, 사실상 그 본질은 같지 않다"라고 지적하고 있다.

하고 있기 때문에 결과적으로 민의 주권이나 군주에 대한 견제권은 사실상 불가능하였다. 따라서 민본 혹은 애민사상은 어디까지나 당위성에 의한 이상적 요구에 불과하고 이를 실현하기 위한 구체적인 방안이 결여된 관념론에 불과하다고 하겠다.

둘째, 민에 대한 원칙적인 관념보다는 특히 군주의 치술에 주목하여 민을 파악하고 있다는 데 특징이 있다고 할 수 있다. 구준은 비록 사회의 전체구조 속에서 민의 역할에 주목하여 국가의 재정원과 핵심적인 구성원으로 파악하고 있지만 정치적 주체로서는 간주하지 않았다. 따라서 그는 민을 단순히 군주가 '治·敎·養'하는 대상으로만 파악함으로써 군주의 일방적인 치술 대상으로만 간주하였을 뿐이다. 이는 유가의 '家天下' 관념에서 비롯되는 도덕정치의 특징이라고 볼 수 있다. 더구나 당시 사회는 과거를 통해 신분이동이 원칙적으로는 가능했지만 실제로는 신분사회라는 엄격한 틀을 대전제로 하고 있기 때문에 치의 주체는 결국 극소수의 지배층에 국한될 수밖에 없었다. 따라서 이러한 시대적 배경 속에서 구준의 민론 역시 민을 정치의 주체로서 파악하지 못하고, 단지 치자의 치평 대상으로만 파악하는 한계를 벗어나지 못했다고 하겠다. 이처럼 그가 민론에서 여전히 이론적인 한계를 보여주고 있는 것은 전통 이학의 현실적인 한계를 반영하는 것이기도 하다.

그럼에도 불구하고 남송의 진덕수와 비교해 볼 때, 구준의 민론은 국가가 구체적인 치평책을 통해 민의 생계를 보장해야 함을 강조함으로써 상당히 실용적이고 현실적인 측면을 보여주었다는 점에서 진일보한 것이라 할 수 있다. 이에 따라 그는 『연의보』의 구성 내용 또한 민론을 전제로 하여 이를 국가조직·이상사회상과 결부시킴으로써 이재관·형벌·교화 등의 문제를 파악하고 있는데, 바로 이 점은 경세치용적인 태도라 할 수 있겠다. 이러한 그의 경세치용적인 태도는 더 나아가서 당시 '도덕정치'의 한계를 인식하게 함으로써, 정치의 제도화가 불가피하다는 사실99)을 점차 인식하게 되는 계기를 마련하였다고 생각된다. 바로 이 점에서 『연의보』는 당시 송·명 이학에서 실질적인 경세문제를 다룬 대표작일 뿐만 아니라, 현학적이고도 형이상학적인 종전의 관념론을 극복하고자 한 노력의 집산이라 하겠다.

---

99) de Bary Wm.Theodore ed., 山久口和 譯, 「明代の新儒學と黃宗羲の自由主義思想」, 앞의 책, p. 230~232에서 신유학의 도덕적 개인주의가 갖는 한계점을 지적하고, 그 제도화를 통한 권력기구의 조직화와 운영에 주목한 대표적인 저서로서 黃宗羲의 『明夷待訪錄』을 들고 있다. 뿐만 아니라 이러한 명말청초 경세치용학의 선구로서 『大學衍義補』를 들고 있다.

제4장 『大學衍義補』의 朝鮮傳來와 正祖의 『御定大學類義』

丘濬(1421~1495)의 『大學衍義補』는 南宋 眞德秀(1178~1235)의 『大學衍義』[1]와 더불어 중국 근세시대 義理的 經世觀을 대표하는 經世書로서, 중국은 물론 조선의 군주와 관료들에게 많은 영향을 끼쳤다. 특히 『연의보』에서는 『대학』의 8조목 중 治國·平天下와 관련된 실용적 방안을 역사적 연혁과 구체적인 사례를 통해 제시하고 있다. 이 때문에 군주의 도덕적 수양을 중시한 眞德秀의 『연의』와는 달리 실용적인 경세방안을 제시하고 있다는 점에서 주목된다.

바로 이 점에서 『연의보』는 조선의 사대부와 군주에게도 많은 주목과 관심을 불러일으켰다. 이에 따라 사림정치가 흥성했던 中宗期에는 經筵의 교재로 進講되었고, 英祖期에는 군주중심의 정치운영을 추구하는 蕩平政治의 실현과 관련하여 召對에서 진강되기도 하였다. 특히

---

1) 『大學衍義』는 紹定 2년(1229)에 저술되기 시작하여 端平 元年(1234)에 理宗에 증정되었다. 그 분량은 43卷으로서 내용은 주로 대학의 8조목 가운데 특히 治人에 필요한 修身·齊家 덕목을 논하고 있다. 이 책의 관찬을 계기로 理宗은 마침내 端平 5년(1238)에 주자학을 관학으로 공인하도록 선포함으로써 주 자학 부흥에 결정적인 계기가 되었다. 이 책의 제1장 제2절 참조.

正祖는 黨色을 조정하여 정국을 안정시키려는 영조의 이른바 '調劑蕩平'에서 한 걸음 더 나아가 탕평정치의 실현을 위한 구체적 방안에 주목함으로써 '實事'蕩平을 추구하였다.[2] 이에 따라 정조는『대학』을 중시한 할아버지 영조의 영향 아래 元孫 시절부터『대학』공부를 시작하여 이에 대한 상당한 학식과 관심을 보였다.[3] 특히『연의보』에 대해 정조는 남다른 관심을 보임으로써 동궁시절부터 이 책의 내용 중 治道에 필요한 핵심 내용을 손수 감정하고 취사선택하는가 하면, 정조 23년(1799)에는 이를 토대로 眞德秀의『연의』와 함께 합본하여『御定大學類義』(이하 대학유의로 줄임)를 간행하기에 이르렀다.[4]

이처럼『대학유의』는 正祖의『대학』공부의 총결편으로서,[5] 일반 관찬서와는 달리 내용의 취사선택에 정조 자신이 직접 참여하고 있다는 점에서 그의 경세관과 정국운영책을 구체적으로 추정할 수 있는 좋은 자료라 하겠다. 이는 곧『연의보』가 조선에 전래된 이래 실제로 어떻게 수용되고 활용되는지에 대한 구체상을 이해하는 데에도 필요한 작업이라고 생각된다.

이에 여기에서는『朝鮮王朝實錄』을 중심으로『연의보』가 조선에 전래되는 과정을 경연을 중심으로 살펴보고자 한다. 이와 함께『대학유의』에 수록된『연의보』부분의 내용과 원본을 비교 검토해 봄으로써 양자의 차이점을 통해 구준의『연의보』가 조선후기, 특히 정조기에 이

---

2) 英正祖期의 탕평책에 대한 연구에 대해서는 홍순민, 『朝鮮政治制度研究』(일조각, 1984) ; 鄭景姬, 「肅宗代 蕩平論과 '蕩平'의 試圖」, 『韓國史論』30(1993) ; 朴光用, 『朝鮮後期'蕩平'研究』, 서울대 박사학위논문(1994) ; 鄭景姬, 「肅宗後半期 蕩平政局의 변화」, 『韓國史論』79(1995) ; 김성윤, 『朝鮮後期 蕩平政治 研究』(지식산업사, 1997) 등 참조.

3) 李泰鎭, 「정조의『대학』탐구와 새로운 君主論 -「題先正晦齋續大學或問卷首」作送의 배경」, 『李晦齋의 사상과 그 세계』(대동문화연구소, 1992), pp. 219~269 참조.

4) 『朝鮮正祖實錄』 부록 「正祖大王行狀」.

5) 이태진, 앞의 논문, p. 239.

르러 어떻게 수용되었는지에 대해 그 특징을 규명해 보고자 한다.

제1절 『大學衍義補』의 朝鮮傳來와 經筵講論

1. 中宗期 經筵과 『大學衍義補』 講論

조선왕조실록에 따르면 조선에서 『연의보』가 처음으로 간행되어 반포된 것은 成宗 25년(1494)의 일로서,[6] 이는 『연의보』가 중국에서 간행된 지 약 6년이 지난 뒤였다. 그 이후 『연의보』는 조선의 관료 사대부들에게 널리 알려져 마침내는 경연 교재로 택할 것을 청하는 상소가 있을 정도로 『연의보』에 대한 관심이 고조되었던 것으로 추정된다. 이는 충청도 道使 金馹孫이 『연의보』가 조선에서 공식 출간된 이듬해인 燕山君 즉위년(1495)에 시국과 관련하여 26가지 내용을 상소하는 가운데

> 禮記를 읽는 여가에 『대학연의』를 먼저 강하고, 근세 사람 구준이 엮은 『연의보』도 또한 마땅히 속강해야 합니다. 그 안에는 正心·修身·齊家·治國의 요령이 갖추어 실려 있지 않은 것이 없으니, 마음으로 깨닫고 몸으로 체득하면 천하에 어려운 일이 없을 것입니다.[7]

라 하여 『연의보』를 경연에서 강론할 것을 건의한 데에서도 잘 알 수 있다. 경연에서 『연의보』를 강론하자는 건의가 언제 정식으로 수용되었는지에 대해서는 정확하게 알 수 없지만, 조선왕조실록에 따르면 적어도 중종조에 이르러 朝講의 주요 교재로 채택되어 중종 3년(1508) 3월부터 38년 2월까지 약 35년간 진강이 지속되었음을 알 수 있다.[8] 이

---

6) 『朝鮮成宗實錄』成宗 25년 1월 7일 丁酉에서 "安琛이 大學衍義補를 바치자 이를 인쇄하여 반포하게 명하다"라고 하였다.
7) 『朝鮮燕山君實錄』 연산군 즉위년 5월 28일 庚戌.

처럼 경연에서 강론된 『연의보』는 중종 20년(1525) 8월에 이르러서는 朝講뿐 아니라 書講에까지 이를 확대하자는 홍문관의 건의9)가 있기도 했지만, 중종은 종전의 방법대로 조강에만 강론하도록 하였다.

여기서 특히 주목되는 점은 경연에서 『연의보』의 강론을 지속할 것인가의 여부를 둘러싸고 찬반논쟁이 두 차례에 걸쳐 이루어지고 있다는 점이다.

첫 번째 논쟁은 중종 24년(1529)에 일어났다. 홍문관을 대표하는 洪彦弼 등은 『연의보』의 내용이 純正하지 못할 뿐 아니라 분량이 너무 많다는 점을 이유로 들어 이의 경연 강론을 반대하였다. 이에 대해 沈貞, 李荇 등 大臣을 대표하는 측에서는 『연의보』의 내용이 治平의 도리와 이에 필요한 구체적인 '事'를 두루 갖추고 있다는 점을 내세워 강론을 유지할 것을 주장함으로써 논쟁이 일어났다. 이에 대해 중종은 "이미 진강을 시작했으니 중간에 폐지할 수 없다"10)고 결론을 내리고 대신들의 주장에 손을 들어주었다. 이에 따라 홍문관도 종전의 태도를 바꾸어 이틀 뒤인 동년 11월 3일에는 "卷帙이 많기는 하나 수신·제

---

8) 조선왕조실록에 따르면, 중종대 조강에서 연의보에 대해 강한 내용은 모두 17차례에 걸쳐 언급되고 있다. 그 주요 내용은 銓郎權과 관련하여 풍문으로 인물을 평하는 문제점을 지적한 부분(중종 3년 3월 14일 辛亥 ; 19년 4월 28일 壬戌 ; 19년 7월 22일 乙酉), 薦擧制 문제(19년 7월 28일 辛卯), 國忌日의 服色과 관련한 왕실의 예제문제(14년 7월 17일 戊申), 愼刑薄賦를 언급한 부분(19년 8월 24일 丙辰), 지방方伯의 역할을 강조한 부분(20년 3월 12일 辛未), 制國用과 관련하여 膳工監의 節用문제(20년 9월 14일 庚午), 흉년 등 救荒대책과 관련한 부분(21년 2월 12일 乙酉), 昭格署 철폐와 이단처리 문제(21년 2월 14일 丁卯), 漕運 문제(21년 2월 24일 戊寅), 군주의 제천의식과 太廟에 대한 親行 문제(22년 11월 4일 戊寅), 군주의 풍속교화 중시(24년 5월 20일 甲寅), 태조 이성계와 조선왕조의 정통성과 관련하여 『大明會典』의 내용 수정을 요구하는 表箋문제(24년 6월 2일 乙丑), 愼刑의 강조(28년 9월 24일 癸亥), 謝恩使의 禮制문제(29년 9월 29일 壬辰), 君臣 간의 의리문제(33년 1월 21일 丙申) 등이다.

9) 『朝鮮中宗實錄』 중종 20년 8월 20일 丁未.

10) 『朝鮮中宗實錄』 중종 24년 11월 1일 癸巳.

가·치국·평천하의 도리가 여기에 다 갖추어져 있다"며 『연의보』에 대한 강론 지속론을 수용하였다. 결국 이 논쟁은 중종이 "전례에 따라 진강하라"[11]고 명함에 따라 일단락되었지만 『연의보』의 진강은 이후에도 지속되기에 이르렀다.

두 번째 논쟁은 첫 번째 논쟁이 있은 지 10년이 지난 중종 34년(1539)에 일어났다. 당시 全州府尹인 李彦迪은 상소에서

> 신이 보건대 전하께서 즉위 초년에는 정신을 가다듬어 경연에 부지런히 나아가시어 治道를 강구 연마하여 잠시라도 게으름을 보이지 않으셨습니다. 근년에 오면서는 전혀 처음만 못하시니, 講官은 入侍하여 몇 장을 펴 읽을 뿐 …… 정의의 의로움을 토론하거나 고금의 득실을 상의하신다는 말을 듣지 못하였습니다. …… 경연에서는 三代 이상의 聖經賢傳으로 진강의 근본으로 삼지 않으시고 항상 후세에서 편집한, 질이 浩繁하여 끝까지 연구하기 쉽지 않은 책(대학연의보)을 취하여 進讀하는 것을 괴이하게 여겨 왔습니다. 이러한 책들은 번다한 사물과 제도에 대해서는 상세하지만 성인이 心術을 밝히고 정성스럽게 하는 뜻과 정밀히 하고 한결같이 하는 방법 등은 대체로 갖춰져 있지 않습니다. 따라서 …… 경연에서 오로지 그것에 정신을 집중시켜 강론하고 궁구할 필요는 없는 것입니다.[12]

라고 경연에서 『연의보』를 강론하는 것에 대해 문제점을 제기하면서, 강론 교재를 둘러싼 논쟁이 재차 불붙기 시작하였다. 이에 대해 중종은 그 다음날 政院에 傳敎를 보내 『연의보』에 대한 진강이 종료되면 『연의』를 진강하도록 명함으로써[13] 논쟁은 일단락되는 듯하였다. 이로부터 2년 뒤인 중종 36년(1541)에 좌의정 洪彦弼이 『연의보』의 진강이 10여 년이 지났는데도 완료되지 못했음을 지적하고 빠른 시일 안에 종

---

11) 『朝鮮中宗實錄』 중종 24년 11월 3일 乙未.
12) 『朝鮮中宗實錄』 중종 34년 10월 2일 甲申.
13) 『朝鮮中宗實錄』 중종 34년 10월 21일 乙酉.

료할 것을 건의하면서[14] 논쟁이 또다시 재연되었다. 그러나 이러한 진언에도 불구하고 『연의보』에 대한 경연 진강은 한 권만 남겨둔 채 중종이 조강에 자주 참석하지 않아 진도를 끝내지 못함으로써[15] 『연의보』에 대한 경연 진강은 그로부터도 1년 뒤인 중종 37년(1542)까지 지지부진 지속되었다.

이러한 상황에서 『연의보』에 대한 진강이 종료된 후에 다음 강론 교재를 무엇으로 채택할 것인가를 놓고 논의가 활발하게 진행되었다. 즉 중종은 37년(1542) 9월 同副承旨 尹元衡에게 경연관의 건의를 받아들여 『연의보』에 대한 진강을 조속히 마감하고 그 대신 경서를 강독하고 싶다는 뜻을 피력하고, 홍문관에서 이를 논의할 것을 지시하였다.[16] 이에 따라 다음날 홍문관에서는 이 문제를 여러 領經筵事들과 논의하여 중종의 지시를 따를 것을 결정하였다.[17] 결국 중종은 『연의보』의 진강을 서둘러 마감하기 위해 政院에 傳敎하여 朝講과 晝講에서도 『연의보』를 강독하는 문제에 대해 홍문관 領事들과 논의할 것을 지시함으로써[18] 이를 시행하기에 이른다.[19] 이로써 경연에서 『연의보』의 강론은 중종 38년(1543) 2월에 마치게 되었고, 이후부터는 『易經』을 講하도록 전교하기에 이르렀다.[20]

이처럼 중종기에 이르러 경연에서 『연의보』를 강론할 것인가의 여부를 둘러싸고 일어난 두 차례의 논쟁은, 단순히 『연의보』의 내용과 분량의 다과 문제에서 기인한 것만은 아닌 것으로 판단된다. 이 문제

---

14) 『朝鮮中宗實錄』 중종 36년 11월 23일 乙巳.
15) 『朝鮮中宗實錄』 중종 37년 9월 28일 乙亥에서 檢討官 홍섬은 『대학연의보』
    에 대한 진강이 30여 년이 지났음에도 아직까지 1권을 남겨둔 채 講을 다 마
    치지 못했음을 지적하고 있다.
16) 『朝鮮中宗實錄』 중종 37년 9월 28일 乙亥.
17) 『朝鮮中宗實錄』 중종 37년 9월 29일 丙子.
18) 『朝鮮中宗實錄』 중종 37년 10월 2일 戊寅.
19) 『朝鮮中宗實錄』 중종 37년 10월 3일 己卯.
20) 『朝鮮中宗實錄』 중종 38년 2월 13일 丁亥.

는 정국의 주도권을 둘러싸고 士林세력과 大臣세력이 팽팽하게 대립하던 당시의 政局과 무관하지 않았던 것으로 보인다.

주지하는 바와 같이 조선왕조의 경연 강독교재로서[21]『대학』이 다른 경서나 史書보다 중시된 것은 사림세력이 중앙 정치무대에 다수 진출하기 시작한 16세기이며, 그 이후『대학』은 더욱 중시되는 추세였다. 이에 따라 중종 초에 柳崇祖가『大學箴』을 저술하여 올린 이래 李彦迪이『大學章句補遺』·『續大學或問』을 저술하는 한편,『대학』의 치도에 입각하여 중중에게「一綱十目疏」를 지어 상소하기도 하였으며, 李滉도 이와 유사한 형식의『聖學十圖』를, 李珥는『聖學輯要』를 저술하기도 하였다. 16세기 사림이『대학』을 이처럼 중시한 것은 程朱學을 높이 평가한 이들의 입장에서 보면 당연한 것이었다고 하겠다.[22]

그러나 이러한『대학』중시 추세는『대학』에서 강조하는 治道의 실현 주체를 둘러싸고 두 가지 상이한 견해가 존재하였다. 즉 공론정치와 이를 기반으로 하는 '君臣共治'를 강조하는 입장과 '建極' 실현을 위한 왕권강화를 중시하는 입장으로 대별되었다.[23] 따라서『연의보』의 내용을 어떤 입장에서 강조하고 수용하느냐는 당시 정국운영의 주체

---

21) 조선조 초기(世宗代)의 경연 강독대상 서적은 송대의 것을 모방하여 4書 3經,『春秋』(左傳과 胡傳) 등의 經書,『資治通鑑』·『資治通鑑綱目』·『大學衍義』·『宋鑑』·『史記』·『資治通鑑續編』등의 史書,『性理大典』등이었다. 이후 성종대에는 여기에『禮記』·『近思錄』·『貞觀政要』·『漢書』·『高麗史』·『國朝寶鑑』이 추가되었다. 이에 대해서는 권연웅,「世宗代의 經筵과 儒學」,『世宗朝文化研究』1(한국정신문화연구원, 박영사, 1982), p. 78 ; 남지대,「조선초기의 경연제도」,『한국사론』6(1980), p. 145 참조.

22) 이태진, 앞의 논문, p. 233.

23) 조선중기 이후 정치사의 흐름은 중종~경종까지 士林중심의 朋黨정치기, 영정조기의 蕩平정치기로 특징지워진다. 이는 조선 정치사의 내재적 발전에 주목하여 이를 체계적으로 설명하려는 시도로 보인다. 특히 붕당정치에서 탕평정치로의 변화에 대한 기본적 시각은 공론을 기반으로 '君臣共治'를 주장하는 臣權主義와 군주중심의 君權主義의 拮抗관계로 이해하는 데서 출발하고 있다. 이에 대해서는 주 2) 참조.

를 누구로 삼느냐는 문제와도 직결되는 것이었다. 더구나 경연에서 어떤 교재를 사용하느냐 하는 것은 제왕학의 한 분야로서 군주와 사대부를 비롯한 관료들의 국가운영론과 군주론에 직접적인 영향을 미치는 중요한 문제인 것은 두말 할 필요가 없는 일이었다. 따라서 중종기에 『연의보』를 경연 교재로 유지할 것인가의 문제는 당시 사림파가 정국을 주도하던 상황에서 공론정치를 우선시하는 士林과 이에 맞서 왕권 강화를 주장하는 대신들의 양 세력 간의 첨예한 대립을 의미하는 것이라 볼 수도 있겠다.

이렇게 첨예한 대립 속에 지속되었던 『연의보』의 강론이 중종 이후에도 지속되었는지는 확실치는 않으나, 大臣들이 『연의보』의 내용을 인용한 사실로 미루어 볼 때 당시 大臣을 비롯한 사대부들에게 많이 읽혀졌던 것은 분명하다고 하겠다. 즉 明宗 2년(1547) 5월에 왕이 빈청에서 대신들과 세조의 신주를 철거하는 문제를 논의하는 가운데 『연의보』에 있는 송대의 종묘제례의 예를 인용하고[24] 있는 사실에서나, 같은 해 5월에도 제후의 사당제도에 대해 『연의보』의 설명을 인용하여 논의하고 있는 데에서도[25] 알 수 있다. 또한 명종 5년(1550) 2월에는 朝講에서 경상도 관찰사로 있던 安玹이 『大學衍義補遺』의 윤선제도를 보고 兵使 金舜皐로 하여금 6~7층의 輪船을 제작케 한 사실을 領經筵事 상진이 거론하면서 윤선을 양곡수송에 이용할 것을 건의한 것에서도[26] 확인할 수 있다.

2. 英祖期의 召對와 『大學衍義補』 講論

영조기는 경연이 특별히 중시되었음은 물론 경연 교재로서 대학이 큰 비중을 차지하던 때였다. 영조시대 경연에 대한 연구에 따르면, 그

---

24) 『朝鮮明宗實錄』 명종 2년 5월 11일 辛酉.
25) 『朝鮮明宗實錄』 명종 2년 5월 22일 壬申.
26) 『朝鮮明宗實錄』 명종 5년 2월 25일 庚申.

의 재위 52년 동안 즉위년부터 24년까지는 3講(朝講, 晝講, 夕講)이 918회, 2對(召對, 夜對)가 987회 등 총 1,905회, 34년 6월부터 52년 3월까지 약 18년 동안 3강이 1,136회, 2대 200회 등 총 1,336회에 달한 것으로 집계되었다.[27] 이 중 25년부터 34년까지는 세자에게 대리청정을 시키면서 자신의 경연을 폐지한 기간이었다. 결국 영조 재위 52년 동안 3,458회라면, 연 평균 66회, 한달 평균 5회에 달하는 것으로서 조선의 각 왕들 중에서 경연 빈도가 가장 높은 것이라고 한다.[28] 이처럼 영조기에 경연을 빈번하게 개최하게 되었던 것은 군주권의 능동성을 보이려는 의도를 가진 것으로서, 종전의 경연 운용이 신하들이 요구하는 경향이 강했던 일반적인 추세와는 상이한 현상[29]이라 하겠다.

영조조 경연 시행에서 더욱 주목되는 것은 34년 경연이 재개된 이후 교재 채택에서 커다란 변화를 보이고 있다는 사실이다. 즉 영조조의 전반기에는 역대 왕조의 경연과 같이 주로 經書와 史書를 중심으로 강론하고 있는 데 비해, 그 이후로는 『中庸』·『大學』·『小學』 위주로 변화하고 있다는 점이다. 특히 여기서 주목되는 점은 경연이 시행된 영조 34~39년과 45~52년까지 해마다 『대학』을 교재로 채택함으로써 특별히 중시하고 있다는 점이다. 이처럼 『대학』을 특별히 중시한 영조의 태도는 34년 10월에 『대학』에 대해 御製序를 붙인 데에서 엿볼 수 있다. 이는 역사상 유례가 없는 일로서, 이 시기는 때마침 영조가 다시 親政을 펴기 시작한 직후였음을 감안한다면, 왕권강화라는 정국운영의 방향제시와 무관하지 않을 것으로 추론된다.[30]

경연과 함께 『大學』이 경연 교재로 특별히 중시되고 있는 상황에서 『연의보』는 召對에서 강론되었다. 영조조에 『연의보』가 召對에서 강

---

27) 권연웅, 앞의 논문(1989), p. 374.

28) 위와 같음, pp. 370~372.

29) 이태진, 앞의 논문, pp. 232~233.

30) 이태진, 위의 논문, p. 234.

론된 최초의 기록은 영조 13년(1737) 10월의 일이었다.[31] 검對에서의 『연의보』 강론은 그로부터 3년 뒤인 영조 16년(1740) 10월까지도 지속되었다.[32] 여기서 특히 주목되는 점은 영조와 檢討官 徐命信이 『연의보』에 대해

　　임금이 말하기를 "구준의 『연의보』는 매우 세밀하다" 하니 검토관 서명신이 말하기를, 眞德秀의 『대학연의』는 齊家에 그치고 治國·平天下에는 미치지 않았으므로 구준이 이 글을 저술하여 보충하였는데, …… 나라를 다스리고 세상을 다스리는 재주를 이 글에서 알 만합니다만, 그가 세상에서 쓰이지 못한 것이 한스럽습니다.[33]

라 평가하며 眞德秀의 『연의』보다 더 높이 평가하고 있다는 사실이다. 이처럼 영조가 『연의보』를 중시한 것은 당시 사림파의 득세로 야기된 노론·소론·남인 등 각 黨色의 극심한 대립, 이로 인한 빈번한 '換局'[34] 등의 붕당정치의 위기를 극복하고 각 정치세력을 고루 기용하여 군주가 정국운영을 주도하는 이른바 '調劑蕩平策'[35]을 강력하게 추진하고자 한 영조의 의도와 밀접한 관련이 있었던 것으로 보인다.

---

31) 『朝鮮英祖實錄』 영조 13년 10월 壬寅.
32) 『朝鮮英祖實錄』 영조 16년 10월 4일 辛丑.
33) 『朝鮮英祖實錄』 영조 16년 3월 23일 甲子.
34) '換局'은 급격한 정개개편의 의미로서, 공론에 입각한 상호비판과 견제를 원리로 하는 朋黨질서가 무너지고 숙종 이후 一黨專制가 반복되는 조선의 정치상황을 가르킨다. 이에 대해서는 鄭奭鐘, 「숙종조의 甲寅換局과 中人·商人·庶孼의 動向」, 『朝鮮後期社會變動硏究』(일조각, 1983) ; 洪順敏, 「肅宗初期의 정치구조와 '換局'」, 『韓國史論』 15(1986) ; 정경희, 앞의 논문(1993) ; 정경희, 앞의 논문(1995) ; 김성윤, 앞의 책, pp. 54~57 참조.
35) '蕩平'의 개념에는 人君의 정치가 최상의 상태에 도달한 '建極'의 실현을 추구하는 목표로서의 의미와 각 黨色을 고루 등용하는 영·정조기의 정치운영 방식을 뜻하는 두 가지 의미를 지니고 있다. 영조기는 바로 후자의 蕩平을 추구했던 시기로 '恢蕩'이라고 한다. 김성윤, 앞의 책, pp. 31~33.

3. 正祖의 『大學衍義補』 중시와 『大學類義』 간행

好學 군주로 잘 알려진 정조는 구준의 『연의보』에 대해 "내가 일생 동안 좋아한 것이 바로 이 글에 있었다. 20년 전(정조 2년에 해당)에 이 책을 손수 베꼈다"[36]고 할 정도로 특별히 선호했던 책이다. 이에 따라 정조는 5년(1781) 2월에 同副承旨 鄭志儉에게 『大學衍義補抄』[37]를 讀奏할 것을 명하면서,

> 내가 일찍이 이 책을 대단히 좋아하여 수시로 펴놓고 열람하여도 싫증을 낼 줄을 몰랐다. 이제 바야흐로 그 가운데서 긴요한 귀절을 뽑아 내어 늘 볼 수 있는 자료로 삼으려 한다.[38]

고 하면서 『연의보』의 주요 내용을 발췌하여 편찬할 의도를 내비치고 있다. 이에 따라 정조는 같은 해인 5년(1781)에는 抄啓文臣들을 상대로 經史講義를 자주 개최하여 『大學衍義補抄』를 讀奏하게 하는 한편, 이렇게 논의를 거쳐 정리된 문답 내용을 정조 9년(1785)과 15년(1791)에 徐瀅修, 徐有榘 등이 각각 맡아 4권으로 정리하도록 하였다.[39] 이러한 철저한 논의와 준비과정을 바탕으로 정조는 22년(1798)에 이르러 20년 전 자신이 손수 베꼈던 『연의보』를 다시 읽으면서 그 내용을 抄寫하는 동시에, 眞西山의 『연의』와 합해서 내용을 가려 뽑아 『대학』의 經文과 傳文, 朱子의 章句를 各段의 첫머리에 기재하여 抄啓文臣들로 하여금 淨書하도록 함으로써[40] 마침내 『대학유의』의 편찬에 착수

---

36) 『朝鮮正祖實錄』 정조 22년 4월 19일 癸丑 ; 박광용, 앞의 논문, p. 203.

37) 정조 5년에 편찬한 『瓊屑糕』 1卷은 『연의보』의 내용 중 가장 핵심적인 것을 뽑아 13目으로 만든 것으로, 여기서 말하는 『大學衍義補抄』는 이 책과 관련이 있는 것으로 보인다. 이에 대해서는 姜順愛, 「正祖朝 奎章閣의 圖書編纂 및 刊行 - 주로 書誌學史的 視覺에서의 考察」, 『奎章閣』 9(1985), p. 109 참조.

38) 『朝鮮正祖實錄』 정조 5년 2월 27일 庚午.

39) 『弘齋全書』 권67~70 참조.

하기에 이르렀다.『대학유의』의 편찬에 정조가 이처럼 관심과 집착을 보인 데에는 경연에서 읽을 교재로 사용하고자 하는[41] 정조의 의도도 크게 작용하였을 것으로 생각된다. 결국 招啓文臣 등 近密 諸臣들의 初校 再校와 戶曹 參判 徐瀅修와 吏曹 參議 尹光顔의 三校를 거쳐[42] 이듬해인 정조 23년(1799) 말에 규장각에서 마침내『대학유의』를 간행하게 되었다. 따라서『대학유의』에 대해 正祖大王 行狀에는

> 진덕수가 쓴『연의』와 구준이 쓴『연의보』에서 가장 긴요하고 더욱 감계가 될 만한 것들을 추려뽑아 손수 평점하고 채집한 것들이었다. 왕이 春邸에 있을 때부터 그 내용이 치도에 도움을 줄 것으로 생각하여 누차에 걸쳐 감정을 가해 오다가 이제와서야 비로소 책으로 만들었던 것이다. 그러나 미처 간행까지는 못했었는데 규장각이 어제로 편집하여 올렸다.[43]

라고『대학유의』의 간행된 저간의 사정을 상세하게 기록하고 있다.

정조가 이처럼『대학』공부를 중시하게 된 데에는 그의 조부인 영조의 영향도 크게 작용했던 것으로 보인다. 주지하는 바와 같이 영조는 35년(1759) 윤 6월에 당시 8세의 정조를 元孫으로 책봉한 후에 東宮의 강학 교재로『대학』을 추천함으로써 동궁 강학에서『대학』이 큰 비중을 차지하게 되었다. 이에 대한 사정을 잘 알려주는『日省錄』에 따르면, 元孫이 강학에 들어간 것은 영조 36년(1760) 정월 초 1일이었고 그 첫 교재는『小學』이었다. 그런데 같은 해 6월 21일에 이르러『小學』의 강학을 마치고, 영조의 뜻에 따라 6월 25일부터『대학』을 繼講하여 약 2개월 뒤인 8월 29일에 畢講하였는데, 그때 정조의 나이는 11세였다.

---

40)『朝鮮正祖實錄』정조 22년 4월 19일 癸丑.
41)『大學類義』凡例.
42)『大學類義』凡例.
43)『朝鮮正祖實錄』「正祖大王行狀」.

더구나 英祖는 그의 만년인 51년(1775) 12월 27일 국왕이 集敬堂에서 개최한 書講에서 世孫의 공부 성과를 확인하기 위해 특별히 자리를 마련하여 세손과의 문답을 통해 정조의 『대학』 공부를 확인하기도 하였다. 이로써 볼 때 『대학』은 정주학적 차원에서 제왕학의 대표적 경서였으므로 조부인 영조가 그처럼 이 책의 중요성을 강조하는 가운데 세손인 정조가 큰 영향을 받았을 것은 의심할 여지가 없다[44]고 하겠다.

元孫 시절부터 『대학』 공부에 접한 정조는 즉위 후에도 여전히 이에 대해 특별한 관심을 보였다. 정조는 즉위 원년(1777)에 신료들을 불러 『대학』에 대해 토론을 하는가 하면,[45] 전술한 바와 같이 5년(1781)에는 초계문신들을 상대로 經史 강의를 자주 개최하는 가운데 『大學衍義補抄』를 讀奏하게 하였다. 뿐만 아니라 정조 15년(1791)에는 到記 儒生秋試 및 抄啓文臣親試 文臣製述 등의 策問으로 '대학'을 출제하였고,[46] 20년(1796)에는 초계문신 秋試에 '問明德'을 출제하기도 하였다.[47] 이로써 볼 때 정조 23년(1799) 『대학유의』의 편찬은 오랜 동안 『대학』 탐구에 대한 정조 자신의 마무리 작업인 동시에 총결편이라 하겠다.

제2절 『大學衍義補』와 『大學類義』

1. 『大學類義』의 體裁的 特徵

『대학유의』는 총 21권으로 치도에 필요한 핵심적 내용을 『대학』의 8조목에 따라 格物致知之要, 誠意正心之要, 修身之要, 齊家之要, 治國

---

44) 이태진, 앞의 논문, pp. 234~235.
45) 『朝鮮正祖實錄』 정조 1년 정월 甲午 ; 이태진, 앞의 논문 p. 238.
46) 『弘齋全書』, 권50, 策問 41면.
47) 위의 책 권56, 雜著2, 問明德.

平天下之要의 5개 부분으로 대별하는 한편, 책의 첫머리에는 『대학』을, 格物致知之要~齊家之要에 이르는 4개 부분은 진덕수의 『연의』를, 그리고 治國平天下之要에는 구준의 『연의보』의 내용을 차례로 배열하고 있다. 그러면서도 『대학유의』 凡例에서 밝힌 바와 같이 "節取其最切要 尤鑑戒者 而朱批以采輯者也"한 것이 그 특징이라 하겠다.

그 중에서 『연의보』의 내용에 해당하는 治國平天下之要는 7권부터 21권까지 『연의보』 원본의 순서대로 「正朝廷」「正百官」「固邦本」「制國用」「明禮樂上」「明禮樂下」「秩祭祀」「崇敎化」「備規制上」「備規制下」「愼刑憲」「嚴武備上」「嚴武備下」「馭夷狄」「成功化」 등 총 15권으로 분류하고 있다. 이는 『연의보』 체재를 그대로 답습하고 있어서 별다른 차이를 보이지 않고 있다. 다만 「明禮樂」「備規制」「嚴武備」의 세 부분에서만 구준의 『연의보』 원본과는 달리 上·下 두 부분으로 나누고 있다.[48]

제1장 제3절에서 지적한 바와 같이 구준의 『연의보』의 경우는 「正朝廷」에서 「馭夷狄」에 이르는 11개 篇名은 朝廷 6部의 '事'와 관련되어 있다. 즉 「正百官」편은 吏部, 「固邦本」·「制國用」편은 戶部, 「明禮樂」·「秩祭祀」·「崇敎化」편은 禮部, 「備規制」편은 工部, 「愼刑憲」편은 刑部, 「嚴武備」·「馭夷狄」편은 兵部에 관련된 事라 하겠다. 여기서 주목되는 것은 工部와 兵部의 배열순서가 바뀐 데 있다. 이는 상술한 바와 같이, 구준이 구상하고 있는 君主의 正心 → 正朝廷 → 正百官 → 正萬民 → 正四方으로 이어지는 국가조직론과 밀접하게 연계되어 있다. 이에 따라 군주의 도덕적 수양을 강조하는 「誠意正心之要」를 책의 맨 앞에 배열하는 한편, 다음으로 군주가 통할하는 朝廷에 대한 사항을 「正朝廷」에, 그리고 군주의 치도를 실현하는 중간자로서의 백관에 관한 사항을 「正百官」에 담았다. 아울러 正萬民에 필요한 구체적 사항으로는 理財, 正辭, 義 등 세 가지 요소를 강조하고 있다.[49] 즉 理

---

48) 『대학유의』는 총 10冊으로 分冊되어 있다.

財에 해당하는 사항으로는 「固邦本」·「制國用」(戶部)편을, 正辭에 해당되는 사항은 「明禮樂」·「秩祭祀」·「崇敎化」(이상 禮部), 「備規制」(工部)편에, 그리고 義에 해당하는 사항을 「愼刑憲」(刑部)편에 포함하고 있다. 마지막으로 正四方에 해당하는 사항으로는 국방과 夷狄의 防備를 강조하는 「嚴武備」·「馭夷狄」(兵部)편에 포함시킴으로써 그가 말하는 家 → 國 → 世로 이어지는 국가조직론을 펼치고 있는 것이다. 따라서 工部와 兵部의 위치는 이러한 국가조직론에 입각하여 자연히 바뀔 수밖에 없었을 것으로 생각된다. 정조와 당시의 조선 관료들이 국가조직에 대한 구준의 구상을 정확하게 이해했는지에 대해서는 단정할 수는 없지만, 『대학유의』에서는 「明禮樂」·「備規制」·「嚴武備」의 3편을 내용상으로는 구분할 수 없음에도 불구하고 굳이 상·하로 나누고 있는 것으로 보건대, 이는 단지 分冊의 기술상의 문제에서 기인한 것이 아닌가 한다.

『대학유의』의 體裁에서 나타나는 또 하나의 특징은 『연의보』 원본과는 달리 周敦頤, 程顥·程子 형제, 朱熹에 대해 避諱를 하고 있다는 점이다. 이에 대해서는 『대학유의』의 凡例에서

　　本書의 原補(연의보)는 모두 그 군주에게 바치는 것이다. 따라서 周(敦頤)·程(顥·頤)·張(載)·邵(雍)·朱(熹) 등 諸賢에 이들 이름을 直書하지 않은 것이 없다. 그러나 이 책(대학유의)에서는 御定과 여러 신하들이 편찬하여 주제별로 구별하는 한편, 또한 본 왕조의 경연에 강하고 있다. 따라서 周·程·朱子에 대해서는 존숭하여 모두 이름을 避諱하였다. 그리고 이 책은 경연의 진강을 위해 편집한 것으로 舊文(연의보)을 따를 수 없기 때문에 周·程(형제)·朱子 등 4子에 대해서는 子로 칭하고 이름을 거론하지 않았다. 그러나 張·邵 등 2子에 대해서는 경연에서도 不諱하였기 때문에 舊文에 따랐다.[50]

---

49) 『연의보』, pp. 67(下葉)~68(上葉).
50) 『대학유의』 凡例.

라고 밝힌 바와 같이 정주학의 道統을 정립함으로써 義理를 존숭하고
자 하는 정조의 태도를 반영한 것이라 하겠다.

2.『大學類義』의 내용 분석

상술한 바와 같이『대학유의』의『연의보』는 구준의 원본 중에서 치
도에 긴요하고 특히 감계가 될 만한 것을 정조 자신이 추려 뽑아 간행
하도록 한 것이다. 따라서 이 양자의 내용을 비교 검토하여 그 차이점
을 분석하는 것은 국가조직 및 국가운영에 대한 정조의 정치이념뿐 아
니라,『연의보』에서 담고 있는 경세안이 조선에 어떻게 구체적으로 수
용되고 변용되고 있는가를 살피는 필요한 작업이라고 생각된다.

(1)「正朝廷」편

「正朝廷」편51)에 대한『대학유의』의 내용을 원본과 비교해 보면 다
음과 같이 정리할 수 있다. 먼저 '總論朝廷之政'에서는 국가의 총괄기
구인 朝廷의 치도에 대해 개괄하고 있는데, 특히 理財의 중요성에 대
해서는 강조하고 있으면서도 인재 발탁의 중요성과 그 등용기준·用
人의 방법·言路 개방·養民의 중요성·6官의 分掌 등을 강조하고 있
는 원본 내용에 대해서는 생략하고 있다.52) '正紀綱之常'에서는 正朝
廷의 근본은 家의 윤리확립에 있다는 점을 강조한 데 비해 군주의 修
德을 통한 기강확립을 주장하는 내용에 대해서는 생략하고,53) '定名分'
의 禮를 중시하는 '定名分之等'의 내용에 대해서는 대부분 원본 내용
대로 수록하고 있다.54) '公賞罰之施', '謹號令之頒'에서는 엄정한 賞罰

---

51)「正朝廷」편은 '總論朝廷之政', '正紀綱之常', '定名分之等', '公賞罰之施', '謹
　　號令之頒', '廣陳言之路' 등 6事로 구성되어 있다.『대학유의』3冊,「正朝廷」
　　편, pp. 55~73.
52)『대학유의』3책, '總論朝廷之政', pp. 55~57.
53) 위의 책, '正紀綱之常', pp. 58~62.

과 號令을 통해 군주의 위엄과 기강확립을 강조하고 있는 원본의 취지를 그대로 수용하고 있다.[55] 또한 '廣陳言之路'에서는 언로를 개방하여 직언을 널리 수용할 것을 강조하면서도 納諫제도에 대한 원문 내용에 대해서는 생략하였다.[56]

이로써 볼 때 『대학유의』의 「正朝廷」편의 특징은 朝廷의 최고 정점으로서 군주의 역할을 매우 강조하고 있다는 점이다. 이는 '君臣共治'[57]를 이상으로 하고 있는 『연의보』 원문과는 상당한 차이를 보이고 있다는 점에서 주목된다. 『대학유의』 「正朝廷」편에서 군주권을 특별히 강조한 것은 군주를 보좌하는 大臣을 비롯한 인재 선발이나 언로 개방, 6官의 國事 分掌의 중시 등 원본의 내용에 대해서는 생략함으로써 군주중심의 정국 운영과 이를 총괄하는 朝廷의 위상을 강조하고 있다는 점에서도 잘 알 수 있다. 뿐만 아니라 「正朝廷」편은 군주의 '位'를 보장하기 위한 구체적 방안으로서 理財를 특별히 강조하고 있음을 엿볼 수 있다. 이는 '萬川' 군주론[58]으로 대변되는 정조의 군주론과 '建極'달성을 위한 '義理'蕩平을 추진하고자 했던 정치운영책과도 밀접한 연관을 지니고 있다고 하겠다.

특히 정조는 군주의 도덕수양과 교화에 의존하는 君主聖學과 修身君主論에서 탈피하여 탕평의 구체적 목적인 '爲民'을 실현하는 功利性에 주목하여 '實事'蕩平[59]을 추구하였다. 이에 따라 정조는 '制民産'과 '裕財用'[60]에 필요한 토지제도와 조세 등 理財 문제에 중점을 두었다.

---

54) 위의 책, '定名分之等', pp. 62~63.

55) 위의 책, '公賞罰之施', pp. 63~65 ; 위의 책, '謹號令之頒', pp. 65~67.

56) 위의 책, '廣陳言之路', pp. 67~73. 直言을 널리 수용한 唐 太宗과 唐 德宗時 諫言으로 유명한 陸贄의 예를 들고 있다.

57) 졸고, 『대학연의보 연구 - 15세기 중국 경세사상의 한 분석』, 연세대 박사학위논문(1992), p. 72 참조.

58) 김성윤, 앞의 책, pp. 111~119 참조. 正祖가 군주중심의 '一極之治'를 추구했던 것은 '萬川明月主人翁' 이외에 '弘齋'라는 號에서도 엿볼 수 있다.

59) 김성윤, 앞의 책, p. 136.

이와 함께 자신이 추구하고자 한 탕평책 실현의 구체적인 방안으로서 관료제, 銓郞權, 토지제도, 군사제도, 노비제도 등 각종 제도에 대한 개혁을 추진하였다.61) 또한 『대학유의』에서 納諫제도를 생략한 것62)과 관련하여 정조기에는 관리들을 중심으로 한 종전의 上言·擊錚이 사회경제적인 民願에까지 허용된 上訴제도의 변화63)가 있었다는 점에서 주목된다고 하겠다.

⑵ 「正百官」편

「正百官」편64)에 대한 『대학유의』의 내용을 요약해 보면 다음과 같다. 먼저 '總論任官之道'에서는 정사의 分掌, 任官의 필요성과 用人이 치도의 근본임을 강조하는 한편, 大臣의 중요성을 역설하는 원본 내용을 그대로 수록하고 있다.65) '定職官之品'에서는 조정의 각 부서(宗正官, 3孤官, 6卿, 6部, 欽天監 등)의 제도적 연혁을 설명하는 원본을 그대로 수록하고 있으면서도 納言을 담당하고 있는 通政司에 관한 부분은 생략하고 있다.66) '頒爵祿之制'에서는 爵祿은 군주가 관료를 조정하는 수단이라는 점67)과 군신 간의 밀접한 관계의 중시, 耆老 및 大臣

---

60) 정조는 2년 6월 仁政門에서 『大誥』를 반포함으로써 본격적인 탕평 추진을 표방하였다. 여기서 정조는 制民産, 成人材, 詰戎政, 裕財用 등 4개 항목에 걸친 시정방안을 제시하고 있다.

61) 김성윤, 앞의 책, pp. 131~158 참조.

62) 納諫제도에 대한 원본의 설명을 생략한 것은 「正百官」편의 '定職官之品'에서 해당부서인 通政司에 대한 설명을 생략한 것에서도 그 취지를 엿볼 수 있다.

63) 韓相權, 『朝鮮後期 社會問題와 訴冤制度의 발달』, 서울대 박사학위논문 (1993) 참조.

64) 「正百官」편에는 '總論任官之道', '定職官之品', '頒爵祿之制', '敬大臣之禮', '簡侍從之臣', '重臺諫之任', '淸入仕之路', '公銓選之法', '嚴考課之法', '崇推薦之道', '戒濫用之失' 등 11개 事가 있다. 『大學類義』 4冊, pp. 1~43.

65) 위의 책, '總論任官之道', pp. 1~3. 여기에서는 用人의 기준에 대해서만 원본의 내용을 생략하고 있다.

66) 위의 책, '定職官之品', pp. 3~7.

에 대한 예우 등과 관련된 원본의 내용에 대해서는 그대로 수록하고 있으면서도 유독 '敬大臣之禮'에서 강조하고 있는 신하와의 접견에 대해서는 생략하고 있다.[68] '簡侍從之臣'에서는 翰林院學士, 內閣大學士, 學士院(한림원, 홍문관, 집현전)의 侍讀·侍講學士 등 군주의 侍從職과 史官 및 五經博士制, 藏書閣의 제도 연혁과 그 職掌, 中書舍人制 등에 대해서는 원본의 내용을 하나도 빠짐없이 수록하고 있는 것이 특징이다.[69] '重臺諫之任'에서는 역대 言官제도에 대한 연혁을 통해 언관의 역할과 그 중요성을 강조하는 동시에 이들의 자격을 원본의 내용대로 대부분 채록하고 있다.[70] '淸入仕之路'에서는 取士와 관련하여 역대 과거제도와 시험과목, 과거제의 폐단 등에 대해 원본의 내용을 그대로 수록하였다.[71] 또한 관리의 전형과 고과와 관련된 '公銓選之法', '嚴考課之法', '崇推薦之道'에서는 역대 銓選法과 考課法에 대한 연혁과 함께 推薦制에 대한 시행 내용을 설명한 원본의 내용을 그대로 수록하였다. 다만 이를 시행하는 과정에서 드러난 納粟入監, 文臣仕路의 적체 현상, 연좌제 등 각종 폐단 사례에 대해서는 생략하였다.[72] 마지막으로 '戒濫用之失'에서는 用人의 남용을 경계하고 공정한 작위와 賞功의 시행을 강조하면서도 남용의 구체적 사례에 대해서는 생략하고 있다.[73]

이상의 내용으로 볼 때, 『대학유의』의 「正百官」편에서 특히 주목되는 점은 '簡侍從之官'에서 閣館학사 등 군주의 近密職에 대해 많은 지면을 할애하여 특별한 관심을 보이고 있다는 사실이다. 뿐만 아니라

---

67) 위의 책, '頒爵祿之制', pp. 7~8.
68) 위의 책, '敬大臣之禮', pp. 8~11.
69) 위의 책, '簡侍從之臣', pp. 11~19.
70) 위의 책, '重臺諫之任', pp. 19~23.
71) 위의 책, '淸入仕之路', pp. 23~33.
72) 위의 책, '公銓選之法', pp. 33~35 ; '嚴考課之法', pp. 35~39 ; '崇推薦之道', pp. 40~41.
73) 위의 책, '戒濫用之失', pp. 41~44.

言官職과 그 제도에 대해서는 원본대로 수록하면서도 納言을 담당하는 通政司와 大臣에 대한 접견을 설명하는 부분에 대해서는 생략하고 있다는 점이다. 이는 탕평책을 통해 궁극적으로는 왕권강화를 추구했던 정조의 정국구상74)을 엿볼 수 있는 부분이라 하겠다.

주지하는 바와 같이 정조는 '皇極'을 위한 군주권 강화를 위해 당시 관리제도에 대한 개혁의 일환으로서 공론을 명분으로 사림에 의해 좌우되던 銓郞權을 폐지함으로써 특정 계파의 관직독점을 방지하는 한편, 초계문신제를 신설하는 등 제도개혁을 추진하여 친왕세력을 구축하였다. 이와 함께 왕권강화와 직결되는 大臣權을 강화하기75) 위해 대신에 대한 臺諫의 勘罪76)와 風聞에 따른 탄핵을 금지하는77) 등 일련의 관제개혁을 통해 초계문신 → 대신으로 이어지는 권력구조로 개편하였다. 이로써 정조는 각 당색 중심의 인사정책을 혁파하고 실무능력을 중시하는 인사정책을 실현하였다.78)

⑶ 「固邦本」, 「制國用」편

『固邦本』79)에 대한 『대학유의』의 내용을 정리해 보면 다음과 같다. 먼저 '總論固本之道'에서는 원본의 내용에 따라 나라의 근본은 民이기 때문에 이들을 충족하게 해야 한다는 점을 강조하면서도, 군주의 의무

---

74) 이태진, 앞의 논문 ; 김성윤, 앞의 책 참조.

75) 大臣權의 강화에 대해서는 鄭弘俊, 「16·17세기 권력구조의 재편과 大臣」, 『한국사연구』 84(1994) 참조.

76) 『朝鮮正祖實錄』 정조 3년 6월 14일 丙寅 ; 7년 9월 20일 戊申.

77) 『朝鮮正祖實錄』, 20년 1월 6일 癸丑 ; 21년 6월 4일 癸酉.

78) 김성윤, 「正祖代의 文班職 運營과 政治構造의 변화」, 『釜大史學』 19(1999), pp. 415~439 ; 김성윤, 앞의 책, pp. 159~200 ; 薛錫圭, 「奎章閣 硏究 - 正祖代의 政局과 관련하여 -」(上·下), 『大邱史學』 29·30(1986·1988) ; 鄭玉子, 「奎章閣의 抄啓文臣敎育」, 『朝鮮後期文化運動史』(일조각, 1988) 등 참조.

79) 「固邦本」편에는 '總論固本之道', '蕃民之生', '制民之産', '重民之事', '寬民之力', '愍民之窮', '卹民之患', '除民之害', '擇民之長', '分民之牧', '詢民之瘼' 등 養民에 필요한 11개 事에 대해 거론하고 있다. 『大學類義』 4冊, pp. 44~78.

로서 愛民의 원칙에 대한 설명은 생략하고 있다.[80] '蕃民之生'에서는
養民策과 民籍을 통한 인구관리를 강조하는 원문의 내용을 대부분 그
대로 수용하고 있다.[81] '制民之産'에서는 養民에 필요한 토지보장과
함께 역대 토지제도 및 給田제도에 대한 연혁, 수리관리의 중요성을
강조하는 원본의 내용에 대해 많은 지면을 할애하여 수록하고 있다.
그러면서도 토지가 租稅와 기강확립, 풍속교화의 필요조건이라는 설명
에 대해서는 생략하고 있다.[82] '重民之事'에서는 농업장려를 위해 시
행된 군주의 籍田制와 親耕制에 대해서는 원본의 내용을 그대로 수록
하고 있지만, 農本商末의 四民觀을 설명하는 내용에 대해서는 특별히
삭제하고 있다.[83] '寬民之力', '愍民之窮', '除民之害'에서는 民力징발
의 시의성과 신중한 배려, 노약자와 廢疾者에 대한 요역징발의 우대,
鰥寡孤獨 등 窮民에 대한 恤民정책, 治水策 등에 대해서는 원본의 내
용을 빠짐없이 모두 수록하고 있는 것이 특징이다.[84] '卹民之患'에서
는 흉년 등 자연재해에 대비한 荒政과 糶糴制에 대해서는 원본의 내
용을 그대로 수록하고 있으면서도, 흉년에 대비한 재정책·義倉·賑
貸法 등에 대한 내용에 대해서는 생략하고 있다.[85] '擇民之長'에서는
屬吏의 폐단·外官의 직책과 중요성·외관제도의 연혁 등에 대해서는
원본의 내용을 그대로 수용하고 있지만, 향촌 교화를 설명하는 부분과
외관 설치의 목적, 지방제도의 연혁 등에 대해서는 원본의 내용을 생
략하고 있다.[86] '分民之牧'에서는 漢이래 역대 왕조의 지방제도와 그

---

80) 위의 책, '總論固本之道', pp. 44~45.
81) 위의 책, '蕃民之生', pp. 45~47. 養民 6策으로는 慈幼·養老·振窮·恤貧·
    寬疾·安富 등을 들고 있다.
82) 위의 책, '制民之産', pp. 47~54.
83) 위의 책, '重民之事', pp. 54~58.
84) 위의 책, '寬民之力', pp. 58~60 ; 위의 책, '愍民之窮' pp. 60~62 ; 위의 책,
    '除民之害', pp. 65~69.
85) 위의 책, '卹民之患', pp. 62~65.
86) 위의 책, '擇民之長', pp. 69~72.

추이에 대해서는 원본의 내용을 그대로 수록하고 있지만, 봉건제와 군현제의 비교·지방과 중앙의 分治를 강조하는 등의 내용에 대해서는 생략하고 있다.87) ‘詢民之瘼’에서는 民間의 실정과 현지 사정 파악을 중시하고 이를 위해 민정관을 파견할 것을 강조하는 등의 내용에 대해서는 원본을 그대로 수록하고 있는 데 비해, 민정관 파견의 목적에 관해서는 생략하고 있다.88)

또한 「制國用」편89)에 대한 『대학유의』의 내용을 살펴 보면 다음과 같다. 먼저 ‘總論理財之道’에서는 理財문제와 관련하여 財의 개념과 이재의 원칙, 그리고 불필요한 재정낭비의 근절을 강조하는 내용에 대해서는 원본 그대로 수록하고 있으면서도 예산과 예비비의 책정·예산관리등 재정집행과 관리에 관련된 내용에 대해서는 생략하고 있는 것이 특징이다.90) ‘貢賦之常’에서는 역대 왕조의 조세제도와 조세 징수과정에서 야기된 폐단, 그리고 이로 인해 발생한 각종 民亂에 대해서는 원본대로 수록하고 있지만, 현물지대만을 강조한 부분에 대해서는 생략하고 있다.91) ‘經制之義’에서는 역대 왕조의 회계제도·담당 관리와 이들의 직무 내용·과중한 잡세부과로 인한 폐단 사례 등에 대해서는 원본대로 수록하고 있지만, 특히 회계에 필요한 구체적 내용인 凶豊·인구수·각 지역의 수확량·국방비·예비비 등에 대해서는 생략하고 있다.92) ‘市糴之令’에서는 물가조절과 관련된 平準法·均輸法에 대한 평가와 常平倉과 平糴法의 활용방안을 원본 그대로 수록하고 있다. 다만 新의 5均官과 송의 市易法과 같이 국가가 이자를 받아 이

---

87) 위의 책, ‘分民之牧’ pp. 72~76.
88) 위의 책, ‘詢民之瘼’, pp. 76~78.
89) 「制國用」편에는 ‘總論理財之道’ ‘貢賦之常’ ‘經制之義’ ‘市糴之令’ ‘銅楮之幣’ ‘山澤之利’ ‘征榷之課’ ‘傅算之籍’ ‘鬻算之失’ ‘漕輓之宜’ ‘屯營之田’등 11개 事로 구성되어 있다. 『대학유의』 5冊, pp. 1~56.
90) 위의 책, ‘總論理財之道’, pp. 1~5.
91) 위의 책, ‘貢賦之常’, pp. 5~9.
92) 위의 책, ‘經制之義’, pp. 9~16.

를 재정에 활용하는 방안에 대해서 신랄하게 비판하고 있는 부분과 互市 등 해외무역의 필요성을 인정한 원본의 내용에 대해서는 생략하고 있다.[93] ‘銅楮之幣’에서는 화폐의 기능과 유통량 조절문제·盜鑄문제·화폐의 종류 등 화폐제도와 관련된 내용에 대해서는 빠짐없이 원본을 그대로 수록하고 있다.[94] ‘山澤之利’에서는 염철 등 전매제도와 茶稅 징수에 대한 비판과 염철논쟁을 소개한 원본의 내용에 대해서는 그대로 수록하고 있지만, 조선의 실정과는 관련없는 茶馬市와 鹽鈔에 대해서는 생략하고 있다.[95] ‘征榷之課’에서는 酒·竹木·魚 등 상세 징수제도에 대한 연혁과 함께 ‘一物而再稅’하는 이중과세에 대해서는 비판하는 원본 내용을 그대로 수록하였다.[96] ‘傅算之籍’에서는 요역과 관련하여 호적대장과 역대 호적제도에 대한 연혁, 그리고 송대 면역법에 대한 평가 등 원본의 내용을 하나도 빠짐없이 수록하고 있다.[97] ‘鬻算之失’에서는 역대 왕조에서 이루어진 납속에 의한 매관매직과 賣爵·僧道에 대한 度牒 매매 행위·수레 등 운송수단에 대한 算緡錢의 징수와 間架稅·除陌錢 등 점포 및 주택에 대한 잡세 징수, 그리고 이로 인해 발생하는 관리의 작폐에 대해 원본의 내용을 하나도 빠짐없이 수록하고 있다.[98] ‘漕輓之宜’에서는 조운제도의 연혁과 그 실효성·水運과 海運의 장단점과 해운의 장점 등을 강조하는 원본의 내용을 수록하고 있지만, 단지 조운과정에서 유실되는 ‘耗米’의 예방책을 강조하고 있는 내용에 대해서는 생략하고 있다.[99] 마지막으로 ‘屯營之田’에서는 민둔과 군둔제도의 연혁 등을 설명하고 있는 원본 내용을 수록하고 있

---

93) 위의 책, ‘市糶之令’, pp. 16~24.
94) 위의 책, ‘銅楮之幣’, pp. 24~27.
95) 위의 책, ‘山澤之利’, pp. 27~32.
96) 위의 책, ‘征榷之課’, pp. 32~35.
97) 위의 책, ‘傅算之籍’, pp. 35~42.
98) 위의 책, ‘鬻算之失’, pp. 42~47.
99) 위의 책, ‘漕輓之宜’, pp. 47~53.

는 데 비해, 明代 衛所에서 시행되었던 營田制에 대해서는 생략하고 있다.100)

이로써 볼 때『대학유의』의「固邦本」과「制國用」편의 특징은 愛民에 입각한 실천방안으로서 養民策의 제도화에 주목하고 있다는 점이다. 이에 따라 토지제도·恤民정책·수리제도·구황제도·지방제도와 향촌자치제도·회계제도·물가조절 관련 제도·화폐제도·상세·호적대장제도·요역제도·雇役法·조운제도·둔전제 등 경제관련 각종 제도화에 주목함으로써 실용적 경세관을 반영하고 있는『연의보』의 원문101)을 그대로 수록하고 있는 것이다. 이는 특히 爲民을 목표로 하는 정조의 실용적 경세론과 개혁정치의 내용을 짐작케 하는 대목이라 하겠다.

주지하는 바와 같이 정조기 ‘實事’ 蕩平은 궁극적으로는 ‘爲民’정치의 실현이었다.102) 따라서 정조는 孟子의 “有恒産 有恒心”하는 人欲을 긍정하는 전제 하에 공리성에 주목함으로써 제도개혁과 효율성을 강조하였다. 이러한 정조의 실용적 경세관은 경제·사회문제에 대한 인식에 그대로 반영되고 있다. 먼저 정조의 四民觀은 農商竝進 또는 三業竝重論103)으로서, 農本商末의 유교정통의 四民觀에서 탈피하고 있다.『대학유의』「固邦本」편에서 農本商末의 정통적 사민관을 강조하고 있는『연의보』의 원문을 생략하고 있는 것은 바로 이러한 정조의 사민관과 무관하지 않을 것이다.

---

100) 위의 책, ‘屯營之田’, pp. 53~56.

101)『연의보』는 도덕주의를 기반으로 하는 예치와 교화를 우선시하고 있다는 점에서 의리적 경세관에서 크게 탈피하지 못했다는 한계가 있지만, 특별히 경제와 관련된「固邦本」·「制國用」편의 경우는 각종 제도의 연혁에 대한 고찰을 통해 제도화에 주목함으로써 실용적 경세관의 면모를 반영하고 있다는 점에서 經世致用學으로의 연계 가능성을 보여주고 있다. 이에 대해서는 제2장 제3절 ; 졸고, 앞의 논문, pp. 91~150 참조.

102) 김성윤, 앞의 책, p. 142.

103) 김성윤, 위의 책, p. 146.

또한 정조는 『大誥』에서 밝힌 바와 같이 '制民産'의 방책으로서 토지제도에 대해서도 많은 관심을 보였다고 한다. 이에 따라 정조는 정전제에 대한 논의를 통해 당시의 실정에 맞는 대안으로서 華城에 壯勇營 둔전을 설치하기도 하였다.104) 이와 관련하여 『대학유의』에서는 역대 토지제도와 둔전제에 대해 매우 상세하게 수록하고 있는데, 이는 토지제도에 대한 정조의 높은 관심을 반영한 것이라 할 수 있겠다. 뿐만 아니라 정조는 고용법을 창설하여 노비제를 대체함으로써 노비제의 폐지를 시도하기도 하였다.105) 특히 고용법을 인정하고 이를 확대하려는 정조의 이 같은 생각은 송대 사마광의 差役法과 왕안석의 雇役法의 병용을 강조한 구준의 평가를 그대로 수록하고 있는 데에서 잘 엿볼 수 있다. 또한 화폐유통에 대해서도 정조는 긍정적인 입장을 보이고 있다.106) 이러한 정조의 실용적 화폐관은 「制國用」편에서 화폐지대보다 현물지대를 중시해야 한다는 『연의보』 원문을 생략하고 있는 데에서도 잘 반영되어 있다고 하겠다.

결국 제도개혁과 효율성을 중시하여 '實事'탕평을 추진한 정조는 그 궁극적 목적인 爲民에 필요한 경제·사회 방면의 제반 제도에 높은 관심을 가질 수밖에 없었을 것이고, 바로 이 점 때문에 정조가 제반 제도에 대한 사적 고찰을 통해 제도화를 강조한 『연의보』를 특별히 선호한 것은 당연한 귀결이라 하겠다.

(4) 「明禮樂」「秩祭祀」「崇敎化」편(=禮部)

먼저, 『明禮樂』107)편에서는 禮樂의 중요성과 國 → 郡國 → 家鄕에

---

104) 壯勇營屯田은 正祖 19년에 설치되었다. 김성윤, 위의 책, pp. 148~155 참조.
105) 김성윤, 위의 책, pp. 155~158 참조.
106) 김성윤, 위의 책, p. 148.
107) 「明禮樂」편은 '總論禮樂之道', '儀禮之節', '樂律之制', '王朝之禮', '郡國之禮', '家鄕之禮' 등 6事로 구성되어 있다. 『대학유의』 5冊, 卷11, 「明禮樂上」, pp. 56~89 ; 『대학유의』 6冊, 卷12, 「明禮樂下」, pp. 1~36.

이르는 예악의 규범에 대해 설명하고 있는데,『대학유의』에서는『연의보』의 내용을 원본 그대로 수록함으로써 禮를 통한 교화와 기강확립을 매우 중시하고 있음을 보여주고 있다. 이를 구체적으로 살펴보면, 먼저 ‘總論禮樂之禮’108)에서는 원본의 내용을 조금도 가감없이『周禮』와『禮記』에 근거하여 禮樂의 의미를 수록하고 있다. 또한 ‘儀禮之節’109)에서는 三禮의 내용, 치국평천하의 근본이 禮라는 점, 예의 핵심은 忠信에 있다는 사실과 예는 “定親疏, 決嫌疑, 別同異, 明是非”110)로서 當然之道라는 원본의 내용을 그대로 수록하고 있다. 다만 凶禮에 대한 설명과 함께 중복되는 내용에 대해서만 생략하고 있다. 특히 주목되는 점은 예가 “政의 本”이라는 원본 내용을 생략하고 있다는 점이다. 이는 丘濬처럼 예치를 우선시하는 의리적 경세학에서 말하는 도덕정치와는 거리를 두고 있음을 보여주는 것으로, 정조의 경세관111)을 엿볼 수 있는 중요한 대목이라 할 수 있다.

한편 ‘樂律之制’112)에서는 經·傳에서 말하는 8音·9功, 知樂은 知政이라는 원본의 내용을 크게 생략하지 않은 채 대부분 수록하고 있다. ‘王朝之禮’113)에서는 3朝(內朝·治朝·外朝)와 그 장소, 하루에 3朝하는 朝儀의 내용·諸侯의 朝賀禮·燕饗禮·大射禮·進曆禮·立春禮 등 궁궐에서 행하는 의례에 대해 하나도 빠짐없이 싣고 있다. 특히 여기서 주목되는 점은 禍亂의 원인이 “上下之情不通”114)하는 蒙蔽에 있다고 파악하고 군신 간의 잦은 접견을 강조하는 대목이다. 정조

---

108) 위의 책 5冊, 卷11,「明禮樂上」, pp. 56~62.
109) 위의 책, pp. 62~64.
110) 위의 책, p. 63.
111) 정조는 군주의 도덕수양과 교화에 의존하는 君主聖學과 修身君主論에서 탈피하여 蕩平의 구체적인 목적인 ‘爲民’을 실현하는 공리성에 주목하였다. 김성윤, 앞의 책, p. 136 참조.
112)『대학유의』5冊, 卷11,「明禮樂上」, pp. 64~89.
113)『대학유의』6冊, 卷12,「明禮樂下」, pp. 1~13.
114) 위의 책, p. 5.

는 조선조 다른 어느 왕보다 近密職 臣下를 항상 접견하고 그들과 道學과 치도를 논하기로 잘 알려진 군주였다는 점115)에서 이 부분은 앞의 『正朝廷』편에서 이를 생략한 데116) 비해 여기서는 의례 측면에서 원본대로 수록하고 있는 점에서 주목된다. '郡國之禮'117)에서는 지방 향촌의 교화와 관련된 洪武帝의 敎民榜文과 大誥 三編·鄕飮酒禮·鄕射禮·出使迎詔禮·迎春禮 등의 내용을 생략없이 원본 그대로 수록하고 있다. '家鄕之禮'118)에서는 민간에서 행해지는 4禮(관혼상제)와 오륜에 해당하는 舅父·長幼·男女 간의 예, 자녀교육법과 함께 특히 혼례와 장례에서 불필요한 虛禮虛飾의 폐단을 지적하는 내용 등에 대해서는 원본의 내용대로 수록하고 있다. 다만 早婚의 폐단을 지적하는 부분만 유일하게 생략하고 있는데, 이는 조선의 상황과는 괴리가 있기 때문인 것으로 보인다.

「秩祭祀」119)편에서는 왕실과 조정, 향촌, 釋奠 및 선유에 대한 제사례와 관련된 내용이 포함되어 있는데, 『대학유의』에서는 조선의 실정에 맞게 『연의보』의 내용을 수록하고 있는 것이 특징이다. 이를 구체적으로 살펴보면 '總論祭祀之禮'120)에서는 왕실의 종묘제례와 사직과

---

115) 正祖는 5年 抄啓文臣 등 近密職을 신설하여 친왕세력을 구성하고 이들과 항상 經書를 奏讀하는 등 道學은 물론, 治道를 논함으로써 개혁정책을 추진하는 기반을 마련한 것으로 잘 알려져 있다. 金龍德, 「奎章閣考 - 設立事情을 중심으로 - 」, 『중앙대논문집』 2(1957) ; 李離和, 「奎章閣小考 - 奎章閣志를 중심으로 본 개관 - 」, 『奎章閣』 3(1979) ; 薛錫圭, 「奎章閣研究 - 正祖代의 政局과 관련하여 - 」(上·下), 『大邱史學』 29·31(1986·1988) ; 鄭玉子, 「奎章閣과 抄啓文臣敎育」, 『朝鮮後期文化運動史』(일조각, 1988) ; 김성윤, 앞의 책, p. 195 등 참조.

116) 拙稿, 「대학연의보의 조선 전래와 그 수용(상)」, 『中國史研究』 제14집(200.1. 8) pp. 117~118.

117) 『대학유의』 6冊, 卷12, 「明禮樂下」, pp. 13~17.

118) 위의 책, pp. 17~36.

119) 「秩祭祀」篇은 '總論祭祀之禮', '郊祀天地', '宗廟饗祀之禮', '國家常祀之禮', '內外群祀之禮', '祭告祈禱之禮', '釋奠先祀之禮' 등 6事로 구성되어 있다. 위의 책 6冊, 卷12, 「秩祭祀」, pp. 36~72.

제천의식에 대해 원본 내용을 수록한 데 비해, 혹세무민하는 邪術을 비판하는 내용에 대해서는 생략함으로써 총론에서는 왕실과 군주와 관련된 제사만을 중심으로 수록하고 있다. 이처럼 군주와 관련된 제례를 중심으로 수록하고 있는『대학유의』의 의도는 천자의 제천례에 대해 설명하고 있는 '郊祀天地之禮',121) 종묘제례의 구체적 절차와 연혁을 설명하고 있는 '宗廟饗祀之禮',122) 조정에서 행하는 일상적 제례123)를 설명하고 있는 '國家常祀之禮'124)의 내용을 조금도 생략하지 않고 원본대로 수록하고 있는 점에서도 확인된다. 또한 역대 제왕에 대한 제사와 忠臣烈士·孝婦烈女·義士에 대한 제례를 담고 있는 '內外群祀之禮'125)에 대해서는 원본 그대로 수록하고 있다. '祭告祈禱之禮'126)에서는 巡狩와 都邑造營에 대한 의례만을 생략하고, 기타 황제 즉위식과 封廟에 대한 祭告儀禮와 封禪儀式·祈雨祭·日月星辰祭 등의 내용을 원본대로 수록하고 있다. 한편 '釋奠先師之禮'127)에서는 역대 왕조에서 거행된 釋奠의 내용과 선유들에 대한 配享, 이들에 대한 塑像 설치·諡號의 追尊·先儒의 學統 등에 대한 내용을 가감없이 원본대로 수록하고 있다. 이로써 볼 때 도학을 존숭하고 이를 통해 치도를 실현하고자 한 정조의 태도128)를 알 수 있다.

　『대학유의』「崇敎化」129)편에서는 도덕교화를 중시하는 원본의 내용

---

120) 위의 책, pp. 36~40.

121) 위의 책, pp. 40~47.

122) 위의 책, pp. 47~54.

123) 예컨대 社稷, 日月星辰, 風雲雷雨, 名山大川, 城隍, 田獵 등에 대한 제사 등이다.

124) 위의 책, pp. 54~62.

125) 위의 책, pp. 62~65.

126) 위의 책, pp. 65~70.

127) 위의 책, pp. 70~79.

128) 정조는 즉위 직후 자신의 시정지침을 '繼志述事'와 '崇儒重道'라 하여 성리학에 근거한 道學政治의 구현을 강조하였다. 이에 대해서는 정옥자, 「18세기 조선사회와 사상」,『조선후기 역사의 이해』(일지사, 1993), p. 129 참조.

은 대부분 생략하고 학교에 대한 내용만을 수록함으로써, 교화우선주의적 正紀綱·敦風俗類의 도덕적 경세관에서 일정 정도 벗어나고 있음130)을 잘 보여주고 있다.

이제 『대학유의』 「崇敎化」편의 내용을 구체적으로 살펴보면 다음과 같다. 먼저 '總論敎化之道'131)에서는 12敎에 대한 설명, 敎는 師의 일임을 강조하는 내용, 庠序 설립 목적 등에 대해서는 『연의보』의 원본 내용을 그대로 수록하고 있지만, 기타 교화와 관련된 내용은 대부분 생략하고 있다. 특히 여기서 주목되는 것은 庠序의 설립 목적에 대해 "萬民이 利에 따르는 것은 흐르는 물과 같다"132)는 원본의 내용을 수용한 데에서 인욕, 즉 利를 인정하는 현실적 인성론을 수용하고 있다는 점이다. 이는 곧 정조의 실사탕평의 기초이자, 「固邦本」「制國用」편에서 보는 바와 같이 도덕주의적 교화우선의 의리적 경세관에서 탈피하여 제도화를 중시하는 실용적 경세관을 보여주는 근거라는 점에서 주목된다고 하겠다.133)

학교를 중시하는 정조의 태도는 '設學校以立敎'134)에서 잘 반영되어 있다. 『대학유의』에서는 학교 설립 목적과 역대 학교의 연혁, 교육 내용(3德·3行·6藝·6儀), 敎의 핵심인 樂·學制·학교의 종류와 연혁, 교육과정과 교육단계, 각급 학교의 기능 등에 대해 원본의 내용대로 빠짐없이 수록하고 있다. 한편 '明道學以成敎'135)에서는 학문의 목적

---

129) 「崇敎化」篇은 '總論敎化之道', '設學校之立敎', '明道學之成敎', '本經術以爲敎', '道德以同俗', '躬孝弟之敦化', '崇師儒以重道', '謹好尙以率民', '廣敎化以變俗', '嚴旌別以示勸', '擧贈諡以勸忠' 등 11事로 구성되어 있다. 『대학유의』 7冊, 卷14, 「崇敎化」, pp. 1~38.

130) 김성윤, 앞의 책, p. 136 참조.

131) 『대학유의』 7冊, 卷14, 「崇敎化」, pp. 1~4.

132) 구준, 『연의보』 卷67, 「崇敎化」 '總論敎化之道', p. 728b ; 『대학유의』 7冊, 卷14, 「崇敎化」, p. 4.

133) 졸고, 앞의 논문, pp. 123~124.

134) 『대학유의』 7冊, 卷14, 「崇敎化」, pp. 4~11.

135) 위의 책, pp. 11~14.

과 孔門之學으로서의 道學 중시, 師道의 존중, 학문의 단계 등을 설명하는 원본의 내용을 수록하면서도 이단에 대한 비판,『대학』의 3강령 8조목에 대한 설명, 知行의 내용, 강학의 중요성, 道學에 대한 학통 등에 관한 원본의 내용에 대해서는 생략하고 있다. '本經術以爲敎'[136)]에서는 6經 4書에 대한 저술 동기와 내용 등을 상세하게 설명한 원본의 내용을 대부분 수록하고 있다. 다만 '明道學以成敎'에서와 같이 孔子 → 曾子 → 子思로 이어지는 孔學의 학통에 대해서는 원문의 내용을 수록하지 않고 있다. 또한 家 → 國 → 世의 통일된 규범으로서 도덕 강조, 도덕교화와 政敎의 일체화 강조, 이단의 폐단, 老莊과 불교에 대한 비판, 유학의 관학화와 이에 의한 敦風俗 등을 담고 있는 '道德以同俗'[137)]에 대해서는 원본의 내용을 대부분 생략함으로써 교화위주의 도덕적 경세관에서 탈피하고 있음을 보여주고 있다. '躬孝弟之敦化'[138)]에서는 孝悌가 平天下의 근본윤리라는 점과 그 구체적 실천사례로서 養老 儀禮를 설명하는 원본의 내용에 대해서만 그대로 수록하고 있는 데 비해, 이를 국가의 治道와 일체화하는 내용[139)]에 대해서는 대부분 생략하였다. '崇師儒以重道'[140)]에서는 師道는 엄격해야 함을 강조하는 내용과 宋 太宗時 왕이 국자감에 巡幸하여 경서를 강론한 내용만을 원본대로 수록하고 있을 뿐이고, 기타 正學인 儒道만이 민심과 풍속을 다스리는 필수적 방안이라는 주장, 孔門에 대한 配享과 이들에 대한 諡號 追贈, 왕안석의 配享을 비판하는 등 원본의 내용은 대부분 생략하였다. '謹好尙以率民'[141)]에서는 愛民과 군주의 모범을 강조하는 내용만을 수록하고 있는 데 비해, 기타 민을 일방적인 교화의

---

136) 위의 책, pp. 14~25.
137) 위의 책, pp. 25~27.
138) 위의 책, pp. 27~30.
139) 仁義를 孝悌와 良知良能, 그리고 自然之性과 治道와 일체화시키고 있다.
140) 앞의 책, p. 30.
141) 위의 책, pp. 30~31.

대상으로 설정하고 있는 원본의 내용은 대부분 생략하였다.

'廣敎化以變俗'[142]에서는 풍속의 교화방안으로서 학교설립과 師儒의 교육, 경전에 입각한 기준마련, 관혼상제의 正禮, 예치의 중시·교화와 訟事 근절을 위한 전제로서 均平 강조, 교화의 향촌자치 등을 설명하고 있는 내용에 대해서는 원본대로 수록하고 있지만, 교화의 주체로서 賢臣을 설정하는 내용과 그 덕목을 德과 義로 주장하는 원본 내용에 대해서는 생략하였다. '嚴旌別以示勸'[143]에서는 有德者와 효도가 지극한 사람들을 旌表해 미풍양속을 장려해야 한다는 내용을 담고 있는데, 이에 대해서는 원본의 내용을 빠짐없이 수록하였다. 마지막으로 '擧贈諡以勸忠'[144]에서는 諡號法의 취지와 내용에 대해서는 원본을 그대로 수록하고 있지만 시호의 남용을 비판하는 부분에 대해서는 생략하였다.

이상에서 살펴본 『대학유의』의 예부 관련 「明禮樂」, 「秩祭祀」, 「崇敎化」 등 3편의 내용을 『연의보』 원본과 비교해 보면 그 특징은 다음과 같이 요약할 수 있다.

첫째, 王朝 및 왕실에서부터 郡國·家鄕之禮에 이르는 儀禮를 여전히 중시하여 조선 건국 이래 주자성리학을 통치이념으로 하는 도덕정치를 근본으로 삼는 한편, 특히 王禮를 그 핵심으로 설정함으로써 왕권강화를 추구했던 정조 당시의 상황을 반영하고 있다는 점이다. 이처럼 왕례를 특별히 중시하고 주목한 사실[145]은 『대학유의』 「明禮樂」편

---

142) 『대학유의』 7冊, 卷14, 「崇敎化」, pp. 31~35.

143) 위의 책, pp. 35~36.

144) 위의 책, pp. 36~38.

145) 조선시대 예학은 ① 『周禮』와 王禮가 중시된 『國朝五禮儀』가 중심이 된 조선 초기, ② 16세기 이후 士林의 등장으로 주자성리학에 충실한 시기로 『國朝五禮儀』나 漢唐의 禮보다 『朱子家禮』나 『三禮』가 강조된 시기, ③ 16세기 후반 이후 사림의 재등장으로 禮學과 禮說이 발달된 시기, ④ 17세기 이후 탈주자학적 경향이 대두되면서 서인과 남인 등 다양한 예설이 등장한 시기, ⑤ 17세기 중·후반의 禮訟 시기 등으로 대별할 수 있다. 고영진, 『조선중기

‘總論’에서 王禮 관련 부분을 원본대로 모두 전재하고 있는 것이나, 「秩祭祀」편에서 왕실과 군주에 관련된 祭祀儀禮만을 중심으로 수록한 것에서 잘 알 수 있다.

둘째, 성리학적 이념에 입각한 도덕주의적 예치를 중시하고 이에 따른 교화를 중시하면서도 이에만 의존하는 교화우선적인 도덕적 경세관에서 탈피하고 있다는 점이다. 이는 「崇敎化」편 ‘總論’에서 교화를 우선시하는 『연의보』의 원문 내용을 생략하고 단지 학교교육에 대해서만 강조하고 있는 것이나, 인욕을 긍정하고 있는 데에서 잘 엿볼 수 있다.

셋째, 주자성리학의 정통론을 크게 중시하지 않을 뿐만 아니라, 老莊과 불교 등 다양한 사상을 수용하는 등 儒家 지상주의적 입장을 탈피하고 있다는 점이다. 이는 ‘明道學之成敎’에서 孔子 → 曾子 → 子思로 이어지는 孔學의 학통을 설명하는 원본의 내용은 물론, ‘道德以同俗’에서 道德교화와 유교에 의한 정교일체화를 강조하여 노장과 불교를 이단시하는 원본의 내용을 대부분 생략하고 있는 데에서 잘 알 수 있다. 이는 영조 이래의 皇極 탕평론이 주자학의 정통의식과 정면으로 대립되는 급진적인 모습을 보이는 당시의 상황과 무관하지 않는 것으로 보인다. 특히 정조대에는 君主道統論146)이 중시되는 등 孔孟의 道統조차 인정하지 않는 탈유교적 입장을 통해 군주중심의 급진적 황극 탕평론이 상당히 유포되고 있었다.147) 뿐만 아니라 정조는 동궁시절부터 “우울할 때는 『莊子』의 「逍遙遊」편을 읽으면 흉금이 탁 트

예학사상사』(한길사, 1995) 참조.

146) 正祖 3년(1779) 12월에는 장령 尹弼秉이 주자성리학과는 달리 箕子 → 武王 → 英祖로 이어지는 君主道統論을 제안한 것을 正祖가 칭찬하기도 하였다. 『朝鮮正祖實錄』卷8, 正祖 3年 12月 庚午 ; 김성윤, 앞의 책, pp. 200~210 참조.

147) 이러한 경향은 箕子사당을 공자사당인 文廟 옆에 대등하게 건립하자는 요청이 수차례에 걸쳐 제기된 것에서도 잘 엿볼 수 있다. 『朝鮮正祖實錄』卷7, 3年 2月 15日 庚午 ; 김성윤, 앞의 책, p. 106 참조.

인다"[148]고 하는가 하면, 심지어는 "儒學을 하는 자는 禪學의 이치를 알지 않으면 안 된다"[149]고 할 정도로 노장과 불교는 물론 양명학·법가 등 다양한 학문과 사상분야를 섭렵하면서 파격적이리만큼 개방적 학문관과 실익을 중시하는 태도[150]를 지니고 있었던 것은 주지의 사실이다.

넷째, '君臣共治'의 이상을 실현하는 주체로서 師儒인 사대부를 교화의 담당자로 설정하는『연의보』의 핵심적 내용을 생략하고, 君主를 교화의 주체로 강조하고 있다는 점이다. 이는 「崇敎化」篇 '廣敎化以變俗'에서 교화의 주체로 賢臣의 역할을 강조하는 부분을 생략한 것에서 잘 나타나 있다. 이는 師儒를 교화의 주체로 설정함으로써 '君臣共治'를 실현하려는 사림의 입장을 극복하고 군주중심의 '一極之治'를 추구하고자 했던 正祖의 의도를 엿볼 수 있는 부분이라 하겠다.[151]

(5)「備規制」편(=工部)

『대학유의』에서 공부에 해당하는 「備規制」[152]편의 내용을 요약해 보면 다음과 같다. 먼저 '都邑之建'[153]에서는 兩京制의 장점, 周代 洛

---

148)『弘齋全書』卷162,「日得錄」文學.

149) 위의 책 卷163,「日得錄」, 文學.

150) 김성윤, 앞의 책, pp. 134~136 참조.

151) 정조가 군주중심의 '一極之治'를 추구했던 것은 자신을 '萬川明月主人翁', 또는 '弘齋'라고 칭했던 號에서도 잘 엿볼 수 있다. 물론 군주중심의 왕권강화는 단순히 전제군주를 지향하는 것이 아니라, 성리학 이념에 근거한 도덕완성자로서의 哲人君主를 전제하고 있다. 김성윤, 위의 책, pp. 117~119 ; 정옥자, 「18세기 조선사회와 사상」, 앞의 책, p. 30 참조.

152)「備規制」篇에는 '都邑之建', '城池之守', '宮闕之居', '囿游之設', '冕服之章·璽節之制', '輿衛之制', '曆象之法', '圖籍之儲', '權量之謹', '寶玉之器', '工作之用', '章服之辨', '胥隷之役', '郵傳之置·道涂之備' 등 16事로 구성되어 있다.『대학유의』7冊, 卷15,「備規制」, pp. 38~80 ;『대학유의』8冊, 卷16,「備規制」, pp. 1~32.

153) 위의 책 7冊, 卷15,「備規制」, pp. 38~44.

邑遷都로 인한 조정의 안정, 도읍지로서 長安의 지리적 장점, 도읍지의 조건 등을 설명하는 원본의 내용은 수록하고 있는 데 비해, 도읍지의 선택시기, 진시황에 의해 시행된 京師지역으로의 徙富戶策, 王畿의 설정 등에 대해서는 원본의 내용을 생략하고 있다. '城池之守'154)에서는 興作修築時에는 民力과 재정을 고려하여 일정을 정할 것과 이에 대한 사례(孝惠帝 元年과 周 世宗 顯德 2년)를 거론하고 있는 원본의 내용에 대해서는 그대로 수록하고 있지만, 중복되는 내용인 民力 사용의 기준155)에 대해서는 생략하였다. 또한 '宮闕之居'156)에서는 궁궐의 축조는 부득이한 경우에만 추진할 것과 진시황의 阿房宮 및 漢 高祖의 사치한 未央宮 축조에 대한 비판, 천하의 민심과 치도를 고려한 營造 추진 등 원본의 내용을 대부분 그대로 수록하고 있다. 이와 함께 '囿游之設'157)에서도 公義에 합당한 囿苑 축조를 강조한 부분과 국가의 재정과 農桑에 해가 된 한 무제의 囿苑 축조에 대해 비판한 내용을 생략없이 수록하였다. '冕服之章·璽節之制'158)에서는 唐代 玉璽의 종류에 대해서만 생략하고, 冕服과 黃冠의 종류 및 역대 왕조의 冕服制, 玉璽의 종류와 연혁 및 관리부서, 印章制와 符節 등에 대한 설명을 원본의 내용대로 거의 대부분 수록하고 있다. '輿衛之制'159)에서는 단지 말의 장식인 '鶖'에 대해서만 생략하고, 황제가 타는 輿와 輦의 모양, 侍衛行列에 대한 의례와 함께 이는 군주의 존엄과 위엄을 보이는 것임을 강조하는 원본의 내용에 대해서는 그대로 수록하고 있다.

 曆法에 대한 내용을 담고 있는 '曆象之法'160)에서는 閏年法, 日月星

---

154) 위의 책, pp. 44~45.
155)『大學衍義補』下冊, 卷87,「備規制」'城池之守', p. 908a(7葉), "爲民生 不得已 不可廢農時".
156) 위의 책, pp. 45~49.
157) 위의 책, pp. 49~52.
158) 위의 책, pp. 52~59.
159) 위의 책, pp. 59~63.
160) 위의 책, pp. 63~80.

辰의 변동과 역법 제정, 渾天儀의 연혁, 천체에 대한 세 가지 학설 등에 대해서는 원본 그대로 수록하고 있다. '圖籍之儲'161)에서는 역대 서적관리직과 서적관리의 중요성, 진시황의 분서갱유에 대한 비판, 역대 왕조의 서적수집과 편찬실태, 서적의 간행과 분류 등 원본의 내용을 많은 지면을 할애하여 수록하고 있다. 다만 서적에 대한 교정작업의 필요성과 함께 이를 館閣職에게 담당토록 하는 내용에 대해서만 생략하고 있을 뿐이다. '權量之謹'162)에서는 도량형 제작과 그 기준, 도량형 혼란으로 인한 폐단과 이를 방지하기 위한 표준형의 제정과 반포를 제안하는 등 원본 내용을 하나도 빠짐없이 수록하고 있다. 또한 '寶玉之器'163)에서는 玉의 용도와 이의 시대적 변천, 笏의 종류, 佩玉制 등에 대해 설명한 원본 내용을 생략없이 수록하고 있다. '工作之用'164)에서는 工作은 私意에 따르면 안 된다는 점과 百工을 관장하는 부서에 대해 설명한 내용을 대부분 수록하였다. '章服之辨'165)에서는 冕服의 종류·역대 왕조의 章服制, 魚袋制, 給賜錦袍制에 대해 원본의 설명을 빠짐없이 수록하였고, '胥隷之役'166)에서도 吏胥·隷의 종류와 그 직무 등에 대해 설명하는 원문의 내용을 모두 수록하고 있다. '郵傳之置·道涂之備'167)에서는 역대 왕조의 郵傳·驛 제도와 그 기능, 통행증, 교량, 涂와 舟의 종류 등에 대한 원본의 설명을 모두 수록하였다.

이로써 볼 때, 工部에 해당하는 『대학유의』「備規制」편의 특징은 다음과 같다.

첫째, 왕실과 군주로서 위엄과 권위를 상징하는 수도와 궁궐, 옥새,

---

161) 『대학유의』 8冊, 卷16, 「備規制」, pp. 1~10.
162) 위의 책, pp. 10~15.
163) 위의 책, pp. 15~18.
164) 위의 책, pp. 18~21.
165) 위의 책, pp. 21~25.
166) 위의 책, pp. 25~28.
167) 위의 책, pp. 28~32.

수레 등 제반 시설과 설비에 대해서는 원문의 내용을 비교적 상세하게 그대로 수록하고 있다는 점이다. 이는 兩京制와 도읍지의 조건, 冕服과 玉璽제도, 輿와 輦제도에 대한 구체적인 연혁과 내용 등을 원본대로 그대로 수록하고 있는 데에서 잘 알 수 있다. 이는 곧 군주와 왕실의 권위를 강조하는 정조기의 왕권강화 경향과 무관하지 않는 것이라 생각된다.

둘째, 국가운영에 필요한 曆法·도량형·玉제품과 章服, 그리고 역대 서적수집과 보관제도에 대해서는 원문의 내용을 그대로 전재하고 있는데, 특히 서적에 대해서는 많은 지면을 할애하고 있다는 점이다. 이는 선진적인 乾隆文化에 대한 남다른 관심으로 燕行使를 통해 서적을 수집하는가 하면, 즉위하자마자 규장각을 설립하여 서적을 편찬 간행한 정조의 학자적 품성168)뿐 아니라, 실학자를 격려하고 중용한 실학적 면모를 엿보게 하는 대목이라 하겠다.

⑹ 「愼刑憲」편(=刑部)

『대학유의』「愼刑憲」169)편의 내용을 정리해 보면 다음과 같다. 먼저 '總論制刑之義'170)에서는 刑法의 필요성과 취지, 刑政의 공정성, 刑獄집행의 신중함 등에 대한 원본의 내용을 특별한 생략없이 수록하고 있다. 형벌과 관련하여 '定律令之制'171)에서는 형벌의 종류(5禁, 5刑)

---

168) 正祖 당시 수입되거나 간행된 서적은『群書標記』로 집대성되었다. 정옥자, 「18세기 조선사회와 사상」, 앞의 책, pp. 130~131. 藏書의 중요성에 대해서는 『大學類義』4冊, 卷8, 「正百官」'簡侍從之官', pp. 11~19에서도 매우 강조하고 있다. 졸고, 앞의 논문, p. 119 참조.

169) 「愼刑憲」篇은 '總論制刑之義', '定律令之制', '制刑獄之具', '明流贖之意', '詳聽斷之法', '議當原之辟·順天時之令', '謹詳讞之議', '伸寃抑之情·愼眚災之赦', '明復讐之義', '簡典獄之官', '存欽恤之心', '戒濫縱之失' 등 12事로 구성되어 있다.『大學類義』8冊, 卷17, 「愼刑憲」, pp. 32~87.

170) 위의 책, pp. 32~41.

171) 위의 책, pp. 41~49.

와 그 연혁, 鄭子産의 刑鼎 주조와 연좌법에 대한 비판, 法經 6篇과 律의 연혁, 율령 집행의 공정성, 10大 惡罪의 내용,[172] 唐의 율령격식 제정과 법전 편찬의 연혁, 宋代 勅令格式 등 원본의 설명을 거의 빠짐없이 수록하고 있다. '制刑獄之具'[173]에서는 牢獄, 桎梏 등 刑具의 연혁, 杖刑과 笞刑의 내용과 그 刑具, 宋代 형벌의 종류,[174] 肉刑의 폐지 등 형벌의 변천사 등에 대한 원본의 내용을 생략없이 모두 수록하였다. '明流贖之意'[175]에서는 형벌 대신에 죄인을 사역하거나 皂隷로 삼는 방안, 육형 집행으로 인한 폐단(예컨대 五代와 宋에서는 이로 인해 亂이 발생했다는 내용), 贖罪法의 남발과 그 폐단 등에 대해 원본의 내용을 대부분 수록하고 있다. 다만 流의 개념과 隋唐의 流刑, 謫戍, 贖死錢(한무제 天漢 4년) 등의 설명에 대해서는 생략하고 있다.

재판 심리와 관련하여 '詳聽斷之法'[176]에서는 治訟者의 기준, 토지 爭訟을 예방하기 위한 토지대장을 마련할 것을 강조한 부분, 신중한 판결을 위한 覆奏制 등의 내용에 대해서는 수록하면서도 聽訟의 근본과 聽訟者의 구비조건에 대해서는 생략하고 있다. '議當原之辟·順天時之令'[177]에서는 赦宥 대상에 대한 원본의 내용은 생략하고 있지만, 법정 심리와 판결의 시의성, 죄상과 獄事 관련 기록의 具備, 刑獄 관련 사항의 상부 보고 등을 강조하는 핵심적 내용에 대해서는 원본대로 수록하고 있다. '謹詳讞之議'[178]에서는 3刺·3宥·3赦法, 讞獄制의 절차와 역대 왕조의 讞獄制, 讞獄의 요체는 정상에 따라 처리한다는 등의 원본의 설명을 하나도 빠짐없이 그대로 수록함으로써 재심제에 대

---

172) 謀反·謀大逆·謀叛·惡逆·不道·大不敬·不孝·不睦·不義·內亂을 들고 있다.
173) 위의 책, pp. 49~52.
174) 流刑·徒刑·杖刑·笞刑으로 구분하고 있다.
175) 위의 책, pp. 52~55.
176) 위의 책, pp. 55~58.
177) 위의 책, pp. 58~63.
178) 위의 책, pp. 63~69.

한 높은 관심을 보이고 있다. 한편 '伸冤抑之情·愼眚災之赦'[179)에서는 肺石路鼓의 설치, 赦의 의미, 大赦의 효시와 연혁, 大赦法의 신중한 처리, 赦 시행으로 救災하는 것과 이를 常制化한 것(宋代)을 비판한 것 등에 대한 내용에 대해서는 원본대로 수록하고 있지만, 眚災를 함부로 하여 赦하는 것을 비판하는 것과 大赦法 남발로 인해 야기되는 폐단 등을 지적하는 내용에 대해서는 생략하였다. '明復讐之義'[180)에는 원수에 대한 복수 관습과 이에 대한 엄정한 처리방안과 정상참작, 그리고 사실검증을 통한 공정한 심리와 형집행 방안 등 원본의 내용을 거의 빠짐없이 수록하고 있다.

'簡典獄之官'[181)에서는 掌刑官으로 법만을 아는 吏胥보다 "明義理, 備道德, 通經學者"[182)인 儒士를 택할 것과 明法科를 설치하여 이에 대한 교육을 강조한 원본의 내용에 대해서는 수록하고 있다. 그러나 典獄官의 자격과 秦 이래 법치를 우선시하는 풍조와 刑獄 목적이 "弼教輔治"[183)에 있지 않음을 비판하는 등의 원본 내용에 대해서는 생략하였다. 한편 '存欽恤之心'[184)에서는 수감자에 대한 배려, 後漢 章帝시의 禁錮조치에 대한 면제조치, 재심청구제로서 3覆奏制, 법의 사용기준 등에 대한 원본의 내용을 대부분 수록하고 있다. 그러나 법에 대한 의미가 법가가 주장하는 것처럼 '報應禍福'이 아님을 강조하는 원본의 내용에 대해서는 생략하고 있다.

형집행 남용을 경계하는 것과 관련하여 '戒濫縱之失'[185)에서는 원본의 내용을 대부분 생략하고 형정 남용의 사례(예컨대, 秦의 연좌법과 3

---

179) 위의 책, pp. 69~72.
180) 위의 책, pp. 72~78.
181) 위의 책, pp. 78~81.
182) 위의 책, p. 78.
183) 『大學衍義補』 卷111, 「愼刑憲」 '簡典獄之官', p. 1158.
184) 앞의 책, pp. 81~84.
185) 위의 책, pp. 84~87.

族之法, 北魏 효문제의 謫戌法 폐지 건의, 唐 현종시 祖宗常獄 외에 별도로 起獄한 것 등)를 비판하는 부분에 대해서만 원본대로 수록하고 있다. 그러나 刑집행의 기준, 漢의 3族之法과 불필요한 법령 남발(예컨대, 비방과 妖言의 폐지로 인한 蔽塞 초래), 범법의 근본 원인은 충분한 재원과 예절이 없기 때문이라는 내용, 법도가 날로 해이해지는 풍조(예컨대, 측천무후기의 酷刑과 불교의 흥기, 濫官 현상, 自宮 행위)에 대한 비판과 함께 이의 해결책을 건의하는 등의 원본 내용에 대해서는 대부분 생략하고 있다.

이상에서 살펴본 『대학유의』 「愼刑憲」편의 주요 특징을 정리해 보면 다음과 같다.

첫째, 道學에 입각한 예치를 중시하면서도 도덕교화 위주에서 탈피하여 현실적인 형정도 중시함으로써 정조의 실용적 경세관을 반영하고 있다는 점이다. 이처럼 정조가 현실적인 刑政을 중시하고 있는 태도는 '定律令之制'에서 역대 형정의 연혁과 내용, 형벌의 종류, 율령집행의 공정성, 율령격식 제정과 법전편찬 등과 '制刑獄之具'에서 刑具의 연혁, 형벌제도의 변천사 등 원본의 내용을 생략없이 모두 수록하고 있는 데에서도 잘 알 수 있다. 특히 정조는 치도의 방법으로 예악 못지 않게 형정을 중시하여[186] 예악을 생명을 온전히 하는 음식에, 형정을 병을 치료하는 약에 비유하는 등 법치에 대해 현실적인 인식을 보여주고 있는 것은 주지의 사실이다. 이처럼 君主聖學論에서 한 걸음 더 나아가 법치에 대한 현실적 인정은 법치의 궁극적 주체가 군주일 수밖에 없다는 점에서 군주의 통치주도에 대한 정조의 열망[187]을 반영하는 것이라 하겠다.

---

186) 정조는 治國의 三器로 號令·斧鉞·祿賞을 제시한 管仲의 방안을 覇道의 방책이라고 비판하고 그 대신 禮樂·仁義·刑政을 들고 있다. 『弘齋全書』 卷167, 「日得錄」 政事.

187) 김성윤, 앞의 책, p. 139.

둘째, 속죄법의 남발과 육형 등 혹형의 남발은 사회질서를 어지럽히고 나아가 반란의 원인이 될 수 있음을 경계하고 있다는 점이다. 이는 '明流贖之意'에서 형벌 대신에 죄인을 사역하거나 皂隷로 삼는 방안, 육형집행으로 인한 폐단(예컨대 五代와 宋에서는 이로 인해 亂이 발생한 것), 贖罪法의 남발과 그 폐단 등 원본의 내용을 대부분 수록하고 있는 데에서 잘 엿볼 수 있다.

셋째, 재판과 심리의 신중함과 공정성을 위해 재심제에 대한 높은 관심을 보이고 있다는 점이다. 이는 '謹詳讞之議'에서 3刺·3宥·3赦法, 讞獄制의 절차와 역대 왕조의 讞獄制, 讞獄의 요체는 정상에 따라 처리한다는 등의 원본 설명을 하나도 빠짐없이 그대로 수록하고 있는 데에서 잘 알 수 있다. 이처럼 재심제 등 객관적 재판과 심리에 대한 높은 관심은 정조 시기 민간의 訴訟 재심제도인 擊錚제도[188]가 시행되었던 점과 형정의 객관적 적용을 위해 5일에 한 번씩 錄囚하는 법을 申明한 것[189]이나 비변사로 하여금 檢屍細則을 만들어 올리게 한 것,[190] 심리에 있어서 구례를 참조하여 그 격식을 7단계로 제시한 것,[191] 『無寃錄諺解』를 간행한 사실[192] 등에서 잘 알 수 있다. 이러한 정조의 죄형 법정주의적 태도는 판결을 참조하여 『詳刑考』 100권을 편찬한 것에서도 더욱 잘 알 수 있다고 하겠다.[193]

(7) 「嚴武備」·「馭夷狄」篇(=兵部)

『대학유의』「嚴武備」[194]편의 내용을 요약 정리해 보면 다음과 같다.

---

188) 주 63) 참조.

189) 『朝鮮正祖實錄』 卷6, 정조 2年 9月 28日 甲寅.

190) 『朝鮮正祖實錄』 卷17, 정조 8年 3月 27日 壬子.

191) 『弘齋全書』 卷182, 「群書標記」 '御定審理錄' 28卷.

192) 『弘齋全書』 卷169, 「日得錄」 政事.

193) 薛錫圭, 「正祖의 政治運營論」, 『朝鮮史研究』 1(복현조선사연구회, 1992), pp. 151~152 ; 김성윤, 앞의 책, pp. 139~140 참조.

194) 「嚴武備」篇에는 '總論威武之道', '軍伍之制', '宮衛之制', '京輔之屯·郡國之

먼저 軍政과 武備의 총평에 해당하는 '總論威武之道'[195]에서는 병농합일의 취지는 전쟁을 방지하는 데 있고 武의 근본은 仁心에 있다는 점, 武의 7德과 內無患이 보국의 전제이며 용병의 핵심은 附民에 있다는 사실, 용병의 취지는 "禁暴除害也 非爭奪也"에 있다는 점, 역대 병법과 병가를 소개하는 등의 내용에 대해서는 그대로 수록하고 있다. 그러나 용병과 군정과 관련하여 도덕적 측면을 강조하는 부분(예컨대, 威德並著의 군주와 聖武를 강조하고, 『春秋』에 입각하여 討伐의 기준과 의미를 도덕적 측면으로 해석[196]하는가 하면, 예교를 治兵보다 우선시하는 등)에 대해서는 원본 내용을 대부분 생략하고 있는 것이 특징이다. '軍伍之制'[197]에서는 역대 軍伍制度의 내용에 대해 구체적으로 밝히고 있는데, 周禮의 軍伍制, 井田而制軍賦, 齊 桓公의 軍伍制, 漢과 唐代의 軍役과 兵制, 宋과 明代의 병제 등을 빠짐없이 수록하였다. '宮衛之制'[198]에서는 왕궁의 宿衛兵의 연혁과 역대 왕조의 宿衛兵, 특히 당대 이래의 禁軍과 이에 대한 신중한 선발을 설명한 원본의 내용을 그대로 수록하고 있는 데 비해, 漢初 이후 왕궁의 숙위를 환관이 담당한 것을 비판한 내용에 대해서만은 생략하고 있다. '京輔之屯·郡國之守'[199]에는 周代 甸服制를 비롯한 역대 왕조의 畿輔制와 그 기능, 병력동원시의 虎符制度와 당대 절도사의 폐단, 明代의 병제에 대한 총평 등 원본의 내용을 대부분 생략없이 수록하고 있다. 그러나 義兵제도와 명대의 謫戍制, 軍籍의 문란현상, 軍田 지급에 대한 건의 등의

守', '本兵之柄', '器械之利', '牧馬之政', '簡閱之敎', '將帥之任', '出師之律', '戰陣之法', '察軍之情', '遏盜之機', '賞功之格', '經武之要' 등 15事로 구성되어 있다. 『대학유의』 9冊, 卷18, 「嚴武備」, pp. 1~47 ; 『대학유의』 9冊, 卷19, pp. 47~84.

195) 위의 책 卷18, pp. 1~8.

196) 伐·侵·戰·圍·入·遷·滅·敗·取·襲·追·戌로 구별하고 있다.

197) 위의 책, pp. 8~16.

198) 위의 책, pp. 16~19.

199) 위의 책, pp. 19~22.

내용에 대해서는 생략하고 있다.

'本兵之柄'200)에서는 周禮 5卿을 비롯하여 역대 왕조의 兵戎 관련 기구에 대한 원본의 설명을 그대로 수록하고 있는 데 비해, 기타 五代 이후 문관이 병정을 관장한 사실과 用師의 핵심은 "嚴敬"에 있음을 지적하는 내용에 대해서는 생략하였다. '器械之利'201)에서는 5兵·6弓·8矢 등 兵器의 내용과 弓矢의 제조법, 弓矢의 재료, 五兵의 사용법, 兵卒의 장비, 弩의 종류와 사용법, 송대의 火箭法과 화공법, 礟銃과 서역의 製礟法, 軍器제조국 등에 대한 설명을 거의 빠짐없이 원본대로 수록하고 있다. 다만 唐代 군기감에 대한 설명만을 생략하고 있을 뿐이다. '牧馬之政'202)에서는 牧馬政과 관련된 주요 내용(예컨대, 馬의 종류와 용도, 周代 牧馬政의 내용, 역대 馬政의 관리직, 말의 선택기준, 군마의 훈련법, 목장관리와 담당직, 역대 왕조에서 시행되었던 馬政의 득실 등)에 대해 원본의 내용을 대부분 그대로 수록하고 있지만, 왕안석의 보마법을 비판하는 내용과 천자의 御馬制 등을 설명하는 부분에 대해서는 생략하고 있다.

'簡閱之敎'203)에서는 軍禮의 내용과 특히 東漢의 閱兵禮와 唐·宋의 병법에서 보이는 陳法 등에 대해서만 수록하고, 기타 周禮를 비롯한 唐·宋의 敎閱法, 軍屯法, 選兵 등을 설명하고 있는 원본의 내용에 대해서는 모두 생략하고 있다. 또한 원본에서는 많은 지면을 할애하고 있는 '將帥之任'204)에서는 장수가 갖추어야 할 덕목과 예우(예컨대, 勇猛과 文武겸비의 강조, 觀人法으로서 9徵, 장군의 덕목, 장군에 대한 군주의 예우, 병졸의 중요성, 장수에 대한 평가), 그리고 당대 이후 환관을 監軍으로 임명한 것을 비판하는 등의 내용에 대해서는 원본대로

---

200) 위의 책, pp. 22~24.
201) 위의 책, pp. 24~33.
202) 위의 책, pp. 33~41.
203) 위의 책, pp. 41~47.
204) 위의 책 卷19, 「嚴武備」, pp. 47~56.

수록하고 있다. 그러나 用兵의 방법, 장군 선발의 濫擧 현상과 監軍의 폐단, 장수들의 발호 현상과 이에 대한 대안 등 중국의 당시 현상을 설명하는 원본의 내용에 대해서는 모두 생략하였다. '出師之律'[205])에서는 출병시의 進退法, 용병에서 지략 중시 등을 설명하는 원본의 내용에 대해서는 그대로 수록하고 있지만, 신중한 장수 선발과 엄격한 군기확립을 강조한 내용에 대해서는 생략하였다. '戰陳之法'[206])에서는 중국의 역대 진법의 내용과 그 특징(예컨대, 車戰法과 獨輪車의 장점, 陳法의 연혁과 6花陳法, 8陳法·宋의 疊陳法), 그리고 전쟁시 水師와 일반 선박을 활용할 것 등을 설명하는 내용에 대해 빠짐없이 모두 수록하고 있다. 또한 전사자나 부상자에 대한 보상과 예우를 강조한 '察軍之情'[207])에 대해서도 원본대로 빠짐없이 수록하였다.

'遏盜之機'[208])에서는 야간통행 금지와 그 취지, 그리고 기근으로 인한 盜賊의 亂에 대해 설명한 부분에서는 원본대로 수록하고 있지만, 중국 역대 왕조에서 일어난 亂(예컨대, 후한의 黃巾의 亂, 隋 煬帝時의 민란, 당말의 黃巢의 난, 宋 王小波의 亂·송 휘종시 方獵의 난과 私鹽徒의 난, 元末의 方國珍·韓山童·劉福通에 대한 평가 등)에 대해서는 원본의 내용을 대부분 생략하였다. 또한 '賞功之格'[209])에서는 爵祿의 신중한 賜與의 강조, 賞功에 대한 관리직, 6功(勳·功·庸·勞·力·多)의 내용, 엄격한 논공행상으로 공신의 위계를 정할 것 등을 강조하는 원본의 주요 내용에 대해서는 대부분 수록하고 있다. 그러나 軍功 판별에 대한 기준 마련과 엄격한 賞功을 통한 군주의 위엄과 기강 확립, 경솔한 軍功을 경계하는 등 원본의 내용에 대해서는 대부분 생략하고 있다. 마지막으로 '經武之要'[210])에서는 6德, 將禮, 장수

---

205) 위의 책, pp. 56~58.
206) 위의 책, pp. 58~69.
207) 위의 책, pp. 69~71.
208) 위의 책, pp. 71~73.
209) 위의 책, pp. 73~77.

의 군지휘에 필요한 덕목, 6韜, 廟算, 用兵術, 역대 병서와 이에 대한 평가 등 원본의 내용을 빠짐없이 수록하고 있다. 다만 兵의 목적이 "禁暴除害 非爭奪也"에 있다는 내용 등에 대해서는 생략하고 있는데, 이는 앞에서 이미 거론했거나 중복되는 내용이기 때문인 것으로 보인다.

「馭夷狄」211)편의 내용을 정리해 보면 다음과 같다. 먼저 '內夏外夷之限'212)에서는 禹貢의 5服(甸·侯·綏·要·荒服)制의 목적이 "嚴華夷之辨"에 있다는 사실과 성인의 治는 '詳內略外'에 있지만 후세의 군주는 간혹 "詳內而忽外"하거나 "專事外而不恤內"하는 경우가 있음을 지적하는 내용, 周禮의 9服制213)와 華夏의 의미, 그리고 華夷之辨이 불분명했던 사례(예컨대, 흉노의 침략에도 불구하고 漢 문제시 이들에게 貢奉한 것과 이적과 화의한 후세의 일, 夷狄의 중원 침입과 5胡禍亂이 초래한 일, 돌궐 관리를 위해 唐에 4州 도독부를 설치한 것과 절도사에 대해 胡人을 등용한 사실 등)를 들어 비판하고 華夷之辨을 분명히 하여 이적의 亂을 예방할 것을 강조하는 등에 대해서는 원본 내용을 거의 대부분 수록하고 있다. 그러나 華夷之辨에 대한 『春秋』의 취지, 夷狄의 禍, 元세력을 몰아내고 강역을 회복한 명왕조에 대해 극찬하는 등의 내용에 대해서는 생략하였다. '愼德懷遠之道·譯言賓待之禮'214)에서는 내치로서 文德을 강조한 점과 조공의 回賜제도 및 서적에 대한 교역 엄금을 강조한 내용을 생략하고, 나머지 '內治後攘外夷'의 주장, 교화 중시, 譯官의 종류와 내용, 9夷에 대한 설명, 조공 의례 등을 설명한 원본의 내용에 대해서는 대부분 수록하고 있다. '征討

---

210) 위의 책, pp. 77~84.

211) 「馭夷狄」篇은 '內夏外夷之限', '愼德懷遠之道·譯言賓待之禮', '征討綏和之義', '修攘制御之策', '守邊固圉之略', '列屯遣戍之制', '四方夷落之情', '劫誘宮豎之失' 등 8事로 구성되어 있다. 『대학유의』 10冊, 卷20, 「馭夷狄」, pp. 1~44.

212) 위의 책, pp. 1~6.

213) 侯·甸·男·采·衛·蠻·夷·鎭·藩服으로 대별된다.

214) 위의 책, pp. 6~8.

綏和之義'215)에서는 이적에 대한 토벌의 시의성과 역대 대외경략에 대한 평가(예컨대 宣王의 南征, 和戎策, 漢 高祖時 흉노와의 결혼을 통한 화친 건의, 한 문제시 南越을 감화시켜 藩臣으로 삼은 것, 吐蕃에 대한 처리를 둘러싼 논쟁), 그리고 이에 대한 戰·守·和의 3策 중에서 守가 최상책임을 설명한 부분 등에 대해서는 원본 내용을 그대로 수록하고 있다. 그러나 越境하여 침략한 이적에 대해서 이를 다스리지만 토벌하는 것은 국경밖에서 한한다는 점과 范仲淹의 防備 4策(議·和·守·攻) 등에 대한 설명에 대해서는 생략하였다. '修攘制御之策'216)에서는 內外之辨을 반드시 엄격하게 할 것과 修德을 통해 夷狄에게 은혜를 베풀어 平天下할 것, 그리고 용병을 신중히 할 것 등의 주요 내용에 대해서는 원본대로 수록하고 있다. 이에 비해 內修가 外攘의 근본이라는 점, 唐代 陸贄의 守邊策, 小功을 탐해 夷狄과 互市를 시행하는 것에 대한 비판, 邊將任用에 대한 방안, 변방 실정에 대한 철저한 보고와 用人 강조, 夷狄 방어책에 대한 范仲淹의 건의 등을 설명하고 있는 원본의 내용에 대해서는 대부분 생략하였다.

'守邊固圉之略'217)에서는 戎狄에 대한 방어는 공격보다 수비를 근본으로 할 것과 변방지역의 薪炭 채취와 伐木에 대한 상세한 보고를 통해 要塞 기능의 약화를 방지하자는 건의, 그리고 攘夷를 전제로 하는 內修 강조, 만리장성에 대한 긍정적인 평가, 烽燧制의 연혁, 朔方郡 설치 등 서북지역에 대한 역대 왕조의 守備 연혁, 국방의 최선책은 만전을 기하는 것임을 강조하는 내용, 明代의 변방방어선(예컨대, 太行에서 居庸關과 太守·宣府에서 黃河에 이르는 변방지역)에 대한 설명, 燕雲 16州의 거란 할양과 이에 대한 평가 등 지면을 많이 할애하고 있는 원본의 내용에 대해서는 대부분 생략하지 않고 모두 수록하고

---

215) 위의 책, pp. 8~14.
216) 위의 책, pp. 15~18.
217) 위의 책, pp. 18~27.

있다. 다만 京師 방비에 필요한 居庸·紫荊 등 조선과 직접적인 연관성이 없는 부분에 대해서만 생략하였다. '列屯遺戍之制'[218]에서는 변방에 대한 更戍制의 연혁과 징병법, 변방주둔군에 대한 謫戍과 이에 대한 평가, 변방에 대한 신중한 출병 등의 내용에 대해서는 원본대로 수록하고 있다. 그러나 秦의 변방 遺戍役에 대한 구준의 평가, 漢代 更戍法의 내용, 변방군 지망자에 대한 漢 景帝와 文帝의 세제혜택 사례 등의 내용은 생략하였다.

'四方夷落之情'[219]에서는 周禮의 4夷·8蠻·7閩(동남)·9貊(서북)·5戎·6狄을 비롯하여 北狄의 흉노·突厥·回紇·거란·北胡에 대한 연혁, 西域의 諸國과 그 연혁, 그리고 吐蕃·西南夷(西羌)·女眞의 연혁과 이에 대한 역대 왕조의 관리를 비롯하여 明代 土司制度와 조선·일본에 대한 연혁 등 원본 내용을 별다른 생략없이 그대로 수록하였다. 다만 馭夷狄의 要法은 "來則禦之 去則備之"하는 방어위주의 소극적 수비책을 강조하는 부분과 安南에 설치한 交趾를 포기한 것에 대한 평가, 北狄이 강인한 이유 등 세세한 설명에 대해서만 생략하고 있다. 특히 여기서 주목되는 것은 조선 부분에서 원문에서는 衛滿조선이라고 한 것을 조선이라고 교정한 부분이다.[220] 마지막으로 '劫誘宮 孼之失'[221]에서는 興師는 이적이 의리를 위반하여 침입할 경우에만 사용할 것을 건의하는 부분과 당 태종이 감행한 고려원정의 失을 지적하는 부분에 대해서만 원본대로 수록한 데 비해, 한 무제가 好戰求勝에만 집착하여 이적에 대해 적극적으로 경략한 것을 비판한 부분과 변방의 방비와 내치를 강조한 부분에 대해서는 생략하였다.

이상 兵部에 해당하는 『대학유의』「嚴武備」「馭夷狄」편의 내용적

---

218) 위의 책, pp. 27~31.
219) 위의 책, pp. 31~42.
220) 위의 책 9冊, 卷19, 「嚴武備」, p. 67 ; 위의 책 10冊, 卷20, 「馭夷狄」, p. 41.
221) 위의 책, pp. 42~44.

특징을 정리해 보면 다음과 같다.

첫째, 兵의 근본적인 취지가 주자성리학의 도덕적 측면에서 "禁暴除害也 非爭奪也"에 있다는『연의보』의 취지를 수용하면서도, 중복되거나 비현실적인 내용에 대해서는 대부분 생략함으로써 軍事의 현실적 측면을 강조하고 있다는 점이다. 이는「嚴武備」편 '軍伍之制', '器械之利', '簡閱之敎', '經武之要' 등에서 역대 군제와 징병제, 군장비와 陳法, 烽燧制, 병서와 병가 등 현실적인 내용에 대해서는 원본의 내용을 빠짐없이 전재하면서도, 도덕적 예치를 武事의 전제로 강조하는 도덕적 내용에 대해서는 대부분 생략하고 있는 데에서 잘 엿볼 수 있다.

둘째, 사방의 列國 사정에 대해 높은 관심을 보이고 있다는 점이다. 이는 특히 '四方夷落之情'에서는 周禮의 4夷·8蠻·7閩(동남)·9貉(서북)·5戎·6狄에서부터, 北狄의 흉노·突厥·回紇·거란·北胡·西域 諸國·吐蕃·西南夷·女眞에 이르기까지 각국의 연혁과 역대 왕조의 관리, 朝鮮과 日本에 대한 연혁 등 원본의 내용을 별다른 생략 없이 그대로 수록하고 있는 데에서 잘 알 수 있다. 이처럼 정조가 열국에 대해 높은 관심을 보인 것은 정조 당시 서학에 관심을 갖고 있던 近畿南人 계열의 학파와 18세기 중반 老論系의 北學運動 등 선진문화와 다른 지역에 대해 높은 관심222)을 보인 당시의 시대적 분위기와 무관하지 않다고 하겠다.

셋째, 전통적인 華夷觀을 견지하면서도 중국중심의 화이관에서는 탈피하고 있다는 점이다. 이는「馭夷狄」편 '內夏外夷之限'에서 元을 몰아내고 명이 건국된 사실에 많은 지면을 할애하여 극찬하고 있는『연의보』의 내용을 모두 생략한 데에서 잘 엿볼 수 있다. 이는 17세기 중반 이래 조선은 北伐論과 중국중심의 화이관에서 벗어나 점차 '尊周論'에 입각한 '조선중화주의'를 표방하기에 이르렀던 시대적 분위기를 반영하고 있다고 하겠다. 주지하는 바와 같이 두 차례에 걸친 胡亂을

---

222) 정옥자,「조선후기 역사의 이해」, 앞의 책, p. 26 참조.

계기로 조선사회에서 널리 보급된 復讎雪恥의 북벌론은 특히 1662년 남명의 멸망으로 인해 점차 '대명의리론'에 기초한 '尊周論'으로 대체되었다. 이로써 小中華意識에서 朝鮮中華意識으로, 周室=明이라는 의식에서 周室=朝鮮의식으로 전환하기에 이르렀다.[223]

넷째, 조선 부분에 대해서는 원문 내용을 그대로 抄錄하는 데 머물지 않고 애써 교정함으로써 자국 역사에 대해 자주적 태도를 보여주고 있다는 점이다. 이는 영조 이래 조선문화의 창달과 고유색을 강조하여 조선의 역사와 문화에 대한 관심과 자존이 중시되었던 당시 분위기를 반영하고 있다고 하겠다.[224] 이 같은 분위기는 특히 정조대에 이르면 조선이 중화의 嫡統이라는 사명감에서 宋史와 明史를 정리하여 『宋史筌』과 『明史提挈』을 편찬한 사실에서도 잘 알 수 있다고 하겠다.[225]

제3절 小結 : 『大學衍義補』의 朝鮮傳來와 變容

『연의보』는 간행된 지 불과 6년 뒤인 成宗 25년(1494)에 조선에서도 간행 반포되었다. 이로부터 1년이 지난 연산군 즉위년(1495)에는 『연의보』를 經筵의 교재로 택하자는 건의가 있었으며, 中宗 3년(1508)에는 마침내 朝講의 교재로 강론되기에 이르렀다. 이처럼 『연의보』가 중

---

223) 이 시기 尊周論은 正祖期에 『尊周彙編』으로 정리 간행되었다. 정옥자, 「조선후기 對明義理論의 전개」, 위의 책, pp. 70~80 참조.

224) 17세기 조선사회는 淸의 건국으로 復讎雪恥의 北伐論이 대외적 國是로 되어 있었지만, 華夷論에 입각한 북벌론은 남명의 멸망으로 점차 쇠퇴하고 朝鮮이 明을 대신하여 동북아의 중심이라는 朝鮮中華主義를 형성하기에 이른다. 이 朝鮮中華主義는 尊周論에 이론적 근거를 두고 있는데, 이로써 17세기 후반 18세기 전반 조선문화 창달과 고유색을 나타낸 이른바 '眞景文化'를 이룩하였다. 이러한 분위기 속에서 자연히 조선 고유의 역사와 문화에 대한 관심과 자존이 강조되었는데, 이러한 당시의 분위기를 반영한 것으로 보인다. 이에 대해서는 鄭玉子, 「조선후기 역사의 이해」, 위의 책, pp. 23~26 참조.

225) 정옥자, 「18세기 조선사회와 사상」, 위의 책, p. 130 참조.

국에서 간행된 지 꼭 10년 만에 경연에서 강론되었다는 사실은 조선조의 군주를 비롯한 사대부·관료들에게 『연의보』가 얼마나 중시되고 있었는지를 잘 반영해 주는 것이라 하겠다. 더구나 이 시기에는 중국에서조차도 『연의보』를 경연교재로 사용하지 않았다는 사실을 감안해 본다면, 『연의보』에 대한 이들의 관심정도를 충분히 짐작하고도 남음이 있다고 할 수 있다.

35년간 지속된 中宗朝 경연에서 『연의보』를 교재로 계속 사용할 것인가를 둘러싸고 벌어진 두 차례 논쟁을 거친 다음, 조선후기에 이르면 『연의보』는 당시의 시대적 상황과 맞물려 더욱 중시되었다. 특히 영·정조기는 붕당정치의 폐단인 당색을 극복하기 위해 추진된 탕평정치와 이를 위한 '建極', 즉 君權主義의 실현이라는 시대적 배경으로 인해 『대학』공부가 더욱 중시되었다. 이러한 시대적 배경하에 영조는 특히 경연을 중시하고 召對에서 『연의보』를 강론하도록 하였다. 정조 역시 『대학』공부를 특별히 중시한 祖父 영조의 薰陶 하에 元孫 시절부터 『대학』공부에 전념하였다. 정조는 『연의보』에 대해서는 특별히 선호하여 손수 베끼고 항상 곁에 두고 읽었을 정도였다. 『연의보』를 애호했던 정조는 5년(1781)부터 자신의 近密인 초계문신들과 많은 토론을 통해 정리하고, 이를 정조 9년(1785)과 15년(1791)에 이르러서는 4권으로 편집하도록 하였다. 이처럼 장기간에 걸쳐 검토한 『연의보』의 내용은 진덕수의 『연의』와 『대학』의 經傳 및 주자의 章句와 합본되어 23년(1799)에 『대학유의』로 간행되기에 이르렀다.

결국 『대학유의』는 정조의 『대학』공부의 완성편으로서 자신이 직접 검토하여 그 중에서 치도에 긴요하다고 판단한 내용만을 채록하여 간행하도록 했다는 점에서 정조의 경세관과 정국운영뿐만 아니라, 『연의보』가 출간된 지 300여 년이 지난 뒤 조선에 어떻게 수용되고 활용되고 있는지를 이해하는 데에도 좋은 자료라 하겠다.

이제 『대학유의』를 『연의보』 원본과 비교해 볼 때 그 특징을 정리해

보면 먼저, 구준의 『연의보』에서 이상으로 삼고있는 '君臣共治'226)와
는 달리 『대학유의』에서는 군주중심의 왕권강화를 특별히 강조하고
있다는 점이다. 『대학유의』에서 특별히 왕권강화에 초점을 두고 있다
는 사실은 특히 「正朝廷」편에서 大臣에 관한 부분을 모두 생략하고
군주의 역할만 강조한 점, 「正百官」편에서 왕권에 대한 견제장치로서
臺諫제도와 이들에 대한 언로개방, 그리고 師儒의 역할을 강조한 부분
을 모두 삭제하고 있는 데에서 잘 알 수 있다. 뿐만 아니라 유독 殿閣
學士制度에 대해서만 아무런 생략없이 그대로 수록함으로써 이에 대
한 각별한 관심을 반영하고 있다. 이는 정조가 홍문관 학사 등을 중심
으로 친위세력을 형성하고 近密 諸臣과 政事를 자문하는가 하면, 銓
郎官과 抄啓文臣制 등 관제개혁을 통해 개혁추진의 기반을 조성한 사
실로 미루어 볼 때 그 연관성을 유추해 볼 수 있겠다. 또한 「明禮樂」,
「秩祭祀」, 「崇敎化」편에서 교화의 주체 및 담당자로서 군주의 역할을
강조하고 있는 데에서 엿볼 수 있다. 즉 『연의보』의 「明禮樂」, 「秩祭
祀」, 「崇敎化」편에서는 예치와 교화의 주체인 師儒로서의 대신과 賢
臣의 보좌역할을 특별히 강조함으로써 '君臣共治'에 주목하였다. 이에
비해 『대학유의』에서는 예치와 교화의 주체로서 대신의 역할에 관한
부분을 모두 생략함으로써 군주만을 주체로 설정하고 있을 뿐만 아니
라, 특히 왕실과 군주와 관련된 의례와 제사례 등 王禮만을 중심으로
수록하고 있는 것이다. 이와 아울러 「愼刑憲」편에서도 禮治 못지않게
형정을 현실적 치도로서 인정하고 중시함으로써 법치의 궁극적 주체
인 군주통치에 대한 정조의 의도를 반영하고 있는 사실에서나, 「備規
制」편에서 군주와 왕실에 관련된 營造와 물품에 대해서는 『연의보』의

---

226) 『연의보』의 「正朝廷」편에서는 국가의 최고 정치기구로서 조정을 설정하고
　　 이의 총괄은 군주뿐만 아니라, 군주에 대한 견제장치로서 臺諫職과 언로개방
　　 을 중시함으로써 '君臣共治'를 강조하고 있다. 졸고, 앞의 논문(2001. 8), pp.
　　 63~72. 참조.

내용을 충실하게 수록함으로써 君主의 위엄을 특별히 강조하고 있는 점에서 이러한 사실을 잘 반영하고 있다고 하겠다. 이는 군주권 강화를 핵심으로 하는 정조의 '皇極蕩平'을 생각해 볼 때, 시사하는 바가 매우 큰 부분이라 하겠다.

둘째, 愛民을 중시하는 對民觀과 이를 구체적으로 실현하는 방안으로서 제도화 등 실용을 강조하고 있다는 점이다. 이는 특히 「固邦本」 「制國用」편에서 잘 엿볼 수 있다. 이 두 편은 상술한 바와 같이 養民에 필요한 제반 경제제도, 예컨대 戶口조사와 인구대장·토지제도·救恤제도·水利 등 治水策·목민관의 선발·재정·조세제도·均輸法·상업정책·화폐제도·漕運제도·屯田制 등을 다룸으로써 治國平天下에 필요한 현실적 제도문제를 상세하게 거론했다는 점에서 실용주의적 경세론의 일면을 보여주는 핵심적인 대목이라 할 수 있다. 『대학유의』는 이러한 『연의보』의 「固邦本」, 「制國用」의 취지와 요지를 대부분 그대로 수용함으로써 당시 治平에 필요한 제도화에 높은 관심을 보인 정조의 실용적 경세관을 잘 보여주고 있다. 이와 같은 정조의 실용적 경세관은 '實事'蕩平의 궁극적 목적인 爲民과 이를 실현하는 개혁 추진으로 이어졌는데, 정조가 토지제도와 화폐제도, 그리고 상업정책에 대한 개혁을 시도한 사실에서도 잘 알 수 있겠다. 또한 「嚴武備」 「馭夷狄」篇에서는 武備의 현실적인 방안이 될 수 있는 역대 군사제도와 군비, 屯田制, 陳法 등에 대해서는 많은 지면을 할애하여 높은 관심을 보이고 있는 데 반해, 修德을 우선시하는 도덕적 경세론에 입각한 내용에 대해서는 대부분 수록하지 않는 것에서도 정조의 이러한 실용적 경세론을 엿볼 수 있다.

셋째, 도학존중과 義理회복을 통한 기강확립을 강조하고 있으면서도 교화위주의 주자학 지상주의의 입장에서 탈피하고 있다는 점이다. 이는 「明禮樂」, 「秩祭祀」, 「崇敎化」편에서 禮가 '政의 本'이라는 예치 우선을 강조하는 『연의보』의 내용을 생략하고 있는 데에서 잘 알 수 있는 데, 이는 예치를 절대시하는 정통적 경세관에서 일정 정도 거리를 두고 있음을 의미하는 것이라 하겠다. 더 나아가서는 「崇敎化」편에서 孔孟의 學統을 설명하는 원문의 내용과 노장과 불교를 이단시하고 유학을 관학화함으로써 政敎一體를 강조하는 원문의 내용을 모두 생략함으로써 탈주자학적 입장을 반영하고 있다. 이는 앞에서 서술한 바와 군주도통론이 널리 보급되던 정조 당시의 상황뿐 아니라, 노장과 불교는 물론이고 양명학에 대해서도 섭렵했던 정조의 개방적 학문관을 엿볼 수 있다는 점에서 주목된다고 하겠다.

넷째, 예치를 중시하면서도 현실적 치도와 치술로서 형정을 인정하고 있다는 점이다. 『대학유의』는 『연의보』의 「愼刑憲」의 내용을 원칙적인 면에서 수용하여 '德爲化 刑以輔'의 정통적 경세론의 입장을 인정하면서도, 형정을 단순히 禮治의 보조적 수단으로만 이해하지 않고 있다는 점에서 도덕적 경세론에서 탈피하고 있음을 알 수 있다. 이는 '禮法兼備'라는 실용적 입장을 반영하고 있는 『연의보』의 현실적 경세론을 그대로 수용한 것으로서, 『대학유의』는 이보다 한 걸음 더 나아가 법가와 법치를 적극적으로 수용함으로써227) 현실을 긍정하고 실익을 중시하는 정조의 실용적 경세론을 반영한 것이라 할 수 있다.

다섯째, 武備의 현실적인 방안을 강조하는 것과 함께 각국에 대한 높은 관심과 중국 중심의 화이관에서 탈피하여 '조선중화주의'의 자주적 입장을 엿볼 수 있다는 점이다. 이는 『대학유의』에서 衛滿조선의 명칭을 조선으로 교정한 것에서 보는 바와 같이 중국중심의 화이관의 입장에서 벗어나 조선의 자주적 역사관을 반영하고 보이고 있는 것에서 잘 알 수 있다. 즉 상술한 바와 같이 조선중화주의를 기치로 하는 尊周論이 널리 보급된 정조 당시의 상황을 대변하는 것이라 하겠다.

---

227) 法家와 法治에 대한 긍정적 입장은 왕안석의 신법과 법가에 대해 일방적으로 비판하는 종전의 유학자들의 의견을 생략하고 있는 데에서도 잘 알 수 있다.

　결론적으로 『대학유의』는 『연의보』의 내용적 특징과 장점인 실용적 경세론에 대해서는 대부분 그대로 採錄하고 있으면서도, 특히 군주권 강화를 추구했던 정조의 경세론과 정책운영책에 입각하여 『연의보』의 내용을 취사선택함으로써 군신공치를 이상으로 하는 『연의보』 저술 당초의 목적과는 상당한 차이와 변용을 보이고 있다. 이는 군신공치제를 추구하던 사대부 사회의 산물인 『연의보』가 조선에 전래된 이후, 특히 영·정조의 탕평정치기라는 당시 시대적 상황에 어떻게 활용되고 있는지 그 수용의 구체상을 반영하는 것이라 하겠다.

제5장 『世史正綱』과 丘濬의 史學

『世史正綱』 32卷은 成化 17년(1481) 당시 禮部侍郞이었던 丘濬이 春秋筆法을 모델로 하고 朱熹의 『通鑑綱目』과 呂祖謙의 『大事記』 등의 鑑戒意識을 계승하여 저술한 명 중기의 대표적인 역사서라고 할 수 있다. 그러나 현재까지 이에 대한 국내외의 연구는 거의 미미한 실정이다.[1] 이는 이 책이 송대 이래 발달된 통감류의 도덕주의적 역사서의 성격을 띠고 있다는 점에서 중국 史學史에서 특별한 획기성이나 의의를 부여할 수 없다고 생각했기 때문이라 추측된다. 더구나 『世史正綱』이 출간된 15세기 말은 주지하는 바와 같이 이갑제의 붕괴와 향촌질서의 재편, 鄕紳層의 대두, 상품경제의 발전 등 사회 제반에 걸친 봉건체제의 동요와 함께 이에 따른 시대적 변화가 심화되는 시기로서, 대부분의 연구자들이 이 시기의 사회변동에 주목하고 있는 것은 자연스런 현상이라 하겠다. 이러한 연구 분위기에 발맞추어 사학사에 대한 연구 또한 유교주의 전통의 史書보다는 당시의 사회변화를 반영하는 새로운 역사인식이나 시대정신을 담고 있는 史書를 분석하고 연구하는 데 더 많이 관심을 기울여 왔다고 할 수 있겠다.[2]

---

1) 『世史正綱』에 대한 국내외 연구성과는 李焯然, 「丘濬之史學 - 讀丘濬『世史正綱』札記」, 『明史硏究專刊』 7期(1984), pp. 163~207이 유일하며, 대부분의 史學史 관련 저서에서는 언급조차 하지 않고 있다.

2) 그 대표적인 예로서 명말청초시기 경세치용학파나, 乾嘉學派의 經史論이나 史書 연구가 주류를 이루고 있다.

그럼에도 불구하고 『세사정강』을 다루고자 하는 데에는 다음과 같은 이유에서다.

먼저, 『春秋』에서 비롯된 『통감강목』류의 도덕주의적 史書 전통은 어떻게 계승되었는가를 살펴보고자 하기 때문이다. 도덕주의적 사서의 전통을 구체적으로 이해하기 위해서는 그 주요 구성내용인 筆法과 體裁는 물론이고, 正統論과 華夷論을 분석해 볼 필요가 있다. 이를 통해 구준이 생존했던 명 중기의 시대상황을 보다 구체적으로 이해할 수 있으리라 생각한다. 왜냐하면 유교주의에 입각한 전통 사서에서 표방하는 도덕주의적 鑑戒意識은 대부분 역사사실에 대한 역사가 자신의 褒貶을 통해 정통론과 화이론으로 반영되고 있기 때문이다. 이런 면에서 『세사정강』은 구준 자신은 물론이고 당시 사회가 직면한 국내외적 위기에 대한 주체적 자각을 반영한 역사서인 동시에, 당시 사회문제를 해결하고자 하는 실천적 노력을 담고 있는 대안이라는 면에서 중요한 경세서라고도 할 수 있기 때문이다.

또한 宋學 이래 중국 사상사에 대한 연구는 중국사 시대구분론과 관련하여 사상사의 획기성을 강조하는 한편, 이러한 맥락에서 양명학의 등장을 송·명 이학의 특성으로 파악하고 있는 것이 정설화되어 있다. 이에 비해 실상 양명학이 등장하기까지의 사상사의 추이나 그 구체상에 대한 현재까지의 연구는 매우 미흡한 것이 사실이다. 따라서 이 시기 사학의 구체상을 규명하는 일은 좁게는 경세론을 비롯한 구준의 학문 및 사상체계를 종합적으로 이해하는 것과 함께 공백으로 남겨져 있는 이 시기의 사학사, 더 나아가서는 사상사를 규명하는 데 있어서도 일조할 수 있으리라 생각하기 때문이다.

제1절 『世史正綱』의 著述動機

구준이 『세사정강』 32卷을 저술한 당시는 환관이 발호하여 정치가 부패일로로 치닫고 있었던 때[3]였을 뿐만 아니라 사상적으로도 과거준 비를 위한 '擧子之學'으로 전락한 朱子學에 대한 비판이 크게 고조되 고 있던 시기였다. 이와 함께 특히 주관적 인식을 강조하는 心學의 흥 기는 구준이 활동했던 成化·弘治(1487~1505) 연간에 이르러서 吳與 弼의 문인이었던 陳獻章(白沙, 1428~1500)을 대표로 중국의 남방에서 크게 유행하고 있었다.[4] 이는 명대 사대부의 가치체계와 주자학의 경 향도 사회경제적 변화에 따라 송대와는 다른 양상을 띠고 있었음을 반 영하는 것이었다. 더구나 15세기의 중국 봉건사회는 명초의 이갑제 질 서가 붕괴되고 상품경제가 보급됨으로써 크게 동요되어 가고 있었다. 특히 당시 인구의 약 1%에 달하는 향신층의 수적 증가는 단순히 사대 부 계층뿐 아니라 이미 기타 농·공·상인 등 다양한 계층의 신분상승 을 전제하는 것이었다. 이에 따라 도덕주의에 바탕을 둔 송대 이래 '先 憂後樂'의 사대부의 사회적 사명감과 엘리트 의식은 점차 퇴색해 가고 현실주의에 입각한 四民觀이 형성되기에 이르렀다. 이에 따라 도덕심 만을 우선시하는 송대의 가치관으로부터 農·工·商人의 의식, 즉 인 욕과 情도 현실적으로 인정하는 새로운 가치관을 형성할 수밖에 없었

---

3) 丘濬은 특히 당시 太監 李廣의 壟斷에 대해 상소하면서 당시 時政의 폐단중 환관의 전횡을 지적하고 있다. 何喬遠, 『丘文莊公傳』, 8葉下~9葉下.

4) 荒木見悟, 「丘瓊山の思想」, 『中國思想史の諸相』(福岡 : 中國書店, 1989), p. 191 ; 陳白沙에 대해서는 Jen Yu-Wen, "Ch'en Hsien-Chang's Philosophy of the Nature," in Wm. Theodore de Bary, ed., *Self and Society in Ming Thought* (New York & London : Columbia Univ. Press, 1970), pp. 53~92 ; Paul Jiang, *The Search of Mind ; Ch'en Pai-Sha, Philosopher* (Singapore : Singapore Univ. Press, 1980) ; 簡又文, 『白沙子研究』(香港 : 簡氏猛進書 屋, 1970) ; 荒木見悟, 「陳白沙と太虛法師」, 『明代思想史研究 - 明代におけ る儒教と佛教の交流』(東京 : 創文社, 1972), pp. 23~50등 참조.

다. 이러한 시대적 제반 변화는 자연히 송대의 '道問學' 중심의 주자학으로부터 실천을 강조하는 '尊德性'의 경향으로 흐르게 하였다.[5] 이처럼 송대 정주학과 같이 인욕을 포함하는 현실적 人心을 극복의 대상으로 설정하지 않고 이를 긍정하려는 心學의 등장은 시대적 변화에 따른 필연적 추이었다고 하겠다.

이와 같이 개인의 사욕을 긍정하는 공리적 경향이 고조되는 시대적 상황에서 구준은 道와 義에 어긋나지 않은 정통의 재정립을 강조하는 한편, 공리가 아무리 크더라도 취하지 않음으로써 綱常의 회복에 역점을 두고 있음을 알 수 있다.[6] 이에 따라 『세사정강』은 綱常의 회복, 즉 정통의 확립에 최종 목표를 두었고, 이는 바로 家 → 國 → 世에 이르는 질서로서 "嚴華夷之分" → "立君臣之義" → "原父子之心"하는 것이었다. 그러므로 구준은 『세사정강』의 저술동기에 대해

내가 이 책을 쓰는 뜻은 異를 세워 옳지 않은 것을 감히 범하는 죄에 대해 시비를 가리는 데 있다. 그렇다면 이 (책의) 큰 취지는 어디에 있는가? 華夷의 구별을 엄격히 하고, 君臣의 義를 세우며, 父子의 마음을 바로 하는 데 있다고 하겠다.[7]

라고 분명하게 밝히고 있는 것이다. 이처럼 구준은 먼저 강역을 정함으로써 인류의 混淆함을 방지하고자 "嚴華夷之分"을 강조하는 동시에, 조정의 체통 확립과 기강 문란을 방지하기 위해 "立君臣之義"를

---

5) 주자학의 '道問學'과 '尊德性'의 두 가지 경향에 대한 시대적 추이에 대해서는 권중달, 『中國近世思想史硏究』(서울 : 중앙대출판부, 1998), pp. 14~28 「중국사상사에서의 주자학과 양명학의 이해」 참조.

6) 丘濬, 『世史正綱』(이하 정강으로 줄임. 『瓊台遺稿』 卷13에 所收), 序文, 1葉上, "世史正綱曷爲而作也 著世變也 紀事始也 其事則記乎其大者 其義則明夫統之正而已 董子曰正其誼 不謀其利 明其道不計其功 非道非義 功利雖大 弗取也".

7) 丘濬, 『正綱』, 序文, 1葉下.

역설하였다. 이와 함께 人心의 正道 회복을 위해 "原父子之心"을 역설하여 이 세 가지 덕목을 家 → 國 → 世로 이어지는 기강정립의 핵심과제로 설정하였던 것이다.8) 이 세 가지 핵심과제의 실현을 위해 구준은 朱子의 『通鑑綱目』의 褒貶筆法에 따라 역사적 사실을 기록하였고, 呂祖謙의 『大事記』에 따라 史實에 대한 자신의 평론을 첨가하는 등 사서의 감계기능을 강조하였다. 뿐만 아니라 『세사정강』의 감계대상이 후세의 현인군자가 아니라 당시 일반 유자들에 있음을 강조하는 동시에, 기술상의 특징 또한 聖賢之書처럼 "婉而正"에 있는 것이 아니라 "顯而直"에 있음을 주장하였다. 즉

공자가 『춘추』를 저술한 이후에 大事는 呂(祖謙)氏가 쓴 記(『大事記』)가 있어서 이를 잇는 것이 가능하다. 正統(論)은 朱子가 쓴 것(『통감강목』)이 있어서 이를 계승하는 것이 가능하다. …… 여씨의 記는 大事를 기록하면서도 細事를 겸하여 쓰고 있다. 朱子의 筆은 사실의 正함을 논하면서도 正統을 주로 다루고 있다. 그런데 나는 大事만을 쓸 뿐이고 세세한 것에 대해서는 언급하지 않으며, 또한 사실의 正만을 다루고 正統 여부에 대해서는 쓸데없이 가리려고 하지 않았다. 그런데도 소견이 있느냐고 한다면 있다고 답하겠다. 즉 聖賢의 書는 은근히 正함을 드러내지만 學者의 書는 명백하게 直함을 표현하는 것이다. '婉而正'은 후세의 賢人君子에 대비하기 위한 것이지만 '顯而直'은 당대의 學生小子를 깨우치기 때문이다.9)

라고 함으로써 『세사정강』의 편찬목적과 기술방법, 그리고 감계의 대상이 『通鑑綱目』과 『大事記』와는 차이가 있음을 분명하게 밝히고 있

---

8) 『正綱』, 序文, 1葉下, "夫華夷之分 其界限在彊域 華華夷夷正也 華不華夷不夷 則人類淆世 不可以不正也 君臣之義 其體統在朝廷 君君臣臣正也 君不君臣不臣 則人紀墮 國不可以不正也 父子之心 其傳序在世及 父父子子正也 父不父子不子 則人道乖 家不可以不正也".

9) 李焯然, 「丘濬之史學 - 讀丘濬『世史正綱』札記 - 」, 『明史研究專刊』 7期(1984), p. 171.

다.

이로써 볼때 『세사정강』은 『대학』의 修·齊 → 治國 → 平天下의 단계적 수양덕목에 따라 家 → 國 → 世의 질서체계를 도덕주의에 입각하여 기강을 세우고자 했음을 알 수 있다. 뿐만 아니라 그 대상 또한 도덕적 수양을 목표로 하는 후세의 현인군자에 국한하는 것이 아니라 당대의 정치와 사회의 경륜을 목표로 하고 있는 '學者'를 대상으로 함으로써 『세사정강』이 단순한 도덕주의적 역사서가 아니라 경세서의 측면을 강조하고 있다는 점에서도 주목된다고 하겠다.

제2절 『世史正綱』의 體例와 書法

『세사정강』 32卷은 주로 朱熹(1130~1200)의 『資治通鑑綱目』과 呂祖謙(1137~1181)의 『大事記』의 형식을 모방하여 世道와 사건의 변화를 기록한다는 "著世變"과 "紀事始"의 원칙에 따라 秦始皇 26년(BC. 221)부터 명 홍무 원년(1368)까지 1,589년의 역사를 『春秋』 필법으로 서술하였다.

『세사정강』의 體例는 구준 자신이 凡例10)에서 밝힌 바와 같이 다음과 같다.

(1) (역사적) 사실을 엮는 것은 年을 단위로 하고 그 時와 月을 갖추지는 않는데, 이는 聖人(공자)이 경전을 써서 四時를 갖추고 있으나 뒤섞어서 늘어놓아 『춘추』라 이름하니, 감히 이를 함부로 모방하지 않고자 함이다.

(2) (사건의) 대강만을 제시하고 그 (구체적) 사실을 열거하지 않는데, 이는 大賢(朱子)의 『綱目』을 함부로 모방하지 않고자 함이다.

(3) 이 책이 前史와 다른 것은 원을 甲子의 아래 年號 위에 그리고,

---

10) 『正綱』, 5葉下.

그 가운데에 국호를 쓰는 점이다. 그런데 (국호를) 쓰는 데에는 硃書와 墨書의 차이가 있다. 이제까지의 刻本에서 硃書는 모두 그 지면이 흑색이어서 이를 흰색으로 했지만, 이제는 白字로 하여 구분하고 백색 또는 흑색으로 동그라미를 침으로써 각기 그 뜻을 취하도록 하고 있다. 여기에는 비단 硃書와 墨書의 (차이)뿐만 아니라 太極陰陽의 이치가 깃들어 있다.

(4) 무릇 作史에는 義例가 있게 마련이다. 이제 이 책은 前代 사건의 대강과 개요만을 뽑아내어 학자들에게 보여주고 있는데, 이로써 대의로 삼아 그 뜻을 쉽게 알게 함이다.

이와 같이 『세사정강』은 구체적인 體例는 없이 단지 사서의 포폄원칙과 기준을 고수할 뿐이고 형식은 간결한 것을 추구하여 『춘추』와 『통감강목』에 대한 僭擬를 벗어나고자 한다는 것을 분명히 하고 있다. 따라서 역사적 사실은 단지 연대만 기록하고 時와 月은 쓰지 않으며, 사실의 대강만을 언급하고 그 구체적인 세목은 열거하지 않음으로써 "有年無月 有綱無目"의 원칙과 국호와 紀年을 표기하는 방법을 채택하고 있다. 바로 이 점이 前史에서는 찾아볼 수 없는 체례상의 특징이라 할 수 있다.[11]

먼저 『세사정강』의 국호 및 연호에 대한 표기법의 특징을 살펴보면, 『춘추』의 正名論과 大一統의 원칙에 입각하여 국호와 연호의 표기법에서 정통론을 반영하고 있다는 점이다.

국호의 표기는 '己未(漢)元狩元年'과 같이 해당 연도의 干支를 국호 위에 표기하고 그 아래 紀年을 표시하는 한편, 정통의 소재에 따라 빈 원이나 원 안에 국호를 써넣는 것으로 표시하였다. 이에 따라 천명에 의해 개창된 정권인 '有統之世'의 경우 (秦)(漢)(魏)(隋)(唐)(宋)(明)과 같이 원안에 국호를 표시하는 반면, '無統之世'일 경우에는 ○와 같이 빈 원으로 남겨둠으로써 왕조의 정통 유무를 반영하고자 하였다.

---

11) 李焯然, 앞의 논문, p. 77.

또한 '有統之世'에 대해서도 '大一統'의 원칙에 따라 全統왕조는 ㉐과 같이 硃書로, 偏統왕조는 ㉐과 같이 墨書로 대별하였다. 이 같은 방법으로 '無統之世'에 대해서도 흑색 원과 백색 원으로 구분함으로써 世運과 陰陽의 消長을 표시하고자 하였다. 즉 '無統之世'면서 夷狄인 陰道가 흥하는 元의 경우는 ●과 같이 국호없이 흑색 원으로 표시함으로써[12] 陰道가 성하여 華夷가 不分하는 '大變之世'임을 표현하는 동시에, 특히 그 국호를 蒙古라 칭함으로써 夷狄인 陰道(元)의 쇠퇴와 중국인 陽道의 출현을 매우 강조하고 있다.[13] 이에 비해 ① 三國시대 蜀이 멸망하고 魏와 吳가 대치되고 있던 시기인 魏 咸熙 元年(264)부터 西晉이 삼국을 통일한 太康 元年(280)까지,[14] ② 남북조시대(421년)부터 隋의 통일시기인 開皇 9년(589)까지,[15] ③ 五代 十國시대(906～960)[16], ④ 韓林兒가 宋帝를 칭할 때인 龍鳳 元年(1366)부터 明이 건국되기 전해인 至正 27년(1367)까지[17] 등 네 시기에 대해서는 ○와 같이 흰색의 공백 원으로 처리함으로써 '無統之世'지만 世運에 서는 陽道가 일어나고 있음을 표현하였다. 이러한 국호 표기법에서 특기할 만한 사실은 龍鳳 元年(1366) 이후의 시기에 대해서는 '無統之世'이자 陰道가 성하는 元世史에 속함에도 불구하고 흑색 원(●)으로 표시하지 않고 흰색 원(○)으로 표시하고 있다는 점이다. 이에 대해 구준은

　　元代로 들어온 이래 年代 아래의 圓은 모두 흑색으로 칠했다. 그런데 이 해는 백색으로 한 것은 무엇 때문인가? 天運이 변하여 陽道가 회복되고 陰(道)이 사라졌기 때문이다. 그러므로 국호의 黑白에는 역

---

12) 『正綱』卷31～32, 「元世史」, 455～478葉.

13) 위와 같음, 479葉下, "自元世祖之後 皆書以元 至是書以蒙古何 大明出而爝火熄也".

14) 『正綱』卷10, 「三國世史」, 137～140葉.

15) 위의 책 卷13～15, 「南北朝世史」, 172～212葉.

16) 위의 책 卷22, 「五季世史」, 323～347葉.

17) 위의 책 卷32, 「元世史」, 470～484葉.

시 本이 있게 마련이다. 本이라 함은 太極圖의 陰陽을 뜻한다. 중국은 陽이고 夷狄은 陰이다.[18]

라고 설명함으로써 陰陽之道에 입각하여 정통의 확립을 강조하고 있음을 잘 엿볼 수 있다.

이상과 같이 『세사정강』에서 나타난 국호의 기술은 『춘추』의 正名論에 입각하여 '有統之世'와 '無統之世'로 대별하고, '有統之世'에 대해서는 硃·墨書로써 全統과 偏統을 표시하는 한편, '無統之世'의 경우에도 흑·백색의 원으로 구별함으로써 世運과 음양의 소장을 나타내고자 하였다. 이와 함께 연호의 표기법에서도 大書와 小書로 구분하여 正統之世에 대해서는 '㊀元狩元年'과 같이 국호 아래 연호를 大書로 쓰는 데 비해, 正統之世가 아닐 경우에는 국호 아래 연호를 小書로 씀으로써 정통의 유무를 반영하고자 하였다. 예를 들면 王莽의 新[19]과 則天武后의 周[20]의 경우는 ㊀·㊀과 같이 묵색으로 偏統을 표시하는 한편, 국호의 아래 新과 周의 국호와 年號를 '新莽始建國元年 武氏垂拱元年'과 같이 小書로 표시함으로써 통치권의 귀속 여부를 반영해 주고 있다.

다음으로 『세사정강』의 필법의 특징을 살펴보면 첫째, 『춘추』와 『강목』의 필법에 입각하여 포폄에 역점을 두고 있다는 점이다. 주지하는 바와 같이 『세사정강』은 군주나 제후, 왕후의 사망을 기록함에 있어 춘추필법에 따라 崩·薨·卒·死 등으로 구별하고 있는데, 그 구체적인 예는 다음과 같다.

(1) 漢 安帝 延光 4년(125) 10월에 황제의 從弟인 北鄕侯 懿에 대해 前史처럼 '薨'이라 하지 않고 '卒'로 기록한 이유에 대해 『춘추』에서 왕

---

18) 위의 책 卷32, 「元世史」, 479葉上.
19) 위의 책 卷6, 「漢世史」, 81~83葉.
20) 『正綱』 卷17, 「唐世史」, 240~244葉.

자 猛을 卒로 기록한 예에 따라 '未踰年不成君'[21]하였다고 설명하고
있다.

(2) 몽고의 신하들의 경우는 모두 '死'로 기록했음에도 불구하고 유
독 耶律楚材에 대해서만 '卒'로 기록한 이유에 대해서는, 漢人지역의
牧地化와 汴梁 屠戮을 막는 등 救民에 애썼기 때문[22]이라고 밝히고
있다.

(3) 남조 宋의 이적 출신인 武都王 楊盛에 대해 '死'라 하지 않고
'卒'로 기록한 이유에 대해서는 東晉을 멸망시켰음에도 불구하고 世子
인 玄에게 왕위를 양보하고 義熙라는 年號를 그대로 사용함으로써 신
하로 자청하여 慕華의 뜻을 나타냈기 때문[23]이라고 밝히고 있다.

(4) 北魏의 馮太后에 대해서도 弑君의 죄와 아들을 죽인 죄를 들어
'卒'이라 하지 않고 '死'라고 기술하였다.[24]

둘째, 『세사정강』에서는 "理得其正 事不離實"의 객관적 원칙에 따
라 正統문제를 다루었다는 점이다. 그 실례는 다음과 같다.

(1) 구준은 陳壽의 『三國志』에서 魏를 정통으로 삼고 있는 데 반대
하는 한편, 漢·魏·吳로 分記하고 천하의 統은 漢에 귀속된다고 생
각하였다.[25] 이에 따라 漢와 같이 國號에 墨書로 원을 표시함으로써
偏統之世를 나타내고, 그 아래 大書로 蜀漢의 年號를 표기하는 동시

---

21) 위의 책 卷8, 「漢世史」, 106葉下, "北鄕侯不書崩何 用春秋書王子猛卒例 未
    踰年不成君也 舊作薨 此書卒何 先儒謂猛不踰年 不可言崩 又不可言薨 是
    以通言卒耳".

22) 위의 책 卷29, 「宋世史」, 438葉上, "蒙古之臣 皆書死 而楚材書以卒何 楚材
    仕於蒙古法制未立之初 宋子定謂 當時無楚材 不知人類何如耳 是其有功于
    華人甚大 盖非木華黎輩專以拓地開疆者比也 蒙古之人言 漢人無益 欲空其
    人以爲牧地 賴楚材之言而止 蒙古攻汴梁久不下 欲城下之日屠之 亦以楚材
    言而止 嗚呼仕夷之人 皆以救民爲心如楚材 又何貴哉".

23) 위의 책 卷13, 「南北朝世史」, 174上~葉下, "楊盛亦夷也 而書其卒何 盛開晉
    亡不改義熙年號 謂世子玄曰 吾老矣 然當爲皆臣 其心慕華可尙也已".

24) 위의 책 卷13, 「南北朝世史」, 186葉下, "馮太后書死何 弑君之罪人也 以母殺
    子亦有罪邪".

25) 위의 책 卷10, 「三國世史」, 130葉上.

에, 小書로 魏·吳의 연호를 分書하였다. 뿐만 아니라 魏의 曹丕가 稱帝했다고는 하지만 천도와 인륜에 입각하여 그 시비를 논했기 때문에 (諡號를 쓰지 않고) 그의 이름과 함께 '死'[26]라고 直筆했음을 밝히고 있다.

(2) 西晉에 대해서도 西晉과 같이 국호에 墨書로 원을 그리는 한편, 연호를 小書로 分書함으로써 西晉의 건국과정이 천리와 인륜에 합당한 正統之世가 아님을 표현하고자 하였다.[27] 이에 따라 西晉의 창업군주인 司馬炎에 대해서도 魏의 曹丕와 마찬가지로 왕위를 찬탈함으로써 君臣之義의 綱常에 입각하여 '死'라고 直筆하였다.[28]

(3) 五代末 劉崇(896~955)이 세운 (北)周에 대해 구준은 (北)漢의 隱帝 劉承祐(923~950)의 乾祐 4년(951)에 郭威(904~954)가 監國自立하여 국호를 周, 연호를 廣順이라고 했는데, 이때 河東절도사겸 中書令 劉崇이 晉陽에서 즉위했기 때문에 司馬光의 『자치통감』처럼 北漢이라고 칭하는 것에 반대하고 漢으로 칭해야 한다[29]고 주장하였다.

(4) 唐 武宗에 대해서도 환관 仇士良의 옹립으로 황제에 즉위한 사실을 들어 年號를 大書하지 않고 小書로 分書함으로써 왕위계승이 정통에 어긋남을 표현해 주고 있다.[30] 또한 唐 宣宗의 연호에 대해서도 父王인 武宗이 太子를 봉하여 後嗣를 정하지 않았기 때문에 大書하면서도 환관에 의해 옹립되었다는 이유로 '卽位'라 하지 않고 '立'이라고

---

26) 위의 책 卷10, 「三國世史」, 131下~132葉上, "丕旣稱帝矣 而書其名且以死書何 所以戒矣 夫後世之爲人臣者 一時雖以智力得之 其如天道人倫何 盖專論其是非 而不後計其成敗也".

27) 위의 책 卷11, 「晉世史」, 141葉下, "史綱墨書晉字於圈中 而分書其年於下著其雖得天下 而其所得者奈所不當得 雖得之猶不得也".

28) 위의 책 권11, 「晉世史」, 142下~143葉下, "武帝晉混一之主也 而書其姓名又以死書何 爲萬世綱常界也 …… 嗚呼丕與炎 皆北面故主而臣事之 一旦攘其臂而奪其位 其得地有廣狹 其簒奪則一也".

29) 위의 책 卷22, 「五季世史」, 343葉上, "舊史書劉崇爲北漢 此止稱漢何 按劉崇乃知遠之弟 承祐之季父也 劉氏爲親屬 非疎遠之比 郭威簒漢 劉崇卽位於晉陽 所以承漢之統也 況漢之亡在宋太平興國四年 其國祚視周爲遠矣 豈得以其微弱之故 卽不予以漢乎 宋人作通鑑亦猶晉人之作三國志 以魏承漢以爲晉地爾 今旣隔數世矣 安得尙徇其舊哉".

30) 위의 책 卷20, 「唐世史」, 297葉上, "文宗已立太子成美 帝不豫 宦者仇士良乃立武宗 舊皆大書其年號 而此分書之者 以見其非所當立而立也".

씀으로써31) 正統에 의한 왕위계승이 아님을 밝히고 있다.

이상의 예에서 보는 바와 같이 구준은 정통의 기준을 유교적 綱常
에 입각하면서도 정권의 '성패 여부'나 '강역의 대소'에 따라 정하는 것
이 아니라 무엇보다 사실을 중시하고 있음을 엿볼 수 있다. 이러한 태
도는 趙匡胤이 송을 건국하고 통일천하를 이룬 太平興國 4년(979)까
지 宋의 年號를 小書로 分書함으로써 偏統으로 표시한 데에서도 잘
반영되고 있다고 하겠다.

셋째, 『세사정강』은 구준의 실증적 治史의 태도를 잘 반영하고 있는
것이 또 하나의 특징이다. 이것은 治史의 태도는 다음 예에서 잘 엿볼
수 있다.

(1) 五代의 (北)漢 隱帝 劉承祐가 郭威에 의해 弑害되었다는 기록
에 대해 『資治通鑑』, 『通鑑綱目』, 『五代史』, 『考異』의 기록을 비교 검
토하여 隱帝가 趙村에서 죽은 것은 郭威가 직접 시해한 것은 아니더
라도 실제로 시해한 죄가 있다고 밝히고 있다.32)

(2) 宋 太祖의 죽음에 대해서도 胡一桂의 『史纂通要』와 陳樫의 『通
鑑續編』에서 말하는 趙匡義의 왕위찬탈 운운하는 기사가 "고증이 정
밀하지 않고 견문이 넓지 않으며 소문으로 전해지는 말을 경솔하게 믿
음으로써 한 사람의 사견에 의존하고 있다"고 반박하는 한편, 이러한
기사는 李燾의 『通鑑長編』에 기인한다33)고 밝힘으로써 당시 史書 기
록의 사실성을 실증적인 고찰을 통해 밝히고자 노력하였다.

(3) 南宋의 岳飛의 죽음에 대해서도 단순히 秦檜에 의해 이루어진
것이 아니라 高宗의 뜻을 받들어 그를 죽인 것일 뿐만 아니라, 설사 진
회가 고종의 조서를 함부로 꾸며 악비를 죽였다 하더라도 이는 반드시

---

31) 위의 책 卷20, 「唐世史」, 300葉上, "宣宗之立 亦不出武宗意 而出於宦官 乃
　　大書其年號者 武宗未立太子 而儲位未定故也 然其立也 不書即位而書立 其
　　亦異於諸帝者矣".
32) 위의 책 卷22, 「五季世史」, 342上~葉下.
33) 위의 책 卷30, 「宋世史」, 351上~354葉上.

고종이 한 것이라고 객관적으로 평가하고 있다.34)

　(4) 宋 理宗의 시호는 理學을 숭상했기 때문이라는 종전 史書의 평가에 대해 高宗이 당시의 유명한 이학자인 진덕수와 魏了翁을 史彌遠의 견제로 인해 기용하지 않았던 사실을 들어 반박하고 있다.35)

　이상에서 살펴본 바와 같이 체례와 서법상의 특징에서 우리는 『세사정강』이 단순히 유교적 도덕주의를 墨守하지 않고 무엇보다 "事不離實"이라는 원칙과 실증적 治史 태도에 입각하여 史實을 포폄함으로써 정통을 바로 세우고자 하였음을 알 수 있다. 즉 국호의 硃·墨書法에서 正統과 世運, 그리고 陽道·陰道의 여부를 표현하는 것은 물론이고, 연호의 大·小書法에 의해 통치권의 귀속 여부를 구체적으로 반영하고자 하였다. 이뿐만 아니라 "有年無月 有綱無目"의 體例는 丘濬 자신이 범례에서 밝힌 바와 같이 성현의 書인 『춘추』와 『통감강목』의 체례를 "僭擬하지 않는다"는 겸양의 언사에도 불구하고 실제로는 통감류의 묵수를 지향하지 않고 있다는 점을 분명하게 드러내는 것이라 할 수 있다. 결국 구준의 『세사정강』은 국호와 연호의 서법과 체례에서도 『춘추』 이래 포폄필법의 대의를 따르면서도 한 걸음 발전하여 史實을 보다 객관적으로 평가하는 실증적인 治史 태도를 통해 당시 학자들과 일반인에게 감계하고자 한 경세서라고 하겠다. 이러한 그의 실천적 경세의식은 천하의 역사를 반영하는 秦 이래 12世의 역사에 대한 평가를 통해 世→國→家의 기강을 바로 세우고자 한다는 의미의 『세사정강』이라는 서명에서도 함축적으로 잘 표현되어 있다.

---

34) 위의 책 卷27, 「宋世史」, 408下～409葉上.
35) 위의 책 卷29, 「宋世史」, 435下～436葉上.

제3절 『世史正綱』과 天下秩序觀

1. 華夷論

전술한 바와 같이 『세사정강』이 감계의식을 통해 당시 사회의 제반 문제를 경세하는 데 근본 목적이 있었다고 한다면, 그 주요 내용은 사실에 대한 저자 자신의 평가에서 잘 드러난다고 하겠다. 따라서 『세사정강』의 저술 목적과 내용적 특징을 이해하기 위해서는 무엇보다 먼저 저자인 구준의 평론을 분석 검토하는 작업이 선행되어야 할 것이다. 따라서 여기에서는 評論을 분석한 것을 바탕으로 그 주요 내용을 화이론과 정통론, 그리고 국기론으로 대별하여 이를 중심으로 살펴보기로 하겠다. 왜냐하면 화이론과 정통론은 『세사정강』에서 주장하는 천하의 질서, 즉 世道를 바로잡는 데 필요한 요체인 데 비해 國紀論은 조정의 치도, 즉 國道를 세우기 위한 핵심이기 때문이다.

『세사정강』의 저술은 이 책의 제목에서 뜻하는 바와 같이 家 → 國 → 世에 이르는 천하의 강상을 바르게 하는 데 있다고 하겠다. 여기서 ‘世’는 화이를 포함하는 천하를 지칭하는 것이지만, 천하의 治亂은 당연히 화이의 엄격한 구별에 따라 결정된다고 생각하였다. 이에 따라 世道는 天道의 변화에 상응하여 흥망성쇠가 결정되며, 천도는 음양의 원리에 따라 陽道인 중국·군자·天理와 陰道인 이적·소인·인욕으로 구분된다고 생각하였다. 따라서 세도의 치란은 음양의 消長에 따라 ① 華夏純全之世(漢, 唐), ② 華夏割據之世(三國), ③ 華夷分裂之世(南北朝, 南宋), ④ 華夷混亂之世(東晉, 五代), ⑤ 夷狄純全之世(元)로 대별하는[36] 한편, 세도의 치란은 무엇보다 먼저 화이의 세력균형 여하에 달려 있다고 생각하였다. 이에 따라 특히 ‘夷夏之防’을 중시하여 이를 世道 성쇠의 관건이라고 파악하는 한편, 이적의 화를 초래한 역사적 추이와 그 원인에 대해 평가하였다.

---

36) 위의 책 卷31, 「元世史」, 455葉上.

　그는 춘추 이래 이적의 화는 ① 중국인을 오랑캐 지역에 거주케 하여 함부로 중국을 분열케 한 삼국시대인 吳·楚의 시작단계, ② 오랑캐 사람들이 중국지역에 성장하여 중국에게 해가 된 劉淵의 北漢과 石勒의 北周시대인 중간단계, ③ 오랑캐 사람들이 오랑캐 지역에서 성장하여 중국인을 해친 契丹의 마지막 단계 등 '三變'의 발전단계를 거쳤는데, 앞으로도 그 화의 범위가 더욱 넓어지고 심화되면 될수록 중국의 彝倫을 없어지게 할 것[37]이라고 경계하였다. 이와 같이 구준은 천하가 분열되고 인류가 혼란해지는 것을 막기 위해서는 천명을 받은 군주에게 천하를 다스리는 소임을 맡기고 화이가 서로 침략하지 않도록 해야 한다고 파악하였다.

　이로써 볼 때 구준의 화이관은 중화주의적 입장을 견지하면서도 이적에 대한 적극적 경략을 주장하기보다는 화이의 강계를 분명히 함으로써 세력균형을 통해 공존을 도모하였다는 점에 그 특징이 있다고 하겠다. 이러한 그의 태도는 진의 만리장성 축성에 대한 평가에서

> 　내정을 정비하지 않고 외부 침략을 방지하는 데에만 연연함으로써 천하의 인력을 소진하게 하고 끊임없이 자신의 공을 흥하게 하고 있는데, 이는 비단 不仁한 것일 뿐 아니라 不智한 일이다.[38]

라고 한 것에서도 잘 알 수 있듯이 이적의 방비는 무엇보다 내정 정비에 있음을 강조하였다.

　이 같은 특징을 지닌 구준의 화이론은 정통론과 표리관계를 이루는 것으로, 이는 明初의 方孝孺(正學, 1357~1402)의 정통론으로부터 영향을 받은 것으로 생각된다. 구준은 方正學이 주장하는 정통론의 내용 중에서 특히 "夷狄而僭中國"하는 '變通'을 강조하여 이적은 中國之主

---

37) 위의 책 卷22, 「五季世史」, 325葉上~下.
38) 위의 책 卷1, 「秦世史」, 12B葉.

로 인정할 수 없음을 강조하였다. 이에 따라 구준은 앞에서 이미 고찰한 바와 같이 이제까지 이적이 중국을 僭越했던 변란의 세 단계를 논하고, 그 원인에 대해서도 구체적인 역사적 사례를 들어 거론하였다.39) 이와 함께 요·금·원 등 이민족 왕조에 대해서는 국호를 사용하지 않고 거란·여진·몽고라 칭하는가40) 하면, 女眞의 군주 뭇乞買의 죽음에 대해 舊史에서는 '卒'로 쓴 것과 달리 특별히 '死'로 폄하함으로써41) 華夷之分을 특별히 강조한 구준의 의도를 잘 반영하고 있다. 華夷之分을 엄격하게 하고자 하는 구준의 생각은 다음 절에서 검토할 학통의 정립을 강조한 데에서도 잘 드러나고 있다. 이에 따라 불교의 중국 유입에 대해 "천지가 개벽한 이래 오랑캐의 禍 중에서 가장 심한 것"42) 이라고 함으로써 斥佛을 강조하기도 하였다.43)

이처럼 구준은 華夷之分을 엄격하게 함으로써 천하질서를 재정립하고자 노력하였는데, 이러한 그의 생각은 자연히 『세사정강』의 역사서술을 통해 실천으로 나타났다. 이에 따라 구준은 당시 宋史를 重編하면서 遼·金·宋史를 함께 열거하는 일부 사가들의 역사서술에 대해,

타타르는 오래 전부터 사막의 불모지대에서 거주하고 있으면서 가죽옷을 입고 면포옷을 입지 않았으며, 고기를 주로 먹고 곡식을 먹지 않고 지냈다. 또한 가옥에 거주하지도 않고 倫理綱常도 없었기 때문에 짐승과 다를 바가 거의 없었다. (따라서) 일단 이들이 이리와 호랑이

---

39) 위의 책 卷7, 「漢世史」, 89葉下에서는 漢 光武 26년(50)에 흉노를 雲中에 거주케 함으로써 五胡의 禍亂을 초래했다고 지적하였다. 위의 책 卷9, 「漢世史」, 128葉上에서는 魏의 曹操가 흉노의 조공을 계기로 이들 5부족을 汾晉지역에 分居케 함으로써 西晉時 五胡의 침입을 초래했다고 지적하고 있다.
40) 위의 책 卷22, 「五季世史」, 325葉上 ; 卷26, 「宋世史」, 389葉下 ; 卷29, 「宋世史」, 432葉上.
41) 위의 책 卷27, 「宋世史」, 405葉上.
42) 위의 책 卷7, 「漢世史」, 93葉上.
43) 丘濬의 斥佛은 鳩摩羅什의 불경 번역에 대한 평가에서도 잘 입증된다. 위의 책 卷12, 「東晉世史」, 168葉下 참조.

같은 독을 드러내면 우리 중국의 군주를 해치고 우리 帝王이 自立하고 있는 지역을 점거함으로써 衣冠과 禮義을 지닌 우리 華夏의 백성을 통치하고 이들이 자칭 황제라고 하기에 이르렀다. 우리들 역시 이를 따라 황제로 받들어 이 시기에 태어난 사람들은 헤쳐나올 수 없는 함정 속으로 빠져들고 칼과 톱으로 다리를 꺾는 형벌 아래 있게 되니, 실로 그 무엇과도 같다고도 할 수 없다. (그런데도) 후세의 史官들은 또한 우리 공자의 家法을 어기고 우리들의 성스러운 『春秋』의 큰 鑑戒를 잊고 있으니, 世道을 바로할 책임을 어찌 맡길 수 있겠는가?[44]

라고 하여 통렬하게 비판하였다. 구준의 이러한 비판은 특히 홍무 2년(1369) 宋濂(1310~1381)과 王禕(1322~1373) 등이 편찬한 『元史』가 元朝의 역사를 정사로 다루고 있는 데 대한 반감을 반영한 것이라고 생각된다. 따라서 구준은 이적의 역사인 遼·金史를 宋史 뒤에 分書함으로써 한족의 정통을 그의 화이론에 입각하여 철저하게 확립함으로써 한족중심의 민족사학 재정립[45]이라는 시대적 요구를 잘 반영하고자 했던 것이다. 더구나 당시는 몽고의 일 부족인 瓦剌의 위협이 잔존해 있었던 것은 물론이고, 청년시절 土木堡의 變(1449년)이라는 국가적 치욕을 체험했던 구준으로서는 당연히 한족의 정체성 회복을 위해 화이론에 입각하여 역사를 기술하는 것이 무엇보다 시급하다고 판단했으리라 추정할 수 있다.

2. 正統論

주지하는 바와 같이 정통론은 왕조나 왕위계승의 정당성을 부여하는 정통론과 학문의 계보를 밝히는 '學統'으로 대별되는데, 구준의 정통론은 明初의 方孝孺(正學, 1357~1402)의 정통론으로부터 영향을 받은 것으로 평가되고 있다.[46] 方正學의 「析統」에서 논하고 있는 정

---

44) 위의 책 卷31, 「元世史」, 456葉下.
45) 李焯然, 앞의 논문, p. 201.

통론에 따르면, 각 시대의 왕조와 왕위는 '正統'과 '變通'으로 대별되며, 특히 '變統'은 ① 取之不以正, ② 守之不以仁義,③ 夷狄而僭中國 ④ 女后而據天位의 네 가지로 구분될 수 있다.47) 이에 따라 『세사정강』 에서는 國本인 왕위의 계승에 대해, 구준은 먼저 천의에 입각한 선양 을 가장 이상적이고 정당한 왕위계승법이라고 생각하였다. 따라서 전 술한 바와 같이 왕위가 부정한 방법으로 획득되는 이른바 '取之不以 正'하는 變通을 지극히 경계하였다. 구준은 삼국 중 魏의 曹丕가 後漢 의 마지막 군주인 憲帝 劉協에게 왕위를 자신에게 선위하도록 강요한 사실에 대해 다음과 같이 비판하였다.

> 오호라, 이는 후세의 간신들이 군주를 강요하여 나라를 찬탈하는 일
> 의 시초가 되었다. 옛날에 堯임금이 舜임금에게 왕위를 물려주고 舜이
> 禹에게 물려준 것은 천의를 받들어 현자에게 준 것이다. 曹操가 왕위
> 를 탐낸 것은 하루 이틀이 아니었지만 그 뜻을 이루지 못하고 하늘이
> 그를 죽였다. 따라서 曹丕는 그의 죽음을 계기로 그를 이어 뜻을 이루
> 고자 하였으나, 정직하지 않게 禪位라는 이름을 빌어 자신의 악함을
> 가리고자 하였다. …… 실제로 왕위를 찬탈하였지만 이를 禪位라 하였
> 는데, 이는 누구를 기만하는 것인가? 비단 사람들을 기만하는 것일 뿐
> 아니라 하늘도 속인 것이다. 曹丕가 이 일을 행하고 난 후부터 거사를
> 꾸미는 간신들은 마침내 이를 빙자하여 常例로 삼았다. …… 그러므로
> 조비 부자는 비단 漢代의 죄인일 뿐 아니라 만세토록 명교의 죄인이
> 다.48)

이러한 그의 생각은 唐 穆宗 이후 환관에 의해 옹립된 7명의 군주에 대해 '卽位'라고 칭하지 않고 '立'이라고 쓴 데서도 잘 반영되고 있다.

---

46) 李焯然, 위의 논문, p. 195.
47) 方孝孺, 「釋統」(趙令揚, 『關於歷代正統問題之爭論』(臺北 : 學津出版社, 1987), p. 142 所收).
48) 위의 책 卷9, 「漢世史」, 129葉上～下.

이처럼 그는 무엇보다 조정의 근본인 왕위의 계승이 不正하지 않아야 한다는 점을 다음과 같이 강조했다.

> 무릇 朝廷은 천하의 근본이며 人君은 조정의 근본으로서, 그 시작인 (왕의) 즉위는 人君의 本이다. 따라서 그 근본과 시작이 不正하면 천하를 바르게 하고자 하더라도 어찌 이를 얻을 수 있겠는가?[49]

둘째, 음양의 도에 따른 남녀유별을 불가변의 강상임을 강조하고 '女后而據天位'는 음양의 도를 거스리는 변통으로 파악하였다. 이에 따라 前漢 惠帝 7년(BC. 200) 呂太后가 정사에 간여했던 것은 음과 양이 뒤바뀐 천지의 大變[50]이라고 지적하는 동시에 측천무후의 周 건국과 稱帝에 대해서는,

> 太極이 動하면 陽이 생성되고 靜하면 陰이 생성된다. 하늘은 양이고 땅은 음이며, 해는 양이고 달은 음이며, 남자는 양이고 여자는 음이다. 乾道는 남성을 이루고 坤道는 여성을 이룬다. 男은 外에 위치하고 女는 內에 위치한다. 君道는 해를 상징하고 后道는 달을 상징한다. 이는 천지의 綱常이며 인류의 정도로서 천지가 생긴 이래 바뀐 적이 없었다. (그런데) 武空(曌)은 유일한 해로서 陰柔의 바탕으로 陽剛의 위치에 올랐으니, 이는 땅이 올라와 하늘이 되고 달이 바뀌어 해가 되는 것이며 여자가 변하여 남자가 되는 것과 같은 것으로서, 음양의 강상에 반하는 것이다.[51]

라 하여 "개벽 이래 없었던 大變"이라고 지적하였다. 이처럼 왕조나 왕위계승을 둘러싼 정치적 정통론은 앞의 제2절에서 이미 검토한 바와

---

49) 위의 책 卷21, 「唐世史」, 312葉下.
50) 위의 책 卷3, 「漢世史」, 30葉上, "此漢以來母氏臨朝之始 嗚呼陽倡而陰隨 天道之常 男外而女內 人道之正 女后臨朝 乃以陰而居陽位 女而爲男綱 豈非天地之大變也哉".
51) 위의 책 卷17, 「唐世史」, 241下~242葉上.

같이 국호와 연호의 표기법 등 『세사정강』의 體例에서도 매우 잘 반영
되어 있다고 하겠다.

　셋째, 名敎의 확립을 위해 그 準據인 유교 경전과 함께 이를 바탕으
로 하는 正學을 존숭할 것을 주장하였다. 따라서 그는 왕안석이 과거
과목에서 『춘추』의 儀禮를 폐지한 것에 대해,

　　후세에 의례를 통해 取士하지 않게 된 것은 이로써 시작된다. 세상
　에 오경이 있는 것은 마치 하늘에 오행이 있고 인간에게는 오륜이 있
　는 것과 마찬가지로서, 하나라도 없어서는 안 되는 것이다. …… 춘추
　경전은 성인(공자)이 손수 쓴 것으로서, 세상에는 經을 거스리고 경을
　빙자하는 것은 있어도 경을 폐지하는 일은 없었다. 경을 폐지한 일은
　왕안석으로부터 시작되었으니, 安石의 죄는 비단 그 하나에만 그치지
　않으며, …… 영원무궁하게 名敎의 죄인이다.52)

라 하여 인간의 윤리강상을 담고 있는 경전을 과거 과목에서 제외시킨
왕안석을 신랄하게 비판하였다. 뿐만 아니라 유교의 강상을 천하질서
의 근본으로 삼을 것을 강조함으로써 당시 도교나 신선사상, 巫覡 등
민간종교가 보급되는 것을 비판하였다. 이에 따라 구준은 중국에서 도
교가 성행하게된 원인을 고증하여 후한의 張道陵에 의해 민간에게 보
급된 도교가 東魏의 方士인 寇謙之의 符籙과 丹藥으로 발전하고, 마
침내는 당시 조정 대신인 崔浩의 건의에 따라 조정도 이를 받아들임으
로써 巫覡術이 천하에 퍼지게 되었다53)고 그 폐해를 지적하고 있다.
이와 함께 불로장생의 신선사상에 대해서도 秦漢 이후 보급된 이래,
특히 唐 太宗 때부터 武宗 때에 이르러서는 丹藥 복용으로 죽은 군주
가 6~7명에 달하고 宣宗 역시 이 때문에 죽었다54)고 설명하는 한편,

---

52) 위의 책 卷25, 「宋世史」, 375葉上~下.
53) 위의 책 卷13, 「南北朝世史」, 173上~174葉上.
54) 위의 책 卷20, 「唐世史」, 302下~303葉上.

이처럼 귀신이나 무격을 믿는 것은 "평범한 부녀자들의 어리석음"[55] 때문이라고 평가하였다. 그러므로 구준은 북위 太武帝 太平眞君 7년 (446)의 毀佛令에 대해 "正敎를 북돋우고 邪說을 물리친 것"[56]이라고 높이 평가함으로써 정학을 존숭할 것을 강조하였다.

이로써 볼 때, 구준은 천하질서는 불변하는 강상에 따라 유지되기 때문에 이러한 질서체계가 무너지면 자연히 家 → 國 → 世의 기강이 무너진다고 이해함으로써 왕위계승과 학문의 정통확립을 무엇보다 중시하였음을 알 수 있다. 따라서 그는 方正學이 말하는 정통론의 구체적인 기준에 따라 왕조나 왕권의 계승이 정통에서 벗어나는 이른바 '取之不以正'·'守之不以仁義'·'女后而據天位'하는 변통의 역사적 사실을 구체적으로 제시하는 동시에, 『세사정강』의 서법을 통해 당대의 사람들에게 감계하고자 하였던 것이다. 뿐만 아니라 그는 공리적 경향과 더불어 홍기하게 된 心學이 널리 보급되는가 하면, 민간에는 신선사상과 丹學 등이 유행되는 등 유학이 위기에 직면한 상황에서 정통 유교를 재정립함으로써 사상 학문의 정통 확립을 강조하고자 했던 것이다.

제4절 『世史正綱』과 國紀論

전술한 바와 같이 구준은 당시의 사회상황이 천하질서의 강상인 화이론과 정통론이 해이해짐으로써 世道가 극도로 문란해지고, 이는 곧 국가질서의 문란으로 반영되었다고 이해하였다. 이에 따라 그는 국가의 강상회복이 무엇보다 가장 시급한 과제라고 인식하고 秦 이후 明代에 이르는 12世史(秦·漢·三國·晉·東晉·南北朝·隋·唐·五季

---

55) 위의 책 卷18, 「唐世史」, 269葉上.
56) 위의 책 卷13, 「南北朝世史」, 178葉上~下, "扶正敎以闢邪說也".

·宋·元·明등)의 역사적 사실에서 그 구체적인 실례를 들고, 이에 대한 자신의 평론을 가함으로써 당대의 사람들에게 강상회복의 중요성을 역설하고자 하였다. 따라서 구준은『세사정강』의 저술목적이 "著世變也 紀事時也"[57]에 있음을 분명하게 밝힌 바와 같이 강상이 무너지기 시작하는 "大變"의 출발점을 秦 始皇帝 시기로 설정하는 한편, "大變"의 구체적인 사실을 들어 당대의 사람들에게 감계하고자 하였던 것이다. 그는 진 시황제 시기에 세도가 대변한 구체적인 징조로서, 먼저 봉건제의 폐지를 들고 있다.[58] 왜냐하면 봉건제는 천지가 개벽한 이래 성왕들이 만들어 놓은 제도로서, 시황제가 이를 폐지함으로써 이후부터 "事君者無世祿 治民者無恒政"[59]하게 되었다는 것이다. 두 번째로 황제의 명령을 '詔'라 하고 자신을 '朕'이라 칭했던 사실을 들고 있다. 이러한 칭호 때문에 君道는 날로 존중되는 데 비해 臣道는 상대적으로 점점 낮아짐으로써 상하가 단절되고 신하를 받드는 예가 사라져서 수양을 닦는 정통 학문을 시행할 수 없게 되었다는 것이다.[60] 이처럼 구준은 진 시황제의 정치가 강상을 문란케 함으로써 역사상 世道가 大變하기 시작한 시기로 판단하였던 것이다. 이에 따라『세사정강』에서는 秦世史로부터 기술하고 있으며, 이 시기 大變의 실례를 통해 당대 사람들에게 감계함으로써 국기를 바로 세우고자 하는 데 그 목적이 있음을 알 수 있다.

이제『세사정강』에서 나타난 구준 자신의 평론 가운데 국기와 관련된 내용을 정리해 보면 다음과 같이 요약할 수 있다.

---

57) 주) 6과 동일.

58)『正綱』卷1,「秦世史」, 6葉下, "嗚呼此天地開闢以來 聖帝明王所以建萬國親諸侯之制 自是以後永無可復之期矣 是盖世道大變之端也".

59) 위와 같음, 8葉下.

60) 위와 같음, 7葉下, "自有此名稱以來 …… 遂使君道日尊 臣道日卑 上下遂至於懸絶 師臣之禮 世不復聞, 格心之學 竟莫能施 嗚呼是亦世道大變之一初也歟".

첫째, 환관의 폐단을 지적하고 있다. 구준은 역대 중국 왕조에서 나타난 환관의 폐해에 대해 가장 많은 지면을 할애하여 환관에 의한 군주 시해와 옹립, 정치농단 현상, 그리고 환관의 군사지휘권 장악 등의 역사적 연원과 문제점을 지적하였다. 그는 환관이 왕을 시해하고 옹립하기 시작한 것은 唐 憲宗(806~820)을 폐하고 穆宗(821~824)을 옹립한 때부터라고[61] 그 연원을 밝히고 있다. 한편, 환관의 폐단이 드러나게 된 원인에 대해서는 당 현종이 이들을 총애하여 그 수를 증원함으로써 환관이 국정에 간여하는 "末流의 禍"를 초래했다고 지적하였다. 즉

무릇 환관은 한가할 수 없고 권력을 가까이하면 간교해지기 쉽다. 황제(玄宗)는 마치 서리가 내린 위와 두꺼운 얼음 위를 걷는 것처럼 경계하지 않고 태종 때의 제도를 경시하고, 환관을 받들어 총애하고 그 수를 증원하였다. 이 이후부터 국정을 간여하기 시작하였는데, 말류의 화는 여기에서 기인한다.[62]

라 하였다. 이와 같이 환관의 국정간여는 현종(712~756)이 高力士에게 위임한 것에서부터 시작되었으며, 이들의 군정간여는 楊士勗을 기용한 데에서 비롯되었다는 것이다.[63] 따라서 구준은 환관정치의 폐단을 초래한 현종을 비롯한 肅宗(756~763)·代宗(763~779)·德宗(780~805)등 4왕에 대해 太宗(627~649)의 죄인이라고[64] 평가함으로써 환관의 폐단을 강조하였다.

둘째, 大臣과 諫臣의 濫殺을 망국의 주요한 원인으로 들고 있다. 구준은 그 대표적인 사례로서 東晉의 安帝 隆安 4년(400)에 司馬元顯이

---

61) 위의 책 卷19,「唐世史」, 290葉上. 한편 환관이 왕을 옹립한 두 번째의 예로서는 唐 敬宗(826~827)을 들고 있다. 위의 책 卷20,「唐世史」, 293葉上 참조.
62) 위의 책 卷18,「唐世史」, 252葉上~下.
63) 위의 책 卷18,「唐世史」, 255葉上~下.
64) 위의 책 卷19,「唐世史」, 282葉上.

당시의 이부상서 車胤과 御史中丞 江績을 살해한 사실에 대해 葉適의 평가를 빌어 "私意로 두 대신을 함부로 죽였으니, 東晉이 어찌 망하지 않겠는가?"65)라 하여 동진의 멸망원인이 여기에 있다고까지 주장함으로써 諫臣의 중요성을 매우 강조하고 있음을 알 수 있다. 이처럼 구준이 간신의 중요성을 강조한 사실은 당 현종 開元 25년(737)에 감찰어사가 牛仙客을 탄핵했다가 피살된 사건에 대해, 范祖禹의 말을 인용하여

옛부터 諫臣을 죽이면 반드시 그 나라가 망하였다. 현종이 친히 이를 행하였으니, 이는 大亂의 징조이다.66)

라고 평가한 데에서도 잘 엿볼 수 있다. 이와 같이 구준은 君臣之義를 바로 세우는 것이 나라와 조정의 체통을 바로 세우는 것이라고 생각하였고, 이를 위해 특별히 대신과 간신을 존숭할 것을 강조하였다. 이에 따라 唐 僖宗 中和 5년(885) 右補 闕常濬이 典刑을 진흥시켜야 한다는 진언을 올리자 그를 죽인 사건에 대해

……무릇 충신이 사직의 위기를 구하고자 하나 군주가 그 말을 듣지 않았을 뿐 아니라 오히려 죽였으니, 상서롭지 않음이 이 보다 더 큰 것이 없으며, 이는 나라가 황폐해지는 원인인 것이다.67)

라고 평가하였던 것이다. 이처럼 구준이 특히 대신과 간신 등 師儒를 강조한 것은 정통 유학의 內聖과 外王의 두 가지 영역중 특히 外王의 실현을 강조하는 당시 유학의 특징과 관련있다고 하겠다. 즉 도덕수양을 강조하는 내성과 治平의 실현을 강조하는 외왕이라는 유학의 두 가

---

65) 위의 책 卷12, 「東晉世史」, 167葉上.
66) 위의 책 卷18, 「唐世史」, 258A葉.
67) 위의 책 卷21, 「唐世史」, 310下~311葉上.

지 영역은 시대의 변화와 요구에 따라 송대 이후에는 특히 경세적 측면인 외왕의 측면에 더욱 주목하기에 이르렀다. 이에 따라 '家天下'관에 바탕을 둔 군주중심의 덕치주의 이상인 '王天下'는 사회의 새로운 변화상에 부응하여 교화에 입각한 '교화천하'를 통한 외왕의 실현으로 변화하였다. 이에 따라 '교화천하'의 주체는 자연히 師인 儒일 수 밖에 없었다.68) 더구나 당시 향신층의 광범위한 대두는 향촌사회의 실질적인 지도자이자 국가의 통치이념의 제공자로서 師儒, 즉 사대부의 기능과 역할이 더욱 중시될 수 밖에 없었다. 따라서 구준이 유자의 대표자로서 대신과 간신을 특별히 존중한 것은 바로 이러한 당시의 시대상을 반영한 것이라 볼 수 있겠다.

　셋째, 인사와 取士의 공정성과 신중성을 강조하였다. 그는 관료 설치 목적은 "천하의 士에게 주어 이들과 더불어 천하의 事를 함께 해결하고 천하의 민을 다스리는 데" 있기 때문에 "군주 한 사람의 사유물이 아님"을 강조하였다. 이에 따라 前漢 文帝 16년(BC. 164)에 方士에게 上大夫職을 제수한 것이나69) 前漢 宣帝 神爵 2년(BC.62)에 환관 弘恭을 중서령으로 삼은 일, 그리고 石顯을 僕射로 삼은 사실 등에 대해 이는 망국을 초래한 것이라고70) 비판함으로써 환관을 고위관직에 함부로 임명하는 일을 비판하였다. 특히 구준은 신법 시행과 함께 葉祖洽이 首選으로 발탁된 된 것에 대해 이는 왕안석 개인의 뜻에 영합한 때문이라고 지적하는 한편, 신법시행으로 "士風이 크게 나빠지고 인물의 선발 또한 예전과 같지 않다"71)고 지적함으로써 신법의 取士法이 왕안석 개인에게 영합하는 인물을 위주로 선발하여 공정성을 상실하였다고 비판하였다. 물론 이러한 그의 생각에는 신법과 왕안석 개

---

68) '師儒'에 대해서는 李紀祥, 『明末清初儒學之發展』(臺北 : 文津出版社, 1992), pp. 1～14, 「導論」참조.
69) 『正綱』, 卷3, 「漢世史」, 36葉下.
70) 위의 책 卷5, 「漢世史」, 64葉上.
71) 위의 책 卷25, 「宋世史」, 375葉上.

인에 대한 전통적 유교주의의 편견이 일정 정도 개입되어 있는 것도 사실이지만, 국가의 기강을 정립하는 데 있어서는 무엇보다 공정하고 신중한 인사와 取士가 국가의 기강확립을 위해 매우 중요하다는 점을 강조한 것은 특히 주목할 만한 것이라 하지 않을 수 없다.

넷째, 信賞必罰에 따른 엄격한 賞功과 법제의 확립을 들고 있다. 그는 먼저 국가의 기강확립과 질서유지를 위해서는 賞功을 신중히 할 것을 강조하였다. 따라서 구준은 唐 肅宗의 官爵賞功 남발에 대해, 范祖禹의 평가를 인용하여 다음과 같이 비판하고 있다.

官과 작위는 군주가 천하를 다스리는 방법으로서, 虛名으로 가볍게 사용할 수 없다. 군주가 이를 귀하게 여겨 군자에게 베풀면 그 사람은 귀하게 된다. 그러나 군주가 천하게 여겨 이를 小人에게 베풀면 그 사람은 천하게 된다. 숙종은 작은 성공이라도 가명의 賞功을 남발함으로써 名器가 糞土보다 가볍게 되었다. 이는 亂政의 극치인 것이다.[72]

이와 함께 법제의 확립을 강조함으로써 五代 禍亂의 원인도 법제의 파괴에 있음을 지적하기도 하였다.[73]

다섯째, 언관제도를 통해 상하 언로의 원활한 소통을 강조하고 있다. 이에 대해 구준은 范祖禹의 말을 인용하여

천하의 세는 신체와 같아서 반드시 혈기가 고루 흘러 막히지 않아야만 생존할 수 있다. 諫하는 것은 下情이 上通하고 上意가 下達하게 함으로써 마치 혈기가 (사람의) 몸에 고루 흐르게 하는 것과 같은 것이다. 그러므로 언로가 열리면 나라가 다스려지지만, 언로가 막히면 망하게 된다. 唐 高祖는 隋가 망한 까닭을 거울삼아 먼저 언로를 여는 것이 급선무임을 알았다고 말할 수 있겠다.[74]

---

72) 위의 책 卷18,「唐世史」, 265葉上〜下.
73) 위의 책 卷22,「五季世史」, 341葉下에서 歐陽脩의 말을 인용하여 "自古亂亡之國 必先壞法制 而後亂隨之 五代之際是已"라 하였다.

고 하여 唐 高祖가 治書侍御史에게 帛 300필을 하사하여 언관을 존중한 사실을 높이 평가하고 있다. 이와 함께 언로의 진정한 개방을 위해 직언을 採納하고 남을 무고하는 告訐을 경계하여 이를 금지시킨 태종 貞觀 10년(636)의 조치를 "君臣爲長之道"[75]라고 극찬함으로써 直言을 통한 언로 개방을 특별히 강조한 것을 알 수 있다. 이처럼 구준이 언로 개방을 통해 객관적이고 공정한 입장에서 여론을 수렴할 것을 강조한 사실은 中宗 嗣聖 元年(684)에 측천무후가 諫官御史에 대해 風聞에 의거하여 사실을 언급하도록 허용한 것에 대해

> 후세에 있어서 臺諫이 풍문에 입각하여 사실을 언급하는 일은 이로써 시작되었다. 오호라 이것이 어찌 治世의 聖德한 일이겠는가? 무릇 사정과 풍문을 넓게 논하는 것은 가하다. 그러나 만약 사람들의 사사로운 비밀을 거짓으로 고하고 그 진실을 따지지 않고 나쁜 소문을 보탠다면 이를 어찌 충직하고 성실한 道라고 할 수 있겠는가?[76]

라고 비판한 것에서도 잘 엿볼 수 있다. 이와 같이 언로의 객관성과 공정성을 특별히 강조한 것은 환관정치가 중국 역대 정치상의 폐단일 뿐만 아니라, 당시 환관으로 인해 언로가 壅蔽되는 현상을 목도한 구준 자신의 경험에서 기인하는 것으로 생각된다.

여섯째, 의보다 利를 중시하는 '與民爭利'의 현상을 들고 있다. 당시 풍미하는 與民爭利의 풍조에 대해 구준은 그 원인을 한 무제 元封 元年(BC.110)에 시행된 均輸·平準法에서 찾고

> 오호라, 당당한 대조정이 만민이 비축한 것을 남기지 않고 전부 차지한다고 어느 누가 이것이 군주의 소유가 아니라고 하겠는가? 그런데도

---

74) 위의 책 卷15, 「隋世史」, 218葉上.
75) 위의 책 卷16, 「唐世史」, 227葉上.
76) 위의 책 卷17, 「唐世史」, 239葉上.

商賈와 더불어 아주 조그마한 이익을 다툴 수 있겠는가?[77]

라 하여 조정이 상인을 포함하여 일반 민과 爭利하는 것을 비판하고 있다. 이와 같이 전통적인 유교주의에 입각하여 與民爭利를 비판한 그는 당 현종 天寶 11년(752)에 당시 戶部侍郎인 王鉷이 주살된 사실에 대해 范祖禹의 말을 인용하여

무릇 利란 만물이 만든 것이며 이는 천지가 養人하는 바이다. 따라서 이를 독점하면 반드시 막히게 되고 막히게 되면 해가 되는 것이 많게 된다. 그러므로 군주는 利를 취하지 않고 민으로 하여금 천지가 베푸는 것을 고루 받게 한다 …… 記(呂祖謙의 『大事記』)에서 말하기를 聚斂의 臣이라기 보다는 차라리 盜臣이라고 했던 것이다. 이 때문에 利를 도모하는 臣은 화를 입지 않은 자가 드물다. 桑弘羊 이래 천수를 다하고 죽은 자가 없으며, 公劉의 厚民과 管仲의 富國, 李悝의 平糴, 그리고 耿壽昌의 常平法과 같이 반드시 세금을 함부로 거둬들여 상하를 해치지 않으면, 자신의 영화를 누리고 후손이 그 기쁨을 누렸다.[78]

라고 하여 국가가 興利에 간여하여 독점하는 것을 반대하고 民의 상업활동을 보장할 것을 강조하였다. 이처럼 구준은 국가가 경제에 개입하는 전매정책이나 고의적인 興利정책에 반대하고 당시에 이미 보편화된 민간의 경제활동을 보장할 것을[79] 강조한 점에서 현실적인 그의 상업관을 엿볼 수 있다.[80]

일곱째, 稅政의 문란을 들고 있다. 그는 전통적인 1/10稅를 많지도

---

77) 위의 책 卷4, 「漢世史」, 52葉下.

78) 위의 책 卷18, 「唐世史」, 262葉上.

79) 위의 책 卷21, 「唐世史」, 306葉下.에서 당말 黃巢의 난의 원인을 국가의 과중한 세금 징수뿐만 아니라 염판매권을 빼앗음으로써 사염업자들이 반발한 것이라고 평가하고 있다.

80) 拙稿, 『대학연의보 연구-15세기 중국 경세사상의 한 분석』(1992. 6), pp. 126~127 ; 이 책의 제2장 제3절 참조.

적지도 않은 '中正'[81]이라고 평가하여 三代를 존중하는 한편, 仁과 義라는 도덕주의에 따라 세율을 정할 것을 강조하였다. 따라서 무엇보다 중세를 함부로 부과하는 '橫斂厚征'이 나라를 다스림에 있어서 가장 큰 해라고[82] 주장하였다.

이상과 같이 구준은 국기가 문란해진 대표적인 사례를 역사적 사실에 대한 평론을 통해 감계함으로써 기강확립을 강조하였다. 여기서 특히 주목되는 점은 그가 앞에서 지적한 사례들은 모두 국가의 근본인 조정을 바로 하는 데 필요한 사항으로서, 이는 이후의 저서인 『연의보』에서 그대로 반영되고 있다는 사실이다. 구준의 대표적 경세서인 『대학연의보』에서는 군주 → 朝廷 → 百官 → 萬民 → 四方으로 이어지는 국가조직론에 따라 이 책의 體裁를 구성하고 있다. 이 중에서 특히 국가조직을 총괄하는 「正朝廷」篇에서는 조정의 체통과 국가의 기강을 바로 하기 위한 구체적 방안으로서 기강 확립·위계질서 확립, 공정한 상벌 시행, 언로 개방 등을 들고 있다. 또한 「正百官」篇에서는 爵祿制의 시행, 大臣과 諫臣에 대한 禮遇 중시, 공정한 取士와 考課法의 시행, 환관정치의 폐단 등 用人에 대한 구체적 방안을 제시하고 있다.[83] 이처럼 『세사정강』의 評論에서 지적하고 있는 국기문란의 사례들은 『연의보』의 「正朝廷」편과 「正百官」편의 내용과 일치하고 있음을 알 수 있다. 이로써 볼 때 구준은 역사적 사실을 통해 조정의 체통을 세우고 기강을 확립하는 것이야말로 국기의 요체라고 이해하였던 것이다.

---

81) 위의 책 卷, 3, 「漢世史」, 38葉下에서 前漢 景帝 元年(BC. 156)에 시행된 1/30稅에 대해 평하면서 "古者什一而稅 漢武帝始 賜民租之半 後十三年又盡除之 至是京帝始復收民半租 三十而稅一焉 夫代取民 名雖不同 然取之皆以什一也 什一天下之中正 多乎此則過於重而入於桀 有以傷乎民而不仁 少乎則過於輕而入於貊 無以本乎上而非義 皆非中正之道也"라 하였다.

82) 위의 책 卷22, 「五季世史」, 329葉下. ＂橫斂厚征, 治天下之大蠹也.＂

83) 『大學衍義補』의 體裁에 대해서는 이 책의 제1장 제3절 ; 拙稿, 앞의 논문 (1992. 6), pp. 63~90 참조.

제5절 小結 : 丘濬의 史學과 그 特徵

『세사정강』이 저술된 15세기는 明初의 이갑제질서가 붕괴되기 시작함과 더불어 상품경제가 널리 보급됨으로 인해 향촌사회의 질서가 근본적으로 동요되기 시작하는 가운데 사상적으로도 心學이 흥기함으로써 정주학이 크게 도전을 받던 시기였다. 이처럼 봉건사회의 체제가 동요되는 시대적 상황에서 당시 大儒이자 정치가였던 구준은 宋代 이래 ‘先憂後樂’하는 정통 유자의 사회적 사명감을 실천하기 위해『세사정강』을 저술함으로써 家 → 國 → 世로 이어지는 기강을 바로 세우고자 하였다. 이러한 그의 사회적 사명감은 대·내외적으로 직면한 당시 사회문제에 대한 주체적 자각을 전제로 하는 것으로서, 이는『세사정강』의 체례와 서법, 그리고 구준 자신의 역사관을 대변하는 평론을 통해 구체적인 실천으로 나타났다.

먼저『세사정강』의 체례와 서법상의 특징을 살펴보면 첫째,『세사정강』은 춘추필법에 따라 역사적 사실을 포폄함으로써 당대의 사람들에게 감계하고자 하였다는 점에서는 “理得其正”하는 통감류 사서의 필법를 계승하면서도[84], 이를 단순히 묵수한 것이 아니라 “事不離實”의 원칙에 따라 실증적 治史태도를 견지함으로써 실증사학의 단초를 열었다는 점이다. 둘째, 구준은『세사정강』의 체재와 서법을 통해 家 → 國 → 世로 이어지는 기강확립을 당시 사회가 선결해야 하는 핵심과제로 설정하고, 이를 위해 화이론과 정통론을 천하질서의 요체로 파악함으로써 世道를 바로 세우고자 하였다. 이에 따라 구준은 方正學이『正統論』에서 말하는 이른바 ‘取之不以正’ ‘守之不以仁義’ ‘夷狄而僭中國’ ‘女后而天位’ 등 네 가지 “變通”의 기준에 입각하여 왕조와 왕위의

---

84) 『世史正綱』이『春秋』와『通鑑綱目』을 잇는 史書라는 당대의 평가는 胡應麟 (1551~1602)이 대표적이라 할 수 있다. 이에 대해서는 胡應麟,『史學佔畢』, 內篇,(『少室山房筆叢』, 卷13, 北京, 中華書局, 1958 所收), p. 179.

계승에 대한 정통 여부를 체재 및 서법을 통해 구체적으로 반영하였다.

한편 정통론과 표리관계를 이루고 있는 화이론에 대해 구준은 음양의 消長에 따라 세도의 治亂이 좌우된다고 생각하였다. 따라서 구준은 양도인 중국과 음도인 이적은 陰陽之道에 따라 다음과 같이 분류하였다. 즉 중국의 歷史를 ① 漢·唐시대의 '華夏純全之世', ② 삼국시대의 '華夏割據之世', ③ 남북조와 남송시대의 '華夷分裂之世', ④ 東晉과 五代의 '華夷混亂之世', ⑤ 元시대의 '夷狄純全之世' 등으로 구분하고, 이러한 역사적 사실을 통해 천하질서의 유지를 위해서는 무엇보다 화이의 엄격한 구별이 필수적이라는 점을 강조하였다. 그러면서도 구준의 화이론은 이적에 대한 적극적인 경략을 전제로 하는 것이 아니라 서로의 강역을 정하여 상호 침범하지 않고 공존하는 것을 원칙으로 한다는 데 그 특징이 있다고 하겠다.

또한 『세사정강』을 통해 구준 자신의 의견을 제시한 평론에서 나타나는 내용적 특징을 살펴 보면 첫째, 당대 사람들에게 역사적 사실을 통해 감계함으로써 특히 국기확립과 공정한 用人의 중요성을 강조하였다는 점이다. 앞에서 고찰한 바와 같이 『세사정강』에서 나타나고 있는 평론의 내용은 국기가 해이해진 원인을 역사적 사실을 들어 감계하고, 이를 통해 국가의 요체인 조정의 체통을 바로 세우고 이를 운용하는 용인에 필요한 사항을 지적하는 데 그 초점이 맞추어져 있음을 알 수 있다. 즉 구준은 조정의 체통을 바로 세우기 위해서 무엇보다 國紀 확립의 중요성을 역설하고 그 구체적인 대안으로서 기강과 위계질서의 확립, 공정한 상벌과 이에 따른 爵祿制의 시행, 言路 개방, 大臣과 諫臣에 대한 禮遇, 공정한 取士와 考課法 시행, 환관정치의 폐단 경계 등을 예시하였다. 둘째, 『세사정강』의 평론에서 지적한 내용은 6년 뒤에 저술된 『연의보』의 「正朝廷」篇과 「正百官」篇의 내용과 일치한다는 점이다. 제1장 제3절에서 살펴본 바와 같이 『연의보』는 군주 → 朝

廷 → 百官 → 萬民 → 四方으로 이어지는 통치체계와 국가조직론에 따라 12개 篇으로 대별되고, 이 중에서 「正朝廷」篇은 국가의 최고 통치기구인 조정의 치도를, 그리고 「正百官」篇에서는 吏部와 관련된 用人의 道에 대해 논하고 있다. 따라서 이 두 篇은 『연의보』의 내용 중에서 국가의 통치에 필요한 國紀문제를 총체적으로 다루고 있는 부분이라 하겠다. 이로써 볼 때 구준은 『세사정강』의 평론을 통해 조정과 백관으로 대표되는 '君臣之義'를 바로 세움으로써 『세사정강』의 저술목적인 國道를 확립하고자 했다고 하겠다. 여기서 특히 주목되는 점은 『세사정강』이 家 → 國 → 世로 이어지는 기강확립을 목적으로 하고 있으면서도 유독 家의 강상에 대해서는 구체적인 언급이 없다는 사실이다. 이는 『세사정강』에서 감계하고자 하는 대상이 당대의 군주 및 학자 등 治者의 道를 확립하는 데 국한되기 때문인 것으로 생각된다.

　결론적으로 『세사정강』은 體例와 書法에서는 『춘추』이래 통감류 사서의 전통을 계승하면서도 '事不離實'의 원칙과 실증적 治史태도를 견지함으로서 실증적 사학의 端初를 열었다는 점에서 사학사적 의의가 있다고 하겠다. 뿐만 아니라 평론에서는 감계를 통해 당시 治者인 군신을 중심으로 하는 유자들을 대상으로 '교화천하'하는 치도의 원칙를 제시하였다는 점에서 『세사정강』은 구준의 실천적 경세관을 대변하고 있는 경세서라고 할 수 있다. 이런 면에서 『세사정강』은 6년뒤인 成化 23년(1487)에 저술된 경세서인 『연의보』와 표리관계를 이루고 있다. 즉 『세사정강』이 과거의 역사 사실을 감계함으로서 역사의식을 통해 당시의 문제점과 원칙을 지적하고자 했다고 한다면, 『연의보』는 현실적 대안을 국가의 조직과 제도와 결부시켜 구체적으로 제시한 것이라 하겠다.

결 론

　구준이 생존했던 15세기의 중국사회는 이갑제 붕괴, 향신층의 대두 등 전반적인 사회변동이 일어나던 시대였다. 이에 따라 사상적으로도 공소하고 현학적인 정주학에 대응하여 심학이 등장함으로써 관학으로서 정주학은 크게 위협받게 되었다. 이러한 시대상황에 대응하여 당시 '擧子之學'으로 전락한 정주학을 비판 반성함으로써 현실적 요구에 부응하는 논리의 재정립은 필연적으로 요구되었다. 이와 같은 시대적 요청과 정주학에 대한 재정립은 자연히 현실 문제를 해결하는 '치국평천하'의 문제에 집중함으로써 그 출로를 열게 하였다.

　이에 따라 구준은 먼저 『朱子學的』 2卷, 『世史正綱』 32卷, 『家禮儀節』 8卷 등의 저술을 통해 예교질서를 회복하고자 노력하였다. 특히 그는 『家禮儀節』의 저술동기가 "誠闢邪說, 正人心之本也"[1]라 하여 당시 도·불교와 심학 등 '邪說'을 몰아내고 인심을 바르게 하고자 하는 데 있다고 하는가 하면, 또한 『世史正綱』의 저술동기에 대해서도 "嚴華夷之分, 立君臣之義, 原父子之心"[2]라 하여 家 → 國 → 世의 엄격한 위계를 강조하였다. 이로써 미루어 볼 때 구준은 이들 저서를 통해 '道問學'을 중시하는 정주학의 부흥에 힘썼다고 하겠다. 특히 成化 17년(1481)에 저술된 『세사정강』에서는 제5장에서 살펴본 바와 같이 역사적 사실을 통해 당시의 문제점과 앞으로의 방향과 원칙을 제시하

---

1) 丘濬, 『瓊台類稿』, 卷13, 「家禮儀節序」.
2) 위의 책, 「世史正綱序」.

고자 하였다.

이에 따라 정통학문으로서 유학(正學)의 재정립을 강조하는 한편, 무엇보다 역사적 사실에 대한 고증을 통해 감계함으로써 華夷論을 엄격하게 정립하고 정통론을 재확립할 것을 강조하였다. 이와 같이 『세사정강』은 포폄을 중시하는 춘추필법을 그대로 계승하였다는 점에서 도덕주의적 史書라는 한계를 탈피하지 못했다고 할 수 있다.

그러나 이러한 한계점에도 불구하고 『세사정강』은 '事不離實'이라는 실증적 治史 태도를 견지함으로써 방법론에서 실증적 사학의 단초를 열었다는 점에서 사학사적 의의가 크다고 하겠다. 뿐만 아니라 구준은 이 책에서 자신의 평론을 통해 국가기강의 확립을 위해 언로의 개방, 大臣과 언관에 대한 특별한 예우, 공정한 고과법과 인사정책 시행, 환관정치의 폐단 경계, 공정한 상벌 시행을 강조하는 등 政事와 관련된 원칙과 구체적 방안을 제시하기도 하였다. 이러한 주장은 『세사정강』보다 6년 뒤에 저술된 『연의보』에 구체적인 경세 방안으로 그대로 수용되었다. 이로써 볼 때 『세사정강』은 『연의보』와 더불어 구준의 실천적 경세관을 반영하고 있는 경세서라 할 수 있다. 즉 『연의보』가 현실적 대안을 국가의 조직과 제도에 따라 구체적으로 경세 방안을 제시했다고 한다면, 『세사정강』은 과거의 역사적 사실과 역사의식을 통해 경세의 원칙을 제시하였다고 하겠다.

또한 그는 특히 지나치게 고답적이고 현학적인 당시의 정주학에 대해 치국평천하에 필요한 이론과 구체적인 방안을 제시함으로써 '擧子之學'으로 전락한 정주학을 보강하고자 노력하였다. 이에 따라 정주학의 내용을 체용겸비론의 입장에 따라 재해석함으로써 체와 理뿐만 아니라, 이의 구체적인 실현으로서 事와 用에도 주목하여 '全體大用'의 학문을 강조하였다. 따라서 成化 23년(1487)에 수기(내성)의 실천장인 치인(외왕)에 대한 구체적인 방안과 정책을 『연의보』에 담아 저술함으로써 치국평천하를 위한 경세사상의 보고를 이룩하였다. 이러한 그의 태도는 현실문제를 적극적으로 해결하고자 하는 관료와 사대부의 사명감을 표현하는 것으로서, 자신의 理想國에 대한 설계를 담아 군주뿐만 아니라 당시 관료와 사대부들에게 경세의 지침서를 제공하고자 하였다.

　이상과 같은 의도에서 쓰여진 『연의보』는 15세기 중국의 경세사상을 담은 160권에 달하는 방대한 저서일 뿐 아니라 유일한 경세서이기도 하다. 여기서 구준은 자신이 구상하고 있는 국가조직론(家 → 國 → 世)에 따라 군주의 正心 → 正朝廷 → 正百官 → 正萬民 → 正四方의 일원적인 군주체제를 확립하기 위한 구체적인 방안을 제시하였다. 즉 군주의 正心은 首卷「誠意正心之要」편에서 '내성'의 중요성에 대해 강조하고, 正朝廷의 방안에 대해서는「正朝廷」편에서 설명하고 있다. 여기에서는 주로 인치의 중요성과 관료·사대부들에 의한 政事의 分掌, 군주에 대한 견제기능으로서 간언과 언관 강조, 師儒로서의 기능 등 치자 역할을 강조하고 있다. 한편 正萬民의 방안은 군주의 지위 및 체제유지를 위한 중요한 기반으로서, '理財·正辭·義'의 세 가지 요소를 특별히 강조하였다. 이 중에서 구준은 특히 민의 생계 보장에 필요한 제반 물질적 기반을 마련하는 방안인 理財를 무엇보다 중요시하여 토지 및 조세제도, 회계 및 예산제도, 화폐 및 시장제도, 해외 무역 및 조운제도 등 경제 관련 부문의 제도화와 그 방안에 주목함으로써 실용적인 경세관의 특징을 잘 반영하였다. 또한 위계와 질서를 바르게 하는 것을 의미하는 '正辭'에 대해서는 예교질서와 왕실의 위엄을 특별히 강조하면서도, 시의성을 고려한 제도의 변화를 주장함으로써 應變의 논리를 제공하였다. 이는 古制를 묵수하는 종전의 태도에서 진일보한 것이라 하겠다. 이와 아울러 지도 제작, 도서의 관리 및 이에 대한 전담 관리직 설치, 도량형의 공인제 시행 등을 주장하여 당시로는 파격적이라고 할 만큼 매우 실용적인 태도를 보여 주고 있다. 그리고 刑政과 관련되는 '義'에 대해서는 禮治 못지않게 刑政의 필요성과 함께, 특히 罪刑에 대한 신중한 판결과 집행을 위해 항소제도를 건의함으로써 현실성과 객관성을 중시하는 면모를 반영하고 있다.

한편, 正四方의 방안을 다루고 있는 「嚴武備」「馭夷狄」편에서는 華夷觀에 따라 천하질서를 확립할 것을 대원칙으로 내세우고 있는데, 이는 전통적인 화이관과 중국중심의 중화주의를 반영하고 있는 것이라 하겠다. 그러나 이러한 대원칙에도 불구하고, 실제로는 內修와 內治를 우선시하여 武備에 힘쓸 것을 강조하였다. 이에 따라 무기와 전함 제작법, 군사제도, 군둔제도, 역대 병서의 내용과 그 장단점, 역대 진법 등 현실적인 방안을 구체적으로 소개함으로써 실용적 태도를 잘 보여주고 있다. 결국 구준은 『연의보』에서 남송 이래 이학을 현실정치에 적용하여 실용적 학문과 사상으로 재해석함으로써 전통 이학이 지니고 있는 공리공담의 한계를 극복하고, 더 나아가서는 실용학문으로서 경세치용학의 지평을 열게 했다는 데 그 의의가 있다고 할 수 있다.3)

이러한 그의 경세사상은 특히 만력 연간(1573~1620) 이후에 와서 치평을 논하는 경세에 관한 논저를4) 배출하는 데 큰 영향을 끼쳤는데, 특히 16세기 초에는 魏校(1483~1543)의 건의에 의해 진덕수의 『연의』보다 더욱 중시되기에 이르렀다.5) 이와 함께 사상계에는 『연의보』와 같은 저술들이 새롭게 등장하는 등 이와 유사한 體裁의 저술6)과 『연의보』의 축약본이 흥행되기도 하였다. 즉 程誥(?~1515)의 『大學衍義補會要』(1499年? 저술), 顧起經(?~?)의 『大學衍義補要』(1550년대 간행), 徐栻(1519~1581)의 『大學衍義補纂要』(1547年 刊行), 楊

---

3) 경세치용학과 관련지어 구준을 평가하는 견해로는 間野潛龍, 「明代儒學と陽明學」, 『明代文化史研究』(京都 : 同朋舍), 1979, p. 161 ; 山久口和(譯), 앞의 책, pp. 230~231 ; Lee Chek-Yin, op. cit., p. 133 ; Chu Hung-Lan, op. cit., p. 166 등이 있다.

4) 대표적인 저술로는 馮琦의 『經濟類編』, 馮應京의 『經世實用錄』, 黃訓의 『明名臣經濟錄』, 陳子龍의 『明經世文編』, 陳仁錫의 『皇明世法錄』 등이 있다.

5) Chu Hung-Lan, op. cit., p. 23 참조.

6) 夏良勝(1480~1538)의 『中庸衍義』(1537年刊行)이 그 대표적인 예이다.

文澤(?~?)의『大學衍義補節略』(1542年 著述), 王靜(?~?)의『大學衍義補通略』(1560年代 刊行), 許國(1527~1596)의 『大學衍義補摘粹』(1567年 간행)등의 저술이 상재되었다. 이와 아울러『연의보』에 대한 부록과 보충서도 또한 저술되었는 데, 鄒觀光(1556~?)의『續大學衍義補』(1580年 저술)와 吳瑞登(1586~1618?)의 『擬續大學衍義補』가 그 대표적인 저술이다.

 이처럼 이 시기에 이르러『연의보』의 축약본과 이와 유사한 저술이 유행한 것은 물론 당시 시대적 배경과 관련이 깊은 것으로 생각된다. 즉 주지하는 바와 같이 15세기 이후 중국의 봉건사회는 광범위하게 동요되고 있었다. 이 때문에 현실을 직시하고 당시 제기되는 사회의 제반 모순과 문제를 해결할 수 있는 방안 모색이 무엇보다 절실하였다고 할 수 있다. 바로 이러한 상황으로 인해 치평의 문제를 구체적으로 다루고 있는 경세서인『연의보』는 자연히 당시 조정과 사대부들에게 많은 관심을 불러 일으킬 수 있었다. 더구나 특히 17세기에 와서는 봉건사회의 동요현상이 심화됨으로써 사상계에서도 기존 학문과 사상에 대해 비판적인 경향이 새롭게 등장하게 되었다. 이로써 이제까지 형이상학적이고 현학적인 정통 理學에서 탈피하여 현실문제를 해결하고자 하는 경세사상에 더욱 관심을 가질 수 밖에 없었다. 이에 따라 17세기에 와서는『연의보』는 치평의 문제에 관심을 두고 있는 많은 사대부들과 관료들에 의해 더욱 중시되었다. 특히 1624年 남경 국자감의 祭酒인 唐大章이『연의보』를 왕조의 공식 교과서로 채택할 것을 건의하는 등[7] 당시에는 실용적인 경세사상에 대한 흥미와 관심은 더욱 고조되었다고 하겠다. 이러한 일련의 움직임은 결국 명말청초 경세치용학의 등장에 많은 영향을 끼쳤을 것으로 추정된다.

 또한『연의보』는 중국뿐만 아니라 조선에도 전래되어 경연에서 강론됨으로써 당시 사대부와 관료들에게 많은 영향을 주었다. 특히 英·

---

7) Chu Hung-Lan, op. cit., p. 35.

正祖 시기에는 왕권강화를 특징으로 하는 탕평정치의 시행으로 『연의보』는 더욱 중시되기에 이르렀다. 정조는 『연의보』를 특별히 선호하여 손수 이 책의 내용을 취사선택하고 감정하여 『대학유의』를 간행함으로써 『연의보』에서 담고 있는 실용적 經世 방안을 그대로 수용하는 한편, 君臣共治를 이상으로 하는 원본 내용에 대해서는 생략하여 '皇極' 정치의 실현을 목적으로 삼았다. 이러한 사실은 특히 『연의보』의 내용 중에서 실용적 경세방안이 가장 잘 반영되어 있는 「固邦本」「制國用」 편의 경제 관련 제도(예컨대, 호구대장·토지제도·구휼제도·치수책·제정 회계제도·조세제도·화폐제도·둔전제 등)를 『대학유의』에서 대부분 생략없이 상세하게 거론하고 있는 점이나, 「正百官」편에서 殿閣大學士 등 군주의 侍從職에 대해서는 생략하지 않고 특별히 全載하고 있는 데에서 잘 알 수 있다. 또한 원문의 「嚴武備」「馭夷狄」편에서 역대 군사제도와 군둔제 및 진법, 그리고 列國의 사정을 소개한 내용 등에 대해 『대학유의』는 특별히 많은 지면을 할애하여 설명하였다. 이는 모두 정조 당시의 정치개혁 내용과 유사하다는 점에서 그 연관성을 유추해 볼 수 있겠다.

한편, 왕권강화를 목표로 하는 정조의 '皇極'정치와 관련되는 것으로는 「正朝廷」「正百官」편에서 君臣共治를 이상으로 하는 원본의 내용을 대부분 생략하고 있고, 또한 군주와 왕실에 관련된 王禮를 특별히 중시하고 있는 「備規制」편의 내용을 모두 수록한 점 등을 들 수 있다. 이와 같이 『연의보』는 조선 정조의 탕평정치와 개혁안과도 깊은 연관성이 있을 뿐 아니라, 『연의보』가 조선에 전래된 이후 어떻게 수용 변용되고 있는지 그 구체상을 이해할 때에도 주목된다고 하겠다.

참고문헌

| 사료 |

谷應泰, 『明史紀事本末』 80卷(臺北：華世出版社 影印本, 1976).

丘濬, 『家禮儀節』 8卷(1618年刊本・1770年刊本).

丘濬, 『瓊臺詩話』 2卷(淸代 手抄本).

丘濬, 『瓊臺詩文會稿重編』 24卷(1621年刊本).

丘濬, 『瓊臺類稿』(明 閔珪刊本).

丘濬, 『瓊臺吟稿』(1492年刊本).

丘濬, 『邱文莊公集』(廣東：海口書局, 1927).

丘濬, 『丘文莊公叢書』(臺北：中國丘海學會, 1972).

丘濬, 『邱海二公合集』(可繼堂, 1753年刊本).

丘濬, 『大學衍義補』 160卷・首1卷(京都：中文出版社 1792年和刻本 影印本 1979).

丘濬, 『世史正綱』 32卷(1488年刊本).

丘濬, 『朱子學的』 2卷(福州：正誼堂 1709年刊本).

鄧球, 『皇明泳化類編』 136卷(臺北：國風出版社 隆慶年刊本 影印本, 1965).

『明史』 332卷(臺北：鼎文書局 新校本, 1970).

『明實錄』(臺北：中央研究院歷史語言研究所 校引本), 1964~1966.

　　　　22~38冊, 『英宗實錄』 61卷.

　　　　39~50冊, 『憲宗實錄』 293卷.

　　　　51~60冊, 『孝宗實錄』 224卷.

傅維鱗, 『明書』 171卷(臺北：華正書局 影印本, 1974).

沈德符, 『萬曆野獲編』 30卷・補4卷(臺北：新興書局有限公司 影印本, 1983).

王德毅 編, 『天一閣明代方志選刊』(臺北：新文豊出版社 影印本) 18冊, 『瓊臺志』 44卷(明 正德16年刊本).

尹守衡, 『明史竊』105卷(臺北 : 華世出版社 影印本, 1978).

李東陽·申時行, 『大明會典』 228卷(臺北 : 新文豊出版公司 萬曆15年刊
本 影印本, 1976).

張鹵, 『皇明制書』20卷(臺北 : 成文出版社 萬曆年刊本 影印本, 1969).

張萱, 『西園聞見錄』(北平 : 哈佛燕京學舍 影印本, 1940).

張岳松, 『瓊州府志』(臺北 : 成文出版社 1890年刊本 影印本, 1967).

趙翼, 『二十二史箚記』(臺北 : 洪氏出版社 影印本, 1974).

眞德秀, 『大學衍義』43卷(서울 : 正文社 影印本, 1983).

眞德秀, 『眞文忠公集』(臺北 : 文友書店 1738年刊本 影印本, 1968).

陳仁錫, 『皇明世法錄』92卷(臺北 : 學生書局, 1965).

陳子龍·徐孚遠 編, 『皇明經世文編』504卷(臺北 : 國聯圖書出版有限公
司 崇禎年間 平露堂刊本 影印本, 1964).

黃宗羲, 『明儒學案』62卷(臺北 : 世界書局 影印本, 1973).

黃宗羲, 『明夷待訪錄』(北京 : 古籍出版社, 1955).

黃宗羲, 『宋元學案』(臺北 : 商務印書館 影印本, 1968).

| 저서 |

1. 國文

高英津, 『조선중기 예학사상사』(한길사, 1995).

權仁浩, 『조선중기 사림파의 사회정치사상』(한길사, 1995).

權重達, 『중국근세사상사연구』(중앙대출판부, 1998).

曹德本 著, 김덕균 역, 『중국 봉건사회의 정치사상』(동녘, 1990).

金文經, 『朝鮮後期 經學思想研究-正祖와 京畿學人을 중심으로』(一潮閣,
1996).

金成潤, 『朝鮮 後期 蕩平政治 研究』(지식산업사, 1997).

朴光用, 『朝鮮後期蕩平研究』(서울대 박사학위논문, 1994).

朴光用, 『영조와 정조의 나라』(푸른역사, 1998).

小島晉治·丸山松幸 著, 朴元熇 역, 『중국근현대사』(지식산업사, 1988).

박현모, 『정치가 정조』(푸른역사, 2001).

양재혁 譯, 張岱年 著, 『中國哲學史方法論』(이론과 실천사, 1988).

양재혁 譯, 侯外廬 主編, 『中國哲學史』上·下(일월서각, 1988).

吳金成, 『中國近世社會經濟史研究』(一潮閣, 1986).

劉明鐘, 『中國近代政治思想』(以文出版社, 1990).

유봉학, 『정조대왕의 꿈 - 개혁과 갈등의 시대』(신구문화사, 2001).

양재혁 譯, Lin Yü-Sheng 著, 『中國意識의 危機』(大光文化社, 1990).

李泰鎭, 『朝鮮儒敎社會史論』(지식산업사, 1989).

李熙煥, 『朝鮮後期黨爭硏究』(國學資料院, 1995).

鄭奭鐘, 『朝鮮後期社會變動硏究』(一潮閣, 1983).

鄭玉子, 『朝鮮後期文化運動史』(一潮閣, 1988).

鄭玉子, 『朝鮮後期知性史』(一志社, 1991).

鄭玉子, 『정조의 수상록 日得錄 연구』(一志社, 2000).

鄭玉子, 『정조의 문예사상과 규장각』(효경출판사, 2001).

曹永祿·吳金成 등 譯, Ping-ti, Ho, *The Ladder of Scuccess*/『中國科擧制度의 社會史的 硏究』(동국대출판부, 1987).

조영록·오금성 등, 『明末·淸初社會의 照明』(한울, 1990).

曹永祿, 『中國近世政治史硏究 - 明代 科道官의 言官的 機能』(知識産業社, 1987).

지두환, 『조선시대 사상사의 재조명』(역사문화, 1998).

韓永愚, 『朝鮮前期社會思想硏究』(지식산업사, 1983).

韓永愚, 『朝鮮後期史學史硏究』(一志社, 1989).

2. 中文

段昌國·張永堂 編譯, 『中國思想與制度論集』(臺北 : 聯經出版事業公司, 1976).

杜維明, 『儒學第三期發展的前景問題』(臺北 : 聯經出版事業公司, 1989).

明淸史學術討論會秘書處論文組 編, 『明淸史學術討論會論文集』(天津 : 人民出版社, 1982).

林毓生 著, 穆善培 譯, 『中國意識的危機-"五四"時期激烈的反傳統主義』(貴州 : 人民出版社, 1988).

蒙培元, 『理學的演變 - 從朱熹到王夫之戴震』(臺北 : 文津出版社, 1990).

復旦大學歷史系 編, 『中國傳統文化的再估計』(上海 : 人民出版社, 1987).

謝國楨, 『明末淸初的學風』(北京 : 人民出版社, 1982).

蕭公權, 『中國政治思想史』(臺北 : 華岡出版公司, 1971).

蕭欣義 編, 徐復觀 著, 『儒家政治思想與民主自由人權』(臺北 : 學生書局增訂版, 1988).

余英時, 『歷史與思想』(臺北：聯經出版事業公司, 1978).

余英時, 『中國近世宗敎倫理與商人精神』(臺北：聯經出版事業公司, 1987).

吳申元, 『中國傳統文化的遺傳與變異』(湖南：文藝出版社, 1988).

王雲五, 『明代政治思想』(臺北：商務印書館, 1972).

容肇祖, 『明代思想史』(臺北：開明書局, 1973).

劉述先, 『朱子哲學思想的發展與完成』(臺北：學生書局, 1982).

劉澤華, 『中國傳統政治思想反思』(北京：三聯書店, 1987).

李紀祥, 『明末淸初儒學之發展』(臺北：文津出版社, 1992).

林毓生, 『政治秩序與多元社會』(臺北：聯經出版事業公司, 1989).

林聰舜, 『明淸之際儒家思想的變遷與發展』(臺北：學生書局, 1990).

張立文, 『宋明理學研究』(北京：中國人民大學出版社, 1985).

趙澤厚, 『大學研究』(臺北：中華書局, 1971).

中央研究院近代史研究所 編, 『近世中國經世思想研討會論文集』(臺北：
　　　　中央研究院近代史研究所, 1984).

陳榮捷, 『朱學論集』(臺北：學生書局, 1982).

陳榮捷, 『朱子新探索』(臺北：學生書局, 1988).

陳俊民, 『張載哲學與關學學派』(臺北：學生書局, 1990).

黃俊傑, 『儒學傳統與文化創新』(臺北：東大圖書公司, 1986).

湯一介 編, 『論傳統與反傳統－五四七十周年紀念文選』(臺北：聯經出版
　　　　事業公司, 1989).

胡寄窓, 『中國經濟思想史』上・下(北京：中國社會科學出版社, 1981).

侯外廬・邱漢生 主編, 『宋明理學史』上・下(北京：人民出版社, 1987).

　3. 日文

間野潛龍, 『明代文化史研究』(東京：同朋社, 1979).

岡田武彦, 『王陽明と明末の思想』(東京：明德出版社, 1970).

岡田武彦, 『宋明哲學序說』(東京：文言社, 1977).

岡田武彦, 『中國思想における理想と現實』(東京：木耳社, 1983).

楠本正繼, 『元明時代儒學思想の研究』(千葉栢市：廣池學園, 1962).

島田虔次, 『朱子學と陽明學』(東京：岩波書店, 1967).

島田虔次, 『中國に於ける近代思惟の挫折』(東京：筑摩書房, 1970).

麓保孝,『宋元明淸近世儒學變遷史論』(東京：圖書刊行會, 1976).

山口久和 譯, de Bary, Wm. Theodore, ed.,『朱子學と自由の傳統』(東京：平凡社, 1987).

山井湧,『明淸思想史の研究』(東京：東京大學出版會, 1980).

安田二郎,『中國近世思想研究』(東京：筑摩書房, 1976).

岩間一雄,『中國政治思想史研究』(東京：未來社, 1968).

岩見宏・谷口規矩雄 編,『明末淸初の研究』(京都：京都大學人文科學研究所, 1989).

佐野公治,『四書學史の研究』(東京：創文社, 1988).

荒木見悟,『明代思想史研究』(東京：創文社, 1972).

荒木見悟,『中國思想史の諸相』(福岡：中國書店, 1989).

4. 英文

Chan Hok-Lam & de Bary, Wm. Theodore, *Yüan Thought : Chinese Thought and Religion Under the Mongols*(Columbia University Press, 1982).

Dardess, John W., *Confucianism and Autocracy*(Columbia University Press, 1983).

de Bary, Wm. Theodore, *Self and Society in Ming Thought*(New York & London : Columbia University Press, 1970).

de Bary, Wm. Theodore, *The Unfolding of Neo-Confucianism*(New York : Columbia University Press, 1975).

de Bary, Wm. Theodore, *Neo-Confucian Orthodoxy and the Mind and Heart*(New York : Columbia University Press, 1981).

Dryer, Edward L., *Early Ming China : A Political History 1355-1435*(Stanford University Press, 1982).

Jiang, Paul, *The Search for Mind : Ch'en Pai-Sha, Philosopher Poet*(Singapore University Press, 1980).

Kelleher, M. Theresa, *Personal Reflections on the Pursuit of Sagehood :The Life and Journal of Wu Yü-Pi*(Columbia University Press, 1982).

Nivision, David S. & Wright, Arthur F. eds., *Confucianism in Action*

(Stanford University Press, 1959).

Wright, Arthur F., *Studies in Chinese Thought*(Chicago University Press, 1953).

| 논문 |

1. 國文

高柄翊, 「黃宗羲의 新時代待望論」, 『東洋史學研究』 4(1970).

權仁浩, 「『明夷待訪錄』을 통해 본 儒家政治思想研究」, 『東洋哲學研究』 8(1987).

權重達, 「王夫之의 史論」, 『中央史論』 2(1975).

權重達, 「性理大全의 형성과 그 영향」, 『中央史論』 5(1978).

權重達, 「明代의 教育制度 - 특히 주원장의 군주 독재적 성격과 관련하여」, 『大同文化研究』 17(1986).

權重達, 「朱元璋政權參與 儒學者의 思想的 背景」, 『인문과학연구』 14(중앙대, 1987).

金敬琢, 「大學釋義」, 『文理論集』 3(1958).

金成潤, 「正祖代 文班職 運營과 政治構造의 변화」, 『釜大史學』 19(1995).

金守中, 「泰州學派의 학문 성격과 이상사회의식」, 『哲學』 33(1990. 6).

金陽燮, 「方孝儒의 史學思想」, 『慶熙史學』 15(1988).

金彦鍾 譯, 樓宇烈 著, 『儒學의 現代的 轉換의 必要性과 可能性에 대하여」, 『退溪學報』 63 · 64 合輯(1989. 12).

金永善, 「政治思想에 대한 現代的 解釋」, 『全州又石論文集(人文 · 社會)』 11(1989. 12).

金龍德, 「奎章閣考 - 設立事情을 중심으로」, 『중앙대논문집』 2(1957).

金忠烈, 「中國哲學에서 본 國家의 存在機能과 그 理想」, 『哲學』 31(1989).

金漢植, 「明初의 絕對帝制에 關한 研究」, 『大邱教大論文集』 6(1970).

金漢植, 「朱元璋의 政治的 姿勢論」, 『大邱史學』 3(1971).

金孝宣 譯, 錢穆 著, 「四書의 義와 理에 관한 展開」, 『忠南史學』 5(1990).

南成勳, 「黃宗羲와 顧炎武의 君主觀 · 百姓觀」, 『歷史學研究』 11(全南大, 1983).

蒙培元, 「儒家的"人本主義"能不能適應現代化 ; 儒家思想文化與現代化漫談」, 『民族文化論叢』 10(嶺南大, 1989).

蒙培元, 「李退溪와 陳白沙의 心學思想 比較」, 『退溪學報』 65(1990. 3).

裵永東, 「陽明學 左派思想의 歷史的 性格」, 『한국정치학회보』 24-1(1990. 9).

薛錫圭, 「奎章閣研究 - 正祖代의 政局과 관련하여」(上·下), 『大邱史學』
　　　　29·31(1986·1988).

申龍澈, 「李卓吾의 社會批評」, 『東洋史學研究』 19(1984).

安炳周, 「黃宗羲 『明夷待訪錄』의 功利的 民本思想」, 『大東文化研究』 21
　　　　(1987).

梁大淵, 「朱王의 格致觀과 그 學風」, 『中國學報』 3(1965).

梁大淵, 「大學體系의 研究(上)」, 『成大論文集』 10(1965).

梁大淵, 「大學體系의 研究(下)」, 『成大論文集』 12(1967).

吳金成, 「明朝初期의 生員政策에 대하여 - 士人層 形成過程을 중심으로」,
　　　　『歷史教育』 9(1967).

吳金成, 「黃宗羲의 教育改革論」, 『歷史教育』 1(1974).

吳金成, 「明朝前期의 生員政策에 대하여 - 士人層 形成過程을 중심으로」,
　　　　『歷史教育』 10(1976).

吳金成, 「日本에 있어서 中國 明·清時代 紳士層 연구에 대하여」, 『東亞
　　　　文化』 15(1978).

吳金成, 「明代 紳士層의 形成過程에 대하여」, 『震檀學報』 48(1979).

吳金成, 「明代 紳士層의 社會移動에 대하여」, 『省谷論叢』 13(1982).

吳金成, 「日本에서의 明·清社會의 性格 研究에 대하여」, 『東亞文化』 22
　　　　(1984).

吳金成, 「海瑞(1513-1587)新論 - 明末의 江西南部의 社會와 그의 治績」,
　　　　『高柄翊先生回甲紀念史學論叢 - 歷史와 人間의 對應』(知識産業
　　　　社, 1984).

拙稿, 『大學衍義補 研究 - 15세기 중국 經世思想의 한 분석』(연세대 박사
　　　　학위논문, 1992).

拙稿, 「丘濬의 『世史正綱』에 대한 고찰」, 『中國史研究』 제6집(1999. 6).

拙稿, 「『大學衍義補』의 조선 전래와 그 수용」(上·下), 『中國史研究』 1
　　　　4·17집(2001. 8, 2002. 3).

張岱年 著, 李光虎 譯, 「儒學과 現代化」, 『退溪學報』 63·64合輯(1989.12).

李敦寧, 「王陽明哲學의 特性 - '心則理' '致良知' '知行合一'을 중심으로
　　　　한」, 『文理大學報』 12 : 2(1966).

李東熙, 「朱子의 大學章句에 대한 辨證研究」, 『民族文化』 9(1983. 12).

李東熙,「朱子 實踐論의 基本精神」,『東洋哲學研究』10(1989).

李離和,「奎章閣小考 -奎章閣志를 중심으로 본 개관」,『奎章閣』3(1979).

李沖,「梨州黃宗羲의 政治思想」,『文理大學報』7 : 2(1959).

李泰鎭,「朝鮮王朝의 儒敎政治와 王權」,『韓國史論』23(1990)

李泰鎭,「정조의『대학』탐구와 새로운 군주론 - 題先正晦齋續大學或問卷 首 作送의 배경」,『李晦齋의 사상과 그 세계』(대동문화연구소, 1992).

全淳東,「明初 社學의 設立과 그 推移」,『忠北史學』1(1987).

全淳東,「明初 禮學의 설립과 그 추이 - 禮學의 실시 停廢와 復活을 중심 으로」,『北史學』1(忠北大, 1987).

鄭德熙,「明 嘉靖年間 王陽明 '禪心學'禁革論」,『大邱史學』38(1989).

鄭然渲,「東洋政治思想의 體系的 研究」,『崇實大論文集』5(1987).

鄭鍾復,「中國思想의 現代的 照明」,『黃丙坤敎授華甲紀念論叢 中國學』 (홍익재, 1990. 11).

鄭址鎬,「泰州學派와 그 思想의 展開」,『高鳳論集』6(慶熙大, 1990).

鄭台燮,「中國思想의 '盡性踐形'論의 展開」,『京畿大論文集』21(1987).

曹永祿,「陽明思想에 있어서의 '分'의 문제」,『東洋史學研究』6(1973).

曹永祿,「明夷待訪錄에 보이는 職分論 - 宋代 이후의 職分觀의 變遷上에 서 본」,『東洋史學研究』10(1976).

曹永祿,「明淸時代의 言官研究」,『東洋學』12(1982).

曹永祿,「明末 淸初의 復社運動」,『明末 淸初期의 照明』(한울아카데미, 1990).

趙倫秀,「儒家의 法治思想」,『中國研究』10(外國語大, 1987. 3).

黃元九,「王夫之의 史論」,『史學會誌』9(1965).

黃元九,「儒敎思想에서의 復古主義」,『東方學志』8(1967).

2. 中文

石世奇,「論丘濬的國民經濟管理思想」,『北京大學學報』1985 : 1(1985. 1), pp. 59~64

蘇雲峰,「丘濬 -一位遙從海外類中原布衣卿相」,『丘海季刊』5 : 6(1982. 9), pp. 9~20.

楊群,「明代大儒丘文莊公」,『華學月刊』50(1976. 2), pp. 46~52.

吳申元,「邱濬經濟思想初探」,『內蒙古財經學院學報』1(1982), pp. 44~51.

吳智和,「明代正統國變與景泰興復」,『史學彙刊』8(1977. 7), pp. 227~282.

吳緝華, 「明代丘濬的生卒年」, 『大陸雜誌』 35：2(1967), pp. 10~12.

吳緝華, 「明史丘濬傳補正」, 『大陸雜誌』 35：9(1967), pp. 7~14.

王萬福, 「丘瓊山的著述與思想」, 『廣東文獻』 3：1(1973. 3), pp. 11~24.

王萬福, 「丘文莊公年譜」, 『廣東文獻』 6：4(1976. 12), pp. 40~44.

劉汝錫, 「宋濂之政治思想」, 『思與言』 17：2(1979. 7), pp. 6~71.

李慶龍, 「顧炎武經史論～明末清初學術之變遷』(國立臺灣大學歷史學研究所碩士學位論文, 1990).

李普國, 「論丘濬的經濟思想」, 『江淮論壇』 3(1981), pp. 70~76.

李焯然, 「關於丘濬生卒年的一點補充」, 『丘海季刊』 5：6(1982. 9), pp. 40~41.

李焯然, 「丘濬之史學」, 『明史研究專刊』 7(1984), pp. 163~207.

林光灝, 「明代大儒丘瓊山幼年趣事」, 『藝文志』 6(1966), pp. 10~13.

林光灝, 「丘瓊山詩話」, 『廣東文獻』 7：2(1977. 6), pp. 66~69.

錢穆, 「明初朱子學流衍考」, 『中國學術思想史論叢』 7冊(臺北：東大圖書公司, 1979), pp. 1~33.

趙令揚, 「論明太祖政權下之知識分子」, 『明史論集』(香港：史學研究會, 1975), pp. 1~13.

趙靖, 「邱濬：中國十五世紀經濟思想的卓越代表人物」, 『北京大學學報』 2(1981), pp. 47~53.

朱鴻, 「眞德秀及其時政的認識」, 『食貨月刊』 9(1979. 10), pp. 49~56.

陳高華, 「從明大誥看明初之專制政治」, 『中國史研究』 1(1981), pp. 3~13.

陳弱水, 「追求完美的夢－儒家政治思想的烏托邦性格」, 『中國文化新論』 1冊(臺北：聯經出版事業公司, 1982), pp. 211~241.

陳俊民, 「論宋明理學家的人格理想追求」, 『中國傳統文化的再估計』(上海：人民出版社, 1987), pp. 138~158.

陳恒昇, 「明儒丘瓊台的思想概觀」, 『人生』 35：5(1966. 9), pp. 22~27.

詹尊泮, 「丘文莊的學術根源及其中心思想」, 『丘海季刊』 5：6(1982. 9), pp. 21~26.

湯一介, 「論中國傳統哲學範疇體系的諸問題」, 『中國傳統文化中的儒道釋』(北京：中國和平出版社, 1988), pp. 20~43.

湯一介, 「論儒家的境界觀」, 『中國傳統文化中的儒道釋』(北京：中國和平出版社, 1988), pp. 44~54.

黃國强, 「略論丘濬的經濟思想」, 『華南師範大學學報』 3(1983), pp. 84~90.

黃有居,「關於丘文莊先生著述的傳說」,『民族』112(1933. 3), pp. 20~22.
黃俊傑,「內聖與外王－儒家傳統中道德政治觀念的形成與發展」,『中國文化新論』2冊(臺北：聯經出版事業公司, 1982), pp. 245~283.

3. 日文

間野潛龍,「大學衍義補成立にいつて」,『大谷史學』10(1963. 10), pp. 1~18.
間野潛龍,「大學衍義補の正朝廷について」,『明淸史論叢』(東京：燎原書局, 1977), pp. 89~110.
間野潛龍,「明代儒學と陽明學」,『明代文化史研究』(京都：同朋舍, 1979), pp. 135~242.
西田太一郎,「儒敎的財政思想の一類型：大學衍義補制國用を讀む」,『東亞人文學報』3：4(1944), pp. 95~137.
石田和夫,「程敏政について－朱陸異同についての一考察」,『中國哲學論集』特輯(九州大學, 1981. 3), pp. 23~40.
今永淸二,「丘濬の思想とその限界に關する一考察」,『別府大學紀要』9(1959), pp. 26~39.
安田二郎,「陳白沙の學問」,『中國近世思想研究』(東京：筑摩書房, 1976), pp. 149~183.
岩間一雄,「明代以降の思想動向と陽明學の形成」,『法政論集』34(名古屋大學, 1966), pp. 68~93.
佐野公治,「明代前半期の思想動向」,『日本中國學會報』26(1974), pp. 112~126.
佐野公治,「晚明の四書學」,『中國哲學論集』特輯(1981. 3), pp. 79~95.
荒木見悟,「思想家としての宋濂」,『明代思想研究』(東京：創文社, 1972), pp. 3~22.
荒木見悟,「陳白沙と太虛法師」, 위의 책, pp. 23~50.
戶田豊三郎,「宋代における大學篇表章の始末」,『東方學』1961：3(1961), pp. 46~56.

4. 英文

Bodde, Derk, "Harmony and Conflict in Chinese Philosophy," *Studies in*

Chinese Thought(Chicago : University of Chicago Press, 1953), pp. 19~80.

Chan, Wing-Tsit, "The Cheng-Chu School of Early Ming," in Wm. Theodore de Bary ed., *Self and Society in Ming Thought*(New York & London : Columbia University Press, 1970), pp. 29~51.

Chu Hung-Lan, "Ch'iu Chün(1421-1495) and Ta-Hsüeh Yen-I Pu : Statecraft Thought in 15th century China"(A Thesis for Doctor Degree ; Princeton University East Asian Studies, 1983).

de Bary, Wm. Theodore, "A Reappraisal of Neo-Confucianism," in Arther F. Wright ed., *Studies in Chinese Thought*(Chicago : University of Chicago Press, 1953), pp. 81~111.

de Bary, Wm. Theodore, "Individualism and Humanitarianism in Late Ming Thought," *Ibid.*, pp. 145~245.

Jen Yu-Wen, "Ch'en Hsien-Chang's Philosophy of the Natural," *Ibid.*, pp. 53~92.

Lee Chek-Yin, "Ch'iu Chün(1421-1495) and His Views on Government and History"(A Thesis for The Doctor Degree ; The Austrailian National University, 1984).

Schwartz, Benjamin, "Some Polarities in Confucian Thought," in David S. Nivision & Arthur F. Wright eds., *Confucianism in Action* (Stanford : Stanford University Press, 1959), pp. 50~62.

찾아보기

納贖塞下法 185
納粟入監 112, 281
納贖制度 112
내각대학사 48
內聖外王 28, 45, 55, 72, 127, 231, 233,
　　　235, 237
內聖外王論 230
內外祀 137
內祭 138
路鼓制度 190
老論系 272, 309
奴婢制度 280
論功行賞 305
『論語』 26, 157, 159
農商竝進 286
疊陳法 305
陵遲處死 184

【ㄷ】

丹藥 336
湛甘泉 23
唐 高祖 343
唐 德宗 105, 112
唐 明宗 113
唐 穆宗 334
唐 武宗 327, 336
唐 肅宗 342
唐 太宗 308, 336, 343
唐 玄宗 112, 344
唐 僖宗 340
黨錮 193
黨色 264
臺諫制度 312
『大誥』 287
大利 227
大明義理論 310
『大明一統志』 175

『大明志』 175
大變 335
大祀 138
大社 141
『大事記』 321
大射禮 288
大赦法 300
大成 147
大臣權 282
對外經略觀 222, 307
大一統 323, 324
大造年 109, 110
『大學』 28, 134, 146, 150, 160, 234
『大學』表章 158
『大學廣義』 26
『大學衍義』 30, 31
『大學衍義補』 19, 30, 36
『大學衍義補遺』 26, 270
『大學衍義補抄』 273
『大學類義』 273, 275, 278
『大學箴』 269
『大學章句補遺』 269
道德的 經世論 313, 314
道德政治 192, 234
度量衡 176, 297
道問學 26, 27, 33, 151, 232, 320
道祀 139
都邑營造 의례 142
盜鑄 285
도첩매매제도 112
道統 25, 150, 294
道學 289
徒刑 184
都護府 221
獨輪車 210
篤行 151
突厥 308, 309
童貫 221

지은이 **윤정분**(尹貞粉)

1952년 경북 출생, 연세대학교 사학과, 국립대만대학 역사학연구소(문학석사),
연세대학교 사학과 대학원(문학박사), 대만교육부초청 한학연구소 객원교수(1990~1991),
현재 덕성여자대학교 사학과 교수

연구논문
「明代軍屯之硏究」(1982), 「明代 軍戶制와 衛所制에 대하여」(1984), 「明初 垜集法에 대한 考
察」(1987), 「15세기 관료층의 국가관 -『大學衍義補』의 「正朝廷」편을 중심으로」(1990), 「大學
衍義補的理論體系及其特點」(1992), 「大學衍義補硏究 - 15世紀 中國經世思想의 한 分析」(1992),
「丘濬의 經世思想과 그 구체상 -『大學衍義補』의 理財論 분석을 중심으로」(1995), 「丘濬의
『世史正綱』에 대한 고찰」(1999), 「『대학연의보』의 조선전래와 그 수용」(上·下, 2001·2002)

역서
趙岡·陳鐘毅著, 『中國土地制度史』(1985), 李德彬著, 『中華人民共和國經濟史』 상·하(1989)

中國近世 經世思想 硏究
丘濬의 經世書를 중심으로

윤정분 지음

2002년 8월 9일 초판 1쇄 인쇄
2002년 8월 16일 초판 1쇄 발행

펴낸이·오일주
펴낸곳·도서출판 혜안
등록번호·제22-471호
등록일자·1993년 7월 30일
⑨ 121-836 서울시 마포구 서교동 326-26번지 102호
전화·3141-3711~2 / 팩시밀리·3141-3710

E-Mail hyeanpub@kornet.net
ISBN 89 - 8494 - 163 - 8 93910

값 20,000 원